黄钊 ◎ 著

国学与儒道释文化发微

中国社会科学出版社

图书在版编目（CIP）数据

国学与儒道释文化发微/黄钊著. —北京：中国社会科学出版社，
2011.12

ISBN 978-7-5161-0197-1

Ⅰ.①国…　Ⅱ.①黄…　Ⅲ.①中华文化—研究　Ⅳ.K203

中国版本图书馆 CIP 数据核字（2011）第 208810 号

责任编辑	易小放
责任校对	张玉霞
封面设计	大鹏工作室
技术编辑	李　建

出版发行	中国社会科学出版社	出版人	赵剑英
社　　址	北京鼓楼西大街甲 158 号	邮　编	100720
电　　话	010 - 64031534（编辑）　64058741（宣传）　64070619（网站）		
	010 - 64030272（批发）　64046282（团购）　84029450（零售）		
网　　址	http://www.csspw.cn（中文域名:中国社科网）		
经　　销	新华书店		
印　　刷	北京君升印刷有限公司	装　订	廊坊市广增装订厂
版　　次	2011 年 12 月第 1 版	印　次	2011 年 12 月第 1 次印刷
开　　本	710×1000　1/16		
印　　张	28	插　页	2
字　　数	468 千字		
定　　价	56.00 元		

作者近照

作者简介

黄钊，武汉大学马克思主义学院教授、博士生导师。1939 年生，湖北黄梅县人。曾任武汉大学政治与行政学院副院长兼政管与公关系主任。现任武汉大学中外德育研究中心主任，兼任湖北省孔子学术研究会副会长、湖北省炎黄文化研究会副会长及儒学分会会长、湖北省《周易》学会顾问、国际儒学联合会顾问等职。其研究方向为中国传统文化与当代中国思想道德建设。独著或主编学术著作十余部，其中主要有《帛书老子校注析》、《道家思想史纲》、《中国古代政治思想史纲》、《三德教育论纲》、《中国道德文化》、《儒家德育学说论纲》、《中国古代德育思想史论》、《国学语录》、《国学与儒道释文化发微》等；在《光明日报》、《中国教育报》、《中国哲学史研究》、《世界宗教研究》、《武汉大学学报》、《中州学刊》、《求索》等著名报纸杂志上发表学术论文一百六十余篇，且多次获得省部级优秀著作奖。其中，《儒家德育学说论纲》获教育部社科中心"高校德育创新发展研究成果"一等奖。先后指导博士研究生二十余人，曾应邀到中国台湾、香港地区，韩、英、德、法、奥、意等国进行学术考察与交流，并被国内多所大学聘为兼职教授，在海内外学术界享有相应声誉。由湖北省社会科学界联合会编纂的《湖北省社会科学界名人》和《人民日报》海外版新闻交流中心编纂的《中国专家学者辞典》，均对之作了专条介绍。

目　　录

第二编　《周易》探析

第三编　儒家道德学说浅探

第四编 道家渊源及若干《老子》版本考论

第五编　稷下道家与黄老道家若干著作考论

第六编　道家的学术价值与研究方法探讨

第七编　道教与佛教散论

自　序

　　本书是笔者近三十年来潜心国学研究的一个系统性小结。全书收入了本人自上世纪八十年代初期以来所撰写的三十余篇论文，其中大多数已在相关刊物上公开发表。之所以将它们汇集于此，一是所选论文相互关联，构成了一个相对完整的学术体系；二是对自己所跨越的学术历程，作一次较为全面的清理与反思；三是将之奉献给读者，以便于读者朋友对敝人的学术思想有一个较为全面的了解，从而便于彼此进行学术交流，并听取各方面的批评与教诲。

　　本书题名为《国学与儒道释文化发微》，是因为全书的内容同国学与儒道释文化不可分割。"国学"，顾名思义，指的是国人之学，用张岱年先生的话说，叫做"中国学术"。中国学术同传统的儒、道、释文化有着极为亲密的联系，或者直截了当地说，传统的儒学、道学、佛学，是中国学术的核心内容。正是从这个意义上说，探索传统的儒学、道学、佛学，实质上都是在探索中国学术，亦即研讨国学是也。国学是我们的祖先留给我们的一笔不可多得的财富，值得我们每个炎黄子孙百倍珍惜。牟钟鉴先生在《走近中国精神》一书的"自序"中曾说："中华民族长存不亡，衰而复兴，在多灾多难中奋进不息，其秘密在于文化，在于这种文化所包含的生生不息、刚毅诚信、博厚悠远、仁爱通和精神。正是这种精神支撑着、凝聚着整个民族，培育着它的人民和精英，造就了它的灿烂的过去，并且正在造就着它的伟大的现在和未来。"牟先生的这段概括，揭示了中华文化的独特优势，反映了国学爱好者的共同心声。正是出于对中华文化或曰国学的这份挚爱之情，我曾写有一首题为《我们振臂呼唤国学复兴》的拙诗，内容为：我们是炎黄子孙，我们是龙的传人！我们是传扬国学的志愿者，我们振臂呼唤国学复兴！/国学——源远流长，博大精深！它从盘古走来，迈过了六千年辉煌历程！/国学——功勋卓著，内涵丰盛！它是华夏文明的圣火，它是民族精神的母亲！/来吧！亲爱的朋友！来吧！新时代的主人！让我们为国学引吭高歌！让我们助国学披挂上阵！/来吧！亲爱的朋友！来吧！新时代的主人！让我们为国学的复兴鸣锣开道！让我们运用国学构建现代文明！

　　基于对国学的独特爱好，近三十年来，我把自己的主要精力用于国学研究方面。虽年逾古稀，眼花耳闭，却仍迎寒送暑，孜孜以求，奋力开拓，总希望为弘扬中华文化献上一份赤子之心。这部拙著，从特定角度反映了我对中华文化或曰国学的执著探求。我不敢说我的研究成果有多么高深的造诣，但是，我确实是以虔诚的态度去思考、探索，并为之付出了自己的心血。综观全书内容，它至少有如下几点特色：

　　第一，重视对史料的考证。进行史料考证，是史学工作者应具备的基本功。史学工作者之治学，旨在"以史证论"和"以论明史"。而要做到"以史证论"，就必须使"史"确凿可信。这就离不开必要的史料考证。这部拙著如果说还有一点可取之处，那就是笔者比较用功于史料考证。例如，书中关于《易传》成书的三个阶段之说、关于"竹简本《老子》"的版本归宿之说、关于《〈老子〉河上公章句》成书于西汉之说、关于《〈老子〉想尔注》的作者为张鲁之说、关于《管子·水地篇》成书于战国中期之说，等等，都不是凭空推想出来的，它们均是以对史料的翔实考证为基础。由此，从一定角度上说，似乎既收到了"以史证论"的独特效果，也成全了"以论明史"的初衷。

　　第二，重视探索相关学术源流。中国学术博大精深，源远流长。研讨中国学术，总离不开探源索流。通过探源索流，既可以揭示某种学术思想的缘起，又可以弄清它的发展走向，从而全面把握该学术思想发展演变的历程及其内在规律。本书如果说还有值得肯定的方面，那就是笔者比较重视探索学术源流。书中关于国学"源流"之论、关于中国古代第一次人文思潮的兴起及其深远影响之论、关于《易》为中国传统文化的活水源头之论、关于《老子》与《易》的血缘关系之论、关于道家文化与楚文化的血亲关系之论、关于道教形成的社会条件及其理论渊源之论，等等，都从不同角度揭示了相关学术的理论源头及其流脉走向。这种"上下求索"的理论思考，无疑有助于深化理论探讨，并帮助人们全面认识相关学术思想的形成与发展过程。

　　第三，重视对相关经籍的研讨。中国学术的一大优势，就是各家各派，都留下了无比珍贵的经籍。儒家之经籍，由"六经"（指《易》、《诗》、《书》、《礼》、《乐》、《春秋》），衍生为《十三经》（请参见中华书局影印《十三经注疏》）；道家有《道德真经》（即《老子》）、《南华真经》（即《庄子》）、《冲虚真经》（即《列子》）、《通玄真经》（即《文子》）以及《道藏》所保存的相关典籍。这些经籍，有学者将之统称为"中华原典"。中国学术虽千流百派，但都以中华原典为归依。因此，研究中国学术，必须重视对相关经籍的探讨。这些经籍，自古以来，学者研究极其广泛，留下了大量的评注性文字，构成了具有中国特色的"诠释学"脉络。其成果之丰盛，可用"汗牛充栋"来形容，影响无比深远。虽然如此，但它并未穷尽经学研究的领域。相反，随着科学研究手段和方法的拓新，经学研究似更加兴旺，它正在促成新时代诠释学思潮的到来。近年来，有关出土简帛文献的研究日渐火热，可以说就是这一思潮中出现的"红胜火"的浪花。在本书中，笔者也尝试着对儒家经籍和佛、道经籍进行了力所能及的探讨，例如，关于"《周易》探析"，笔者重点对《易经》、《易传》进行了特定的理论思考，应当说这是探索儒经的一部分；关于"若干《老子》版本考论"、关于"稷下道家与黄老道家著作考论"等，实际上都属于对道家、道教经籍的研讨。我不敢说自己在经籍研究方面有多么大的创新性贡献，但是，我问心无愧的是，自己所确立的一些见解，几乎都经历了谨慎思考，对之不敢有半点马虎。也许正是这一点，使本书作为"一家之言"，有自己的独到之处。古谚曰："智者千虑，必有一失；愚者千虑，必有一得。"但愿笔者之所思所见，能有"千虑一得"之幸！

第四，重视对传统学术之现实价值的发掘。我们之所以要研究、弘扬传统学术，不是为了好看，而是为了借古喻今，实践"古为今用"。历史是现实的一面镜子，前人的所思所虑，常可以为今天的现实提供借鉴。据此，我们在学习与研究国学遗产时，应当注重发掘传统学术的现代价值。正是基于这一思考，本书的又一可取之处，是比较重视对传统学术价值的发掘。例如，在第一编专门探讨了国学的现代价值，指出：弘扬国学，有助于推进中华民族伟大复兴、有助于传播中华优秀民族精神、有助于推进和谐社会建设、有助于深化现代企业管理、有助于增进世界文明，等等；在第三编，重点探讨了儒家道德的现实价值；在第六编，又集中探讨了道家的学术地位及其现实价值；在第七编着重阐述了中国古代宗教伦理的现实价值，等等。所有这些，都是围绕传统学术之现代价值的发掘与探讨。这种探讨，无疑有助于古今贯通，有助于突出传统学术在现代文明建设中的重要地位，同时，也从特定角度表达了笔者对现代文明的价值体验与人文追求。

综上所述，这部拙著，从特定角度，反映了笔者对中华文化或曰国学的执著探求。而重视史料的考证、重视探索相关学术源流、重视对相关经籍的研讨、重视对传统学术之现实价值的发掘等，则是本书较为显著的特色。本书如果说还有它的可取之处，那么这几个方面当可引以自慰。

需要说明的是，由于笔者的水平所限，书中难免存在这样或那样的一些不足或失误，期盼方家与读者批评、指正。

是为序。

2010 年 6 月 18 日撰于珞珈山"勤补书斋"

第 一 编

国 学 综 论

国学若干问题浅说

什么叫"国学"？国学有什么样的现代价值？怎样才能完成复兴国学的大任？这是当前爱好国学的朋友们时常碰到的问题。下面，想就这些问题作简要阐述。

一　国学的内涵与外延

国学既有其特定的内涵，也有其特定的外延。弄清国学的内涵与外延，将有助于我们正确理解与掌握国学的基本概念。

（一）关于国学的内涵

国学的提出，不是偶然的，它是 19 世纪末 20 世纪初，"西学东渐"的文化潮流日益高涨的产物。当时的学者，为了把中国之学同西方之学区别开来，便创造出"国学"这一概念，旨在与"西学"相对应。所以，国学亦有人称之为"中学"或"汉学"。"国学"一语，顾名思义，指的是"国人之学"。这里的"国人"，指中国人；"学"，指学术或学问。故国学，即中国人之学术、学问。著名学者张岱年先生在《国学今论·序》中，说："国学是中国学术的简称。"这同"国人之学"的说法，是完全一致的。应当说，将国学理解为中国学术，这就表达了国学的基本内涵。与这个解释相悖的说法，都未能抓住国学内涵的本质。

有些论者，把国学泛化，认为国学不只指中国学术，也指外国学术，如邓实就是一例。他给"国学"下了这样的定义："国学者何？一国所自有之学也。有地而人生其上，因以成国焉。有其国者有其学，学也者，学其一国之学以为国用，而自治其一国者也。国学者，与有国而俱来，因乎地理，根乎民性，而不可须臾离也。"① 邓实在这里将国学内涵扩大，按照他的定义，"有其国者有其学"，因而只要是一个国家，就有其国学，于是，美国有美国的国学，英国有英国的国学，而中国之国学，只是世界各种不同国学之一种。他的定义没有肯定国学是中国之学术，因而同我们所讲的国学，在内涵上差距很大，是不可取的。

由于"国学"与"国故"相关，故有人又主张将"国故"称之为"国学"。例如章太炎著《国故论衡》，就将"国故"等同于"国学"。但"国故"是死的，而"国学"是活的，因而以"国故"代"国学"，并不恰当。后来，又有人在"国故"后面加一"学"字，称为"国故学"。例如，胡适曾在《国学季刊》之《发刊词宣言》中说："国学在我们的心眼里，只是'国故学'的缩写。"其实，这个说法也不尽恰当。在我们看来，国故学属于国学，但不等同于国学，正像中国史学属于国学而不等同于国学一样。因为国故学只是研究国家故籍的一种学问，它在体系上具有封闭性；而国学是开放的体系，它并不限于研究国家故籍，还要传承、发展中国学术。这就离不开时代精神，离不开社会实践。而一旦离开时代精神和社会实践，国学就必然丧失其生命力。因此，我们不能把国学简单等同于国故学。近来，又有学者认为："国学 = 中国古典学"，指出："国学可以用中国古典学这样一个具有学理性更为清晰、并且能在中外学术交流中通用的概念进行界定。"那么，何谓"中国古典学"？他们解释说："建立中国古典学，也就是以中国古人留下的历史文献为依据，将中华文明作为一个整体来研究。"② 这些见解虽不失为一家之言，但究其实质，似乎未能超脱国故学的内涵，因而也值得推敲、商榷。

总之，我们所理解的国学，其内涵就是"中国学术"。一切背离中国学术的界说，严格说来，都未能正确揭示国学的内涵。

（二）关于国学的外延

外延是与内涵相对应的词语，严格说来，内涵决定外延。一事物的内涵，亦称之为概念。而概念所指的一切事物，也就是该概念的外延。国学的外延，实际上就是中国学术所包含的一系列对象。那么，具体说来，中

---

① 邓实：《国学讲习记》，《国粹学报》第 19 期。
② 参见《光明日报》2010 年 10 月 18 日第 12 版。

国学术究竟包括哪些方面呢?对此,张岱年先生也有所论,他说:"总起来说,中国传统学术包括哲学、经学、文学、史学、政治学、军事学、自然科学以及宗教艺术等等,……这些都是国学的内容。"① 张岱年先生在这里所列的国学的内容,我以为就可视为国学的外延。

中国传统学术所涉及的面很宽,且不同时代有不同说法。明人方以智,曾将中国学术概括为三种:一为"质测之学"(指自然科学),二为"通几之学"(指哲学),三为"宰理之学"(即政治学);后来,清代学者又将中国学术概括为"义理之学"(哲学)、"考据之学"(史学)和"辞章之学"(文学)。这些概括,虽大体上揭示了中国学术的主要内容,但并不完善、全面。例如,无论是明人还是清人的概括,都未能涉及中国军事学与中国宗教学以及中国医学、算术等,所以,若用他们的概括作为国学的外延,是不确切的。

国学同中国传统文化关系紧密。时下,有人把国学的外延定在中国传统文化上。其实,这也不确切。我们知道,"文化"和"学术"在概念上是有差异的,文化可以包括学术,而学术却不能涵盖全部文化。具体地说,中国传统学术比中国传统文化在概念上要窄一些。中国传统文化包括传统的物质文化和精神文化两个方面,而无论是传统的物质文化或传统的精神文化,其中都存在着非学术性的东西。因此,我们不能把中国传统文化等同于中国传统学术,亦即不能把中国传统文化视为国学的外延。笔者以为,中国传统文化可以算作国学的载体,国学正是伴同传统文化而不断得到丰富发展的。所以,我们讲到国学,就必须同传统文化联系起来,离开了传统文化,就很难讨论国学。

二 国学的现代价值

如何评价国学,在历史上有两种错误倾向:一是国粹派,夸大国学或"中学"的功能,以达到排斥西学的目的;另一派是民族虚无主义者,把国学说得一无是处,以达到他们全盘西化的目的。所以,如何看待国学,的确不是简单的问题,它反映了思想战线上不可忽视的认识上或立场上的问题。因此,引导人们正确认识国学的价值,特别是现实价值,是摆在我

---

① 张岱年:《国学今论·序》,参见《国学今论》,辽宁教育出版社 1991 年版。

们面前的一项重要任务。

国学到了今天，无疑仍有自己的现实价值。毛泽东曾指出："今天的中国是历史的中国的一个发展；我们是马克思主义的历史主义者，我们不应当割断历史。从孔夫子到孙中山，我们应当给以总结，继承这一份珍贵的遗产。这对于指导当前的伟大运动，是有重要的帮助的。"[①] 毛泽东在70年前的这段论述，实质上充分肯定了传统文化（包括国学）的现代价值。因为，如果传统文化没有价值，则他强调"继承这一份珍贵遗产"，就是无的放矢了。胡锦涛同志在党的十七大报告中亦指出："中华文化是中华民族生生不息、团结奋进的不竭动力。"他强调，要"弘扬中华文化，建设中华民族共有精神家园"[②]。国学作为中华文化的核心内容，当然也是"中华民族生生不息、团结奋进的不竭动力"，也能在"建设中华民族共有精神家园"中发挥应有的作用。这都有力证明，国学在当代社会主义文化建设中，确有其不可忽视的现实价值，对此，我们应给予高度重视。

那么，到了今天，我们弘扬国学，究竟有哪些重大价值呢？这是一个很大的问题，并非用简短的文字所能说清楚的。因为，作为一种文化价值，它有多方面的内涵，且对于探索者来说，又往往仁者见仁，智者见者，看法各不相同。这里仅就本人的点滴认识，提出以下几个方面，与关心这一问题的同仁共同讨论。

（一）弘扬国学，有助于推进中华民族的伟大复兴

我们正在加紧建设的有中国特色的社会主义伟大事业，担负着实现中华民族复兴的伟大使命。中华民族的伟大复兴，不仅体现在政治、经济方面，也体现在文化方面。没有文化方面的复兴，政治与经济的复兴就是一句空话。而要实现文化方面的复兴，就不能不复兴国学。诚然，我们今天的文化建设，必须以马克思主义作为指导思想，离开了马克思主义，社会主义文化建设就将失去方向，也不可能有文化上的复兴。但是，要用马克思主义指导中国当代的文化建设，这个"马克思主义"必须同中国的实际相结合，必须同中国的文化相融合，必须完成"本土化"。只有这样，才能以中国化的马克思主义指导当代中国的文化建设。而要达到这一点，就

---

① 《毛泽东选集》第 2 卷，人民出版社 1991 年版，第 534 页。
② 《中国共产党第十七次全国代表大会文件汇编》，人民出版社 2007 年版，第 34 页。

不能不从国学中吸取营养，就不能不在复兴国学上下功夫。国学，作为中国本土的学术，它集中反映了本民族的思维方式，总结了本民族的文化创造，传承着本民族的道德理念，昭示着本民族的价值取向。中国化的马克思主义，必须同本民族的思维方式、文化创造、道德理念、价值取向相会通。因此，我们要使马克思主义中国化，要建设有中国特色的社会主义文化，就必须发挥国学的既定优势，让国学在实现中华民族的伟大复兴中，发挥如同胡锦涛同志所说的"不竭动力"的重要作用。所以，弘扬"国学"，对于推进中华民族实现伟大复兴，具有不可低估的重大价值。

（二）弘扬国学，有助于传播中华优秀民族精神

中华民族在文明进步中，创造了具有本民族特色的一系列优秀民族精神。这些民族精神的产生，都同国学的创造性贡献不可分割。例如，人们常说的"自强不息"的积极进取精神、"厚德载物"的宽厚包容精神、"天下为公"的爱国奉献精神、"克勤克俭"的勤劳俭朴精神、"见利思义"的以义制利精神、"仁者爱人"的博爱大众精神、"和而不同"的尚中贵和精神、"持守气节"的人格独立精神、"明法审令"的依法治国精神、"唯道是从"的遵奉大道精神，等等，都是国学先哲大力提倡的优秀民族精神。可以说，没有国学，就不可能产生具有本民族特色的优秀民族精神。这些精神，在今天的社会主义文化建设中，都有其不可忽视的现实价值。江泽民同志曾指出：有没有高昂的民族精神，是衡量一个国家综合国力强弱的一个重要尺度。综合国力，主要是经济实力、技术实力，这种物质力量是基础，但也离不开民族精神、民族凝聚力，精神力量也是综合国力的重要组成部分。按照马克思主义的唯物辩证法观点，精神的力量可以转化为物质的力量。[①] 又说：这个民族精神，是中华民族五千多年来生生不息、发展壮大的强大精神动力，也是中国人民在未来的岁月里薪火相传、继往开来的强大精神动力。[②] 由此可见，我们要推进中国特色社会主义伟大事业，不能不用力传播中华优秀民族精神。而要大力传播中华优秀民族精神，又不能不在复兴国学上下功夫。因为，民族精神，说到底是国学结出的硕果，它蕴涵于国学之中。如果国学不能得到复兴，则传播民族

---

① 参见《江泽民论有中国特色社会主义》，中央文献出版社 2002 年版，第 395 页。
② 同上书，第 399—400 页。

精神就是一句空话。

（三）弘扬国学，有助于推进和谐社会建设

构建社会主义和谐社会，是党中央既定的伟大战略任务。《中共中央关于构建社会主义和谐社会若干重大问题的决定》明确指出："建设和谐文化，是构建社会主义和谐社会的重要任务。"而要建设和谐文化，就必须大力弘扬国学。这是因为，中国和谐文化的源头，乃深藏于国学之中。人所共知，我们的先哲，一向强调"中和"观念，无论是儒家提出的"执两用中"、"过犹不及"、"和而不同"、"和为贵"（以上均为孔子语）以及"致中和，天地位焉，万物育焉"[①] 的和谐哲理，还是道家强调的"万物负阴而抱阳，冲气以为和"[②]、"和乃生，不和不生"[③]、"和天下，泽及百姓"[④]、"与人和，谓之人乐；与天和，谓之天乐"[⑤] 的尚和意识，都从不同侧面表达了国学先哲"尚中贵和"的思想追求。我们今天要建设和谐文化，必须发掘国学先哲留给我们的有关中和之道的思想遗产，并结合当前的时代需要，与时俱进地将之推向前进。因此，弘扬国学，将有助于推进当代的和谐社会建设。

（四）弘扬国学，有助于推进现代企业管理

讲弘扬国学，有助于推进现代企业管理，有的人也许不理解，他们甚至会说：国学是传统的东西，而现代企业管理是全新的东西，两者差距很大，怎么可能联系起来呢？这个说法，是只看到表面现象，而未能透过现象抓住本质。从本质上说，把国学同现代企业管理结合起来，就是促进现代企业管理中国化。应当看到，我们的祖先所创造的国学，内含无比高深的人文智慧，将它应用于企业管理，将会促使这些智慧大放光彩。拿中国古代的儒商来说，他们既懂儒家伦理，又懂经营之道，能把儒家的"诚信"说、"义利"说、"仁爱"说等富有人文内涵的思想成果用于经商，常常能取得很大的成功。这一点，连日本、朝鲜等海外企业界也不否认。日本著名企业家涩泽荣一，一生创办了五百多家企业，被称为"日本近代

---

① 《中庸》。
② 《老子》第42章。
③ 《管子·内业》。
④ 《庄子·天下》。
⑤ 《庄子·天道》。

企业之父"。他在总结自己的成功经验时，深有体会地说："我们经营中虽饱含辛苦和惨淡，但常遵孔子之教，据《论语》之旨，故使经营获得了成功。"① 不仅儒家学说有利于优化经营之道，其他各家也都有自己的长处所在。如兵家之说，就不可忽视。在市场经营中，商场就是战场，面对这种情况，《孙子兵法》常常能为我所用。又如，企业竞争，常常面临以弱对强的局面。在这样的情况下，道家"柔弱胜刚强"的学说，就可以发挥特殊的激励作用。再如，法家讲"变革"，其关于"变革"之道，对于企业的发展，也值得引为重视。总之，国学中的人文智慧，在现代企业管理中，大有用武之地，弘扬国学，有助于推进现代企业管理。

（五）弘扬国学，有助于增进世界文明

随着经济全球化的到来，世界各民族的交往更加频繁。这个交往，不仅是经贸方面的物质交流，也有文化方面的相互渗透。从一定角度来看，文化交流的重要性并不亚于经济交流。经济交流涉及的是物质利益问题，而文化交流则关系到各民族间的心灵沟通，关系到不同民族的相互理解与合作，关系到全世界的文明进步。随着近些年来我国国际地位的提高，我们的国学已引起世界各国一些有识之士的青睐，世界各地的"孔子学院"如雨后春笋，纷纷诞生。这从一定角度，反映了世界文明发展的大势。西方工业的迅猛发展，已经显露出许多社会病症：一些人思想空虚，精神颓废，陷入吸毒、酗酒、嫖娼、邪教以及恐怖组织的深渊而不能自拔，有的甚至走上集体自杀的道路。这同人类向世界文明迈进形成巨大反差。这种情况的出现，既是工业文明异化的产物，也与西方长期重科技、轻人文，重物质、轻精神，片面追求物质享受的发展道路密切相关。面对资本主义世界出现的这些社会病症，西方一些有识之士主张，借助"孔子之学"对之予以医治。他们所说的"孔子之学"，同我们所讲的国学概念相近。"孔子之学"亦即儒学，它是国学中占主导地位的东西。我们的国学强调"自强不息"，主张"民胞物与"，倡导"博爱大众"，提出"先天下之忧而忧，后天下之乐而乐"，推崇"杀身成仁"、"舍生取义"等等，都具有积极向上的品格，对于医治西方的颓废症、精神空虚症，的确有很强的针对性、实效性。因此，我们复兴国学，对于将中华优秀文化推向世界，以增

---

① 转引自徐水生《中国古代哲学对日本近代文化的影响》，《中国社会科学》1994 年第 4 期。

进世界的文明进步，具有不可估量的现实价值。

综上所述，当前我们复兴国学，弘扬中华文化，对于推进中华民族的伟大复兴，对于传播中华优秀民族精神，对于构建社会主义和谐社会，对于增进世界文明，都有不可估量的现实价值！

三　国学的普及与提高

以上所论，阐明了国学的现代价值。国学发展到今天，已愈来愈为人们所重视，来自各方面的呼声，都希望将国学推向前进，使之复兴。这是时代的需要，也是完成民族复兴大任的需要。

但是，要复兴国学，并非轻而易举的事，其中有许多工作等待我们去做。比如，首先要创造一个适于国学发展的良好环境。我们知道，自20世纪初到"文化大革命"时期，国学受到了一次又一次冲击，一段时间内，"封建意识"、"故纸堆"等，成了国学的代名词，以致一些人以毁灭国学为快事。时至今日，在不少领域，国学仍未完全恢复元气。因此，要复兴国学，我们必须彻底清除"左"的干扰，给国学的发展创造一个适宜的环境。在此基础上，笔者以为亟待解决的问题，是要用力抓好国学的普及与提高工作。

普及与提高是一个问题的两个方面。毛泽东同志在60余年前发表的《在延安文艺座谈会上的讲话》中清楚地阐明了"普及"与"提高"的关系，他说："我们的提高，是在普及基础上的提高；我们的普及，是在提高指导下的普及。"[1] 毛泽东同志在这里谈的是文艺的普及与提高问题，但笔者以为也适合处理国学的普及与提高问题。按照这一思路，国学的提高，必须以普及为基础，在普及的过程中，人们对于国学会提出许多新的见解以及新的要求，从而使"提高"有了明确的方向与任务。同时，普及又必须以提高为指导，丢掉了提高，普及就失去了正确的导向。

（一）要做好国学的普及工作

正如毛泽东同志所指出的："提高要有一个基础。比如一桶水，不是从地上去提高，难道是从空中去提高吗？"[2] 应当看到，当前我国国学的普

---

① 《毛泽东选集》第3卷，人民出版社1991年版，第862页。

② 同上书，第859页。

及，是一项十分艰巨的任务。从现阶段国民的文化素质看，不少人对国学还感到非常陌生，许多人读不懂文言文，识不了繁体字，更弄不懂国学的丰富内涵及其思想文化承载。在这样的情况下，要复兴国学，必须从A、B、C抓起，努力做好国学的普及工作。普及的途径是多方面的。一是要从儿童抓起。近些年来，一些地方创办"儿童读经"辅导班，就是一个很好的创举。二是要使国学进课堂。近年来，中国人民大学创办"国学院"、武汉大学创办"国学试验班"，都为国学进课堂开了先例，是有远见卓识的做法。三是要编印国学辅导教材，让不同年龄层次和不同文化水平的人，能依靠相应的辅导教材自学补课。四是要举办业余讲座或研讨班，使国学爱好者有一个深造与锻炼的机会，等等。总之，要为"国学"的普及做一些奠基性的工作。

（二）要做好国学的"提高"工作

"提高"的工作不是要等到普及任务完成以后再去做，而必须在普及的同时，有计划地在一部分人中抓好提高的工作。比如，在我国文化人的队伍中，有一批国学研究者或专门家，他们在国学方面都有一定造诣。但是，这绝不是说，他们已经到顶了，而应当看到，他们也还有一个提高的任务；同时，在普及的过程中，由于事物发展的不平衡性，其中必有一部分人先完成普及的任务，而要求向提高方面发展。所以，提高与普及总是相辅相成，相互促进。当前，我们既要抓普及的工作，也要抓提高的工作。而要做好提高的工作，也必须从一些实际工作抓起。一是要把国学的提高，同我国的研究生培养制度结合起来，鼓励那些与国学相近的专业在条件成熟的情况下，招收硕士与博士研究生，培养国学专门人才；二是要建立相应的国学研究机构，与时俱进地完成一些重大国学研究课题；三是要有计划地出版相应的国学文献，为国学的研究与提高，创造条件；四是要有计划地举办国际性或全国性、全省性的国学研讨会，以便相互交流研究成果，将国学的研究不断地推向新的高度。

总之，在"弘扬中华文化，建设中华民族共有精神家园"的新时代，我们复兴国学任重道远。当前，最迫切的任务，是要用力抓好国学的普及与提高工作，以便为国学的复兴做一些实实在在的工作。

（原载《中南民族大学学报》2009年第3期，收入本书时，略有修改）

国学之"源"与"流"

随着我国社会主义文化建设和精神文明建设日益深入，一股国学热潮正在兴起。国学即"国人之学"的简称，指的是中国人自己的学术或学问。作为中国人自己的学术，它同中华文化紧密相关，既是我们民族以往文明进步的结晶，也是我们走向未来、复兴中华文明的可靠保证。那么，国学的"源"在哪里？它又形成了什么样的"流"？这里仅就这两大问题，谈一点个人的点滴体会。

一　关于国学之源

国学源头深远，可以说它同中华民族的兴起同步，有着上下数千年的发展史，是我们民族文明进步的结晶。在中国历史上，最早的国学思潮，乃发生在春秋战国"百家争鸣"时期。"百家争鸣"，是我国文化史上的黄金时代，它奠定了国学的根基。国学的源头，当然还可以上溯到中华文明发生的炎帝、黄帝时代乃至更古远的文明初兴时期，但我们认为，作为"中国人之学术"的国学，其直接源头，当可以从"百家争鸣"时期的诸子之学算起。

中国历史上的"百家争鸣"，发生在春秋战国之际。它的出现不是偶然的，而是当时经济基础与上层建筑正在发生的重大变革的产物。春秋战国之际，奴隶制正在走向崩溃，封建制正在走向兴起。当时，"诸侯异政"，在思想上导致了"百家异说"，出现了学术思想领域的种种分歧。这种分歧，促成了"百家争鸣"学术思潮的出现。这里说的"百家"，是一个约数，泛指当时学派之众，并非真有"百家"。当时比较著名的学派，汉人司马谈将之归为"阴阳、儒、墨、名、法、道德"六家；《汉书》的作者班固又在六家基础上，增加纵横家、小说家、农家、杂家，称为"十

家"；在十家中，略去"小说家"，即称之为"九流"。无论是"九流"或
"十家"，都从特定角度反映了当时学术争鸣的大势。《汉书·艺文志》
说："诸子十家，其可观者九家而已。皆起于王道既微，诸侯力政，时君
世主，好恶殊方，是以九家之说（术）蜂出并作，各引一端，崇其所善，
以此驰说，取合诸侯。"可见，"百家争鸣"在客观上反映了先秦诸子在学
术上"蜂出并作"的盛况。

在先秦的"九流"或"十家"中，最有学术影响的学派，只有儒、
墨、道、法四家。这四家都建构了较为完整的学术体系，且产生过较为广
泛的学术影响。下面，试对这四家的开山祖及其学术旨趣，分别加以
概述。

（一）儒家学派的学术旨趣

儒家的创始人是春秋末年鲁国的孔丘（公元前551—前479年）。《淮
南子·要略》说："孔子修成康之道，述周公之训，以教七十子，使服其
衣冠，修其篇籍，故儒者之学生焉。"对于"儒家"的界定，历代学者多
有所论，其中以《汉书·艺文志》的概括较为全面："儒家者流，盖出于
司徒之官，助人君顺阴阳、明教化者也。游文于《六经》之中，留意于仁
义之际，祖述尧舜，宪章文武，宗师仲尼，以重其言，于道最为高。"据
此，学界把遵奉与信仰孔子之道的学者，称之为"儒家"。在政治方面，
儒家提倡"德治"、"仁政"、"王道"、"民本"以及"内圣外王"之术，
具有伦理政治倾向；在道德教化方面，儒家强调仁义、礼乐、忠恕、诚信
和"五伦"规范，以及自我修身等，具有礼教、德化的特征。孔丘死后，
"儒分为八"，"有子张之儒，有子思之儒，有颜氏之儒，有孟氏之儒，有
漆雕氏之儒，有仲良氏之儒，有孙（卿）氏之儒，有乐正氏之儒"[①]，其
中以子思（约公元前483—前402年）、孟轲（约公元前390—前305年）、
荀（孙）卿（公元前340—前245年）等，在当时影响最大。到了西汉，
随着汉武帝"罢黜百家，独尊儒术"政治方针的确立，儒家学术开始在中
国封建社会占主导地位，受到历代王朝的高度重视，得到相应的发展。儒
家的典籍，主要有《四书》（即《论语》、《孟子》、《大学》、《中庸》）和
《五经》（《易经》、《诗经》、《尚书》、《周礼》、《春秋》），后来又被增为

---

① 《韩非子·显学篇》。

《十三经》（除前《五经》外，还有《论语》、《孟子》、《礼记》、《孝经》、《仪礼》、《左传》、《公羊传》、《尔雅》等）。这些经典，担负着传承儒学的使命，是研究儒学的必读之书。儒家学术，对国学之影响极其深远。我们要复兴国学，必须首先复兴儒学。

（二）墨家学派的学术旨趣

墨家的创始人是墨翟（约公元前468—前376年）。《淮南子·要略》说："墨子学儒者之业，受孔子之术，以为其礼烦扰而不悦，厚葬靡财而贫民，久服伤生而害事，故背周道而用夏政。"由此可知，墨家是从儒家内部分化出来的一个学派，墨家学说集中地代表了当时劳动者的阶级利益。作为劳动者的代言人，墨子在政治上，向往"刑政治，万民和，国家富，财用足，百姓皆得暖衣饱食、便宁无忧"① 的理想社会。他希望"天下之人皆相爱：强不执弱，众不劫寡，富不侮贫，贵不傲贱，诈不欺愚"②。基于这些追求，他以"兴天下之利，除天下之害"为己任，主张"有力者疾以助人，有财者勉以分人，有道者劝以教人"，创立了有其自身特色的学说体系。其学说体系由"五项十事"所构成，即：尚贤、尚同；兼爱、非攻；节用、节葬；非乐、非命；天志、明鬼；等等。墨子死后，"墨离为三"，"有相里氏之墨，有相夫氏之墨，有邓陵氏之墨"③，这反映了墨家学派后来分化与演进的情况。先秦以后，墨家学派的思想成果，多渗入儒、道等家的思想体系中，而该学派自身，则由于历史条件的限制，而走向终结。今存的墨家经典，主要有《墨子》一书，它是我们研究墨家的可信史料。

（三）道家学派的学术旨趣

道家的创始人是春秋末年的老聃（约前576—?）。相传，孔子曾向他请教过周礼，年岁长于孔子。老聃学说的基本点是"贵柔"，《汉书·艺文志》说："道家者流，盖出于史官，历记成败存亡祸福古今之道，然后知秉要执本，清虚以自守，卑弱以自持，此君人南面之术也。"道家登上学

---

① 《墨子·天志中》。
② 《墨子·兼爱中》。
③ 《韩非子·显学篇》。

术殿堂，应当早于儒家。但是，由于老聃是一位隐者，他的学术见解未能像儒、墨诸家那样及时得到传播，只有到了战国前期（偏后），《老子》一书问世以后，道家学派才逐渐引起重视。《老子》一书，是道家学派的总纲领，全书约五千字，故又称《五千言》。它分上下两篇，上篇为《道经》，下篇为《德经》，故又有《道德经》之称。道家同其他学派比起来，显得更加成熟、老练。《老子》的最高范畴是"道"。其开篇第一句就是"道可道，非常道"。"道"，既是世界万物形成发展的最后本体（如"道生万物"），又是自然法则和社会法则的集中体现（如"道法自然"、"反者道之动"等）。在政治策略方面，道家强调"无为而治"，提出"无为而无不为"。在伦理道德方面，道家追求朴实无华、淳厚朴真的美德，主张"返璞归真"。道家在战国中后期得到了长足的发展，战国中期的稷下道家学派和庄周学派以及战国末年黄老新道家学派，都从不同的侧面继承和发展了老子的学说。西汉时期，由于黄老思潮的兴起，道家学术在汉初治国实践中，得到了较好的发挥。先秦道家的经籍，主要有《老子》、《庄子》、《列子》（此书过去有人疑为魏晋时人冒名伪造，近年已有专家撰文认为不伪）、《文子》、《黄老帛书》等。

（四）法家学派的学术旨趣

法家发端较早。《汉书·艺文志》说："法家者流，盖出于理（法也）官，信赏必罚，以辅礼制。"可见，"法"是作为"礼"的辅助物而出现的。公元前536年，郑国子产在金属鼎上铸刑书，可以说，开了法治的先河。但法家真正登上政治舞台，当是战国中期商鞅（约公元前390—前338年）学说形成以后的事。商鞅继承发展了战国前期李悝、吴起的法治学说，高举变法的旗帜，主张"不贵义而贵法"、"任其力不任其德"，并明确反对"法古"、"修今"，认为"法古则后于时，修今则塞于势"[①]，提出"因世而为治，度俗而为法"[②]。他的主张，得到了秦孝公的赏识，并在秦孝公支持下，于公元前359年和前350年先后两次在秦国实行变法，将其法治理论付诸政治实践。与商鞅生活的时代相近，齐国稷下学人中，有一些倡导法治的学者，曾活跃于齐国政治舞台，学界将之称为齐法家。今

---

① 《商君书·更法篇》。
② 同上。

存的《管子》书，有不少篇章属于齐法家的著作，是我们研究齐法家的可贵史料。到了战国末年，韩非在法治理论上继续开拓，形成了法、术、势相结合的法治体系，成为法家思想的集大成者。今存的先秦法家著作，主要有《商君书》、《管子》中的相关篇章以及《韩非子》等。

以上我们扼要地介绍了春秋战国之际儒、墨、道、法四大学派的基本情况。这四大学派，在当时的历史条件下，一方面，努力宣传自己的学术见解；另一方面，又在学术上与其他学派相对擂，以致出现了儒、墨、道、法诸家彼此碰撞、论辩、交锋的学术争鸣盛况。这种学术争鸣环境，在既互黜又互补的大潮中展开，如同大浪淘沙，使各家各派经受洗礼和锻炼，从而逐渐走向成熟。据此，我们可以说，春秋战国之际的"百家争鸣"，是我国文化史上第一次空前繁荣的学术思潮。在这一思潮中，先秦诸子所创造的学术成果，对尔后中国学术的演进发展，产生了根本性的学术影响。先秦以降，中国学术虽随着时代的推移，在不断变化发展，但万变不离其宗，我们总是可以到先秦诸子学说中找到思想源头，或曰找到产生新思想的"种子"。正是从这个意义上，我们把先秦诸子之学，看做国学之源。我们要把握国学，必须从源头上下功夫，也就是说，必须把探索的触角伸入到先秦诸子之学中，看先秦诸子是怎样为国学在后代的繁荣发展，铺垫出深厚的学术根基的。

二　关于国学之"流"

从秦汉到明、清，我国封建社会经历了两千余年的历史。在这漫长的历史过程中，思想家们（特别是儒家学者、道家学者以及后来的佛教学者）以"论道经邦"为己任，在"究天人之际、通古今之变、成一家之言"的学术实践中，创造出形态各异、丰富多彩的学术思想成果，从而大大深化提高了国学的水平。如果说，先秦诸子之学是国学兴起的活水源头，那么，先秦以降，儒、道、佛等学派思想的演进则构成了国学发展的三大干流。这三大干流，奔腾向前，相互激荡，催生出一系列前后相继的学术思潮，如汉初黄老思潮、两汉尊儒思潮、东汉反神学思潮、汉魏道教思潮、魏晋玄学思潮、隋唐佛学思潮、宋明理学思潮，以及明清之际的早期启蒙思潮等等，组合成国学发展演变的宏伟画面。下面，试对这一系列学术思潮分别作简要阐述，以便从宏观上把握国学发展演变的大致流向。

（一）汉初黄老思潮

西汉王朝建立后，废弃法家，遵从道家，催生出汉初的黄老思潮。这一思潮，是秦代法治苛政的对立物。它的出现，是为了医治秦代法治所造成的社会创伤，因而适应了民心思安、思治、思静的客观需要。顺应这一时代潮流，一批黄老学者应运而生。他们的代表人物有陆贾、刘安、河上公、严遵等。陆贾是一位儒道兼修的比较开明的黄老学者，他在西汉王朝建立后，便即时向刘邦进言，主张把"文武并用"作为"长治久安"之术，应用于现实政治生活。他的上奏，得到刘邦的赏识，刘邦命他著书阐明"秦亡汉兴"的缘由。陆贾受命后，潜心撰著《新语》一书。该书指出："夫道莫大于无为，行莫大于谨敬。何以知之？昔虞舜治天下，弹五弦之琴，歌南风之诗。寂若无治国之意，漠若无忧民之心，而天下治。"明确主张黄老无为之治。从这一思想出发，他构建成以黄老思想为特色的思想体条，强调"崇俭尚静"。这在当时，"似亦有启文、景、萧、曹之治者"①。此后，刘安与其门人合著的《淮南子》，对汉初黄老之治从理论上给予系统总结，并构建成别具特色的新道家思想体系，把先秦老庄的消极无为改造为积极有为。《淮南子》特别重视人君的自我修身，认为"上多求，则下多争"，做君的应当用自己有德的言行，去感化万民。由此，他们提出了"神化"的观念，说："刑罚不足以移风，杀戮不足以禁奸，为神化为贵。"继《淮南子》而起，有《〈老子〉河上公章句》一书。该书过去有人把它放在东汉末年，经学者考证，认为它是西汉黄老学者的著作，大约成书于《淮南子》之后、严遵《老子指归》之前。② 该书开了中国古代全文注释《老子》之风，在老学史上享有独特地位。它的独到之处，是继承发挥了黄老道家的精气说和元气说，并将治国与治身相提并论。在道德教育方面，十分重视"德化"，认为"上化公正，下无邪私"。这是对《淮南子》"神化"思想的继承与发挥。西汉末年严遵的《老子指归》，从隐士角度，深化发展了老庄清虚自守、无为自化的思想，这同汉初积极进取的黄老意境比起来，似有降温的征兆。说明黄老之学已开始走向衰微。

---

① 参见钱福之《新语·序》。
② 参见拙作《〈老子河上公章句〉成书时限考论》，《中州学刊》2001 年第 2 期。

（二）两汉尊儒思潮

由于黄老之治的推行，使汉初有可能得到几十年的内炼修养，医治战争创伤，恢复社会生机。随着历史的脚步，新的问题产生了。一是藩镇割据，加剧了地方和中央的矛盾；二是大地主阶级兼并土地，加剧了阶级矛盾；三是北方边境的匈奴入侵，造成社会动乱不安，加剧了民族矛盾。这些都提醒西汉统治者，黄老无为之治，已适应不了社会变动的需要，必须改弦更张，确立新的治国安邦指导思想，这就是启用儒学（本来，汉初贾谊曾竭力主张启用儒学。但是，由于当时黄老之治还有其存在的合理性，因而他的主张被搁置一旁）。适应时代的呼唤，董仲舒提出了"罢黜百家，独尊儒术"的政治主张。这一主张，很快被汉武帝所采纳，故促成了汉代的尊儒思潮。

两汉儒学有自己独特的历史使命。它要总结秦朝覆灭的历史教训，要阐明用儒学取代黄老之学的必要性，要抢救、整理、发掘被秦王朝废除险遭灭绝的儒家经典，等等。两汉儒家学者正是在完成这些任务的过程中，丰富发展了儒家学说。其主要代表人物有贾谊、董仲舒、刘向、扬雄以及《白虎通义》的作者们。贾谊是西汉初期的谋臣，他所著的《新书》，总结了秦朝覆灭的历史教训，揭示了儒学在治国安民中的价值，为儒学复兴敲响了开台锣鼓；董仲舒通过回答汉武帝举贤良对策，论述了"罢黜百家，独尊儒术"的必要性，使儒学复兴初步变为现实；刘向参与整理儒家经典，为保存儒家故籍作出过卓越贡献；扬雄立志振兴儒学，他仿《周易》作《太玄》，仿《论语》作《法言》，并取得重大成就；《白虎通义》是调解经学与神学矛盾以及今文经学与古文经学矛盾的产物，它的问世，标志着儒学复兴开始走向异化。两汉新儒学，在学术思想方面，既继承发扬了先秦儒家学者一些基本的学术见解，又在新的历史条件下，为建立"教化堤防"，进行了一系列理论探索。需要指出的是，两汉儒学在阐释经学过程中，异化出神学思潮。董仲舒的"天人感应"论和"王道之三纲可求于天"的说教，以及《白虎通义》中的谶纬神学观念，曾喧嚣一时，使当时的儒学沾染上了浓厚的神学色彩。这在当时乃至以后，都产生过十分消极的影响。

（三）两汉反神学思潮

两汉之际，思想界开始出现反神学思潮。这股思潮是对从董仲舒《春秋繁露》到班固《白虎通义》所鼓吹的神学世界观的回应。其代表人物主要有桓谭、王充、王符、荀悦、仲长统等。桓谭面对当时谶纬神学家"增益图书，矫称谶论，以欺惑贪邪，诖误人主"的行为，予以痛斥，并明确建议东汉光武帝"抑而远之"；王充继桓谭而起，公开举起了"忌虚妄"的大旗，以自然之天抵制神学家的人格之天，对"天人感应"说和谶纬神学进行了无情的批判；王符针对当时"妄畏"、"多忌"的封建迷信，指出："夫妖不胜德，邪不伐正，天之经也"；"人不可多忌，多忌妄畏，实致妖祥"！表达了"以正压邪"的理性之思。此外，荀悦、仲长统也都从不同视角批判神学与封建迷信。他们反神学的战斗精神，不仅在当时对于抵制神学思潮有其积极意义，而且对以后历代的反神学斗争，提供了可供借鉴的精神武器。

（四）汉魏道教思潮

由于社会条件的催化和民族文化传统的影响，到了东汉中后期，我国的本土宗教——道教，已登上了历史舞台。它的标志是道教理论开始走向成熟以及道教团体的出现。当时，在理论上，出现了早期道教经典《太平经》和《〈老子〉想尔注》；在教团方面，有张陵创立的"五斗米道"或曰"天师道"以及由张角创立的"太平道"。"道家"与"道教"，有本质不同，前者属于学术派别，后者属于宗教派别。道家以学术导人，道教以信仰传人。但两者又有不可分割的联系，从一定意义上说，道教经典主要是吸取黄老道家理论建构而成的。在思想理论方面，道教学者继承、发挥并改造了黄老道家的学说，将之引向宗教化。《太平经》是道教的早期经典，它在宇宙观方面，坚持世界万物"始于元气"的本体论；在政治上，向往"太平而和"的社会理想；在道德观方面，主张"抑恶扬善"、"常开仁路"、"救穷周急"等。《〈老子〉想尔注》明确主张"归志于道"，"富贵贫贱各自守道为务"，强调"守诚守信，不为二过"，说："道人宁施人，勿为人所施；宁避人，勿为人所避；宁教人为善，勿为人所教；宁为人所怒，勿怒人；分均，宁与人多，勿为人所与多。"表达了道教人士的伦理追求。

魏晋南北朝时期，道教在理论上得到了进一步发展和深化。在东汉后期，道教主要为劳动群众所信奉，具有反剥削、反压迫的倾向。到了魏晋时，由于一大批士族人物进入道教，改变了道教组织的阶级构成和文化素质。他们从自己的利益出发，对道教进行了一场重大变革：纷纷著书立说，阐发教理，汇集道书，制定教规教仪，建立起融道家哲理与道教信仰于一体的道教理论体系。在这一实践中，涌现出一批道教名士，其中主要有东晋道士葛洪（284—364 年）、北魏道士寇谦之（365—448 年）、南朝宋道士陆修静（406—477 年）以及南朝齐梁道士陶弘景（456—536 年）等。葛洪著《抱朴子·内篇》，用道家之说，论证"长生可得"、神仙可行可学；寇谦之托言"太上老君"清整道教，创立"北天师道"；陆修静撰《道德经杂说》等书几十种，并整理"三洞"经书，保存道家经典，创立"南天师道"；陶弘景的《真灵位业图》，融汇儒、释、道三家精髓，颇多创见。这些都有效地发展和深化了道教理论，其中也吐露出一些新的思想观念。如葛洪提出"抱一以独善"，寇谦之倡导"以礼度为首"，陆修静主张"洗心净行"，陶弘景向往"使性成真"等，都从一定角度表达了道教人士的道德取向。

（五）魏晋玄学思潮

魏晋时期，玄学思潮风起云涌。从思维逻辑上来看，这一思潮是对两汉神学思潮的否定，但它同两汉神学又有着不可分割的内在联系。如果说两汉神学的宗旨在于论证"王道之三纲可求于天"，那么，魏晋玄学的宗旨则在于引出"名教即是自然"的结论，二者在维护封建纲常名教方面，有其一致性，只是论证的途径方法不同而已。"玄"，其源出于《老子》首章中的"玄之又玄"一语，含有深远、玄妙之意。玄学家在形式上复活了老庄思想，他们的共同特征是："祖述老庄立论"，且把《周易》、《老子》、《庄子》并称"三玄"，旨在综合儒道两家的思想资料，以熔铸成体现儒道兼宗思想特色的新的思想体系。玄学的发展，围绕自然与名教的关系进行理论探讨，先后出现三大学派。一是以何晏、王弼为代表的"贵无派"；二是以阮籍、嵇康为代表的"任自然派"；三是以向秀、郭象为代表的"独化派"。"贵无派"，崇尚虚无本体，何晏说："有之为有，恃无以生；事而为事，由无以成。"[①] 王弼也说，"凡'有'皆始于'无'"[②]、

① 参见张湛《列子·天瑞》注引何晏《道论》。
② 王弼：《老子注》。

"无形无名者，万物之宗也"①。表达了作者"无"能生"有"的宇宙观。这一宇宙观，从特定角度反映了门阀士族"无爵而贵"的独特心理，而且顺理成章地得出"名教出于自然"的结论。其本旨在于突出"以无为为居，以不言为教，以恬淡为味"的政治向往和价值取向。"任自然派"以"越名教而任自然"为宗旨，直接反对当时司马氏政权"坐制礼法，束缚下民"的政治法律制度，表现了放任无忌、向往个体自由的人生追求。由于他们主张"越名教"，因而同当时的玄学主流相悖，故有人将之称为"玄学异端"。"独化派"以"万物独化于玄冥之境"为理论根基，论证"名教即是自然"。他们反对"贵无派"所谓"无能生有"之说，指出："无既无矣，则不能生有；有之未生，又不能为生。然则生生者谁哉？块然而自生耳！"这里所谓"块然而自生"，亦即"独化"是也。既然一切都是通过"独化"自然而成，则仁义等属于名教的东西，亦当出之自然。这就借老庄之学论证了名教存在的合理性，从而实现了儒道合流。

（六）隋唐佛学思潮

佛教早在东汉明帝（58—75 年在位）时，即由印度传入中国。但是，由于它是外来宗教，开始进入中国时，没有多大市场。后来，由于魏晋玄学的兴起，创造了一系列新的概念、术语和玄学思维模式，为佛学翻译家实行"连类"、"格义"式地翻译佛经创造了条件。所以魏晋之后，佛经逐渐完成了意译的任务，而得以与中国文化相融合，并在中国生根发展。到隋唐时，即出现了佛学思潮。当时的佛教学者，多以印度大乘佛教"空宗"和"有宗"作为思想归依，各从不同角度、用不同方法"证真如，入涅槃"，从而出现了一系列佛门宗派，如净土宗、律宗、密宗、三论宗、天台宗、唯识宗、华严宗、禅宗等。其中前三宗活跃于唐初，主要奉行宗教实践，缺乏理论创造，影响十分有限；后四宗在创建中国化的佛教理论方面，都作出过不同程度的理论贡献，其中又以华严宗和禅宗影响最大，特别是禅宗，成为中国化佛教的突出典型，在中国文化史上享有独特地位。华严宗和禅宗等，均在佛学理论方面有自己的独特创造。如华严宗要求佛门众僧要立"信"德，说："信为道元功德母，增长一切诸善法，除

---

① 王弼：《老子微指略例》。

灭一切诸疑惑，示现开发无上道。"① 这是明确把诚信作为对佛门信徒的基本要求。禅宗从"明心见性"的角度，要求信徒去体悟佛性，坚持抑恶扬善，强调"诸恶莫作"，"诸善奉行"，"放下屠刀，立地成佛"。认为作恶之人，只要从内心深处"真实忏悔"，则"千劫万劫，极重恶业，即自消灭"②。这在宗教伦理学发展史上，都产生过强烈影响。

隋唐佛学思潮是我国历史上引人注目的文化现象。它的兴起，不仅展示了佛教在中国化过程中所具有的强大生命力，而且从特定角度推进了中国本土学术。可以说，没有隋唐佛学，就没有后来的宋明理学。

（七）宋明理学思潮

宋至明代，我国儒家学术得到了重大发展，其最突出的标志是"宋明理学"（又称"宋明道学"）思潮的出现。宋明理学是中国封建社会后期居主导地位的思想体系。这一思潮的出现，既有其社会政治方面的需要，又有其理论思维内在逻辑必然。从社会政治需要来说，由于唐末五代篡杀频繁，君臣父子的封建伦理关系大遭破坏，极不利于社会安定、发展。宋王朝建立后，摆在统治者面前的重要任务，就是要恢复并强化儒家伦理道德观念，以巩固封建统治。而宋明理学，正是以儒家伦理为其主要内容，因而在客观上符合当时的社会政治需要。从理论思维发展的内在逻辑来看，封建社会前期，两汉儒家的神学目的论、魏晋玄学和隋唐佛学的空无本体论，曾在当时社会分别起过相应的历史作用。但儒学重视伦理实践，却疏于哲学论证；而玄、佛精于哲学思辨，却又流于寂灭空玄。若能把两者优势结合起来，建立起一种新的思想体系，那就很理想了。这一理论追求，终于通过宋明理学的创立最终得以如愿。因而，它的出现是理论思维内在逻辑发展的必然。

宋明理学把儒、释、道三教学术成果融为一体，使其由互黜走向互补。它以儒家纲常伦理为其核心内容，以佛、道的修养原则和思辨逻辑为其思想方法，因而是一种全新的思想体系。《宋史·道学传》曰："'道学'之名，古无是也。三代盛时，天子以是'道'为政教，大臣百官有司以是'道'为职业，党、庠、校、序师弟子以是'道'为讲习，四方百官

---

① 《华严经》。
② 《坛经》。

日用是'道'而不知。是故盈覆载之间，无一民、一物不被是'道'之泽，以遂其性于斯时也。"不难看出，这里说的"道"，指的是儒家"道统"。本来在唐代，韩愈就提出了儒家"道统"说。他主张废黜佛、老，回归儒家"道统"。但是，在佛、道均已在中国社会扎根并不断发展的历史条件下，要将之全部废黜，是不可能办到的。这是因为，它们在当时都具有继续存在的合理性。宋明理学理论体系的出现，既张扬了儒家道统，又保存了佛道中的合理因素，因而集中反映了当时的时代精神，这无疑比韩愈的简单废黜之论更为高明。

宋明理学以弘扬儒家纲常伦理为其理论归宿，虽也有不可避免的历史局限性，但是，它围绕"理气"、"心物"、"道器"、"体用"等范畴所展开的具有相当深度的理论探讨，对推进中国哲学向更高境界攀登，确实作出了不可磨灭的历史贡献。同时，它通过吸取佛道的修养法则，进一步深化了儒家"格物"、"穷理"、"主敬"、"立诚"等修身方法原则，使儒家道德修养论达到了很高境界，这又值得我们予以高度肯定。

《宋史·道学传》，依宋代理学的学术精神，把周敦颐、张载、二程、朱熹及其门人共二十多人列入《道学传》。其实，依宋明理学的学术旨趣，可以分为程朱理学、陆王心学、张载气学等学术流派。他们既有区别，亦有联系，都是宋明理学的重要组成部分。程朱理学的奠基人是"二程"，即程颢（1032—1085 年）、程颐（1033—1107 年）。他们以"理生万物"的世界观，论证"存天理"的必要性，曾说："人之所以为人者，惟有天理也；天理不存，则人与禽兽何异！"[①]继二程而起，朱熹（1072—1138年）成为"程朱理学"的最后完成者。他沿着二程的思维路向，明确提出了"存天理，灭人欲"的口号，将理学推向了新的境界。陆王心学的代表人物是陆九渊（1139—1193 年）和王阳明（1472—1528 年）。他们用"心即理"的命题，将心学同理学沟通起来，用"人同此心，心同此理"的著名格言，强调"欲破山中之贼，必先破心中之贼"。这与理学家"存理灭欲"的主张殊途同归。张载是气学的奠基人，他在世界观上，提出"太虚即气"的命题，但在学术上，仍突出儒家伦理，王夫之说："张子之学，上承孔孟之志，下救来兹之失，如皎日丽天，无幽不烛！"就这一点而言，他仍属宋明理学的思想体系，值得重视。

---

① 《二程集》第 4 册，中华书局 1981 年版，第 1272 页。

（八）明清之际的启蒙思潮

　　明末清初，中国社会出现了早期启蒙思潮。这一思潮的出现，是当时社会历史条件的产物。其一，明清之际，资本主义生产关系的新因素不断增长。到 16 世纪时，东南沿海地区民办的纺织、造纸、冶铁、制瓷、煮盐等手工业部门发展很快，出现了资本主义生产方式的萌芽。一些失业农民进城谋生，他们"什百为群"，"延颈待雇"，"得业则生，失业则死"，形成"机户出资，机工出力，相依为命"的带有资本主义性质的生产关系。这种生产关系的出现，相应推动了当时生产力的发展。其二，农民起义斗争不断高涨。明清处于中国封建社会晚期，社会矛盾全面激化。明朝统治者为了巩固自己的统治，不断强化统治机器。但压迫愈重，反抗愈强。从明中叶开始，农民起义烽火呈燎原之势。特别是明末爆发的以李自成、张献忠为领袖的农民起义斗争，写下了我国历史上农民运动的辉煌篇章。其三，明清之际，我国科学技术出现了日新月异的进步。一系列科学论著相继问世，灿若群星。最著名的有李时珍的《本草纲目》、徐光启的《农政全书》、宋应星的《天工开物》、徐宏祖的《徐霞客游记》等。它们从不同角度，反映了当时我国科技界的文明进步。

　　总之，资本主义生产关系的萌芽、农民起义斗争的新形势、科学技术新成就，都为启蒙思潮的到来奠定了社会历史条件。首先，资本主义生产关系的出现，势必引起意识形态的重大变化，要求思想解放。这次启蒙思潮，尽管就其性质而言，还只是地主阶级内部革新派的呼唤，但在特定的条件下，他们也提出了一些符合当时市民要求的政治、经济、文化主张。如，在政治上，他们要求废除君主专制、实行民主议政；经济上反对"崇本抑末"、主张"工商皆本"；文化上抨击封建科举制度，等等，都在客观上有利于资本主义的发展，具有相当的历史进步性。其次，农民革命军的武装斗争，不仅在政治上直接捣毁了明王朝，而且在经济上提出了"均田"的主张，这都在一定程度上推动启蒙思想家们思考土地改革方案。当时，王夫之提出"平天下者，均天下而已矣"，黄宗羲提出"按户均田"的方案，都在一定程度上反映了农民的土地要求。再次，当时的科学技术新成就，也为启蒙思想家构建比较进步的哲学世界观提供了启示。如，启蒙思想家方以智提出"质测即藏通几"的科学哲学观，王夫之提出"太虚本动"、"气化日新"的辩证发展观，等等，都同当时的科学成就密不可分。

明清之际启蒙思潮有着自己的鲜明特点。一是在一定程度上批判了"宋明道学"的传统观念，推动了当时社会的思想解放。如李贽反对"以孔子之是非为是非"观念，黄宗羲大胆否定传统的"忠君"观念，在当时都具有冲破传统的性质。二是表现出某些早期民主主义意识。如黄宗羲提出的做官"为天下，非为君也；为万民，非为一姓也"；王夫之提出"天下非一家之私"，"民所治之地，君弗得而侵焉"，等等，都具有早期民主主义的思想倾向。三是主张吸收外来学术，透露出早期对外开放的观念。如徐光启提出"欲求超胜，必先会通"的口号，认为要超越外洋，必先对外人创造的科学成果融会贯通；梅文鼎主张"深入西法之堂奥，而窥其缺漏"，等等，都具有早期面向世界的特点。四是主张务实求治。一些启蒙学者不满于道学先生们脱离实际、空谈性理、足不出户、游谈无根的迂腐习气，主张"言必证实，义必切理"，真正在"经世致用"、"事关民生、国家"方面下功夫。这些都从不同侧面反映了启蒙思想家学术思想的进步性，不仅在当时的历史条件下起着呼唤思想解放的积极作用，而且也对后来民主革命潮流的到来起到了开风气的积极影响，其理论和现实意义都不可估量。

以上，我们简要介绍了中国学术史上的八大思潮。这八大思潮，前后相继，表现形式和展示的内容各不相同，但是，它们都同儒、道、佛三家学术紧密相关，或表现为三家中之一家的思维向路，或表现为三家中之两家或三家的思想会通，从而分别从不同视角、不同层面展示了国学发展演变的丰富内涵及其在意识形态中的重要地位与作用。其中，有进步的思想理念，也夹杂着落后的或封建的社会意识。尽管如此，从总体上看，可以说，它们总是同社会政治经济变革的大势相协调，总是服务和服从于相应的政治经济制度，并且总是伴随着社会文明进步的脚步迈向新的目标。从这些来看，国学在中华民族的文明进步中确实举足轻重，对我们民族的思维模式、价值观念、道德取向、社会风气以及人民群众的人文素质，产生过极其重要的影响。

总之，国学渊源无比深厚，而从总体上看，我们可以说，先秦诸子之学，是国学之源。国学流向波澜壮阔，而从历史发展和思维逻辑上看，它形成了前后相继的八大思潮。国学之"源"与"流"，既从特定角度张扬了历代哲人的智慧之思，又用特定的旋律弹奏出中华民族文明进步的乐章。当今，随着文化建设步伐的加快，国学复兴的热潮正在到来。面对这一思想潮流，我们从把握国学之"源"与"流"入手，既有助于全面认识国学的丰富内涵，更有助于吸取历史智慧，提高弘扬国学的自觉性，以推进中华现代文明，为民族复兴大业作出自己的贡献。

（原载《湖北社会科学》2008 年第 10 期）

国学的本质特征——"尚道"

　　国学是中国人自己的学术，它的本质特征是什么？笔者以为可用两个字来概括，那就是"尚道"。"道"是中国古代哲学中使用最广、身价最高的重要范畴。正确认识这一范畴，对于透视国学的理论框架及其基本精神，有着不可低估的重要作用。

　　中国古代哲学家虽然在世界观、人生观、价值观方面各有不同，但却有一点是共同的，那就是大家都崇尚"道"的价值，强调尊道、闻道、学道、修道、得道、传道、循道。儒家创始人孔子说："朝闻道，夕死可矣。"① 他把"闻道"看得比生命还重要，其尚道倾向不言而喻；儒家亚圣孟子，提出"得道者多助，失道者寡助"②，明确提倡"得道"，避免"失道"；墨家创始人墨翟直接提出"贵尧舜禹汤文武之道"③，主张"遵道利民"④、"有道者劝以教人"⑤，其尚道观念溢于言表；道家创始人老子曾提出"尊道贵德"⑥ 的命题，强调"孔德之容，唯道是从"⑦，主张要"执古之道，以御今之有"⑧，认为"道"可"生万物"⑨，其尚道思想，更是无比鲜明；老子的后继者庄周，强调要"学道不倦"⑩，亦表达了对"道"的不懈追求；法家奠基人商鞅，明确主张要"明于治乱之道"⑪，认

---

① 《论语·里仁》。
② 《孟子·公孙丑下》。
③ 《墨子·尚贤下》。
④ 《墨子·天志中》。
⑤ 《墨子·尚贤下》。
⑥ 《老子》第51章。
⑦ 《老子》第21章。
⑧ 《老子》第14章。
⑨ 《老子》第42章。
⑩ 《庄子·应帝王篇》。
⑪ 《商君书·修权篇》。

为"道明则国强，道幽则国削"①，其尚道意识似亦并不逊色。由此可见，儒、墨、道、法四大学派，虽然所持学说不同，但大家都推崇"道"，这是相同的。

那么，"道"的内涵究竟是什么呢？这是一个非常复杂的问题，必须作探源索流式的解析。"道"的原始含义，指的是"道路"，《说文》："'道'，所行道也，从走，从首，一达谓之道。"由于"道"是人之"所行"，所以，"道"可以引申出"必须遵行"之意。《庄子·渔父》所谓"道者，万物之所由也"，就含有这个意思。正是从这个意义上，"道"被古代哲学家奉为至高无上、不可移易的真理，人们只能遵循，不可违逆。故董仲舒曰："久而不易者，道也。"② 这只是就一般意义而言，具体到不同学派、不同思想家的理解，则又千差万别，纷纭错杂，各不相同，故古有"道不同，不相为谋"③ 之说。从实质上看，"道"是中国哲学史上一个典型的模糊哲学范畴，正因它模糊，所以各家各派都可以对之作出自己的阐释。以儒、墨、道、法四大学派而论，其所持的"道"，都有其特定内涵，它从一个侧面反映了各家各派的价值取向和人生追求。

下面试分别对儒、墨、道、法四大学派关于"道"的基本内涵，作简要探析。

一　儒家所奉行的"道"

儒家是国学史上影响最大的一个学派，它关于"道"的内涵有自己的系统理论。孔子曾对曾参说："参乎，吾道一以贯之。"④ 后来曾子门人问曾子：夫子所谓"吾道一以贯之"之语，是什么意思？曾子答曰："夫子之道，忠恕而已矣！"⑤ 在曾子看来，孔子所追求的"道"，也就是"忠恕之道"。何谓"忠恕"？邢昺曰："忠，谓尽中心也；恕，谓忖己度物也。"⑥ 具体说来，孔子所谓"己欲立而立人，己欲达而达人"⑦，讲的乃

---

① 《商君书·错法篇》。
② 《汉书·董仲舒传》。
③ 《史记·老子传》。
④ 《论语·里仁篇》。
⑤ 同上。
⑥ 《十三经注疏·论语·里仁注疏》。
⑦ 《论语·雍也篇》。

是"忠"道；其所谓"己所不欲，勿施于人"①，讲的乃是"恕"道。"忠恕之道"，从本质上说，体现了对他人的关爱，属于"仁爱"思想范畴，因而集中表达了儒家的仁义之道。孔子曰："人能弘道，非道弘人。"② 而要做到"弘道"，就必须在行仁义上下功夫。从这个意义上说，儒家所推崇的"道"，乃是仁义之道。这从历史上许多著名儒家学者的论述，可以得到证明。

先秦时期，儒家亚圣孟子曾说："杨墨之道不息，孔子之道不著。是邪说诬民，充塞仁义也。仁义充塞，则率兽食人。人将相食，吾为此者惧，闲（卫也）先圣之道，距杨墨、放淫辞，邪说者不得作。"③ 不难看出，这里所谓"邪说诬民"，指的是"杨墨之道"；而"仁义"则指的是"孔子之道"。"孔子之道"之所以"不著"，是由于"仁义"被"邪说"所充塞。十分清楚，孟子所讲的"孔子之道"，其核心内容是"仁义"。孟子又说："人之有道也，饱食暖衣，逸居而无教，则近于禽兽。圣人有忧之，使契为司徒，教以人伦：父子有亲，君臣有义，夫妇有别，长幼有序，朋友有信。"④ 这里所讲的"五伦"，包含"亲"、"义"、"别"、"序"、"信"五个方面，其中也包含着仁、义、礼、智、信等道德内容，将这些加以推广，正是"人之有道"的表现。这再次说明，孟子所理解的"道"，也是仁义之道。

到了汉代，著名儒家学者董仲舒曾说："故圣人法天而立道，亦博爱而亡（犹无也）私，布德施仁以厚之，设谊（同义）立礼以导之。"⑤ 这里非常明确地把儒家所说的"道"，解释为"布德施仁"、"设谊立礼"，则仁、义、礼都属于"道"的范畴。他又说："道者，所系适于治之路也，仁义礼乐皆其具也。"⑥ 这里把"仁义礼乐"作为"道"的具体表现，再次表明，儒家所推崇的"道"，包括了"仁义礼乐"等道德属性。

唐代著名学者韩愈在构建"道统"说时，更进一步指出："博爱之谓仁，行而宜之之谓义，由是而之焉之谓道，足乎己无待于外之谓德。仁与

---

① 《论语·颜渊篇》。
② 《论语·里仁篇》。
③ 《孟子·滕文公下》。
④ 《孟子·滕文公上》。
⑤ 《汉书·董仲舒传》。
⑥ 同上。

义为定名，道与德为虚位。"① 在韩愈看来，"道德"是最高抽象，它囊括一切具体道德，故具有"虚位"的特性；而"仁与义"虽是道德中的重要德目，但它们又有其具体所指，故而为"定名"（即具有确定的名分）。这样，仁义与道德就统一起来了。所以，在韩愈看来，儒门所讲的"道德"，就是"仁义道德"。韩愈之所以对儒家之道作出自己的解释，目的在于鞭挞佛、老之道，故又说："老子之所谓道德云者，去仁与义言之也。""佛于晋、宋、齐、梁、魏、隋之间，其言道德仁义者，不入于杨，则入于墨；不入于墨，则入于老"②，均不合儒家之道。所以，韩愈所理解的儒家之"道"，就是按照具有"博爱"特色的仁德和"行而宜之"的义德所确定的路走下去。

到了宋代，宋儒直接把"道"解释为"理"或"天理"。二程说："道即是理也。"指出："道之外无物，物之外无道，总天地之间，无适而非道也。即父子，而父子在所亲；即君臣，而君臣在所严（'严'，一作'敬'）；以至为夫妇、为长幼、为朋友，无所为而非道，此道所以不可须臾离也。"③ 这里把君臣、父子、夫妇、长幼、朋友五种人伦关系的确立，都归之于"道"。这个"道"，也就是"理"或曰"天理"。故又说："人之所以为人者，惟有天理也。天理不存，则人与禽兽何异？"④ 其所谓"天理"，也就是儒家所提倡的以仁义忠信为主要内容的人伦之理。朱熹说："宇宙间一理而已，天得之而为天，地得之而为地，而凡生于天地之间者，又各得之而为性。其张之为三纲，其纪之为五常，盖皆此理之流行，无所适而不在。"⑤ 显然，朱子把"三纲五常"作为儒家"道"或"理"（天理）的内涵，同先儒孟子、董仲舒以及韩愈等人所归纳的"道"之意蕴，在内涵上是一致的。

综上所述，从先秦至宋明，儒家学者所理解的关于"道"的说法，虽有这样或那样的差异，但万变不离其宗，都是以仁义为其核心内容，并涵盖儒家所倡导的一系列道德信条或曰道德规范、道德精神、道德理想，等等。

---

① 《韩昌黎集·原道篇》。
② 同上。
③ 《二程集》第 1 册，中华书局 1981 年版，第 73—74 页。
④ 《二程集》第 4 册，中华书局 1981 年版，第 1272 页。
⑤ 《朱子全书》卷 70《读大纪》。

二　墨家所奉行的"道"

　　墨家是战国时期又一著名学派，它与儒家并称"显学"，其关于"道"的意蕴，乃是墨家学派价值追求的重要体现。我们知道，墨子的主要思想，集中体现在"兼爱"、"非攻"，"尚贤"、"尚同"，"天志"、"明鬼"，"非乐"、"非命"，"节用"、"节葬"等五个方面、十大范畴，学界将之称为"五项十事"。在墨子看来，这"五项十事"都是"道"的重要组成部分，它们从不同侧面体现了"圣王之道"的基本精神。下面试引《墨子》所论以证之。

　　第一，以"兼爱"、"非攻"为"道"。"兼爱"、"非攻"是墨子书中两大哲学范畴，是其人本思想的重要体现。首先，"兼爱"强调的是"爱人如爱己"，没有差别。其本意在于同儒家的"仁爱"相区别。我们知道，儒家的仁爱强调"亲亲"、"贵贵"，表现出爱人与爱己有所差别。墨子提出"兼以易别"，就是要用没有差别的爱来代替有差别的爱，这就同儒家的"仁爱"区别开来了。"兼爱"，反映了当时劳动者的愿望。墨子提出要"爱人如爱己"，就是希望统治者能把爱的雨露也洒向劳动群众，使他们同样能获得社会的关爱。在墨子看来，这符合圣王之"道"，故曰："兼者，圣王之道也。王公大人之所以安也，万民衣食之所以足也。故君子莫若审兼而务行之，为人君必惠，为人臣必忠，为人父必慈，为人子必孝，为人兄必友，为人弟必悌。故君子莫若欲为惠君、忠臣、慈父、孝子、友兄、悌弟，当若兼之不可不行也，此圣王之道而万民之大利也。"① 这就告诉人们，墨子是把兼爱看做"圣王之道"。其次，墨子所讲的"非攻"，实质上是对侵略战争（攻）的否定，这是他的"兼爱"思想的进一步延伸，二者殊途同归，都体现了对人类的爱心，因而也符合圣道，故墨子指出："尚（同上）欲中圣王之道，下欲中国家百姓之利，故当若非攻之为说，而将不可不察（明也）者，此也。"② 显然，这是把"非攻"看做"圣王之道"。

　　第二，以"尚贤"、"尚同"为"道"。"尚贤"、"尚同"也是墨家哲

---

① 《墨子·非攻上》。
② 同上。

学体系中的两个重要概念。首先，"尚贤"意为"崇尚贤才"，讲的是用人之道。墨子主张"贤者举而尚之，不肖者抑而废之"；"有能则举之，无能则下之"。这表现出任人唯贤的政治追求。故墨子指出："且以尚贤为政之本者，亦岂独子墨子之言哉？此圣王之道、先王之书、距年之言也。"① 不难看出，这是把"尚贤"看做"圣王之道"，故又说："昔吾所谓贵尧舜禹汤文武之道者，何故以哉？以其唯毋临众发政而治民，使天下之为善者，可而劝也；为暴者，可而沮也。然则此上（尚）贤者也，与尧舜禹汤文武之道同矣。"② 其次，"尚同"（犹"上同"），指的是在思想认识与道德追求方面，要与在上者相同，即一里要上同于里长，一乡要上同于乡长，一国要上同于国君，普天下要上同于天子，而天子又要上同于天。这种同于"上"的主张，是以在上者均为贤者为条件，所以上同的本意，在于倡导上同于贤者，故"尚同"是"尚贤"思想的进一步延伸。因而也符合圣道。所以，墨子指出："今天下王公大人士君子……上欲中圣王之道，下欲中国家百姓之利，故当尚同之说而不可不察，尚同为政之本而治〔之〕要也。"③ 这里所说的"为政之本"，亦即"为政之道"。

第三，以"天志"、"明鬼"为"道"。"天志"、"明鬼"亦是墨家哲学体系中的两个重要概念。首先，关于"天志"，强调的是要尊重天之意。他所说的"天之意"，实质上突出的是墨子自己的思想主张。他是要借助"天"这支"上方宝剑"来推行自己的意旨。他指出："今天下之君子，中实将欲尊道利民，本察仁义之本，天之意不可不慎。"又说："天之意不欲大国之攻小国也，大家之乱小家也，强之暴寡，诈之谋愚，贵之傲贱，此天之所不欲也。不止此而已，欲人之有力相营，有道相教，有财相分也；又欲上之强听治也，下之强从事也。"④ 不难看出，这里所突出的"天之意"，都同墨子之意相合，因而在他看来也是"尊道"的体现。其次，关于"明鬼"，强调的是鬼神存在的客观性。墨子认为，鬼神可以赏贤罚暴，指出："今若使天下之人偕若信鬼神之能赏贤而罚暴也，则夫天下岂乱哉？"⑤ 他的"明鬼"是其"天志"说的进一步延伸，因而也符合

---

① 《墨子·尚贤中》。
② 《墨子·尚贤下》。
③ 《墨子·尚同下》。
④ 《墨子·天志中》。
⑤ 《墨子·明鬼下》。

圣道，故又说："今天下之王公大人士君子，中实将欲求兴天下之利，除天下之害，当若鬼神之有也，将不可不尊明也，圣王之道也。"①

第四，以"节用"、"节葬"为"道"。"节用"、"节葬"也是墨家常用的两大重要概念。首先，关于"节用"，指的是节制财用，是墨子尚俭去奢思想的体现，这也表达了劳动人民勤劳俭朴的思想追求。因而墨子认为，"节用"也属于"圣王之道"，他说："去无用之费，圣王之道，天下之大利也。"② 其次，"节葬"是对儒家"厚葬久丧"陋习的批判，是其"节用"思想的进一步延伸，故墨子认为它符合圣道，说："今天下之士君子，……上欲中圣王之道，下欲中国家百姓之利，欲当若节丧之为政而不可不察此者也。"③

第五，以"非乐"、"非命"为"道"。"非乐"、"非命"亦为墨子哲学体系中的重要范畴。所谓"非乐"，指的是对音乐活动的否定、谴责。墨子站在劳动人民的立场上，认为音乐活动是统治阶级寻欢作乐的需要，它劳民伤财，不合圣道："是故子墨子之所以非乐者，非以大钟、鸣鼓、琴瑟、竽笙之声，以为不乐也；非以刻镂华文章之色，以为不美也，非以犓豢煎炙之味，以为不甘也；非以高台厚榭邃野之居，以为不安也。虽身知其安也，口知其甘也，目知其美也，耳知其乐也，然上考之不中圣王之事，下度之不中万民之利，是故子墨子曰：'为乐非也。'"④ 这里明确认为"乐""不中圣王之事"，则"非乐"乃合圣王之"道"。所谓"非命"，是对"有命"之说的否定。"有命"说，肯定命运的存在，他们坚信"命富则富，命贫则贫；命众则众，命寡则寡；命治则治，命乱则乱；命寿则寿，命夭则夭"⑤，总之，人的富、贫、众、寡、治、乱、寿、夭，一切都由"命"所定。墨子认为这个看法毫无依据，并以"三表"法予以检验，肯定"执有命"乃是"暴人之道"，指出："故命，上不利于天，中不利于鬼，下不利于人。而强执此者，此特凶言之所自生而暴人之道也。"⑥ 把"执有命"视为"暴人之道"，则"非命"自然合于圣人之道。

---

① 《墨子·明鬼下》。
② 《墨子·节用上》。
③ 《墨子·节葬下》。
④ 《墨子·非乐上》。
⑤ 《墨子·非命上》。
⑥ 同上。

以上五个方面都告诉人们，墨子所奉行的"道"，就是"五项十事"，具体说来，即"兼爱"、"非攻"，"尚贤"、"尚同"，"天志"、"明鬼"，"节用"、"节葬"，"非乐"、"非命"等。所以，要理解墨子之道，必须深入体味以上所说的"五项十事"。

三 道家所奉行的"道"

道家是与儒家尖锐对立的一大学派，其创始人是老子。老子创立的道家，到战国中期分化出稷下道家学派、庄周学派，而到战国末年和汉初又出现了黄老新道家学派。从老子到其后的各种道家学派，都无比重视对"道"的诠释与发挥，他们从不同角度展示了道家之"道"的丰富内涵。

（一）老子所奉行的"道"

老子之"道"，充满思辨色彩，给人以"玄之又玄"之感。故《老子》一开始就说："道可道，非常道。"其意是说，道家所奉行的"道"，乃是"常道"。这个"常道"只能意会，不能言传。在老子看来，"道"的形象模糊不清，很难捕捉到它的真谛。《老子》第二十一章说，"道之为物，唯恍唯惚"，认为"道"之作为一物，具有恍恍惚惚的特征，让人很难捉摸，因而它不便用语言表达，即"不可道"也。既然"不可道"，那么，我们是不是对道家之"道"，答以"不可知"呢？这当然不能解决问题。老子之作《五千言》，其本意在于传道。如果"道"真的不能用语言表达，则《五千言》就毫无意义。事实上，《老子》一书已从不同侧面对"道"有所描述，只要我们认真去研读，还是可以探知其"道"的基本属性。从《老子》全书来看，其关于"道"的内涵，至少包括如下几个方面：

其一，《老子》把"道"视为生物之本。第四十二章说："道生一，一生二，二生三，三生万物。"这段话的基本意蕴，就是"道生万物"。在这里，《老子》明确把"道"看做世界万物产生的最后本原，表达了一元论的本原论。

其二，《老子》之"道"，有"法则"或"规律"的意义，如第四十章说："反者道之动。"其意是说，向相反的方面转化，是"道"在运动。第二十五章说："道法自然。"这是说，"道"以自然为效法的对象。十分明显，这里讲的都属于法则或规律。又第四十一章说："故建言有之：明道若昧，进道若退，夷道若类……"这里把"明"与"昧"、"进"与"退"、"夷"与"类"都看做相反相成的东西，它同第二章所讲的"有无相生，难易相成，长短相形，高下相倾，音声相和，前后相随"，在含义上是一致的，都属于"相反相成"之"道"，无疑亦具有规律或法则的意义。此外，《老子》所讲的"天之道"具有"不召而自来"等特性，突出的正是自然法则。

其三，《老子》还把"道"视为法术、方术或方略。第六十五章曰："古之善为道者，非以明民，将以愚之。"这里所说的"道"，乃是一种愚民的法术。第四章曰："道，冲而用之，或不盈，渊兮似万物之宗。"这里强调的是对清虚之道的运用，意在启迪人们守虚，亦具有方法论的意义。第十五章说："保此道者，不欲盈。"强调"不欲盈"，很明显，也属于守虚的法术。

其四，《老子》之"道"，含有"无为"的意蕴。如第四十八章说："为学日益，为道日损，损之又损，以至于无为，无为而无不为。取天下常以无事，及其有事，不足以取天下。"不难看出，这里讲的"取天下常以无事"，指的乃是政治上的"无为"之道。第五十七章曰："故圣人云：'我无为而民自化，我好静而民自正，我无事而民自富，我无欲而民自朴。'"十分清楚明白，这里讲的也是无为之道。

其五，《老子》之"道"，还具有处世保身的意蕴。如它提出的"知荣守辱"、"处柔守弱"、"少私寡欲"、"见素抱朴"、"为而不争"等命题，都具有处世保身的意蕴。

其六，《老子》之"道"，还有养生的意义，第五十九章所谓"深根固柢，长生久视之道"，就属于养生之道；又第六章："谷神不死，是谓玄牝，玄牝之门，是谓天地根。绵绵若存，用之不勤。"全章讲的都是养生之道，其中"绵绵若存，用之不勤"，似乎属于养气方法。

《老子》之"道"的内涵，还可以列出一些，但以上几点，当为主要内容，值得我们予以重视。

（二）老子的后继者所奉行的"道"

老子的后继者——稷下道家学派、庄周学派、战国末年至汉初的黄老学派，都从不同角度继承发挥了《老子》之道。

1. 稷下道家学派论道

稷下道家学派，指的是战国中期，在齐国稷下学宫中从事学术活动并坚持道家学说的那一派学者，其代表人物有慎到、田骈、接子、环渊诸人。他们的著作，多已逸失，今存"《管子》六篇"（含《白心》、《内业》、《心术上》、《心术下》、《水地》、《枢言》），属于稷下道家遗著。稷下道家以道家思想为主体，也吸取了儒、墨、名、法、阴阳诸家的思想成果。

首先，稷下道家对"道"的最突出贡献，就是提出了"精气"说。他们把"道"同"精"与"气"结合起来，提出了著名的精气说。《内业》曰："凡物之精，此（当作'化'，据丁士涵说）则为生。下生五谷，上为列星。流于天地之间，谓之鬼神，藏于胸中，谓之圣人。"这里明确把精气看做化生万物之本，从表面看，似乎同"道"为生物之本的观点相矛盾。但细读《内业》，可知两者并不矛盾，该文还讲过一段重要的话："精者，气之精者也。气，道（通）乃生，生乃思，思乃知，知乃止矣。"这里不仅把"精"直接释为精气，而且更重要的是提出了"气道（通）乃生"的命题。学界认为，文中的"道"，乃"通"之误。"气通乃生"，是说只有"气"达到融通，才能产生万物。这是对《老子》思想的重要改造。它既未否定道为生物之本，又揭示了精气在生物中的重要作用。这是对中国古代哲学的一个重大贡献。此后，"精气"成为中国古代哲学中一个常用的重要范畴。

其次，稷下道家还把老子的"无为之道"改造为"因术"。《心术上》曰："无为之道，因也，因也者，无益无损也。以其形，因为之名，此因之术也。""因者，舍己而以物为法也。""故道贵因，因者，因其能者，言所用也。"这里所讲的"因"，乃是从实际出发，客观地反映自然的认识方法。所谓"舍己而以物为法"，就是要求认识主体在认识事物中，不要带个人偏见，以便于正确反映现实中的事物。这种观点有助于推进唯物论的认识论。

2. 庄周学派论道

所谓庄周学派，指的是庄周及其后学构成的学术派别，其基本思想，保存在今存的《庄子》（此下以《庄子》代庄周学派）一书中。同《老子》一样，《庄子》也十分重视"道"，《知北游》开篇即曰："予欲有问者若：何思何虑则知道？何处何服则安道？何从何道则得道？"把"知道"、"安道"、"得道"等作为重要问题提了出来，表明其对"道"的极端重视。因此，《庄子》也从不同方面，对《老子》之"道"作了继承与发挥。这里着重阐明其理论上的主要贡献。

首先，《庄子》在理论上最突出的贡献，是把"道"释为"理"。《缮性》曰："道，理也。……道，无不理，义也。"这里直接以"理"来释"道"，并认为"道，无不理"，肯定"道"与"理"相通。《秋水》曰："知道者必达于理。"《天下》曰："是故慎到弃知去己，而缘不得已，冷汰于物，以为道理。"这里通过评价慎到的思想，而创造出"道理"这一概念。先将"道"释为"理"，进而将"道"与"理"结合起来，称作"道理"，这也是对中国古代哲学的重大贡献。自《庄子》之后，"道理"一语，逐渐在学界普及开来。宋明理学家的独到之处，就是把"道"释为"理"（这是对《庄子》的继承），进而将"理"释为"天理"（这是宋儒的独特之处）。

其次，《庄子》还发挥了《老子》养生之道的思想。《在宥》曰："广成子南首而卧，黄帝顺下风膝行而进，再拜稽首而问曰：'闻吾子达于至道，敢问：治身奈何而可以长久？'广成子蹶然而起，曰：'善哉问乎！来，吾语女（按：女，读作汝，下同）至道。至道之精，窈窈冥冥；至道之极，昏昏默默。无视无听，抱神以静，形将自正。必静必清，无劳女形，无摇女精，乃可以长生。目无所见，耳无所闻，心无所知，女神将守形，形乃长生。慎女内，闭女外，多知为败……'"这里借广成子之口所讲的养生之道，比《老子》的养生之道内容更为丰富。又《刻意》言："吹嘘呼吸，吐故纳新，熊经鸟申，为寿而已矣。此道引之士、养形之人，彭祖之所好也。"这里讲的"道引"之术，也是对养生之道的独特创造。

3. 黄老学派论道

战国末年至汉初，学界出现了黄老思潮。这个思潮是由稷下道家学派演化而来，所不同的是，它把黄帝与老子并重，以黄帝、老子之言立论，在当时产生了强烈反响。今存的《黄老帛书》、《文子》、《鹖冠子》以及《淮南子》、《〈老子〉河上公章句》（按：此书过去被视为成于东汉，近年经学者考证成于西汉，为黄老新道家之作），都属于黄老学派著作。黄老学者从多方面发挥了《老子》关于"道"的理念。由于这个学派所涉著作较多，我们这里的剖析仅以汉初《淮南子》与《〈老子〉河上公章句》

（此下简称《章句》）为例。

　　首先，其最为显著的贡献，是把"道"与精气、元气结合起来，构成生物之本。《章句》第十章《注》曰，"道生万物而畜养之"、"道生万物无所取有"，反复提到"道生万物"，肯定"道"为生物之本。在该书中，不仅提到"道生万物"，还提到精气或元气生万物。如第二十一章《注》曰："万物皆得道之精气而生。"又，第二章《注》曰："元气生万物而不有。"那么，"精气"、"元气"同"道"是什么关系呢？第二十五章《注》曰："道，养育万物精气，如母之养子。"第十章《注》曰："一者，道始所生之精气也。"这里把"精气"与"道生一"之"一"等同起来，说明精气是"道"之"子"，"道生万物"是在生出精气之后，再生万物。这就清楚明白地告诉人们，道生万物是通过"精气"这一中间环节完成的。它比稷下道家的精气说，思想更为明确。可以说，它将中国古代的精气说向前大大地推进了一步。需要指出的是，该书关于元气和"道"的关系，似未见阐述。这说明"元气"观念在当时还不够成熟（"元气"概念，首见于战国末年成书的《鹖冠子》）。但《章句》提出"元气生万物"的命题，这在汉初，还是具有开创性的，对后世影响深远，亦值得重视。

　　其次，黄老学派的又一重大贡献，是改造了《老子》的"无为之道"。《淮南子·修务训》曰："或曰：无为者，寂然无声，漠然不动，引之不来，推之不往，如此者，乃得道之象。吾以为不然。"这里"吾以为不然"一语，对把"道"解释为"寂然无声，漠然不动，引之不来，推之不往"的消极无为理论，予以全盘推翻，表明作者不赞同一些人对"无为"的消极解释。接着，作者从积极方面提出了自己关于"无为"的见解，指出："若吾所谓无为者，私志不得入公道，嗜欲不得枉正术，循理而举事，因资而立功，权自然之势，而曲故不得容者。故事成而身弗伐，功立而名弗有。非谓其感而不应，攻而不动者。若夫以火炭井，以淮灌山，此用己而背自然，故谓之有为。若夫水之用舟，沙之用鸠，泥之用輴，山之用蔂，夏渎而冬陂，因高为田，因下为池，此非吾所谓为之。圣人之从事也，殊体而合于理，其所由异路而同归。"这一大段论述，就是要人们把"有为"与"无为"区别开来。其所谓"有为"，指的是"用己而背自然"，如"以火炭井，以淮灌山"之类；而"无为"，则是顺应自然的作为，如"水之用舟，沙之用鸠，泥之用輴，山之用蔂"之类。显然，《淮南子·修务训》的作者所讲的"无为"，乃是顺应自然的积极有为，这就对早期道家的消极无为思想作了重要改造。

道家的"道"，随着历史的发展，还被后人从不同的方面作过解释，如魏晋玄学家王弼以"无"释"道"，提出了以"无"为本的本体论；德国人施特劳斯把"道"释为"神"①，等等。这都说明道家之"道"，从《老子》提出之后，衍化极其纷纭复杂。透过这些变化，我们可以窥见道家哲学的深远影响。

四　法家所奉行的"道"

法家的奠基人是战国中期的商鞅。战国末年的韩非继承发展了商鞅、申不害、慎到等人的法家学说，成为先秦时期法家学说的集大成者。法家虽然也非常重视"道"，但他们所说的"道"，同儒、墨、道诸家相比，有很大的不同。综观其论，法家之"道"，乃是其法治思想体系的集中体现。他们所讲的"道"，实质上就是法治。如《商君书·农战》曰："常官则国治，壹务则国富。国富而治，王之道也。"这里讲的"王之道"，表现在"常官"与"壹务"两个方面。所谓"常官"，指的是按法律制度任官，故"不任智虑"即不用离开法度的所谓智谋，意为依法而任官。其所谓"壹务"，指的是统一事务，具体而言即集中力量于农战。这也是法的体现。所以，此处所讲的"王之道"，实即王之法。又，《商君书·开塞》言："然则上世亲亲而爱私，中世上贤而说仁，下世贵贵而尊官。……此三者，非事相反也，民道弊而所重易也，世事变而行道异也。"仔细掂量这里所说的"行道异"之"道"，当亦与"法"同，表达的是"法与世移"的思想。《一言篇》所谓"故圣人之为国也，不法古，不修今，因世而为之治，度俗而为之法"一段话，可作为上述"道"字之注脚。《商君书·立本》曰："三者有论，故强可立也。是以强者必治，治者必强；富者必治，治者必富；强者必富，富者必强。故曰：治强之道三，论其本也。"这里说的"治强之道"，亦即治强之法也。可见，商鞅所说的"道"，多指"法"。又，《韩非子·五蠹》曰："故明主之道，一法而不求智，固术而不慕信，故法不败，而群官无奸诈矣！"这里把"一法而不求

---

① 杨兴顺：《中国古代哲学家老子及其学说》，科学出版社1957年版，第82页。

智，固术而不慕信"，作为"明主之道"，其所谓"道"，指的正是法与术。又，《韩非子·显学篇》曰："故明主之吏，宰相必起于州部，猛将必发于卒伍。夫有功者必赏，则爵禄厚而愈劝；迁官袭级，则官职大而愈治。夫爵禄大而官职治，王之道也。"这里把"爵禄大而官职治"作为"王之道"的标志，其所谓"道"，当亦为"法"。以上分析告诉我们，商鞅、韩非等法家学者所讲的"道"，一般指的是法治。尽管他们所说的"道"，也可能还有其他含义，但谈"道"论法，是其思想的主要之点。

综上所述，中国哲学史上，儒、墨、道、法四大学派，都有其鲜明的尚道意识。但他们所讲的"道"，各不相同。透过他们关于"道"的内涵，我们可以窥见这些学派所构建的哲学框架及其基本精神。儒家的"道"，突出的是以"仁义"为核心内容的道德精神和伦理追求；墨家的"道"，突出的是尚贤、尚同，兼爱、非攻，天志、明鬼，非乐、非命，节用、节葬之"道"；道家的"道"内容比较复杂，但就其主要内容而言，包括生物之道、法则之道、无为之道、养生之道，等等；法家的"道"，则主要指法家学者所追求的法、术、势等。所以，古代思想家谈"道"，不是为了好看，而是为了宣传自己的思想主张和价值追求。因此，我们研究古代思想家的"道"，一定要把着眼点放在他们的世界观、人生观、价值观、道德观以及政治观上面，这样，才能透过现象看本质，认识思想家关于"道"的主旨所在。

（原载《学习与实践》2007 年第 4 期，收入本书时略有删改）

论先秦人文思潮及其深远影响

　　中国学术富有人文意识，早在春秋战国之际的百家争鸣时期，就出现了中国文化史上第一次波澜壮阔的人文思潮。在这次思潮中，先秦诸子所创造的一系列人文理念，对我们民族的文明进步产生过极其深远的影响，为后来的国学发展奠下了坚实的理论基础。今天，在举国上下加强精神文明建设、强调"以人为本"的新形势下，我们回顾总结国学史上第一次人文思潮，发掘其优秀成果，对于借鉴历史、服务现实、深入贯彻科学发展观所强调的"以人为本"观念，都有不可低估的积极意义。

　　"人文"这个概念，最早见于《周易·贲卦·彖传》："［刚柔交错］，天文也；文明以止，人文也。观乎天文，以察时变；观乎人文，以化成天下。"这段话中，两处用了"人文"一词。"文明以止，人文也"，是从功能的角度，阐明"人文"的内涵。其意是说，能够用"文明"的方式而不是威武的方式，来达到止息不合理行为的目的，就属于"人文"的范畴。不难看出，这里所释的"人文"，指的是用"文明"的方式来达到安定社会的目的。据此，我们可以把"人文"解释为"人的文明"。"观乎人文，以化成天下"，讲的是实施人文的宗旨，在于"化成天下"。这里的"天下"，主要指天下之人。由此可以推知，我们的祖先之所以倡导"人文"精神，其本意在于用文明的方式来化育成就天下之人。基于这一点，笔者认为，人文精神从本质上说，就是指那些关爱"人"的思想观念，或者说：一切关爱人的理念，都可以称之为人文精神。

　　春秋战国之际，我国学术史上出现了百家争鸣的学术盛况。当时，代表不同阶级利益的各家学者，出于不同的政治需要，在学术上展开论辩，彼此交锋，是此而非彼，竞相提出不同的学术见解，表现出"道不同不相为谋"的对立倾向。尽管学派间的对立如此森严，但在人文觉醒方面，却又有其共同之处。特别是儒、墨、道、法四大学派，当时都从不同视角表达了对人的关爱，透露出各具特色的人文理念。他们相互对擂又相互补充，各种不同的人文理念交相辉映，构成了国学史上第一次人文思潮的壮丽图景。

一　儒家的人文理念

儒家在春秋战国时期被誉为"显学"，影响十分广泛。它由孔子创立后，逐渐分为许多支派，其中以孟子、荀子等人成就最大，在人文理念方面作出了许多独特创造，值得认真总结，好好发掘。

（一）儒家的开山祖孔子的人文理念

孔子十分重视人的价值，他曾提出"天地之性人为贵"[①] 的著名命题，强调人的天性是世间最可宝贵的，为儒家的人文理念奠定了基础。孔子所建立的道德学说体系，把"仁"作为最高概念，来统率义、礼、忠、信、孝、悌等一系列道德范畴。"仁"的含义，孔子虽有多种说法，但最基本的内涵，就是"爱人"二字。《论语·颜渊篇》载："樊迟问仁，子曰：'爱人。'"《论语·学而篇》又说："节用而爱人，使民以时。"一再强调"爱人"。"爱人"，就是主张对"人"要予以关爱。孔子还说过"泛爱众，而亲仁"，认为广泛地关爱大众，就可以与仁德相亲近。由此可知，孔子的仁爱学说，强调的是泛爱大众。为此，孔子把"老者安之，朋友信之，少者怀之"[②] 作为自己的理想追求，表达了深厚的博爱情怀。孔子的这一思想，使"仁爱"或"博爱"成为儒家人文追求的核心内容，它集中表现为"忠恕之道"：一是"忠"道，强调"己欲立而立人，己欲达而达人"[③]。其意是说，自己想建立的，也应帮助别人建立；自己想通达的，也应帮助别人通达。这种尽自己之所能帮助他人，是"忠"的表现，故朱熹曰："尽己之谓忠。"二是"恕道"，主张"己所不欲，勿施于人"。其意是说，自己所不喜欢的东西，不要强加于别人。表现出推己及人的意蕴，

---

① 《孝经·圣治章》。
② 《论语·公冶长篇》。
③ 《论语·雍也篇》。

故朱熹说："推己之谓恕。"孔子曾告诉学生说："吾道一以贯之。"对此，孔子的学生曾参释之曰："夫子之道，忠恕而已矣。"① 可见，推行"忠恕之道"，是孔子一贯的道德追求，这同其倡导的"仁爱"理念是完全一致的。正是从"仁爱"的思想出发，孔子主张实行"德政"，他希望当政者"为政以德"，像北斗星那样用自己的光芒，将众星吸引到自己的周围，以便创建一个"仁者安仁，智者利仁"② 的美好社会。他还主张当政者要做到"修己以安人"、"修己以安百姓"，在道德修养方面对老百姓起表率作用，把"政者，正也"落到实处。为此，他反对对老百姓"道之以政，齐之以刑"，而主张用"道之以德，齐之以礼"去引导教化民众，这些都从特定角度反映了孔子"泛爱众"的人文理念。

（二）儒家"亚圣"孟子的人文理念

孟子继承发展了孔子的仁爱思想，他依据孔子之说，直接概括出"仁者爱人"的命题，主张"亲亲而仁民，仁民而爱物"③，并用"父子有亲，君臣有义，夫妇有别，长幼有序，朋友有信"的"五伦"说，来协调当时较为突出的五种人际关系；与此相一致，孟子还提出"老吾老以及人之老，幼吾幼以及人之幼"，从而将孔子所主张的孝慈之道，由家庭推向社会，使仁爱雨露洒向广大民众。特别值得注意的是，孟子还将孔子的"德政"说发展为"仁政"说，主张"以不忍人之心，行不忍人之政"。其所谓"不忍人之心"，即"仁爱之心"；"不忍人之政"，即"仁爱之政"。他说："尧舜之道，不以仁政，不能平治天下。"这实际上是主张将仁爱理念推行到政治生活中去。与此同时，他提出"民贵君轻"的民本观念，强调"民为贵，社稷次之，君为轻"④，要求君王要"乐民之乐"，"忧民之忧"⑤。为了将这一思想落到实处，他主张通过"仁政"的实施，解决老百姓的基本生活问题。为此，他提出了"制民之产"的主张，即让老百姓保有较固定的私有财产（主要是土地），以便安定民心。他说，"有恒产者有恒心，无恒产者无恒心"，"是故明君制民之产，必使仰足以事父母，俯

---

① 《论语·里仁篇》。
② 同上。
③ 《孟子·尽心下》。
④ 同上。
⑤ 《孟子·梁惠王下》。

足以畜妻子，乐岁终身饱，凶年免于死亡"①。与此同时，孟子还主张制定一套利农的政策，如"取于民有制"，"省刑罚，薄税敛"，"不违农时"，等等，他说："不违农时，谷不可胜食也；数罟不入洿池，鱼鳖不可胜食也；斧斤以时入山林，材木不可胜用也。""谷与鱼鳖不可胜食，材木不可胜用，是使民养生丧（疑为'送'字，音近而误）死无憾也。养生丧（送）死无憾，王道之始也。"② 由此可知，孟子的"仁政"说，旨在推行"王道"，让劳动人民过上"乐岁终身饱，凶年免于死亡"、"养生丧（送）死无憾"的太平生活。不仅如此，孟子的"仁政"说，还主张重视民心的向背，强调要"得民心"，他说："得天下有道，得其民，……得其民有道，得其心……得其心有道，所欲与之聚之，所恶勿施尔也。"③ 在他看来，统治者要实现"得民心"，必须努力做到"所欲与之聚之，所恶勿施尔也"，这实际上是主张当政者应当为民谋利、除害。显然，这些都是对孔子"泛爱众"思想的具体发挥，从而在新的历史条件下将儒家的人文理念推向新的高度，对后世影响极其深远。

（三）儒学革新派思想家荀子的人文理念

战国末年的进步思想家荀子，在人文理念方面更有自己的独特创造。他继承发挥了孔子"天地之性人为贵"的思想，指出："水火有气而无生，草木有生而无知，禽兽有知而无义。人有气、有生、有知，亦且有义，故最为天下贵也。"④ 这里将人同水火、草木、禽兽作了比较之后，明确肯定"人"具有"最为天下贵"的崇高价值。正是因为荀子看到了这一价值，所以他特别重视发挥人在改造人类自己和改造自然中的能动作用。

第一，主张发挥人的能动作用以改造人类自己。荀子认为，人的本性是恶的，具体表现为"偏险而不正，悖乱而不治"。针对这一情况，他提出"化性起伪"的主张。其所谓"化性"，指的是化解人们恶的本性；其所谓"起伪"，指的是起于"人为"（"伪"，即人为）。意在强调通过人的积极有为，去化解人们与生俱来的恶的本性。他认为，要做到这一点，必须发挥道德教育和法制约束的作用："是以为之起礼义，制法度，以矫饰

---

① 《孟子·梁惠王上》。
② 同上。
③ 《孟子·离娄上》。
④ 《荀子·王制篇》。

人之情性而正之，以扰化人之情性而导之也。使皆出于治、合于道者也。"① 这里明确主张用礼义、法制去规范人们的行为，以便将人们引上"出于治、合于道"的文明社会生活。这既是理性主义的深刻思考，更是人文意识放射出的思想火花，是从根本上对人类的关爱。这些理念对后来我们民族的社会规范建设，产生了无比深远的影响。

第二，主张发挥人的能动作用以改造自然。荀子作为一位唯物主义思想家，明确反对拜倒在"天命"面前。他提出"天行有常"的命题，肯定自然规律的客观性，说："天行有常，不为尧存，不为桀亡。应之以治则吉，应之以乱则凶。"其意是说，天的运行，有自己的固有法则，它不因为圣君尧而存在，也不因为昏君桀而不存在。关键在于人能不能发挥自己的能动作用。如果人们能发挥自己的能动作用而"应之以治"，那就能大吉大利；如果人们不能发挥自己的能动作用，甚至倒行逆施而"应之以乱"，那就必然遭遇凶祸。这些见解，在当时新颖而深刻，其中心思想是强调遵循客观法则，并积极发挥人的能动作用，去适应与改造自然。为此，他提出"制天命而用之"的口号，指出："大天而思之，孰与物畜而制之？从天而颂之，孰与制天命而用之？望时而待之，孰与应时而使之？因物而多之，孰与骋能而化之？思物而物之，孰与理物而勿失之也？愿于物之所以生，孰与有（佑）物之所以成？故错人而思天，则失万物之情。"② 其总的旨意是说：与其拜倒在天命的脚下，不如发挥人的能动作用，积极有为地去改造自然，从而达到"制天命而用之"的目的。这在当时是对传统天命观的有力冲击，其重大贡献，是把人的价值提到了从来没有的显著高度，因而在当时具有人文觉醒的重大意义。

第三，荀子还继承发挥了孔子"泛爱众"的仁爱理念，提出了"平政爱民"的口号："故君人者欲安，则莫若平政爱民矣"，"庶人安政，然后君子安位。《传》曰：'君者，舟也；庶人者，水也。水则载舟，水则覆舟'，此之谓也"③。这里用舟水之喻来揭示君民关系，以阐明"民本"的道理。由此他认为，作为君主必须在"三得"上下功夫："用国者，得百姓之力者富，得百姓之死者强，得百姓之誉者荣。三得者具，而天下归

---

① 《荀子·性恶篇》。
② 《荀子·天论篇》。
③ 《荀子·王制篇》。

之；三得者亡，而天下去之。"再一次突出"民本"观念，以提醒统治者认识"平政爱民"的重要性。据此，他进一步指出："王者之法，等赋、政事、财万物，所以养万民也。"① 又说："足国之道，节用、裕民，而善藏其余。"② 从人民的利益出发，荀子还主张："轻田野之税，平关市之征，省商贾之数，罕兴力役，无夺农时。"③ 这些都表达了荀子"平政爱民"的理想追求。它同孔子的"德政"说、孟子的"仁政"说都是一致的，是儒家人文理念在战国末年新的历史条件下的深化与发展。

此外，先秦儒家的人文理念，还表现在《礼记·礼运篇》所描述的"大同理想"："大道之行也，天下为公，选贤与能，讲信修睦。故人不独亲其亲，不独子其子，使老有所终，壮有所用，幼有所长，矜、寡、孤、独、废、疾者，皆有所养，……是谓大同。"这个"大同理想"所设计的"讲信修睦"人际关系，渗透着儒家的仁爱或博爱情怀，表达了儒家先哲对老者、壮者、幼者以及"矜、寡、孤、独、废、疾者"的普遍关爱，是儒家人文理念的集中概括，成为我们民族历代志士仁人所认同的高尚社会理想，至今仍然闪闪发光。

二 墨家、道家和法家的人文理念

墨家、道家、法家在当时的百家争鸣中，都是影响卓著的学派。它们的人文理念也都各具特色，自成一家，在中国文化史上享有重要地位。下面分别加以简要介绍。

（一）墨家的人文理念

墨家的开山祖墨翟，代表劳动者的阶级利益，其对人民群众的关爱，似乎比儒家更为周到、真切。墨子对"爱"尤有独特体验，他说："诸侯相爱，则不野战；家主相爱，则不相篡；人与人相爱，则不相贼；君臣相爱，则惠忠；父子相爱，则慈孝；兄弟相爱，则和调。"④ 总之，"爱"可以给社会带来许多福音。正是从对"爱"的独特体验出发，墨子主张超越

---

① 《荀子·王制篇》。
② 《荀子·君道篇》。
③ 《荀子·富国篇》。
④ 《墨子·兼爱中》。

儒家的"仁爱"说，提出别有特色的"兼爱"说。其所谓"兼爱"，是与"别爱"相对立的。"别"，即差别，"别爱"，指的是人与我有差别的爱。儒家的"仁爱"，讲"亲亲"、"贵贵"，即亲其所亲，贵其所贵，它在实质上是一种"别爱"。墨子不赞同这种有差别的爱，而主张没有差别的爱，他提出"兼以易别"①的口号，即主张用兼爱代替别爱，实现爱无差等。之所以如此，这是同墨子代表劳动人民的利益分不开的。在当时，劳动者处于社会的最底层，他们无法享受到统治者爱的雨露，以致"饥者不得食，寒者不得衣，劳者不得息"。墨子强调爱无差等，其本意是希望劳动者也能得到社会给予的一份"爱"，以便"饥即食之，寒即衣之，疾病侍养之，死丧葬埋之"②。从这一思想出发，他提出"视人之国，若视其国；视人之家，若视其家；视人之身，若视其身"③，一言以蔽之："为彼犹为己也。"④ 这实际上是要求社会上的一切人，关爱他人如同关爱自己，没有差别。他认为，做到了"兼相爱"，社会上一切"祸篡怨恨"就可以避免，指出："天下之人皆相爱，强不执弱，众不劫寡，富不侮贫，贵不傲贱，诈不欺愚，凡天下祸篡怨恨可使毋起者，以相爱生也，是以仁者誉之。"⑤ 不难看出，墨子的本意，在于用相爱来替代社会中存在的种种不相爱，例如强执弱、众劫寡、富侮贫、贵傲贱、诈欺愚等丑恶现象。这无疑表达了作者对劳动人民特别是社会弱势群体（如寡者、贫者、贱者、愚者等）无比真诚之爱。墨子指出，"天之意"乃在于"不欲大国之攻小国也，大家之乱小家也"，"众之暴寡、诈之谋愚、贵之傲贱，此天之所不欲也"。显然，这是借天之意来表达墨子之意，即反对社会强势群体欺侮弱势群体。正是从对弱势群体的关爱出发，墨子主张社会上的人们应当做到"有力相营，有道相教，有财相分"⑥，明确主张"有力者疾以助人，有财者勉以分人，有道者劝以教人"⑦。为了对人们奉献爱心，墨子及其弟子们带头身体力行，去"兴天下之利，除天下之害"⑧，其"服役者百八十人，

---

① 《墨子·兼爱下》。
② 同上。
③ 《墨子·兼爱中》。
④ 《墨子·兼爱下》。
⑤ 《墨子·兼爱中》。
⑥ 《墨子·天志中》。
⑦ 《墨子·尚贤下》。
⑧ 《墨子·兼爱下》。

皆可使赴火蹈刃，死不还踵"①，表现出"以自苦为极"和对自己所信奉的人文理念奋不顾身追求的高尚情操。这些无疑值得我们好好总结，批判继承。

（二）道家的人文理念

道家的创始人是春秋末年的老聃，他对人类之爱的寄托，同儒、墨诸家相比，更为独特。如果说儒、墨诸家对人类之爱都表现出积极有为的思维模式，那么道家则不同，他们对人类之爱的追求，是通过"无为"的途径实现的。老子希望人们过上"甘其食，美其服，安其居，乐其俗"的美好生活。而要实现这一理想，必须实施"无为而治"的政治主张。他说："我无为而民自化，我好静而民自正，我无事而民自富，我无欲而民自朴"②。这段文字中的"我"，指的是最高统治者君王。在老子看来，只有君王坚持"无为"、"好静"、"无事"、"无欲"，广大民众才可以实现自我开化、自我端正、自我富裕、自我淳朴。其意是说，君主无所作为，老百姓就可以大有作为，所谓"无为而无不为"，盖即指此。所以，"无为而治"的政治主张，寄托着老子对广大民众无比深厚的关爱之情。正是从这个意义上，我们认为道家的"无为"学说，也是一种人文理念。从表面上看，道家强调"道法自然"，主张"天地不仁，以万物为刍狗；圣人不仁，以百姓为刍狗"③，似乎对老百姓表现出漠不关心的意向。但是，这并非问题的实质。老子之所以要求统治者"无为"，是因为他看到了统治者一旦"有为"，就会生出许多是非来，结果只能给老百姓带来种种骚扰乃至灾难。他说："民之饥，以其上食税之多是以饥；民之难治，以其上之有为，是以难治；民之轻死，以其［上］求生之厚，是以轻死。"④可见，民众之所以挨饿、难治、轻死，其根源在于"上"（即统治者）搞"有为"式的倒行逆施所致。为了给民众谋利益，老子采取超越常人的办法，提出"无为而治"，强调一切顺应自然，旨在要求统治者不要干扰老百姓的生活，这恰恰是出于对老百姓的真诚之爱，因而它也展现了一种独特的人文理念。

---

① 《淮南子·泰族训》。
② 《老子》第57章。
③ 《老子》第5章。
④ 《老子》第75章。

老子之后，庄子进一步发挥了老子的无为之道和返璞归真的道德理想，指出："彼民有常性，织而衣，耕而食，是谓同德。一而不党，命曰天放。故至德之世，其行填填，其视颠颠。""及至圣人，蹩躠为仁，踶跂为义，而天下始疑矣。……故纯朴不残，孰为牺尊！白玉不毁，孰为圭璋！道德不废，安取仁义……""夫残朴以为器，工匠之罪也；毁道德以为仁义，圣人之过也。"这是说，老百姓有自己的生活模式，他们"织而衣，耕而食"，无忧无虑，没有精神负担。但是儒家"圣人"出现后，专心致力于仁义，就导致了对朴真道德的破坏，使民众丧失了本有的纯真之性，故曰："毁道德以为仁义，圣人之过也。"这既是对儒家道德的批判，又是对民众朴真之德的维护，其本意在于追求人类道德的返璞归真，从特定意义上透露出又一种人文理念。

（三）法家的人文理念

法家起于春秋后期，当时已有成文法问世，但直到战国中期商鞅成名，才作为独立的学派，登上政治舞台。法家以严刑峻法为旗帜，给人以严酷少恩的印象。那么，法家是否也有人文理念呢？答复是肯定的。我们知道，法家曾明确提出"爱民"的口号。商鞅曾说："法者，所以爱民也。"① 不过，法家讲的"爱民"同儒家讲的"仁爱"、墨家讲的"兼爱"均有所不同，儒、墨所讲的"爱"，是一种慈惠之爱；而法家的"爱民"，则是通过法的贯彻实施，使民前苦后乐，最终得到好处。故商鞅指出："今世之所谓义者，将立民之所好，而废其所恶；其所谓不义者，将立民之所恶，而废其所乐也。二者名贸实异，不可不察也。立民之所乐，则民伤其所恶；立民之所恶，则民安其所乐。何以知其然也？夫民忧则思，思则出度；乐则淫，淫则生佚。故以刑治民则民威（畏），民威（畏）则无奸；以义教民则民纵，民纵则乱，乱则民伤其所恶。"这里把法治与德教作了比较，认为德教导致的结果是使民前乐而后苦；而法治导致的结果，则是使民前苦而后乐。据此，商鞅提出"藉刑以去刑"的口号："故王者以赏禁，以刑劝，求过不求善，藉刑以去刑。"所谓"藉刑以去刑"，就是主张从刑罚入手，最后达到消灭刑罚使民众过上太平生活的目的。毫无疑问，这是一种对法制文明的追求，表达了法家对人民的爱，当属于另一种

---

① 《商君书·更法篇》。

形式的人文理念。

以上，我们对春秋战国百家争鸣时期出现的我国古代第一次人文思潮作了简要回顾。这一时期，儒、墨、道、法四大学派，都从不同侧面创造了许多具有自身特色的人文理念。他们的人文理念虽各不相同，但有一点是共同的，那就是都表达了对"人"的关爱之情。虽然在当时的条件下，还未能直接提出"以人为本"的命题，但思想家们所表达的爱人理念，已经十分接近"以人为本"的意蕴。正是从这个意义上说，先秦诸子所创造的人文理念，表达了我们祖先的智慧之思，是我们民族文明进步的思想泉源，值得我们无比骄傲和百倍珍惜，应当好好继承，努力弘扬。

三　先秦诸子的人文理念对后世的影响

在中国古代第一次人文思潮中，先秦诸子所创造的人文理念对后世产生了十分深远的理论影响。先秦以降，从两汉、隋、唐到宋、元、明、清各个时期的思想家，都站在自己所处的时代高度，从不同侧面对先秦诸子的人文思想予以传承、深化、提高，从而使中华民族的人文理念后浪推前浪，不断得到丰富和发展。

（一）两汉、隋、唐时期的人文理念

两汉、隋、唐时期，是我国封建社会的前期阶段。这一时期，思想界在清算秦政权片面推行法治错误路线的基础上，逐步确立了"独尊儒术"的指导方针。与此相适应，先秦儒家的人文理念在这一时期得到了继承与发扬。西汉初期的著名儒家学者贾谊在其所著《新书》中明确提出"德高莫高于博爱人，为政莫高于博利人"[1]，直接把"博爱人"作为"德高"的标志，把"博利人"作为"为政"高明的标志，反映了作者对人普遍关爱的思想情怀。毫无疑问，这是对孔子"泛爱众"思想的继承与发挥。贾氏之后，主张"独尊儒术"的著名思想家董仲舒，在人文理念方面更有自己的独特创造。他看到了人的重大价值，指出："人之超然万物之上，而

---

[1] 《新书·修政上》。

最为天下贵也。"① 这同前面所说的孔子、荀子关于人的价值之论，是完全一致的。不仅如此，董仲舒还指出："仁之法在爱人，不在爱我；义之法在正我，不在正人。"② 这里既揭明了"仁"的本质在于"爱人"，又指出了"爱我"不合乎仁道；既揭明了"义"的本质在"正我"，又指出了"正人"不是"义"的基本内涵。这就对儒家的仁义之道给予了全面注释，不但指出了行仁义之道的关键所在，还告诉人们"爱我"（即自私自利）是违背"仁"道的，"正人"也不合乎"义"道。综观董子之论，其强调"爱人"、突出"正我"（即纠正自我不道德的思想和行为），都寄托着对人类的关爱之情，是儒家人文理念在新的历史条件下的创造性表达。

　　隋唐时期，思想家们又在新的条件下，推进了儒家的人文理念。隋代初年的儒家学者王通在谈到儒家的"恕道"时指出："为人子者，以其父之心为心；为人弟者，以其兄之心为心；推而达之于天下，斯可矣。"③ 这里贯穿着"推己之谓恕"的基本思想，要求人们作"换位"性质的思考，做儿子的，要站在父亲的立场上，去思考尽孝道的问题；做弟弟的，应站在兄长的立场上，去思考尽悌道的问题；将此道理推广到对待天下人，即应站在天下人的立场上，去思考对天下人尽爱心的问题。不难看出，这是主张将儒家的孝悌之道扩展到全天下，以便做到"老吾老以及人之老"，"兄吾兄以及人之兄"，从而同儒家所倡导的人文理念一脉相通。中唐时期，韩愈创立了儒家道统说，指出："吾所谓道也，非向所谓老与佛之道也。尧以是传之舜，舜以是传之禹，禹以是传之文、武、周公，文、武、周公传之孔子，孔子传之孟轲，轲之死，不得其传焉。"④ 这个"道统说"告诉人们，儒家自远古以来，就有一个薪火相传的道统。它的基本内容就是"仁义"之道："博爱之谓仁，行而宜之之谓义，由是而之焉之谓道。"⑤ 由此可知，韩愈所理解的"仁"，指的是"博爱"，其所指的"义"，指的是"行而宜之"，按照这两者去行动，就是"道"。十分清楚，韩愈所要传的"道"，就是要求人们把"博爱"和行义落到实处，从而表达了以仁义为核心内容的人文理念。

---

① 《春秋繁露·天地阴阳》。
② 《春秋繁露·仁义法》。
③ 《文中子·王道篇》。
④ 《韩昌黎集·原道篇》。
⑤ 同上。

（二）宋元明清时期的人文理念

宋元明清时期，我国社会处于封建社会的后期阶段，意识形态领域相应发生了重大变化。但是，万变不离其宗，思想家们站在新的时代高度，对先秦儒家有关人文方面的微言大义，进行了深入阐发。特别是宋明理学家们通过天理人欲之辨，将孔孟的人文智慧推到了新的境界。

首先，北宋的张载，以其特有的人文追求，提出了"为天地立心，为生民立命，为往圣继绝学，为万世开太平"①的伟大抱负。这里所讲的"四为"，从总体上表达了张载对天地、对生民、对圣学、对时代发展寄予无比关切之情。意在使天地之正心得以确立，生民之命运有所保障，往古圣人之绝学能够继承，万世太平之基业从此奠定。这是何等的壮志豪情！"四为"表达了作者在社会发展方面以博爱为核心内容的人文理念，正是从这一理念出发，张载还提出了"民胞物与"的观念，他说："民，吾同胞也；物，吾与也。……尊高年，所以长其长；慈孤弱，所以幼其幼。"②这里明确把"民"看做是自己的同胞兄弟，把天下万物看做是自己的同伴。同时，又强调"长其长"、"幼其幼"，既表达了爱人而及物的人文理念，又表达了对长者和孤弱者的关爱之情。这一切同孟子所讲的"亲亲而仁民，仁民而爱物"以及"老吾老以及人之老，幼吾幼以及人之幼"的思想一脉相承，可以说是在人文理念方面对儒家原典的回归。

与张载同时，宋明理学的奠基人程颢、程颐在民本观念方面亦有自己的独到体验，指出："为政之道，以顺民心为本，以厚民生为本，以安而不扰民为本。"③这里把"民本"归结为"三为本"，强调"顺民心"、"厚民生"、"不扰民"，表达了作者对民众的真切关爱，同孟子所主张的"民贵君轻"人文理念也是完全一致的。继二程而起，南宋大儒朱熹尤其重视"存天理、灭人欲"。他说："宇宙间一理而已，天得之而为天，地得之而为地，而凡生于天地之间者，又各得之而为性。其张之为三纲，其纪之为五常，盖皆此理之流行，无所适而不在。"④朱子在这里所说的宇宙之"理"，亦即天地万物生存发展的总根据。故又说："合道理的是天理，徇

---

① 《张子全书》卷14。
② 《正蒙·乾称篇》。
③ 《二程文集》卷5。
④ 《朱文公文集》卷70。

情欲的是人欲"①；"是的便是天理，非的便是人欲"②；"凡一事便有两端，是的即是天理之公，非的即是人欲之私"③。据此，朱子所讲的"存天理、灭人欲"，说到底就是存是去非、存公去私。毫无疑问，这是一种理性追求，是从道德角度对人们行为的正确导向，集中表达了程朱理学家的人文理念。此外，与朱子同时的陆九渊则提出"心即理"的命题，把"心"与"理"同等看待，指出："千万世之前有圣人出焉，同此心同此理也；千万世之后有圣人出焉，同此心同此理也；东南西北海有圣人出焉，同此心同此理也。"④ 这里所强调的"人同此心，心同此理"，其本意在于要求人们把儒家所倡导的人伦之理永远保存在心中，故曰："苟此心之存，则此理自明。"这同朱子所讲的"存天理"之意，可谓殊途同归，都旨在用道德规范来协调人们的社会生活，以提高人的生活质量。这些观念，都寄托着宋明理学家的人文追求。

综上所述，先秦诸子所倡导的以对人类之爱为核心内容的人文理念，对后来历代思想家都产生了极其深刻的理论影响。后代思想家们在新的历史条件下所创造出来的人文理念，都同先秦诸子的人文思考有着不可分割的渊源关系。这一以"爱人"为基本精神的人文传统，反映了我们民族是一个关注人类文明、有着博爱情怀的伟大民族。今天，在新的历史条件下，举国上下努力构建社会主义和谐社会，自觉坚持科学发展观，特别需要坚持"以人为本"，对人民群众寄予真切的关爱。为此，我们应当努力借鉴我们的祖先所创造的有关"博爱"的人文传统，通过总结历史经验，实现古为今用，为推进有中国特色的社会主义事业，作出无愧于人类的新贡献。

（原载《湖北社会科学》2009 年第 6 期）

---

① 《朱子语类》卷 18。
② 《朱子语类》卷 38。
③ 《朱子语类》卷 13。
④ 《陆九渊集·杂说》。

新时期必须大力弘扬优秀传统文化

在改革开放的历史新时期，我们应当在优秀传统文化方面，努力开拓，作出无愧于时代的新贡献。

一 弘扬优秀传统文化的必要性

邓小平同志在《中国共产党第十二次全国代表大会开幕词》中曾明确指出："把马克思主义的普遍真理同我国的具体实际结合起来，走自己的道路，建设有中国特色的社会主义，这就是我们总结长期历史经验得出的基本结论。"[①] 按照这一精神，在新的时期，我们不仅要在建设有中国特色的社会主义物质文明上下功夫，而且应当在建设有中国特色的社会主义精神文明上下功夫，从而实现"两手抓、两手都要硬"的基本方针。而要完成建设有中国特色的社会主义精神文明这一重任，就必须大力弘扬国学，推进对优秀传统文化的继承与创新。关于这一点，江泽民同志也指出："我们民族历经沧桑，创造了人类发展史上灿烂的中华文明，形成了具有强大生命力的传统文化。我们要取其精华，去其糟粕，很好地继承这一珍贵的文化遗产"，"并在新的实践基础上不断创新，建设和发展有中国特色的社会主义文化。"胡锦涛同志在党的十七大报告中也明确提出了"弘扬中华优秀文化，建设中华民族共有精神家园"的文化建设指导方针。

不同民族，都有着体现本民族特色的传统文化。我们中华民族的传统文化源远流长，博大精深。从哲学思维到治国之道，从文学艺术到科技创造，都皓如红日，光彩四射。从哲学上说，熠熠闪光的中国古代哲学，以

---

① 《邓小平文选》第3卷，人民出版社1993年版，第3页。

"究天人之际，通古今之变，成一家之言"为己任，代代相继，思潮层出，学派纷起，如同一股永流不竭的圣泉，滋润着炎黄子孙的智慧之思，推动了我们民族的进步，光大了东方的文明。外人称中华民族是大智大慧的民族，丝毫也没有夸张。从政治学上说，我们的祖先在治理国家、安定社会、反对侵略、振兴民族方面，留下了许多宝贵遗产，如"民为邦本"、"与民休息"、"天下为公"、"自强不息"、"国家兴亡，匹夫有责"、"先天下之忧而忧，后天下之乐而乐"等，至今仍然闪烁着哲理的光辉，启迪着我们献身祖国的高尚情操。

从文学上说，数千年的文学源流，留下了无比珍贵的文学瑰宝，就其种类言，有诗歌、散文、戏曲、小说、传记、杂文等等，可谓应有尽有，其中特别是唐诗、宋词、元曲、明清小说，堪称世界文坛上的奇葩，令人叹为观止。

从科技上说，我们的祖先对人类的贡献是极其卓越的。过去，一般人只知道我国的"四大发明"。英国学者坦普尔在著名科学家李约瑟指导下编撰的《中国：发明与发现的国度》一书，肯定了中国的一百个"世界第一"，指出：中国古代除印刷术、造纸、指南针、火药等"四大发明"外，还有九十多种世界首创的科技成果，如水下鱼雷、多级火箭、载人飞行、枪炮、白兰地，甚至蒸汽机的核心设计，也同中国人的智慧分不开。书中所论，都记载着中华民族的无穷智慧，铭刻着我们祖先的辉煌业绩，展示了中华文化的优良传统。因此，我们要建设社会主义新文化，应当百倍珍惜我们的祖先留给我们的优秀传统文化，使之再显辉煌。

文化的发展，有它极深的民族根基，它只能在前人已取得的文化成果的基础上，有所前进，有所发展。在这一伟大进程中，传统文化起着举足轻重的作用。

第一，建设社会主义新文化，必须以人类已取得的文化成果为起点。社会主义的新文化，是自有人类以来最进步、最优秀的文化发展新阶段，它不能从废墟上建立起来，而只能在继承和发扬前人文化遗产的基础上，不断创新和推陈出新。列宁说："只有确切地了解人类全部发展过程所创造的文化，只有对这种文化加以改造，才能建设无产阶级的文化，没有这样的认识，我们就不能完成这项任务。无产阶级文化并不是从天上掉下来的，也不是那些自命为无产阶级文化专家的人杜撰出来的，如果认为是这样，那完全是胡说。无产阶级文化应当是人类在资本主义社会、地主社会和官僚社会压迫下创造出来的全部知识合乎规律的发展。"① 正是从这个意义上，中国共产党人极端重视继承和发扬本民族的优秀文化传统。毛泽东在半个世纪以前就指出："今天的中国是历史的中国的一个发展；我们是马克思主义的历史主义者，我们不应当割断历史。从孔夫子到孙中山，我们应当给以总结，承继这一份珍贵的遗产。这对于指导当前的伟大的运动，是有重要的帮助的。"②

　　当前，我国人民在中国共产党领导下，正在努力建设社会主义精神文明，这是前无古人的伟大事业。为完成这一伟大事业，也必须继承和发扬优秀传统文化和精神文明成果。我们的祖先在创造历史文明的伟大进程中，形成了吃苦耐劳、酷爱自由、不畏强暴、英勇奋斗、热爱科学、善于思索、讲究道德、与人为善等优良品质和民族个性。这些思想品质和道德观念，只要加以合理运用，就可以成为社会主义精神文明的重要内容，使传统文化在社会主义精神文明建设中，发挥出应有的作用。

　　第二，建设有中国特色的社会主义新文化，必须弘扬优秀传统文化。任何一种文化传统，都打上了民族的烙印，都是一定民族在文化上创造和积累的产物。一方面，民族群体在长期的共同劳动、生活中，创造了本民族的文化，形成了本民族特有的文化传统，它是民族智慧的结晶，是民族精神的沉淀；另一方面，各民族的后裔，又总是要继承先民的文化成果，把本民族的文明推向新的阶段。一段时间内，有人曾把传统文化视为"包袱"，主张丢掉"包袱"，走"全盘西化之路"。这是非常幼稚的想法。因为，如果真的丢掉了传统文化，就等于丢掉了赖以前进的起点，就只能从废墟上去建立新文化，这完全是异想天开。有人说，丢掉了传统文化，可以"移植"外民族的文化，这也是幻想。因为，他民族的文化，要"移植"到本民族，必须以本民族的文化为"土壤"，没有本民族的文化作土壤，外民族的文化就不可能生根、开花、结果，这一点，已为历史实践多次证明。所以，如果丢掉了传统文化，就等于丢掉了继续生存发展的前提，就不可能建设有中国特色的社会主义新文化。

　　同时，弘扬优秀传统文化，有助于增强民族凝聚力、向心力。如前所述，任何一个民族的文化，都有自己的民族形式、民族风格，因此，任何

---

① 《列宁选集》第4卷，人民出版社1960年版，第348页。
② 《毛泽东选集》第2卷，人民出版社1991年版，第534页。

文化遗产，都具有民族特色，它体现着一定民族的思想情感，凝聚着一定民族的智慧和理想追求，因而构成了民族成员的心理纽带，对本民族成员具有极大的凝聚力、向心力。我们中华民族在长期生活劳动中，创造了举世无双的优秀文化遗产，这些文化遗产，体现了我们民族的民族精神，例如自强不息、英勇奋斗、同舟共济、众志成城，等等。正是由于有这股精神，中华民族虽在历史上遭受过千难万劫，最终总是战胜了内忧外患，推动了本民族的发展。在近现代史上，面对帝国主义的洋枪洋炮，中华民族的优秀儿女表现了威武不能屈的浩然正气，终于推倒了"三座大山"，赢得了民族解放，使中华民族傲然屹立于世界民族之林。因此，要不要继承民族文化问题，不是一般的问题，而是关系到一个民族要不要继续生存、发展的问题。一个民族，如果离开了本民族的文化传统，它就丧失了民族凝聚力和向心力，就不可能得到正常的生存和发展。因此，对待民族文化问题，是一个非常敏感的问题，随便否定民族文化，只能伤害民族情感，降低民族自尊心和自信心。所以，毛泽东曾把继承和发扬民族文化传统，看做提高民族自信心的必要条件，周恩来曾把简单否定传统文化的做法看做是"对于民族传统和群众感情采取错误的态度"①。

二　弘扬优秀传统文化的可能性

在建设社会主义新文化的征程中，弘扬优秀传统文化不仅是必要的，也是可能的。这是因为：

（一）文化属于社会意识，它有相对独立性

马克思主义认为，一定的文化（作为观念形态的文化）是一定的政治和经济的反映；同时，作为观念形态的文化一经形成，它相对于一定的政治和经济来说，又具有相对的稳定性和独立性。因此，文化的发展，在一定意义上说，具有超时代、超地域的特征，特别是某些优秀文化成果，不仅可以服务于它所产生的地区与时代，也可以为不同地区、不同历史阶段的人们所利用和借鉴。关于这一点，李瑞环同志曾作过深刻论述，他指出：马克思主义还历来认为，文化遗产作为人类认识和改造世界的共同成

---

① 参见《周恩来选集》上卷，人民出版社 1981 年版，第 335 页。

果，这就决定了若干文化遗产具有相对稳定性。也就是说，不但物质文明，而且包括精神文明的许多方面，不是某一个阶级所独有的，而是经过不同阶级世世代代的努力，共同创造的成果。它也不是只为某一个阶级服务，而是一视同仁地为各个不同的社会形态所服务。因此，我们既要看到历史文化遗产的阶级性，又要重视它的继承性和借鉴性。中国历史上下五千年，历代王朝交相更替，阶级关系不断变化，但人们在改造自然、提高自身素质等方面，积累了许多共同的精神财富，是不同时代、不同阶级的人，都可以接受、利用和借鉴的。① 可见，对于传统文化的继承是完全可能的。

（二）老一辈革命家，在继承传统文化遗产方面给我们树立了典范

时代发展到了今天，对于社会主义精神文明建设应当继承前人的优秀文化遗产这一问题，似乎不应成为问题，因为无产阶新文化建设的实践，早已证明了它的正确性。老一辈无产阶级革命家在这方面为我们做出了典范。毛泽东的思想体系，保持着同中国传统文化血肉相连的关系。他在长期的革命和建设中，运用历史文化遗产，常常达到出神入化的程度。许多历史典故、成语和寓言故事，一经他点化，就获得新的生命，放出新的光彩。例如，他为了动员人民起来打倒帝国主义和封建主义，便讲了《愚公移山》这一古老的寓言故事，意在启迪人们在共产党的领导下，同心协力，搬掉压在中国人民头上的帝国主义、封建主义两座大山。古老的故事，在这里被赋予新意，充满了时代气息，对动员群众起来革命，产生了巨大的精神力量。

又一位老革命家刘少奇同志亦非常善于借鉴传统文化优秀遗产。他的不朽著作《论共产党员的修养》，可说是恰如其分地借鉴传统文化优秀遗产特别是儒家文化成果的典范。在该书中，为了论述共产党员修养的途径与方法，他引用了一系列孔、孟语录，来启示共产党员以圣贤为榜样，严格要求自己，努力攀登道德高峰。例如，他引用了孔孟"杀身成仁"、"舍生取义"的观念来教导共产党员为党的事业要不怕牺牲。他指出："在我们共产党员看来，为任何个人或少数人的利益而牺牲，是最不值得、最不应该的。但是，为党、为阶级、为民族解放，为人类解放和社会的发展，

---

① 参见李瑞环《重视对中国文化遗产的发掘与研究》，《光明日报》1990 年 6 月 3 日。

为最大多数人民的最大利益而牺牲，那就是最值得、最应该的。我们有无数的共产党员就是这样视死如归地、毫不犹豫地牺牲了他们的一切。'杀身成仁'、'舍生取义'，在必要的时候，对于多数共产党员来说，是被视为当然的事情。这不是由于他们的个人的革命狂热或沽名钓誉，而是由于他们对于社会发展的科学的了解和高度自觉。除了这种最伟大、最崇高的共产主义道德以外，在阶级社会中没有什么比这更伟大、更崇高的道德。"① 儒家"杀身成仁"、"舍生取义"的价值观和道德观，经过刘少奇同志的精心阐发，便与共产主义道德融为一体了。

可见，优秀的历史文化遗产，经过今人的改造、发展，完全可以成为无产阶级新文化中新的细胞，完全可以为无产阶级服务。今天，我们在建设社会主义精神文明的伟大实践中，应当以毛泽东同志、刘少奇同志等老一辈为榜样，善于吸取优秀传统文化中的思想营养，以实现古为今用，推陈出新。

三　弘扬优秀传统文化的途径与方法

那么，要完成弘扬传统文化的历史重任，我们应当坚持什么样的途径与方法呢?

(一) 要坚持"古为今用"

我们之所以强调对优秀文化遗产的继承，绝不是出于嗜古的癖好，而是因为古代的优秀文化遗产可以成为今人的借鉴，可以为现实服务。正是从这个意义上，毛泽东同志曾经提出"古为今用"的原则，这无疑是极为正确的原则。坚持这一原则，应当从现实着眼，设法找到传统文化与现代文化建设相结合的"结合点"，使文化遗产在新的历史条件下，发出新的光彩，体现出它应有的价值。如果不是这样而是停留在古代文化的殿堂内，只知叫"好"、"好"，而却不能将它拿来为现实服务，那再好的东西也难以实现它的价值，其结果难免陷于"食古不化"或者"抱残守缺"的境况，这是没有出路的。

---

① 《刘少奇选集》上卷，人民出版社1981年版，第133—134页。

(二) 要不断地"推陈出新"

我们讲继承传统文化，不是提倡简单地照抄照搬前人的东西，而是在前人已开拓的文化基地上，结合时代的新特点，进行文化再创造，用毛泽东同志的话说，叫做"推陈出新"。"推陈"和"出新"是一个问题的两个方面。我们只有把握好"推陈"，才能把握好"出新"。"推陈"不是简单的否定，而是一种辩证的扬弃；"出新"不是割断历史，而是在继承基础上的新发展。文化上的"推陈出新"的过程，是任何民族文化在历史长河中求得发展的共同法则，没有"推陈出新"，文化的长河就变成一潭死水，人类的进步就将被窒息。因此，我们应当在"推陈出新"上多下功夫，努力创造出体现我们时代特色的新文化，为建设中国特色的社会主义精神文明贡献力量。

(三) 要善于借鉴外民族文化建设的历史经验和先进成果，使"洋为中用"

我们强调弘扬优秀传统文化，突出"中国特色"，并不排斥对外域文化的吸收和借鉴。我们正在建设的社会主义新文化，是人类历史上最进步、最文明的文化发展新阶段。要完成这一历史任务，按照列宁的教导，必须继承人类一切优秀文化遗产。本民族的优秀文化，是我们祖先智慧的结晶，诚然应当继承；外域的优秀文化，则是世界各民族智慧的结晶，同样应当为我所用。毛泽东同志说："我们的方针是，一切民族、一切国家的长处都要学，政治、经济、科学、技术、文学、艺术的一切真正好的东西都要学。"[1] 邓小平也说："社会主义要赢得与资本主义相比较的优势，就必须大胆吸收和借鉴人类社会创造的一切文明成果，吸收和借鉴当今世界各国包括资本主义发达国家的一切反映现代社会化生产规律的先进经营方式，管理方法。"[2] 如果说学习本民族的文化遗产是"古为今用"，那么，学习外域先进文化成果，则是"洋为中用"。"古为今用"和"洋为中用"，二者对立统一，殊途同归。如果我们只讲继承本民族文化而排斥外域文化，其结果必然陷入关门主义和国粹主义；如果我们只讲吸收外域

---

① 《毛泽东著作选读》下册，人民出版社 1986 年版，第 740 页。

② 《邓小平文选》第 3 卷，人民出版社 1993 年版，第 373 页。

文化，不讲继承本民族文化，又将陷入民族虚无主义和导致崇洋媚外。对于这两种倾向，我们都应当努力克服。

（原载《理论月刊》1994年第11期，收入本书时略有修改）

第 二 编

《周易》探析

《易经》——中国传统文化的活水源头

　　《周易》是我国文化史上影响卓著的儒学典籍之一。它包括《经》与《传》两个部分，对我国古代哲学、史学、文学、政治学、伦理学、民俗学、宗教学、养生学以及科学技术等等，都发生过无比深远的学术影响。《易经》大约成书于殷周之际，已跨越了三千余年的文明史。这在世界文化史上，也属凤毛麟角，非常珍贵。在这里，仅着重从中国传统文化之源的角度，揭示其深远意义。

　　文化的发生，就其最终源泉而言，当然是丰富多彩的社会生活。但是，任何民族文化的繁衍发展，又总是以该民族先民所创造出来的最早文化成果为"种子"的。这些对民族后来文化的发展有重大影响的"文化种子"，从一定意义上说，亦可以被看做该民族文化发展的重要源头。我们中华民族是具有悠久历史和优秀文化传统的伟大民族，我国的文化传统可以上溯到五千年以前。探索我国传统文化之源，我们应当看到《易经》在我国文化发展史上的重要价值。可以说，《易经》是我国传统文化不断繁衍滋生的一粒"种子"，我国文化史上一些重大的文化创造，都同《易经》有着不解之缘。正是从这个意义上，我们肯定它是我国传统文化的一个活水源头。这里，拟就这一问题展开论述，阐明己见。

　　《易经》是一部专门演绎八卦的书。它通过八卦和六十四卦的组合以及卦辞、爻辞的搭配，构成一个十分特殊的框架结构，曾被作为一部卜筮之书，广为流传。它之成书，至少经历了三个阶段：一为画卦阶段，二为重卦阶段，三为作卦辞、爻辞阶段。究竟谁画卦，谁重卦，谁作卦、爻辞，史家说法不一，但有一点是相通的，即都肯定《易经》为圣人作，故有《周易》之成书，"人更三圣，世历三古"之说。把《易经》看做"圣人作"的说法虽然不可全信，但前人关于《周易》"人更三圣，世历三古"的传说，则给了我们研究问题的启示：它告诉我们，《易经》从酝酿到成书，其上限可追溯到传说中的伏羲时代，下限可确定为文王、周公生活的殷周之际。这一漫长的历史阶段，正是华夏民族文明发生发展的重要时期。《易经》之产生，恰好同这一时期的文化创造同步，这是应当引为重视的。它提醒人们，《易经》非同一般的著作，而是我们民族早期文化的沉淀。因此，我们与其说《易经》是由某几位"圣人"所作，毋宁说它是华夏先民在建设古代文明的漫长岁月中所沉淀下来的集体智慧的结晶。正是这一点，决定了《易经》在我国文化史上的特殊地位。前人曾将《易经》列为"六经之首"、"三玄之冠"，其实都未能准确表达《易经》的文化价值。《易经》的真正价值，在于它是我国传统文化的活水源头。

我们之所以把《易经》看做我国传统文化之源，是因为它所保存的我们祖先创造古代文明的智慧之果，对我国后来的文明进步与文化创造产生了无比深远的影响，成为我国传统文化得以不断丰富发展的源泉。这正是《易经》的历史贡献，是值得大书特书的。

一 八卦作为早期文字符号，推动了我国观念 形态文化的形成和文字的产生

《易经》的第一大贡献，在于它保存了我国早期文字符号——八卦。把八卦看做早期文字符号，前人早有所论，但至今未能达成共识。因此，很有必要作进一步说明。八卦之所以是早期文字符号，因为它具有如下两种功能：

（一）八卦符号具有指代事物的功能

八卦即"☰"（乾）、"☷"（坤）、"☳"（震）、"☴"（巽）、"☵"（坎）、"☲"（离）、"☶"（艮）、"☱"（兑）。它们分别代表天、地、雷、风、水、火、山、泽等八种自然物。故《说卦传》说："乾为天"，"坤为地"，"震为雷"，"巽为风"，"坎为水"，"离为火"，"艮为山"，"兑为泽"。不难看出，在这里，八卦符号均与文字符号具有相同的功能。当我们说"乾为天"时，"☰"这个符号实质上就是"天"字；当我们说"坤为地"时，"☷"这个符号实质上就是"地"字。如此类推，可以判定"☵"即"水"字，"☲"即"火"字，"☶"即"山"字，"☱"即"泽"字。

由于事物的多样性，仅用"八卦"指代上述八种自然物是不够用的，于是，古人又将之加以引申，使一种符号指代多种事物。这种情况，《系辞传》概括为"引而伸之，触类而长之"。用一种八卦符号，指代多种事物，这在《说卦传》中亦有记述。如，该《传》曰："乾为马，坤为牛，震为龙，巽为鸡，坎为豕，离为雉，艮为狗，兑为羊。"在这里，八卦分别为马、牛、龙、鸡、豕、雉、狗、羊等八种动物的指代符号。该《传》又曰："乾为首，坤为腹，震为足，巽为股，坎为耳，离为目，艮为手，兑为口。"在这里，八卦分别为头、腹、足、股、耳、目、手、口等人体有关部位的指代符号。该《传》还说："乾，健也；坤，顺也；震，动也；巽，入也；坎，陷也；离，丽也；艮，止也；兑，说（悦）也。"在这里，八卦分别为健、顺、动、入、陷、丽、止、悦等性能的指代符号，等等。上述已足够说明八卦符号在古代确有指代事物的功能。

（二）八卦符号具有表达某些思想观念的功能

由于世间事物的多样性及事物变化的复杂性，仅靠八卦的引申义来指代事物，仍然适应不了社会交往的需要，于是出现了重卦，就是使八卦两两相重，演生出六十四卦。六十四卦所指代的事物，同八卦相比复杂多了。它们除指代一些具体事物外，还指代一事物与他事物的关系，在一定程度上表达了人们的思想观念。如革卦（䷰）下离上兑，涉及兑（☱）与离（☲）的关系。它们是一种什么关系呢？高亨曰："革之上卦为兑，下卦为离。兑为泽，泽有水；离为火。然则革之卦象是水在火上。水在火上，水势大于火势，则水灭火；火势大于水势，则火灭水。是水火相灭，必改变原物之形状矣。"高氏这个解释，是符合《易经》之本义的。故《杂卦传》曰："革，去故也。"可见，革卦表达了古人去旧更新的观念。又如，明夷卦（䷣），下离上坤，离为日，坤为地，然则明夷卦之卦象是"日入于地中"。高亨曰："日入于地中，以喻贤人被囚系或贬斥。"由此可知，明夷卦包含有贤人蒙难的观念。

以上我们论证了八卦及六十四卦符号在古代具有指代事物、表达观念的功能。作为一种符号，既能指代事物，又能表达观念，这种符号就具备了文字的特征和功能。因此，我们完全有理由把八卦看做我国早期文字符号。

把八卦视为早期文字符号，历代学者早有所论。汉代孔安国《书·

序》曰："古者伏羲氏之王天下，始画八卦，造书契，以代结绳之政。"在这里，"画八卦"和"造书契"有着同等的社会意义，即"以代结绳之政"。这实际上是把八卦看做早期文字符号。到了宋代，杨万里《诚斋易传》更明确认为："卦者，其名；画者，非卦，乃伏羲初制之字。"近人梁启超也说："八卦是古代的象形文字，却很可信。"刘师培亦持此说。他著的《经学教科书》中有《论〈易经〉与文字之关系》一节，其中明确肯定《八卦》是早期文字符号，并举例说："乾坤坎离之卦形，即天、地、水、火之字形。"如："乾为天，今'天'字草书作'乁'，象乾卦之形；坤为地，古'坤'字作'巛'，象坤卦之倒形；坎为水，篆文'水'字作'水'，象坎卦之倒形；离为火，古'火'字作'火'，象离卦之倒形。"①这些论述都言之有据。今人陈道生也认为"八卦原是具有文字的作用的。根据《周易·说卦传》，它曾经被用来代表人伦、人体、颜色、方向、事物"，并分别举例说明，最后总括说："八卦代表这些与日常生活有关的许多观念，可以使我们明了它的产生，不外乎为了'沟通思想'与'传递经验'二个目的。可知当初之所以流传，原是因为它具有文字的功用。"② 以上论述较正确地揭示了八卦的起源及其社会功能，值得重视。

既然八卦是早期文字符号，那么它对我国古代文明所作的历史贡献，就无比巨大。

第一，八卦推动了观念形态文化的形成与发展。语言文字是观念形态的文化得以产生发展的重要工具。人们要创造观念形态文化，首先要有语言文字。没有语言，人们就不能表达观念、交流思想；而没有文字，人们就不能把已形成的思想观念储存起来，使之流传、扩散。八卦之可贵，在于它曾经起过文字符号的作用。虽然作为一种文字符号，它还处于早期阶段，所指代的事物极为有限，所表达的观念也较为简单，但是，在漫长的历史过程中，我们的祖先却依靠它记物、记事、传达信息、交流思想，这对促进中华民族古代文明的形成与发展，无疑是一个巨大贡献。可以说，没有八卦，就没有中华民族观念形态的文化创造，就没有中华民族的古代文明。

---

① 参见《刘申叔先生遗书〈四〉》，大新书局 1936 年版，第 2387 页。
② 陈道生：《重论八卦的起源》，见黄寿祺、张善文编《周易研究论文集》，北京师范大学出版社 1987 年版，第 67—71 页。

第二，八卦对我们民族文字的形成，起了奠基作用。随着历史的进步，人们要认识的事物愈来愈多，要表达的思想观念也愈来愈复杂。这时，仅靠八卦来记事、记物、表达观念、交流思想，已愈来愈不能适应。于是，先民们不得不突破八卦的局限，创造出名副其实的、形体多样的文字。这件事终于由黄帝的史臣仓颉（也作苍颉）开了头。文字结构同八卦结构比起来，有很大的不同。八卦结构仅有"－－"与"—"两种形式的不同组合，而文字则有横（一）、竖（丨）、撇（丿）、捺（乀）、勾（亅）、点（丶）等多种笔画形式的不同组合，因而在结构组合上变化无穷，有可能构造出千差万别的文字形体，以满足记事、记物、表达观念的需要。显然，由八卦到文字，是我国文化史上的一件大事。而文字之所以能产生，又同八卦的奠基作用分不开。文字的制作，吸取了八卦的制作经验，受到八卦思维方式的影响。

首先，文字的创制，吸取了八卦"观物取象"的思维原则。"观物取象"，是先民创制八卦的方法。《系辞》曰："古者包牺氏之王天下也，仰则观象于天，俯则观法于地。观鸟兽之文与地之宜，近取诸身，远取诸物，于是始作八卦，以通神明之德，以类万物之情。""观物取象"，是先有外物，后有卦象。何谓"象"？《系辞》曰："圣人有以见天下之赜，而拟诸其形容，象其物宜，是故谓之象。"所谓"拟诸其形容，象其物宜"，就是用八卦符号比拟或模拟自然物。这一方法引入汉字创制过程，便产生了象形字。《汉书·艺文志》论"六书"（即汉字造字的六项原则），把"象形"摆在第一位。故《通志》曰："六书也者，象形为本。"何谓"象形"？颜师古曰："象形，谓画成其物，随体诘屈，'日'、'月'是也。"可见，"象形"是汉字造字的基本原则，其方法是"画成其物"，如日，古作"☉"，像太阳"光明盛实"；"月"，古作"☽"，像月亮"满则缺"。故"日"、"月"皆为象形字。这正符合八卦创制中所遵循的"以类万物之情"或"拟诸其形容，象其物宜"的基本原则。在这里，汉字受八卦的影响是显而易见的。

其次，文字的创制，吸取了八卦"立象以尽意"的原则。我们知道，八卦除了"象其物宜"之外，还能"观其会通"，从中引申出"天下之理"，乃至"范围天地之化而不过，曲成万物而不移"。这就是所谓"立象以尽意"。翻开《易经》，我们就会发现八卦"立象以尽意"的种种实例。如《泰卦》（䷊）下乾上坤。乾为天，坤为地。天气属阳，地气属阴。阳气上升，阴气下降，故《泰卦》有阴阳交感之象。阴阳交感，就能导致变通，故《序辞》曰："泰者，通也。"这就是说，《泰卦》含有通变之义。这个义，不是用简单的"象其物宜"来表示的，而是用"立象以尽意"的方法来表示的。把这种方法引入文字创制过程，便产生了象意字。"象意"是对"象形"的必要补充。《通志》曰："形不可象，则属诸事；事不可指，则属诸意。"颜师古曰："象意即会意也。谓比类合谊，以见指扨，武、信是也。"颜氏以"武"、"信"二字作为"会意"的典型实例，是很贴切的。止戈为武，人言为信，会合人意，确实有"会意"的特点。会意字，无疑是对八卦"立象以尽意"的思维原则的具体运用。

此外，在字义方面，汉字也保存了与八卦的联系。如在八卦中，"巽"含有"入"义。[①] 这一含义，在今天汉字中仍然保存着。《广雅释诂》："選、纳、妠，入也。"这里之所以将"選"字训为"入"，依据的是"巽、選声类同"（章太炎语），则训"選"为"入"，是因为"巽，入也"。可见，八卦之原始含义，确乎渗入汉字，成为汉字字义的一个源头。

总之，八卦作为我国早期文字符号，曾起了储存观念、交流信息的作用，推动了我国观念形态文化的形成和汉字的产生。仅就这一点而言，《易经》已具备了我国传统文化之源的特质。

二 《易经》所透露的思想观念，推动了我国古代各种学术思想的形成和发展

文字产生以后，八卦这一早期文字符号便逐渐丧失了它原来的社会功能，而被弃置一旁。时间一长，便成为十分神秘的"古董"。由于它的神秘性，因而适应了原始宗教的需要，被史官改造为卜筮的工具。八卦从早期文字符号演变为卜筮之工具，使原来的社会功能发生了质的变化或曰"异化"。八卦演变为卜筮工具的转折点，是卦辞和爻辞的产生。卦辞和爻辞的创制，均经历了漫长的过程。从程序上看，当是先有卦辞，后有爻辞。无论卦辞或爻辞，都非一人一时之作，而是群众性的卜筮经验的概括总结。《易经》的卦辞和爻辞，虽是为了卜筮的需要而制作的，但是，由于《易经》的作者在创造卜筮指导原则时，坚持了"观物取象"的唯物主

---

① 《说卦传》："巽，入也。"

义认识路线，"仰观天文，俯察地理"，"近取诸身，远取诸物"，乃至"探赜索隐，钩深致远"，因而他们在表达卜筮观念的同时，也间接迸发出智慧的火花，从侧面透露了哲学、政治、伦理、文艺以及其他有关思想观念。这些观念，恰是《易经》的思想精华，它们之被纳入卦辞和爻辞，虽非出于《易经》作者的本意，却在客观上对我国后来各种学术思想的形成和发展，起了"播种"的历史作用。我国后来较为成熟的一些学术观点，差不多都可以从《易经》中找到原始胚胎。下面，我们试从哲学、政治、伦理诸方面，揭示《易经》对我国古代学术的深远影响。

（一）《易经》所透露的哲学观念，是我国古代哲学发生发展的原始胚胎

《易经》透露了一系列哲学观念，归纳起来，主要有如下几点：

其一，在本体论上，把阴阳作为世界万物的本原，坚持了朴素唯物论。《易经》中虽未见"阴阳"这个词，但"--"与"—"两个符号实际上是指代阴阳的，它们具有反映阴阳观念的功能。《易经》之八卦及六十四卦的生化，正是以"--"、"—"（即阴、阳）作为始基。因此，《易经》实际上是把阴阳（"--"、"—"）作为构成万物的基本材料，坚持了唯物主义的宇宙观。

其二，在认识论上，透露了"观物取象"的观念。《易经》所判断的"吉"或"凶"，都建立在观察社会生活所得经验的基础上。如，《大过》卦："九三，栋挠，凶"（栋挠，指屋之栋梁扭曲而接近断裂。栋梁扭曲而接近断裂，可致房屋倒塌，故凶）；"九四，栋隆，吉"（栋隆，指房屋越做越高大，故吉）。前者以"栋挠"为喻，说明凶兆；后者以"栋隆"为譬，说明"吉"兆，都是观察现实生活的经验总结。

其三，在发展观上，透露了朴素的对立统一辩证观念。首先，《易经》包含有矛盾的思想胚胎。它以"--"与"—"为一对基本矛盾，先构成"四象"，组成两对矛盾；然后构成八卦，组成了四对矛盾；八卦再两两相重，组成六十四卦，合成三十二对矛盾（如：乾与坤、泰与否、损与益、既济与未济，等等）。显然，这里孕育着矛盾的思想胚胎。其次，《易经》还透露了矛盾双方可以相互转化的观念。矛盾转化，经常走的是"物极必反"的道路，即事物的"量"发展到一定的"度"，就会发生质的飞跃。这种情况，在乾卦中表现得尤为明显。该卦以"龙"的变动为例，形象地说明了"物极必反"的道理。你看，龙，由潜而现，由现而跃，由跃而飞,逐步升腾。到了飞龙,可谓尽善尽美,应当功成身退。如果还要上升,那就势必走向反面,乃至出现"亢龙有悔"了。这里把"穷则变"的道理讲得多么透彻。

以上所说的《易经》的哲学观念,对我国古代哲学的发展起了开先河的作用。《易经》的本体论观念,直接影响了《易大传》和《老子》宇宙观的形成。《易大传·系辞》所谓"太极生两仪,两仪生四象,四象生八卦"和《老子》的"道生一,一生二,二生三,三生万物"的宇宙生成说,究其源头,都出自《易经》。在发展观方面,《易经》的朴素辩证思维观念,直接诱发了《老子》和《易传》的辩证法。而这两种类型的辩证法,几乎为后来出现的整个中国古代哲学提供了辩证的思维模式。《易经》"观物取象"的认识原则,成为后来中国哲学史上唯物论的反映论得以形成的总根源。

(二)《易经》所透露的政治观念,是我国古代政治思想发生发展的原始胚胎

《易经》的政治观念可以概括为如下几点:

第一,提倡宽以待民。《坎卦》:"系用徽纆,置于丛棘,三岁不得,凶。"这里讲的是一个故事:某贵族用绳索将奴隶们捆住,禁锢在荆棘丛中。奴隶们终于挣脱绳索,逃跑了。为此,贵族找了三年,也未找到逃跑的奴隶。《易经》的作者断定,这是凶兆,因为逃跑的奴隶们必会起来造反,杀死贵族,故曰"凶"。这段论述,表达了作者主张"宽以待民"的思想。

第二,提倡执法威严。如何维护统治秩序?《易经》的作者似乎也思考了这一问题。他们主张用政权的威力来达到这一目的。《震卦》:"震来虩虩,笑言哑哑,震惊百里,不丧匕鬯。"孔颖达《周易正义》曰:"震之为用,天之威怒,所以肃整怠慢。故迅雷风烈,君子为之变容。施之于人事,则是威严之教行于天下也。故震之来也,莫不恐惧。故曰:'震来虩虩'也。物既恐惧,不敢为非,保安其福,遂至笑语之盛,故曰:'笑言哑哑'也。"由此可知,《易经》的作者是强调用威严的政令来平整社会秩序,以赢得社稷长保,百姓安乐。显然,这是主张执法威严。

第三,反对妄为,主张遵道以行。《易经》的作者似乎意识到,治国安民必须遵循一定的法则,不能胡作妄为。《无妄》卦:"无妄,元亨,利贞；其匪正有眚，不利有攸往。"孔颖达《周易正义》曰："物既无妄，当以正道行之；若其匪依正道，则有眚灾，不利有所往也。"由此可知，《易经》的作者提倡守持正道，反对胡作妄为。这虽是一般原则，而对于政权建设尤其重要。故《象》传曰："天下雷行，物与，无妄，先王以茂对时育万物。"

第四，提倡"以神道设教"。《易经》作为卜筮之书，本身就是天命神学的产物。卜筮是以承认上帝主宰人间的一切为先决条件的，这已属神学的范畴。《易》之卦辞，多次强调"自天佑之，吉，无不利"。天上的神权是地上的王权的投影，《易经》的作者之所以提倡"以神道设教"，其目的在于论证"君权神授"，借神权来维护王权。

以上所说的《易经》的政治观念，为我国古代政治思想的发展奠定了思想根基。《易经》提倡宽以待民，后来成为儒家政治学说的指导原则。儒家提倡的德政、仁政以及"民贵君轻"理论，探其源，盖出于《易经》之宽以待民的思想萌芽。《易经》所透露的有关政令威严的观念，实际上成为后来法家"明法审令"的思想渊源。无论是商鞅所提倡的"强生威"，还是韩非所讲的"威足以临天下"，都同《易经》之"震惊百里，不丧匕鬯"的思想相一致。而《易经》所透露的不妄作为，遵道以行的思想，则成为道家"无为而治"政治谋略的思想渊源。我们知道，老子所讲的"无为"，既有顺乎自然（"道法自然"）之意，又有"不妄为"（"不知常，妄作凶"）之意，这同《易经》所透露的顺正道而行的观念是完全相合的。至于《易经》"以神道设教"的政治观念，更成为后来道教以及中国式的佛教受到封建统治者保护的重要原因。

（三）《易经》所透露的道德观念，是我国古代诸种道德观发生发展的原始胚胎

《易经》所透露的道德观念主要有如下几点：

第一，关于"元亨利贞"的观念。《乾卦》曰："乾，元亨利贞。"这里提出的"元亨利贞"，表明了《易经》所追求的最高道德境界。孔颖达《周易正义》曰："《子夏传》云：'元，始也；亨，通也；利，和也；贞，正也。'言此卦之德，有纯阳之性，自然能以阳气始生万物，而得元始、亨通，能使物性和谐各有其利，又能使物坚固、贞正得终。"这个解释，与《易经》之大旨是基本吻合的，它说明《易经》所提倡的"元亨利贞"

属于道德范畴，指天之德具有始生万物、亨通变化、和谐利物、坚守正道等特性，从而为儒家所提倡的君子之德树立了典范。

第二，关于"直、方、大、不习（贪）"的观念。《坤卦》六二爻辞："直、方、大、不习，无不利。"这里所讲的"直"、"方"、"大"、"不习"等，都属于道德规范。孔颖达《周易正义》曰："生物不邪，谓之直也；地体安静，是其方也；无物不载，是其大也。既有三德极地之美，自然而生，不假修营，故云'不习，无不利。'"据孔氏此解，似乎这里只有"直"、"方"、"大"三德，而"不习"为"不假修营"，即不学习之意。愚以为不确。"不习"应释为"不贪"，仍属道德规范。"习"，当借为"翫"，《广雅释诂》："翫，习也。"《左传·僖公五年》"寇不可翫"注："翫，习也。"又，"忨"与"翫"通。《说文》："忨，贪也。"《春秋》传曰："忨岁而歇日。"段注："忨与玩、翫义皆略同。"据此，则"翫"有"贪"义。"不习"，犹"不贪"也。《坤卦》六二爻辞之意是说：正直、端方、宽大、不贪，则无所不利。显然，这里所涉及的也是"四德"，并非"三德"。

第三，关于"谦"的观念。《谦卦》："谦，亨，君子有终。初六，谦谦，君子用涉大川，吉；六二，鸣谦，吉；九三，劳谦，君子有终，吉；六四，无不利，扐谦；六五，不富以其邻，利用侵伐，无不利；上六，鸣谦，利用行师征邑国。"这里所说的"谦"、"谦谦"、"鸣谦"、"劳谦"、"扐谦"等都属于"谦"的不同表现形式，它们都可以引出好的结果。这表明《易经》的作者非常重视"谦"德。孔颖达《周易正义》曰："谦者，屈躬下物，先人后己，以此待物，则所在皆通，故曰：'亨'也。"可见，"谦"是一种"屈躬下物，先人后己"的美德。

第四，关于"无交害"的观念。《大有卦》初九爻辞曰："无交害，匪咎，艰则无咎。"高亨释曰："'交害'，相害。'匪'，借为非。人与人无相害，此非咎也。不仅非咎，若处艰难，必能彼此互助，可以无咎。"据此可知，"无交害"即不互相伤害，含有相互帮助之义。这是中华民族在与自然、外敌作斗争中产生的一种道德观念。

以上我们所列的《易经》的四种道德观念，为我国传统道德观念的形成提供了胚芽。《易经》所提倡的"元、亨、利、贞"被后来儒家奉为"四德"，升华到极高的道德境界。《文言传》曰："元者，善之长也；亨者，嘉之会也；利者，义之和也；贞者，事之干也。君子体仁足以长人，嘉会足以合礼，利物足以和义，贞固足以干事。君子行此四德，故曰：'乾，元亨利贞。'"朱熹注释《文言》这段话时，将"元亨利贞"同仁、义、礼、智相比附，可见"元亨利贞"对我国古代道德观念特别是儒家以仁、义、礼、智为核心的伦理观产生了多么深远的影响。《易经》所透露的"直、方、大、不习"观念，实质上是提倡一种朴厚、纯正的道德品质。后来道家提倡的"返璞归真"的道德主张，其源可以上溯到《易经》。如，老子提倡一种"玄德"，其特征是"生而不有，为而不恃，长而不宰"。庄子所设想的"建德之国"： "其民愚而朴，少私而寡欲，……"都同《易经》之"直、方、大、不习"的观念保存着血肉联系。《易经》所透露的"无交害"的观念，成为中华民族"同舟共济"的思想渊源。"无交害"即不互相伤害，其逻辑结论应当是要互相得利，这不正是墨家所提倡的"兼相爱，交相利"的思想萌芽吗？而墨子的"交相利"思想，正是中华民族古代劳动人民团结互助、共同奋斗的理论基础。《易经》所透露的"谦"的道德观念，成为我们民族谦虚谨慎、虚怀若谷的思想原点。"谦"含有"屈躬下物、先人后己"之意，这无疑又是道家守柔处弱，不敢为天下先的思想基础。

总之，《易经》所透露的哲学观念、政治观念、道德观念等，成为我国古代哲学、政治、伦理思想发生发展的原始胚胎，对我国古代传统学术的孕育成熟产生了无比深远的影响。就这些来说，《易经》也当之无愧地成为我国传统文化之源。

（原载《武汉大学学报》1993 年第 4 期）

从《易传》与《老子》之比较，
看《易传》成书的时代

《易传》所表达的哲学思想是我国先秦时期哲学思维发展的重要环节。它上承《易经》，下启诸子，在我国先秦哲学中享有重要地位。但是，自本世纪三十年代以来，我国学术界许多学者一直持《易传》"成于战国末年（甚至更晚）"说。其结果导致了同我国古代思维发展的逻辑大相径庭，很有进一步探讨的必要。这里试就《易传》同《老子》之比较，说明《易传》不能晚于《老子》，从而对《易传》成书的时间提出管见。

一　《老子》比《易传》的学术思想更加成熟、老练

《老子》和《易传》都是我国先秦时期极其重要的哲学著作。这两部书一个明显的共同之点，就是两者都同《易经》有着渊源关系，因而它们在内容上有相关联之处。长期以来，人们根据《易传》成于战国末年说，肯定《易传》晚于《老子》。然而，将这两部书详加比较之后，我们却得出与传统观念相反的见解，不是《易传》晚于《老子》，而是《老子》晚于《易传》。

确定《易传》与《老子》孰先孰后，首先要看两书在思想内容上谁更成熟一些。一般说来，晚出的书总是比早出的书更成熟一些。这是因为，事物的发展总是后来居上。晚出的书，它有机会借鉴和因袭前人的成果，弥补前人的缺陷和不足，发挥前人所透露的思想火花，因而必然比前人攀登得更高一些。将《老子》同《易传》相比较，我们可以看到《老子》在许多方面高于《易传》。

第一，从对待天命的不同态度来看，《老子》比《易传》进步。如何看待"天命"，既是我国古代无神论和有神论斗争的焦点，也是衡量思想家们进步与否的重要标尺。用这个标尺来衡量一下《老子》和《易传》，不难看出二者的差异。如前所述，《老子》和《易传》都继承和发挥了

《易经》所透露的哲学思想，都同《易经》有着渊源关系。但两者在对待《易经》所宣扬的天命神权思想方面，却迥然不同。《易传》明显地因袭了《易经》的宗教神学世界观，坚持以"神道设教"，承认天之最高人格神的地位。《系辞》曰："易有四象，所以示也；系辞焉，所以告也；定之以吉凶，所以断也。"毫无疑义，这是把《易》看做天人之间的桥梁，通过它示以卦象，告以天意，定以吉凶，由此达到"以通神明之德"。故曰："自天佑之，吉，无不利。"其信奉天命神权无可掩饰。

同《易传》相比，《老子》则不同。首先，《老子》明确否定创世主的存在。它说，"道"，"吾不知其谁之子，象帝之先"①；又说："有物混成，先天地生……吾不知其名，字之曰道。"② 这里，《老子》明确把"道"放在"帝"或"天"之前，这就"取消了殷周以来人格神的天之至上权威"③，"推倒了关于主宰之天的信仰"④，从而树立起这样一个新的观念：世间的一切，不是上帝或天创造的，而是由"道"派生出来的。尽管《老子》的"道"也带有神秘色彩，但它非神明意志的体现则确定无疑。其次，《老子》对鬼神也持否定态度。它说，"以道莅天下，其鬼不神"，认为有了"道"，鬼神也"不神"也。可见，在《老子》那里，鬼神是没有立足之地的，这同《易传》所宣扬的"与鬼神合其吉凶"，形成鲜明的对照。两相比较，显然《老子》比《易传》进步。

第二，从对待"刚"、"柔"的不同主张来看，《老子》比《易传》的思想老练。《易传》和《老子》都涉及了"刚"、"柔"问题，其特征是《易传》尚刚，《老子》尚柔。

首先，《易传》尚刚的思想是很突出的，例如，《乾卦·象传》："天行健，君子以自强不息"；《大有卦·象传》："其德刚健而文明，应乎天而时行，是以元亨"；《大畜卦·象传》："大畜，刚健笃实，辉光日新"；《夬卦·象传》："夬，决也，刚决柔也"；《需卦·象传》："刚健而不陷"；《乾卦·文言传》："大哉乾乎，刚健中正，纯粹精也"。在《易传》的作者看来，"刚健"具有"应乎天而时行"、"辉光日新"的最高美德。有了它，君子可以"决柔"，可以"自强不息"，可以立于"不陷"之地。正

---

① 《老子》第 4 章。
② 《老子》第 25 章。
③ 《郭沫若全集·历史编》第 1 卷，人民出版社 1982 年版，第 351 页。
④ 张岱年：《中国哲学发微》，山西人民出版社 1981 年版，第 343 页。

是从这一思想出发，《易传》在解《经》时，反复强调柔从刚（即柔顺刚）则吉，柔乘刚（即柔侵刚）则凶①，其崇尚刚健的思想是显而易见的。

其次，同《易传》相反，《老子》则崇尚柔弱。它说："柔弱胜刚强"②；"天下莫柔弱于水，而攻坚强者莫之能胜"③；"人之生也柔弱，其死也坚强；万物草木之生也柔脆，其死也枯槁。故坚强者死之徒，柔弱者生之徒。是以兵强则灭，木强则兵（折）。强大处下，柔弱处上"④。在《老子》的作者看来，坚持处柔守弱，就无坚不摧，无往不胜。反之，如果舍柔尚刚必将落得"强梁者不得其死"的下场。其崇尚柔弱的思想也是显而易见的。

以刚胜柔或以柔克刚，是两种不同的斗争策略，它们从不同的侧面提示了事物实现矛盾转化所经历的两种不同的斗争形式。事物的前进上升运动，有时走的是以刚克柔的道路，有时走的是以柔克刚的道路。因此，尚刚与尚柔，作为两种斗争策略，各有其合理的一面，也各有其偏颇的一面。从这点上说，似乎谁也不比谁高明。但是，若就人们获得认识的逻辑秩序而言，则尚刚的思想应当比尚柔的思想易于掌握。因为前者带有直观性，后者带有思辨性。日常生活中，人们对于强者征服弱者的事，见得较多，因而以强胜弱的原则比较容易概括起来。而"以弱胜强"则在日常生活中不易见到，只有那些精于妙道、老谋深算的人才能把握它。从这个意义上说，《老子》尚柔的思想比《易传》尚刚的思想更为老练，是毫未虚夸的。

第三，从关于"道"的含义上看，《老子》的"道"高于《易传》的"道"。"道"，是我国古代哲学中一个极其重要的范畴。《易传》和《老子》都运用了这一范畴，从含义上看，《老子》的"道"比《易传》的道更高更广。

先说《易传》的"道"。《易传》关于"道"的表述，以《系辞》最为典型。《系辞》中的"道"究竟有什么特色？张岱年先生在《〈易传〉与中国文化的优良传统》一文中，对这个问题作了很好的说明。他说："《易·系辞》中'道'字屡见，摘举如下：'六爻之动，三极之道也'、

---

① 参见高亨《周易大传今注》，齐鲁书社 1973 年版，第 45—47 页。

② 《老子》第 36 章。

③ 《老子》第 78 章。

④ 《老子》第 76 章。

'易与天地准，故能弥纶天地之道'、'通乎昼夜之道而知'、'一阴一阳之谓道'、'知变化之道者，其知神之所为乎'、'夫易何为者也？夫易开物成务，冒天下之道，如斯而已者也'、'是故明于天地之道而察于民之故'、'天地之道贞观者也，日月之道贞明者也'、'易之为书也不可远，为道也屡迁'、'易之为书也广大悉备，有天道焉，有人道焉，有地道焉，兼三才而两之，故六。六者，非他也，三才之道也。道在变动，故曰爻。'这里所谓'天地之道'、'昼夜之道'、'变化之道'基本是同一意义。'三极之道'即'三才之道'，包括'天道'、'地道'、'人道'。综观这些'道'字，可以说都是法则、规律的意义。"①

以上张先生的论述，笔者认为符合《易传》关于"道"概念的基本含义，当从之。

同《系辞》相较，《老子》的"道"在含义上更宽一些。它不仅含有法则、规律的意义（如"反者道之动"、"物壮则老，是谓不道"等），而且还含有世界本原的意义。它说："道生一，一生二，二生三，三生万物"②；"道，……渊兮似万物之宗"③；"有物混成，先天地生。寂兮寥兮，独立而不改，周行而不殆，可以为天地母。吾不知其名，字之曰道……"④这里所讲的"道"都是生育天地万物的最后本原。赋予"道"以生化万物之本原的意义，是《老子》在哲学上一个伟大的贡献。同《老子》相较，《易传》则未能走到这一步。它关于"道"的概念，只含有法则、规律的意义，不含有世界本原的意义。显然，从这方面说，《老子》又超过了《易传》的哲学成果。

第四，从阴阳的观念上看，《老子》比《易传》更深刻。阴阳是我国古代哲学中的一对重要范畴。《老子》和《易传》都涉及了这一范畴，我们不妨将两者比较一下。

《易传》关于阴阳的概念也以《系辞》最为典型。《系辞》中关于阴阳的论述有两句名言，即"一阴一阳之谓道"、"阴阳不测之谓神"。这两句话从表面上看，似乎抽象性很强，哲理性很深。其实，将之解开来看，

---

① 张岱年：《〈易传〉与中国文化的优良传统》，载《周易纵横录》，湖北人民出版社 1986 年版，第 15 页。

② 《老子》第 42 章。

③ 《老子》第 4 章。

④ 《老子》第 25 章。

十分浅陋。"一阴一阳之谓道",文中的阴阳指的是《易经》中的阴爻("--")和阳爻("—"),何以知之?《系辞》自身透露了这一点,它说:"阳卦多阴,阴卦多阳。"毫无疑义,这里"多阴"的"阴",当指阴爻;"多阳"的"阳"当指阳爻。据此,则所谓"一阴一阳之谓道",其意是说,一个阴爻,一个阳爻,互相结合,构成了《易经》的变化之道。显然,这个命题只是对《易经》中阴爻、阳爻互相结合,构成八卦乃至六十四卦的情况作简要概述而已。与此相一致,所谓"阴阳不测之谓神",也是讲阴、阳二爻在构造八卦的过程中变化不测的情况。因此,它们都停留在八卦的框架结构之内,未能深入到事物内部去探索阴阳变化之理。

与《系辞》相较,《老子》则又高出一筹。它说:"万物负阴而抱阳,冲气以为和。"这里所谓"万物负阴而抱阳",是指万事万物都包含着阴阳两个对立面,透露了矛盾的普遍性的思想。所谓"冲气以为和",高亨先生注:"《说文》'冲,涌摇也',《广雅释诂》:'为,成也'。冲气以为和者,言阴阳二气涌摇交荡以成和气也。"[①] 显然,《老子》运用阴阳这对范畴,意在探索事物内部阴阳二气变化之理,其在哲学上的成果,是《系辞》所远不能比的。

第五,从本原论的观念上看,《老子》比《易传》更周到。《易传》和《老子》都透露了本原论的观念。《易·系辞传》曰:"太极生两仪,两仪生四象,四象生八卦,八卦定吉凶,吉凶生大业。"《老子》曰:"道生一,一生二,二生三,三生万物。"比较这两段论述,可以发现它们有相同点,也有不同点。

从相同点来看,其一,两者都提出了"生"的概念。"生",含有化生、产生的意思。以往的天命神权观念,都宣扬帝或天有意识地创造万物。而《易传》和《老子》则透露了一个新的观念,认为世间万物不是按神的意志创造出来的,而是由太极或道"生"出来的。这个"生"是两书生化本原论思想的一个突出的共同特征;其二,《易传》和《老子》在揭示生的过程时,都贯穿着一分为二的法则:《易传》所谓"太极生两仪,两仪生四象,四象生八卦",是按照一分为二、二分为四、四分为八的方式进行的;《老子》则明确提出了"一生二"的命题,这说明二者在思维方式上有共同之处。

---

① 《重订老子正诂》,古籍出版社1956年版,第97页。

但是，《老子》和《易传》的生化本原论观念，又有明显的不同。首先，《易传》虽然也透露了本原论意识，但从其整个论述来看，其内容主要是提示八卦的演生过程。它所谓"两仪"，指的是阳爻（"—"）和阴爻（"- -"），所谓"四象"，指的是阴爻、阳爻所构成的四种物象即少阴（"⚎"）、少阳"⚍"、老阴（"⚏"）、老阳（"⚌"）是也。所谓八卦，又是在"四象"的基础上使阴爻和阳爻进一步组合，构成八种事物，即乾（☰）、坤（☷）、震（☳）、巽（☴）、坎（☵）、离（☲）、艮（☶）、兑（☱）。可见，《易传》所谓"太极生两仪"等语，纯粹是概括说明八卦的组合过程，它由"太极"所生出的事物，还不是现实中的事物，只是八种符号而已。显然，它关于本原论的意识是不自觉的。同《易传》相比，《老子》则不同，它已明确地透露了"道生万物"的思想，其本原论的观念，是一种自觉的意识。其次，《易传》把"太极"作为化生万物的最后本原，老子则把"道"作为最后本原，其"道"又称为"无极"。"无极"比"太极"更加玄妙。因为它包含着"无能生有"的思辨内容。从深刻性来看，又是《易传》所不及的。再次，《易传》虽然也透露了一分为二的观念，但是，它把一分为二凝固化，以为事物都是按照一分为二这个模式一直不变地分裂下去。《老子》则不同，它除了透露一分为二的观念之外，还包含有合二而一的观念。所谓"二生三，三生万物"（"三"，同"叁"，参也），其意是说，有了二（阴阳），矛盾双方就会发生参合，参合就能产生万物。不难看出，这里包含合二而一的思想。显然，在这方面，《老子》又比《易传》更上一层楼。因此，可以肯定，《老子》的本原论观念高于《易传》。

第六，从人法自然的思想上看，《老子》比《易传》成熟。人法自然，是天人相合思想的特殊表现形式，其本意是要求人道效法天道。《易传》与《老子》关于这方面的思想都有所透露。先看《易传》有关这方面的论述：

（1）《坤卦·象传》："地势坤，君子以厚德载物。"（按：这里含有"人法地"的思想。）

（2）《坤卦·象传》："至哉坤元，万物资生，乃顺承天。"（按：这里含有"地法天"的思想。）

（3）《坤卦·文言传》："坤道其顺乎，承天而时行。"（按：这亦是"地法天"思想的流露。）

（4）《系辞上》："夫易，圣人所以崇德而广业也。知（智）崇礼卑，崇效天，卑法地。""天生神物，圣人则之，天地变化，圣人效之。"（按：

这里透露了圣人效法天地的思想。）

（5）《乾卦·文言传》："夫大人者，与天地合其德，与日月合其明，与鬼神合其吉凶。先天而天弗违，后天而奉天时。天且弗违，而况于人乎，况于鬼神乎？"（按：这里所说的"天且弗违"，指的是"天"也要顺从自然之道，包含有"天法道"的思想。）

（6）《益卦·象传》："天施地生，其益无方。凡天地之道，与时偕行。"（按，所谓"与时偕行"，乃顺乎自然之意也。此即"道法自然"。）

（7）《艮卦·象传》："时止则止，时行则行，动静不失其时，其道光明。"（按："道"之所以"光明"，在于它能做到"时止则止，时行则行"，即顺乎自然是也，亦含有"道法自然"之意。）

以上告诉我们，《易传》的确包含有圣人法天、法地、法道、法自然的思想观念。与此相类似，《老子》关于这一思想则更加明确："人法地，地法天，天法道，道法自然。"① 将之与《易传》相比较，可以看出：《易传》关于人法自然的思想比较零碎、分散，而《老子》这一思想的抽象性则比较强。如果说在《易传》中关于人法自然的思想尚处于"个别"之中，那么《老子》则已将"个别"上升为一般。因此，从《易传》到《老子》，在思维的深度上有一个飞跃。这一情况说明，《老子》可能对《易传》有所因袭。

综上所述，《老子》比《易传》的思想更加成熟老练，按照思想发展的规律，《易传》应当先于《老子》成书。

关于《老子》成书的时间，我国学术界虽无统一的意见，但从目前所掌握的资料来看，其不能晚于稷下学宫复兴之时（约公元前357年），因为稷下学者慎到诸人，皆学黄老道德之术，而要学黄老术，不能没有《老子》作教材。因此，《老子》书之问世，当在稷下学宫复盛之前。据此推之，则《易传》之成书，当在春秋战国之际。

《易传》先于《老子》，符不符合历史的客观事实呢？笔者认为是符合的。

一是从《易》学史上看，我国古代有着悠久的《易》学传统，由此可以推知《易传》不会成书太晚；二是从《左传》、《国语》所提供的资料来看，完全可以证实春秋时期确实流行着许许多多解《经》说《卦》的思

---

① 《老子》第 25 章。

想资料，它们为《易传》成书奠定下了厚实基础；三是从现存有关文献袭用《易传》的情况来看，可证《易传》成书在春秋战国之际。基于以上所论笔者以为，把《易传》之成书放在战国末年或以后，不仅无法解释先秦哲学发展的历史进程，也与历史资料所提供的史实不相吻合。因此，对于传统观念关于《易传》"成于战国末期"之说，必须重新思考，以求作出更加符合客观实际的结论。

二　《易传》晚出论者在研究方法上的失误

以往的论者之所以把《易传》成书的时间定在战国末年甚至更晚，这首先有其方法论上的原因，从研究的方法上来看，有以下几点值得商榷。

（一）关于怀疑的方法

怀疑在学术研究中常常能够成为追求真理的起点，因而值得重视。但是，怀疑应当建立在一定依据的基础上，没有依据而随意怀疑，则必然引起混乱。持《易传》晚出的论者（以下简称"晚出论者"）的一个重要信条，就是认为汉人的说法不可靠，因而他们对汉人的有关记载一概给予怀疑，这显然是欠妥的。如，关于《易传》与孔子的关系，《史记·孔子世家》说得很清楚："孔子晚而喜《易》，序《彖》、《系》、《象》、《说卦》、《文言》，读《易》纬编三绝，曰：'假我数年，若是，我于《易》则彬彬矣'。"太史公在这里并没有说孔子作《易传》，只是说孔子"序《彖》……"，文中一个"序"字，至关重要，"序"通"叙"，述也。可见"序"有讲述、阐述之意。其意是说，……孔子讲述过有关五种《传》文的大意。这正同孔子"述而不作"的旨意相合。《史记·仲尼弟子列传》又论述了孔子传《易》给商瞿的情况。把这两者结合起来看，可知孔老先生确曾向他的弟子讲述过《易》学。因此，《易传》可能在孔子时代即已流传。司马迁是一位严肃的史学家，他的记载必有所据。对于《史记》上的这些重要记载，"晚出论者"却认为不可靠。李镜池先生说："据我想……'序《彖》、《系》、《象》、《说卦》、《文言》'这一句，也是宣帝时京房等插入的。"① 证据何在？没有，只是"据我想"的结果。这

---

① 李镜池：《周易探源》，中华书局1978年版，第300页。

样的怀疑怎么能令人信服呢？

我们今天立论，只能依据过去的史料，离开了史料，史学工作者就寸步难行。因此，对于过去留下来的史料，我们应当抱慎重的态度，没有确切的证据，是不能随意推翻的。即使是汉人的论述，也应当慎重对待。汉人对古代文化的抢救是有功绩的。汉以前，由于秦始皇焚书坑儒，给古文献资料造成了空前浩劫。汉兴之后，为了抢救古代文献资料，作了许多努力。有的靠地下发掘，有的靠学者们心记口述。这一整理过程虽也难免有失误之处，但应当说基本是可信的。如果把经汉人之手整理出来的古文献资料一概加以怀疑，那么我国古文献资料可靠者就为数不多了，这显然是有害而无益的。

（二）关于阶级分析的方法

阶级分析是我们运用历史唯物主义观点研究古文献的一个重要方法，应当坚持。但是对这一方法的运用，应当融会贯通，不能生搬硬套。"晚出论者"在运用阶级分析方法说明《易传》晚出时，就有生搬硬套之嫌。比如，他们抓住《易传》"尚刚"的特征，就匆忙作出结论，认为这体现了新兴地主阶级"自强不息"的进取精神。其实，当时的新兴地主阶级未必有如此这般的阶级自觉！从阶级分析的观点来看，任何一个统治阶级都希望自己成为强者，即使是即将寿终正寝的没落阶级，也不甘心退出历史舞台，也要以强者自居。代表没落奴隶主贵族利益的孔丘，曾几何时又放弃过"自强不息"呢？如果从时代特征来看，笔者以为"尚刚"的思想倒更符合春秋时期统治阶级的特征。众所周知，春秋时期诸侯争霸愈演愈烈，"争霸"的实质就是"尚刚"的表现。何谓"霸"？《孟子·离娄》言："以力服人者霸。""以力服人"，这不是"尚刚"的表现吗？由此可知，"尚刚"是春秋时期诸侯争霸思想的哲学反映，并非战国末期新兴地主阶级的思想特征。把"尚刚"这个标签贴在新兴地主阶级的身上，实在过于牵强。

（三）关于推理的方法

推理是逻辑思维中不可缺少的一个环节，不能不用。但是，逻辑推理有其内在的规则，例如，进行推理的前提必须真实可靠，否则我们就不能得出可信的结论。"晚出论者"在论证《易传》晚出所使用的推理方法，其前提条件往往值得怀疑，如李镜池先生根据《易·系辞传》中赞《易》之语，推断《系辞》成于汉武之后。他说：《系辞》里推崇《易》道的话，如"易与天地准，故能弥纶天地之道，……范围天地之化而不过，曲成万物而不遗，通乎昼夜之道而知，故神无方而《易》无体"，"夫《易》广矣大矣！以言乎远则不御，以言乎迩则静而正，以言乎天地之间则备矣"等，数量很不少。当我们读《彖》、《象》二传，只知道《周易》除卜筮之用以外，原来还有点伦理教训、政治哲学的价值，到我们读《系辞》时，就不禁赞叹《易》道之"神"、"通"、"广"、"大"了。把《易》捧得这么高，恐怕非到了《易经》坐了六艺第一把交椅之后是办不到的。这就是说，《系辞》中这些话当产生于汉武之后。[①] 李先生的这段推理论述，笔者以为是缺乏说服力的。首先，《系辞》与《彖》、《象》文体不同。《彖》、《象》解《经》，只能根据卦名和卦辞、爻辞去发挥自己的思想。而《易经》是不可能有赞述自身之语的，故《彖》、《象》二传的作者也不可能在赞《易》方面充分发挥自己的思想。相反《系辞》则不同，它不是直接解释《易经》，而是用散文体评述《易》学，因而有可能充分发挥自己的思想，对《易》予以高度赞扬。其次，赞《易》之"神通广大"，这正表现了古人对《易》的迷信和崇拜。《易》，在古人的眼中，是天人之间的通路，人们的一言一行，一举一动，都要以《易》作出的卜筮来决定。因此，对《易》予以高度赞扬，这在卜筮流行的春秋时代，是完全可能的，何以定要到汉武之后？可见，李先生用来推理的前提是不可靠的，则其结论就值得怀疑。

（四）关于类比的方法

类比也是逻辑思维中经常运用的一种方法，正确的类比，常能启迪人们的思考，从中捕捉可贵的新发现，但是，类比必须遵循逻辑规则，比如进行类比，所类比的两个（或两类）事物，必须有共同属性。"晚出论者"在论证《易传》晚出时，也运用了类比的方法。但是，他们的类比是不严格的。比如，他们把《易传》同《国语》、《左传》中有关卜筮的记载加以类比，发现《左传》、《国语》中没有用"阴阳"观念释《易》的情况，便推断说："春秋时期虽然出现了关于八卦的卦象说，却没有人用

---

① 李镜池：《周易探源》，中华书局 1978 年版，第 313 页。

阴阳来解释《周易》。阴阳和《周易》本来是两个不相同的发展系统，经历了不相同的发展道路，一直到战国末年，才由《易传》的作者把它们结合在一起，建立了一个以阴、阳学说为内容而以《周易》的框架结构为形式的哲学思想体系。"这个类比似乎有悖于逻辑规则。因为《易传》和《左传》、《国语》不是同一类的书。《易传》是专门释《周易》的著作，它可以把当时人们释《易》的成果尽可能地归纳起来；而《左传》、《国语》是历史著作，它所搜集有关卜筮的记载有限，不可能把当时流行的有关释《易》的思想资料完整地归纳起来。因此，《左传》、《国语》所记载的资料，不能完全代表春秋时期人们研究《易》的思想水平。借助它部分地窥视春秋时期卜筮的情况是可以的，若以它为标准来说明春秋时期卜筮和研究《易》的全部情况，则有失偏颇。而且，说"春秋时期没有人用'阴阳'来解释《周易》"，也不符合历史实际。远在西周末年，伯阳父论地震，就提到了阴阳观念，他说："阳伏而不能出，阴迫而不能蒸，于是有地震。"① 伯阳父的这个论述，当是受《易》的启示。《易》之震卦的卦象为"☳"，其特征是两阴爻在上，一阳爻在下，这正是"阳伏而不能出，阴迫而不能蒸"的情况，这绝非偶然的巧合。可见，至少在伯阳父时代，人们已把"—"看做"阳"，把"--"看做阴，即用阴阳来解释八卦的观念在春秋之前已有了，到春秋末年人们完全可能继续因袭阴阳的观念来发挥《周易》的哲学思想，这就是《易传》。所以，《易传》之成书，不可能延到战国末年。

（原载《大道之源——〈周易〉 与中国文化》，
湖南师范大学出版社 1993 年版，收入本书时有所删节）

---

① 《国语·周语上》。

关于《易传》成书时代之我见

　　《易传》是解释和阐发《易经》的重要文献，它包括《彖传》（上下）、《象传》（上下）、《系辞传》（上下）和《文言传》、《说卦传》、《序卦传》、《杂卦传》等，共七类十篇，故又称《十翼》。《易传》是我国古代思想文化发展史的一个重要里程碑，弄清它的成书时间，对于清理中华民族思想文化发展的历史进程，更好地发掘总结我国古代思想文化遗产，有着不可忽视的重大意义。

　　关于《易传》之成书，宋代以前学者都说成是由孔子所作。自北宋始，欧阳修率先提出疑问，并推断"《系辞》、《文言》、《说卦》而下，皆非圣人所作"[①]；后来，清人崔述又进而认为，《十翼》各篇均非圣人所作。[②] 到了二十世纪三十年代，冯友兰、李镜池、郭沫若等，都相继撰文，把《易传》成书的时间拉得很后，认为该书各篇非但不是孔子所作，而且与孔子相去甚远，其成书时代在战国末年乃至西汉时期。由于这几位前辈学者在学术界声望很高，因而他们的观点影响很大，而今"战国末年"说似乎已成"定论"。近数十年来，一些流行的《中国哲学史》教科书，几乎众口一词，都把《易传》之成书定在战国末年或更晚。从势头上看，似乎《易传》成书时间已有定论，用不着再探讨了。然而，深入地思考这一问题，又觉上述关于《易传》成书时间之论定，确实难以服人，笔者以一管之见，在此提出异议，以就教于《易》学方家。

　　《易传》是我国先秦时期哲学思维发展的重要环节，它上承《易经》，下启诸子百家，在我国先秦哲学史中，享有重要地位。如果把《易传》成书的时间定在战国末年，那将无法解释我国先秦哲学发展的历史进程，而

---

① 参见《易童子问》。

② 参见《洙泗考信录》。

且也与历史资料所提供的大量史实难于吻合。笔者认为，从历史和逻辑的结合上来看，《易传》之成书，经历了一个发展过程。人所共知，此书非成于一人之手，亦非一时之作。从一定意义上来说，它是我们民族《易》学专门家在一定时期内解《易》说《卦》的资料汇编。它之成书，经历了一个漫长的历史发展过程。这个过程，大致可划分为三个阶段：一是《易传》所需资料酝酿与积累阶段；二是《易传》原始初本形成阶段；三是《易传》定本形成阶段。本文拟就这三个阶段的演绎发展情况，分别作简要探讨。

一 《易传》思想资料的酝酿与积累阶段

《易传》的形成，一定先有一个资料酝酿与积累阶段。人所共知，我国古代有着悠久的《易》学传统。早在殷周之际，《易经》即已成书。《易经》是我们的祖先哲学思维发展的生长点或曰活水源头。我国古代许多重要的哲学思想，都同它保持着渊源关系。《易传》是为阐发《易经》而作的，它更直接与《易经》有着不可分割的联系。如果说《易经》是一部卜筮之书，是为适应当时卜筮需要而创作的，那么，《易传》则是人们在卜筮的实践中解《经》说《卦》、深化发挥《易经》思想的直接成果，其中不但丰富了《易经》关于卜筮的内容，而且透露出一系列十分重要的哲学观念。卜筮是周人生活中的一项重要内容。周人信奉天命，举凡祭祀、生产、战争、社交、婚庆等等，都要借助卜筮去探测天意，以决定自己的行动。因此，当时有一批职业筮者，专门从事卜筮活动。卜筮的结果是千变万化的，仅靠《易经》所提供的卦象和卦辞、爻辞来作为判断吉凶的依据，已不能满足日益频繁的卜筮实践的需要。因此，当时的人们（特别是职业筮者）必须与时俱进，对《经》文之广度和深度加以扩充、丰富。而这一历史重任，又是通过对卦象、卦名和卦辞、爻辞作出新的解释而完成的。当时的筮者，大多身兼史官，他们有文化，懂哲理，熟悉人情世态，完全有能力、有条件在《经》的基础上，对《易》进行再创造。这实质上是一个群众性的解《经》说《卦》的创造性活动。这个活动，从《易经》成书之后即已开始。若从周初算起，到春秋时期，即已经历五六百年之久。这样漫长的时间，人们对《经》的解释，代代相传，经过千百次的过滤、沉淀，必然酝酿和积累出许许多多解《经》说《卦》的思想成果。这些成果为后来《易传》之形成，准备了思想资料。从一定意义上说，《易传》之成书，就是作者们对这些资料进行加工整理、筛选汇编的结果。下面试就此作进一步论证。

（一）《易传》的文字结构告诉我们，《易传》之成书吸取了来源不同的思想资料

细读《易传》，我们不仅可以发现《十翼》各编之间存在相互矛盾的情况，而且还可以发现同一篇中，也存在相互重复和抵牾的情况。试举几例：其一，《文言传》在释"乾卦"之"元亨利贞"时，先说"元者，善之长也；亨者，嘉之会也；利者，义之和也；贞者，事之干也"，并将之称为"四德"；后面又说"乾元者，始而亨者也；利贞者，性情也"，据此，则"元亨利贞"又非"四德"。这两段体现不同思想的语句被置于同一《文言传》中，导致了相互抵牾。这只能说明这两则资料来源于不同途径。其二，《系辞传》在阐述八卦之来源时，先说"河出图，洛出书，圣人则之"，肯定八卦源于上天所赐；又说"包牺氏之王天下也，仰则观象于天，俯则观法于地，观鸟兽之文与地之宜；近取诸身，远取诸物，于是始作八卦"，据此，则八卦并非天赐，而是人为；还说"昔者圣人之作易也，幽赞于神明而生蓍，参天两地而倚数，观变于阴阳而立卦"，这里又肯定"立卦"是"生蓍"、"倚数"、"观阴阳"的结果。这三种说法，亦相互矛盾，却同被纳入《系辞传》之中，其所用资料亦当是来源于不同方面。其三，《象传》在阐明有关刑、狱的立场时，在"丰卦"中，强调"君子以折狱致刑"，肯定刑狱的必要性；而在"贲卦"中，却又强调"君子以明庶政，无敢折狱"，否定了施行刑狱的必要性。显然，这两则资料亦不能相容，当是袭自不同传说。其四，《说卦传》在宣讲"卦象"说时，也有类似情况。例如，在释"乾"象时，说"乾为马"、"为良马，为老马，为瘠马，为驳马"；而在释"震"象时，却又说"其于马也，为善鸣，为馵足，为作足，为的颡"；在释"坎"象时，又言"其于马也，为美脊，为亟心，为下首，为薄蹄"，等等。按照这些解释，则"乾"、"震"、"坎"三卦之象，都可指代"马"，虽然三者所说的"马"也有这样或那样的不同，但无疑，三者关于"马"的描述，也有相同之处。这就难免引起冲突。之所以出现这种情况，亦当是作者吸取了不同来源的思想资料所致。又"杂卦传"先言"艮，止也"；后又言"节，止也"，则

"艮卦"与"节卦"皆有"止"象，二者又发生了冲突。以上五例，其共同点是：同一《传》中，容纳了相互矛盾的思想资料。这种情况只能说明，《易传》是前人解《经》说《卦》思想成果的汇编。当然，作者在编辑这些资料时，也渗入了自己的心血和智慧，做了一些必要的弥合工作，使其各自能独立成篇。尽管如此，它们仍留下了汇编前人思想资料的蛛丝马迹。如果这一分析无有不当，则在《易传》初本形成以前，西周末年乃至春秋前期或中期，我国社会上一定流传了不少前人解《经》说《卦》的思想资料。

（二）从《左传》、《国语》中所保存的卜筮资料来看，可以推知当时社会流行着许许多多有关解《经》说《卦》的思想成果

我们说《易传》成书之前，应当有一个资料酝酿与积累阶段。这个分析绝非捕风捉影，而是有据可查。这从《左传》、《国语》两书中所透露的相关史料可以得到佐证。《左传》与《国语》（以下简称《左》、《国》），相传出于与孔子同时的左丘明之手，均是可信度较高的史书。《左》之所记，起于鲁隐公元年（公元前722），终于鲁悼公四年（公元前463），比《春秋》多出十七年；《国》之所记，起于周穆王十二年（公元前990），终于周贞定王十六年（公元前453），与《左》相比，其起点超前二百六十八年，终点延后十一年。两书所涉时间，从西周中后期至春秋晚期，共达五百三十七年之久。作为史书，它们所记载的，主要是当时社会政治、经济、文化的演进与变革情况，因此关于卜筮的记载，不是它们的主要任务，所涉极为有限。尽管如此，它们仍然留下了有关卜筮的资料达二十余则，其中既有释卦象、卦名者，亦有释卦辞、爻辞者。下面试分别阐述。

首先，关于释卦象的情况。卦象揭示的是卦的象征意义，如"乾为天"，指的是以"乾卦"代表"天"；"坤为地"，指的是以"坤卦"代表"地"，等等。故《系辞传》曰："圣人有以见天下之赜，而拟诸其形容，象其物宜，是故谓之象。"又说，"八卦成列，象在其中矣"；"见乃谓之象"；"象也者，象此者也"。"卦象"的确定，对于卜筮结果的判断，至关重要。故《系辞传》又说："圣人设卦**观象**系辞焉，而明吉凶。"因此，弄清卦象，是卜筮得以进行的决定性因素。围绕卜筮的实践，当时的筮者们尤其关心卦象。这种情况，在《左》、《国》两书中亦得到反映。例如，

《左传·庄公二十二年》载："坤，土也；巽，风也；乾，天也。风为天于土上，山也。"这里对"坤"、"巽"、"乾"等卦之卦象作了说明。又，《左传·昭公五年》载："离，火也；艮，山也。离为火，火焚山，山败。"又，《国语·晋语》载："震，车也；坎，水也；坤，土也；屯，厚也；豫，乐也。"这里揭示了"震"、"坎"、"坤"、"屯"、"豫"诸卦之象。据初步统计，《左》、《国》围绕八卦所论及的卦象，共有五十余种之多，例如：

（1）以天、天子、金、玉、君、父、光释"乾"；

（2）以土、马、母、众、顺、帛、温、安、正、厚释"坤"；

（3）以车、雷、兄、长男、足、侄、行、杀、辁、武释"震"；

（4）以风、女释"巽"；

（5）以水、夫、众、劳、川、和、强释"坎"；

（6）以火、日、鸟、牛、公、侯、姑释"离"；

（7）以山、男、"言"、庭释"艮"；

（8）以泽、旗、心释"兑"。

除以上有关八经卦的卦象说之外，两书还对六十四卦中有关别卦之象作了说明，如，以"厚"、"固"释"屯"，以"乐"释"豫"，以"日"释"明夷"，以"入"释"比"，以"出"释"随"，等等，均表达了两书所记录的在当时流行的卦象之说。

其次，关于释卦名的情况。"卦名"，指的是卦的名称。不仅八卦有卦名，而且六十四卦每一卦都有相应的卦名，如"泰卦"、"否卦"、"既济卦"、"未济卦"等等，皆属卦名。《易传》对卦名作了解释，《左》、《国》中也保存了不少有关释卦名的思想资料。《左传·昭公元年》载，医和曰："女惑男，风落山，谓之《蛊》。"这里对"蛊卦"之名作了解释。"蛊卦"下巽上艮（䷑），"巽"为风，"艮为山"，此为"风落山"；同时，"艮"为少男，"巽"为长女，男上女下，由此引申出"女惑男"之释。这个解释，对于说清"蛊卦"之名，可谓抓住了要害。又，《左传·昭公三十二年》载，史墨曰："雷乘乾，曰《大壮》。"这是对"大壮卦"之名的解释。"大壮卦"下乾上震（䷡）：震为"雷"，乾为"天"，故用"雷乘乾"来释"大壮卦"之名，亦深得其义，是当时释卦名的又一范例。再如，《左传·定公十二年》载："不行谓之'临'。"这是对"临卦"之名的阐释。"临卦"，下兑上坤（䷒），兑为泽，坤为地。《春秋·左传杜氏注》曰："水变为泽，乃成'临卦'，'泽'，不行之物。"泽是一潭死水，不能流动，以"不行"释"临"，今之《易传》，似未取其义。以上均为释卦名之例证。

　　再次，关于释卦辞的情况。卦辞，是判断全卦之吉凶的占辞。《易经》六十四卦，每卦皆有一条相应的卦辞。卦辞在卜筮中也至为重要，对之作合理的解释，是筮者们共同的追求。《易传》中的《彖传》和《象传》（主要是《大象》）都在释卦辞方面用了很大力气。《左》、《国》中，亦有类似情况。如《左传·襄公九年》载："穆姜死于东宫。始往而筮之，遇艮（☶）之八（杂用《连三》、《归藏》），史曰：'是谓艮之随（☱），随其出也，君必速出。'姜曰：'亡，是如《周易》曰：随，元亨利贞，无咎；元，体之长也；亨，嘉之会也；利，义之和也；贞，事之干也。体仁足以长人，嘉德足以合礼，利物足以和义，贞固足以干事。然，固不可诬也。是以虽随无咎……'"这里借穆姜之口，对"随卦"之卦辞"元亨利贞"作了逐字逐句的解释，是《左传》中释卦辞的典型一例。

　　最后，关于释爻辞的情况。爻辞，是判断各爻吉凶的占辞。《易》之六十四卦，每卦皆由六爻构成，自下而上，各爻都有一段说明该爻寓意的文辞。六十四卦共三百八十六条（含"乾卦""用九"，"坤卦""用六"两条）爻辞。正确理解爻辞，是判定卜筮吉凶的关键一环。因此，当时的筮者，都很重视对爻辞的阐释。这种情况，不仅集中地反映在《易传》中，也反映在《左》、《国》等史学著作中。例如，《左传·庄公二十二年》载："周史有以《周易》见陈侯者，陈侯使筮之，遇观（☴）之否（☶），曰：'是谓观国之光，利用宾于王'。"这里"观国之光，利用宾于王"，乃"观卦"之"六四"爻辞，周史引用了这句话之后，接着对之作了解释，曰："坤，土也；巽，风也；乾，天也，风为天于土上，山也；有山之材，而照之以天光，于是乎居土上，故曰：'观国之光……'；庭实旅百，奉之以玉帛，天地之美具焉，故曰：'利用宾于王'。"这里对"观卦"的"观国之光，利用宾于王"两句爻辞的解释，可谓清楚明白。又，《左传襄公·二十五年》载："武子筮之，遇《困》（☱）之《大过》（☴），史皆曰'吉'。示陈文子，文子曰：'夫风损妻，不可娶也。且其爻曰：困于石，据于蒺藜，入于其宫，不见其妻，凶。''困于石'，往不济也；'据于蒺藜'，所恃伤也。'入于其宫，不见其妻，凶'，无所归也。"在这里，陈文子对"困卦"六三爻辞（"困于石，据于蒺藜，入于其宫，不见其妻，凶"）逐句作了解释。又，《左传·昭公五年》载："初，穆子之生也，庄叔以《周易》筮之，遇《明夷》（䷣）之《谦》（䷰），以示卜楚丘。"卜楚丘曰："日之谦当鸟，故曰'明夷于飞'；'明之未融'，故曰'垂其翼'；'象日之动'，故曰'君子于行'；'当三在旦'，故曰'三日不食'……故曰'主人有言，……'。"这里对《明夷卦》之"初九"爻辞（"明夷于飞，垂其翼，君子于行，三日不食，有攸往，主人有言"）亦逐句作了解释。这些都是当时释爻辞的案例，值得引为重视。

综上所述，《左》、《国》两书确实记录了当时人们解《经》说《卦》的思想资料，其中既有释卦象、卦名者，亦有释卦辞、爻辞者。这些资料，有的与今之《易传》近同，有的则未见之于今之《易传》。与今之《易传》近同者，有的可能是《左》、《国》引用《易传》之初本，有的则可能是《易传》定本借鉴了《左》、《国》的珍贵资料。与《易传》不同者，有的可能是未被《易传》作者注意到，有的虽被注意到了，但却予以淘汰不用。以上这些情况，不论从哪个角度而言，都说明当时的社会的确流行着形形色色的卦象说、卦名说、卦辞说和爻辞说。它们的流行，说明《易传》成书阶段确有一个群众性的解《经》说《卦》文化思潮的存在。这为《易传》的最后成书，提供了思想前提。

二　《易传》初本成书阶段

《易传》之成书，当有一个初本形成阶段。这里说的"初本"，是针对"定本"而言的。初本在前，定本在后。那么，初本大约成于何时呢？愚见认为，初本成书的时间，当不晚于孔子学《易》之前，时当春秋中后期。

刘建国先生在《中国哲学史史料学概要》一书中，曾提出了一个值得引为重视的见解，他说："《易传》始于春秋中期，也就是始于孔子之前。"① 在这里，他未用"初本"这一词语，而用一个"始"字代之，肯定《易传》"始于孔子之前"，并就此作了简要论证。笔者基本赞同他的意见，所不同的是，我提出了一个"初本"的概念，认为从历史和逻辑相

---

① 《中国哲学史史料学概要》（上），吉林人民出版社1983年版，第59页。

结合的角度来看，在孔子"学《易》"之前，当有一个《易传》初本存在。此说依据何在？下面试就此作出解答。

（一）从《史记》等书的记载考知《易传》初本成于孔子学《易》之前

我们说《易传》初本成于孔子学《易》之前，并非出于臆测，而是以相关史书的记载为依据的。

（1）《史记·孔子世家》载："孔子晚而喜《易》，序《彖》、《系》、《象》、《说卦》、《文言》，读《易》纬编三绝，曰：'假我数年，若是，我于《易》则彬彬矣'。"这则史料有三点值得注意：

一是记载孔子曾"序《彖》、《系》、《象》、《说卦》、《文言》"。文中的"序"，是一个关键的字。此"序"，古与"叙"通，《易·文言传》之"与四时合其序"；王充《论衡·感虚篇》作"与四时合其叙"；清阮元《经籍纂诂》注"序"曰："序与叙音义同。"叙，述也。则"序"可训为"述"。此"述"，正同孔子"述而不作"之意相吻合。则上文之意是说，孔子晚年爱好《易》，并讲述过《彖传》、《系辞传》、《象传》、《说卦传》、《文言传》等五种《传》文。而要讲述这些《传》文，就不能没有书本作教材。由此可以推知，孔子学《易》之时，以上五种《传》文已经形成，否则，文中的"序"就将落空。

二是记载孔子曾希望自己活长一点时间，以便实现"我于《易》则彬彬矣"的心愿。"彬彬"，指文与质相互映照，显得十分文雅。"我于《易》则彬彬矣"，表明孔子希望对《易》进行必要的加工、修饰。孔子要加工修饰的《易》，似乎主要指《易传》，因为《易经》形成于殷周之际，到孔子时已经历五六百年考验，其文字基本定型，似乎用不着孔子再去加工整理。而《易传》当时尚处于初本阶段，有必要对之加工。再与上面所说的孔子曾"序《彖》、《系》、《象》、《说卦》、《文言》"之史实联系起来，更可知孔子要加工的是《易传》而非《易经》。据此可知，孔子学《易》之前，《易传》之初本已经形成，否则，其加工修饰就没有对象了。

三是"读《易》'纬编三绝'"。这里所说的曾"纬编三绝"那部《易》，似亦包括《易传》在内。众所周知，《易经》文字简约，所用竹简有限。崔适《史记探源》言："《周易》分《上经》为三十卦，《下经》为三十四卦，卦画初成，各以十八简书之。"则上、下《经》合为三十六简。

三十六简，是易于编牢的，不易出现"纬编三绝"的情况。只有把《易传》合于其中，字多简繁，不易编牢，才可能导致"纬编三绝"的情况发生。这也说明孔子学《易》时，已有《易传》初本存在。

（2）《史记·仲尼弟子列传》载："商瞿，鲁人，字子木，少孔子二十九岁。孔子传《易》于瞿，瞿传楚人馯臂子弘，弘传江东人矫子庸疵，疵传燕人周子家竖，竖传淳于人光子乘羽，羽传齐人田子庄何，何传东武人王子中同，同传菑川人杨何，何元朔中以治《易》，为汉中大夫。"这则史料记载了孔子传《易》及《易》在后来的流传世系。从文意上看，太史公是把孔子作为传《易》的先祖来看待的。其所传的《易》，理所当然地包括《易传》。因为，如果单就《易经》而言，它从殷周之际成书之后，即已广为流传，到孔子时已越数百年之久，当时的筮者、史官中几乎无人不知，焉用孔子去传？而《易传》当时处于初始阶段，且其中充满微言大义，由孔子这位至圣先师去传，合情合理。这再一次证明，孔子读《易》之时，《易传》已有初本，否则，孔子之传又将落空。

（3）《论语·述而篇》曰："加我数年，五十以学《易》，可以无大过矣。"从这则史料来看，孔子是把《易》当做道德修养之书来看待的。这个《易》，似乎也非仅指《易经》，完全有可能包括《易传》在内。人所共知，《易经》是一部卜筮之书，其中诚然也透露了某些道德观念，但毋庸讳言，其所涉及的道德内容极为简单、肤浅，有些虽可引申出无比高尚的道德追求，而它自己却未能做到。《易传》则不同，它透露了无比丰富的道德理念。如，《乾卦·象传》："天行健，君子以自强不息"；《坤卦·象传》："坤厚载物，德合无疆，含弘光大，品物咸亨"；《大畜卦·象传》："大畜刚纯笃实，辉光日新，其德刚上而尚贤，能止健，大正也"；《大有卦·象传》："火在天上，大有。君子以遏恶扬善，顺天休命"；《系辞上传》："夫《易》，圣人所以崇德而广业也"；《坤卦·文言传》："积善之家必有余庆，积不善之家必有余殃"；《文言传》还对《易经》的"元亨利贞"之语大加发挥，使之上升为"四德"。《易传》中还有许多关于道德追求的论述，因篇幅所限，兹不一一列举。这些都说明，《易传》中确实包含着无比丰富的道德理念，对之认真学习、深刻体会，定可以收到如孔子所说的"无大过"的成效。由此可知，孔子所谓"加我数年，五十以学《易》，可以无大过矣"，这个《易》，亦当包括《易传》。这就再一次告诉我们，孔子读《易》之时，一定已见到《易传》的原始初本。否则，其所谓学《易》可以"无大过"之说，就有夸大《易经》功能之嫌。

（二）《易传》初本成于孔子学《易》之前的个案考察

以上我们依据有关史料，推知《易传》初本应当成于孔子学《易》之前。那么，这个推论能够成立吗？答复是肯定的。这里，我们对《彖传》、《象传》、《文言传》、《说卦传》以及《系辞传》五种《传》文初本的成书时间分别加以探讨，借以用个案说明上述推论的可靠性。

1. 论《象传》初本成于孔子学《易》之前

《左传·昭公二年》载："晋侯使韩宣子来聘，观书于太史氏，见《易象》与《鲁春秋》，曰：'周礼尽在鲁矣。'"这则史料提到的《易象》一书，当是今本《象辞》的前身。其一，从书名上看，《易象》当是以讲解《易经》卦、爻之象为内容的书，这同《易传》之《象辞》相合；其二，从韩宣子的评述来看，《易象》体现《周礼》。而今本《象辞》亦贯穿《周礼》的思想。我们知道，《周礼》的基本思想是强调"尊尊"、"贵贵"、"贵贱有位"。《系辞上》言："天尊地卑，贵贱定矣。卑高以陈，贵贱位矣。"这一思想，像一股红线一样，贯穿在《象辞》中。我们知道，《象辞》（特别是《小象》），尤其强调"得位"。文中多次记述"当位"与"不当位"的情况。为了研究这种情况，我们将之分为两组，一组为"当位"之论，共有八条；另一组为"不当位"之论，共有十七条，两组合计共二十五条。其"当位"，又称"位中正"或"位正中"，指的是尊者处尊位（即阳爻居阳位）与卑者处卑位（即阴爻处阴位）的情况；其所谓"不当位"，指尊者处卑位（阳爻处阴位）与卑者处尊位（阴爻居阳位），属尊卑颠倒，贵贱无位。作者对"当位"给予肯定，对"不当位"给予否定。其"当位"者，均被作为吉祥之依据；其"不当位"者，多被作为凶兆之依据。《象传》的作者如此重视"当位"，从表面看，似乎讲的是爻位，但实际上这是《周礼》之"贵贱有位"思想在释卦爻辞上的反映。不仅如此，《象传》还明确倡导"君子以辨上下，定民志"①、"君子以思不出其位"②、"君子以非礼弗履"。这里讲的"辨上下，定民志"、"思不出其位"、"非礼弗履"等，都是突出"贵贱有位"，遵礼以行。显

---

① 《履卦·象传》。
② 《艮卦·象传》。

然，这些都体现了《周礼》的基本思想。所以，韩宣子所见到的《易象》，当为《象传》初本。韩宣子见《易象》为公元前540年，其时孔子年仅十一岁，则《象传》初本成于孔子学《易》之前，似无疑义。

对于《左传》的这则史料，以前的学者们也已注意到了，但他们却否认该书为今之《象传》的初本。其理由是：《象辞》"包括儒法两家的思想"，而韩宣子见《易象》时，儒法两家尚未形成，故二书非一书也。愚以为这个判断是值得推敲的。《象辞》"包含儒法两家的思想"吗？否！说《象辞》体现"儒家思想"，这没有疑问，因为《象辞》打上了《周礼》的烙印，而《周礼》同儒家思想本是相通的，孔子曾明确表示"吾从周"，他所效法的正是文、武、周公的那一套。更何况今本《象辞》经过孔子及其后学加工整理过，其带有儒家思想特色是很自然的。但是，若说《象辞》包含法家（指战国时法家）思想，则有牵强之嫌。我们知道，战国时的法家，是突出"法治"，他们"不贵义而贵法"，"任法而不任智"，并明确主张"以法为本"、"以法为教"、"以吏为师"、"民一于君，事断于法"。在他们那里，法治高于一切。而《象辞》中有关刑、法的表述，同上述所谓"以法为本"的思想倾向有明显差异。现将《象辞》有关刑、法之语句，摘录如下：

（1）"君子以赦过宥（宽）罪"[1]；

（2）"君子以折（断）狱致刑"[2]；

（3）"君子明慎用刑而不留狱"[3]；

（4）"利用刑人，以正法也"[4]；

（5）"先王以明罚勅（理）法"[5]；

（6）"君子以明庶政，无敢折狱"[6]；

（7）"君子以议狱缓死"[7]。

综观以上语录，不难看出，它们只是一般地涉及刑、法问题，并无"以法为本"的观念。而且其所讲的刑法，多与儒家思想相通，如第一条

---

[1] 《解卦·象传》。
[2] 《丰卦·象传》。
[3] 《旅卦·象传》。
[4] 《蒙卦·象传》。
[5] 《噬嗑卦·象传》。
[6] 《贲卦·象传》。
[7] 《中孚卦·象传》。

"赦过宥（宽）罪"、第三条"明慎用刑"都同儒家"明德慎罚"的思想相一致。只有第四条"利用刑人，以正法也"一语，有法家味道，但也难以肯定它是战国时的法家观念。我们知道，春秋时期刑、法观念就已在社会生活中起作用。公元前536年，郑国子产"铸刑书"；公元前513年，晋国"铸刑鼎"。这两件事都表明春秋后期已用刑治或法治。《左传》中，关于刑、法的语句已屡见不鲜，如：《隐公·十一年》载"刑以正邪"；《僖公·十五年》载"刑以威四夷"；《文公·六年》载"制事典，正法罪，辟刑狱"；《襄公·廿六年》载"刑滥则惧及善人"。

以上资料告诉我们，一般地涉及刑法问题，春秋中后期已时有所见，我们不能以此为据，判定《左传》有战国法家思想；同理，我们也不能以《象传》涉及一般的刑法问题为据，说它有战国法家的思想烙印。还须指出的是，《象辞》在谈法时，强调"赦过宥（宽）罪"、"明慎用刑"等，属于春秋后期开明思想家的意识，如齐国政治家晏婴就大力提倡宽刑。他曾针对齐国"繁于刑"的现实，向齐景公进言，主张"省于刑"，并留下了"进一言而齐侯省刑"① 的佳话。由此可见，《象辞》所透露的关于刑法的观念，符合春秋中后期的特征，我们没有理由以它所表达的刑法观念为据，将之判为包含战国中后期的法家思想，并据此否定《易象》为《周易》之《象辞》。

综上所述，韩宣子所见的《易象》，应为今之《象传》初本。若此推测无误，则它成于孔子学《易》之前就没有疑问了。

2. 论《象传》初本成于孔子学《易》之前

学界大多肯定《彖传》成于《象传》之前。如高亨先生所指出的："《彖传》仅解六十四卦之卦名、卦义及卦辞，不解爻辞；《象传》解六十四卦之卦名、卦义及三百八十六条爻辞，不解卦辞。《象传》何以只解爻辞，而不解卦辞呢？其因《彖传》已解卦辞，不须重述，灼然甚明。此《彖传》作于《象传》之前之明证。"② 这个解释是很有说服力的。我们在前面已论证《象传》初本成于孔子学《易》之前；现在又论证了《彖传》成于《象传》之前，则《彖传》初本成于孔子学《易》之前，就是很自然的了。

---

① 《左传·昭公三年》。

② 《周易大传今注》卷首。

3. 论《文言传》初本成于孔子学《易》之前

我们在前面已引用了《左传·襄公九年》关于穆姜释"元亨利贞"的那段话，该段文字与《乾卦·文言传》的解释基本相合，只有个别地方用字不同。毫无疑义，这里存在一书因袭另一书的情况。究竟是谁因袭谁呢？高亨先生以为是《文言传》抄袭《左传》，其理由是："《左传》之'体之长'，《文言》作'善之长'；《左传》之'嘉德'，《文言》作'嘉会'。循其文义，以《左传》为切合。"高亨先生的这个判断，是以因袭者一定比原作者低劣为前提的。其实，这并非普遍规律。从思维发展的逻辑上看，常常是后来居上。因此，晚出的书有可能比早出的书更成熟，因为它有机会弥补前人的不足，这在现实中是屡见不鲜的。惟其如此，所以穆姜之言应是对《文言传》的引申和发挥。《左传》的作者是很讲究遣词用字的。经他之手，对《文言传》之词句作一点修饰，是完全可能的。而且，从《左传》那段文字来看，亦可证明是穆姜引用《文言传》。因为，文中明确写上了"是如《周易》曰"一语，这"《周易》曰"不仅指"随卦"之卦辞，而且亦当包括《文言传》中的那段话。且穆姜在讲完上述那段话后，接着又说："今我妇人，而与于乱，固在下位，而有不仁，不可谓'元'；不靖国家，不可谓'亨'；作而害身，不可谓'利'；弃位而姣，不可谓'贞'。有'四德'者，随而无咎。我皆无之，岂随也哉？我则取恶，能无咎乎？必死于此，弗得出矣。"穆姜在这里之所以断定自己"必死于此"，是以《文言传》对"元亨利贞"的解释为依据的。因此，《文言传》的那段解释文字，对于穆姜来说，具有权威性，是人们当时公认的信条。显然，那段释"元亨利贞"之文字，非穆姜这位女流所能造得出来的，更非《左传》作者虚构出来的，否则《左传》就非信史。这个分析如无不当，则《文言传》当成于穆姜生前。穆姜死于公元前564年，此时距孔子出生十有三年。

还须指出的是，《文言传》应早于《象传》。有何证据？这只要将《文言传》释"乾卦"之爻辞，与《象传》释"乾卦"之爻辞两相比较，就可发现两者有相似的影子。例如，上九爻辞"潜龙勿用"，《文言传》释曰"'潜龙勿用'，下也"；《象传》释曰"'潜龙勿用'，阳在下也"，两者如出一辙。又，上九爻辞"亢龙有悔"，《文言传》释曰"'亢龙有悔'，穷之灾也"；《象传》释曰"'亢龙有悔'，盈不可久也"，两者内涵亦相类似。又：上九爻辞"飞龙在天"，《文言》释为"'飞龙在天'，上治也"；《象传》释为"'飞龙在天'，大人造也"，两者立意亦相近似。据此可知，其中必有一本抄袭另一本的情况。究竟是谁抄袭谁呢？笔者认为，《象传》抄袭《文言传》最有可能。理由有二：其一，《文言传》只释"乾卦"之爻辞，而未释"坤卦"之爻辞，若是《文言传》抄袭《象传》，那么，作者也可如法炮制，释出"坤卦"之爻辞，但事实上却不是如此；《象传》以释六十四卦之爻辞为己任，作者动笔时，因"乾卦"之爻辞已被《文言传》所释，他本可以略去不释，但作为一篇完整的文章，又不得不释，于是只好参阅《文言传》来完成任务。从文字上看，《象传》之释虽与《文言传》神似，却又加入了必要的修释。他将《文言传》之"'潜龙勿用'，下也"改为"'潜龙勿用'，阳在下也"，意思更为清楚明白；将《文言传》之"'亢龙有悔'，穷之灾也"改作"'亢龙有悔'，盈不可久也"，含义更为贴切；将《文言传》之"'飞龙在天'，上治也"改为"'飞龙在天'，大人造也"，更突出了在上统治者所作所为的价值，表现了后来者对前人的修释加工。同时，《象传》也扬弃了《文言传》一些不当之释，如《文言传》释"终日乾乾"曰："行事也"，其意含糊不清，而《象传》则曰："'终日乾乾'，反复道也。"此"反复道"，即通过反思内省复归其道。此意确实比《文言》之"'终日乾乾'，行事也"高明得多。总之，两相比较，以《象传》因袭《文言传》最为可能。既然《象传》因袭《文言传》，则其晚于《文言传》当顺理成章。

4. 论《说卦传》初本成于孔子学《易》之前

笔者认为，《说卦传》在《易传》中，当形成最早。人所其知，《易经》作为卜筮之书，旨在通过卜筮，探测天意，预知吉凶祸福。而要对卜筮结果作出合理解释，就不能不弄清楚八卦所指代的事物。而《说卦传》所表达的卦象说，正是对八卦所指代的事物的具体阐发。如，《说卦传》言"乾为马，坤为牛，震为龙，巽为鸡，坎为豕，离为雉，艮为狗，兑为羊"，这里讲的是八卦所代表的动物的名称；又说"乾，健也；坤，顺也；震，动也；巽，入也；坎，陷也；离，丽也；兑，说也"，这里所讲的是八卦所代表的事物的性能；又说"乾为首，坤为腹，震为足，巽为股，坎为耳，离为目，兑为口"，这里所讲的是八卦所指代的人体之器官；还说"乾为天，为圜，为君，为父，为玉，为金，为寒，为冰，为大赤，为良马，为老马，为瘠马，为驳马，为木果"，这里讲的是"乾卦"所代表的形形色色的事物。因篇幅所限，不必再引了。文中所讲的八卦所指代的事物，都为卦象的判定提供了直接依据。离开了《说卦传》揭示的八卦所指代的事物，卜筮将寸步难行。正是从这个意义上，我们肯定《说卦传》比其他几种《传》的成书时间更早。

我们肯定《说卦传》在《易传》中成书最早，除上述理由之外，还有一个更直接的理由，那就是《彖传》、《象传》两传在立论时，往往以《说卦传》之说作为理论支撑。例如，《蒙卦·彖传》："蒙，山下有险，险而止。"《彖传》作者之所以作这一判断，是因为"蒙卦"之象为下坎上艮（☶），《说卦传》说"坎，陷也"，陷必有险，故《彖传》的"山下有险"之论，是以《说卦传》为支撑的。"险而止"，是因为《蒙卦》之上卦为"艮"，"艮止也"，亦为《说卦传》之论。可见《说卦传》之说，在《彖传》那里具有权威地位。离开了《说卦传》，则所谓"山下有险，险而止"，就失其所依。又如，《比卦·彖传》："比，辅也，下顺从也。"这里的"下顺从"，指的是"比卦"之下卦为"坤"。《说卦传》言："坤，顺地。"可见，《彖传》所谓"下顺从"之说，亦是以《说卦传》为据。再如《泰卦·彖传》："泰，小往大来，……内健而外顺，内君子而外小人……"这里的"内健而外顺"，是因为《泰卦》下乾上坤（☷），"乾"为内卦，"坤"为外卦，《说卦传》言"乾，健也；坤，顺也"，若离开《说卦传》，则"内健而外顺"亦失其所依。可见，《彖传》之发论，是以《说卦》为支撑的。这种情况在《象传》中亦可找到许多。如，《同人卦·象传》："天与火，同人，君子以类族辨物。"《同人卦》之象为下离上乾（☰），《说卦传》说"乾为天"，"离为火"，则《象传》之"天与火，同人"一语，亦是据《说卦传》之意作出的结论。又，《谦卦·象传》："地中有山，谦。"《谦卦》之象，下艮上坤（☷），《说卦传》言"坤为地"、"艮为山"，则"地中有山"之说，亦是以《说卦传》之说为依据的。这就告诉我们，《说卦传》之说，在《象传》、《象传》之作者那里，被视为约定俗成式的具有规范意义的东西，其出必在《彖传》、《象传》等传之前。否则，《彖传》、《象传》之说，就丧失依据而难以为人所信奉。

从一定意义上说，《说卦传》之成书，不能晚于春秋中期。这是因为，《左传》中多次引用《说卦传》的内容。例如，《左传·庄公二十二年》载："周史有以《周易》见陈侯者，陈侯使筮之，遇观（☲）之否（☲），曰：'是谓观国之光，利用宾于王'。"这里，"观国之光，利用宾于王"

两句，乃《观卦》六四爻辞。为了解释这条爻辞，"周史"曰："坤，土也；巽，风也；乾，天也。风为天于土上，山也。有山之材，而照之以天光，于是乎居土上，故曰：'观国之光'……'利用宾于王'。"文中所谓"坤，土也；巽，风也；乾，天也"均是对卦象的阐释。其中，"坤，土也"，依据的是《说卦传》"坤为地"，"地"，土也；"巽，风也"，依据的是《说卦传》"巽……为风"；"乾，天也"，依据的是《说卦传》"乾为天"，如此等等，皆出之于《说卦传》。周史的这次卜筮，为鲁庄公二十二年（公元前672），早孔子出生一百二十一年。又，《鲁僖公·十五年》载："……秦伯伐晋，卜徒父筮之，……其卦遇蛊（䷑）。"下文解释说："蛊之贞，风也；其悔，山也。"这个解释亦是以《说卦传》为依据的。我们知道，"蛊卦"之卦象为巽下艮上（䷑），"巽为风"、"艮为山"，都是《说卦传》所载，离开《说卦传》，则"蛊之贞，风也；其悔，山也"之说，就让人莫名其妙。卜徒父之筮，在公元前645年，早孔子出生九十四年。又，《左传·襄公廿五年》载："使卜偃卜之，曰：'吉，遇黄帝战于阪泉之兆。'公曰：'吾不堪也。'对曰：'周礼未改，今之王，古之帝也。'公曰：'筮之。'筮之，遇大有（䷍）之睽（䷥），曰：'吉，遇公用享于天子之卦也。战克而王飨，吉孰大焉！'"这里所言"遇公用享于天子之卦"，指《睽卦》，《睽》（䷥），兑下离上。从卦象和卦义上说，卜偃是把"离"（☲）看做天子，把"兑"（☱）看做羊，故《睽卦》（䷥）含有天子赐羊之象。卜偃之所以得出"遇公用享于天子"、"战克而王飨，吉孰大焉"的结论，当是以《说卦传》作为依据的。《说卦传》曰"兑为羊"；又说"离也者，明也，万物皆相见……圣人南面而听天下"，据此，"离"又可象征君王或天子。如果卜偃没有《说卦传》作依据，则其所谓"遇公用享于天子"之判断，就失所依了。卜偃之释，乃为公元前635年，亦在春秋中期。这都说明，早在春秋中期之时，《说卦传》已被广泛引用，其成书于孔子学《易》之前，不言而喻。

5. 论《系辞传》初本成于孔子学《易》之前

《系辞》之形成，我们从《左传》中找不到直接的证据，但据高亨先生考证，"《系辞》篇首'天尊地卑，乾坤定矣。……'二十二句，《礼记·乐记》亦有此文，大致相同。彼此对勘，确系《乐记》作者抄袭《系辞》而略加改动。"高亨先生的这一判断，笔者以为是可信的。被《乐记》所抄袭的《系辞》，当是其定本。《乐记》相传是孔子再传弟子公孙尼子所作。设公孙尼子晚孔子四十岁，则其出生当在公元前511年前后。假定他四十岁时作《乐记》，则《乐记》之成书，当在公元前471年左右，时当战国前期。《系辞》之定本，不能晚于这个时间。而《系辞》之初本，当比这个时间更早。设早五十年，则为公元前521年，此时孔子三十岁，还未读《易》（孔子"五十以学《易》"）。据此推测，则《系辞》成于孔子读《易》之前，似亦可成立。

以上论证，说明史学家司马迁所记述的孔子曾"序《彖》、《系》、《象》、《说卦》、《文言》"之史实，是可信的，在没有确凿史料推翻司马迁所记的史实前提下，我们不应轻易否定它。由此，笔者认为，《易传》在孔子读《易》之前，一定有一个初本，这个初本至少有《彖传》（上下）、《系辞传》（上下）、《象传》（上下）以及《说卦传》、《文言传》，共五类八翼。

6. 论《序卦传》与《杂卦传》初本成于孔子学《易》之前

剩下的问题，是关于《杂卦传》、《序卦传》的成书问题。对于这两传，学界一般认为"晚出"，其成文可能在司马迁之后。笔者认为，此说亦值得斟酌。从两传内容来看，各有特色。它们之成书，都与《说卦传》相近，因而不可能太晚。下面，试分别作具体阐述。

先说《杂卦传》。该传从一定意义上说，可与《说卦传》相媲美，其成文时间，当与之相近。首先，它的文字相当古朴。其释卦名之方法，与《尔雅》之《释言》，极为相似。如，《尔雅·释言》曰："履，礼也"、"弃，忘也"、"耋，老也"、"降，下也"、"强，暴也"、"增，益也"等等，均是以一字释一字，后面带有虚词"也"字；与此相似，《杂卦传》在释卦名时，亦说："震，起也"、"艮，止也"、"剥，烂也"、"复，反也"、"涣，离也"、"节，止也"、"解，缓也"，等等，其释词模式，几乎与《尔雅》同出一辙。我们知道，《尔雅》是我国古代第一部重要辞书，它"通诂训之指归，叙诗人之兴咏，摁绝代之离词"，其书"兴于中古，隆于汉氏"[1]，且古有"孔子教鲁哀公学《尔雅》"[2]之说，则《尔雅》渊源深厚，其成书之初本，亦当在孔子之前（汉人对之有所增益、加工）。值得注意的是，《杂卦传》对卦名的解释，有的与《尔雅》相同，如：

---

① 《尔雅·序》。

② 《钦定四库全书·尔雅注疏序》。

"复，反也"就是一例；又"恒，久也"，也与《尔雅》之"恒，常也"基本一致。① 还须指出的是，《杂卦传》对有些卦名之解释，在今存的辞书中几乎难以找到，如"比乐师忧"、"贲，无色也"、"咸，速也"等，均属此类，说明其解相当古奥。由此可知，《杂卦传》的成书时间不可能太晚。

其次，《杂卦传》之释卦名，是对《说卦传》之卦象说的重要补充，与《说卦传》具有同等意义，且被《彖传》、《象传》等传作为论断的依据加以引用，亦屡见不鲜。例如，《颐卦·象传》言："山下有雷，颐。君子以慎言语、节饮食。"这里所谓"慎言语、节饮食"，旨在修养正道，这正是对《杂卦传》之说"颐，养正也"之意的引申发挥；又《恒卦·象传》言："恒，君子以立不易方。"这里所谓"立不易方"，旨在保持恒久，这同《杂卦传》之说"恒，久也"又是相吻合的，其以《杂卦传》为立言之据，又确凿无疑。这种情况，在《彖传》中更为典型。例如，《颐卦·彖传》曰："颐，贞吉。养正则吉也。……天地养万物，圣人养贤以及万民，……"这里不仅"养正"一语出自《杂卦传》，而且"天地养万物，圣人养贤以及万民"，亦是对"养正"的具体发挥。则《彖传》之释，当是以《杂卦传》为依据的。又，《泰卦·彖传》曰："……上下相交其志同也，……内君子而外小人，君子道长，小人道消也。"《彖传》在此所用的"君子道长，小人道消"一语，几乎照抄了《杂卦传》。不仅如此，《彖传》作者在释"否卦"之义时又说："内阴而外阳，内柔而外刚，内小人而外君子，小人道长，君子道消也。""否卦"之卦象下坤上乾（☷☰）则《彖传》所谓"内柔而外刚"之说，正是据《杂卦传》"阳刚阴柔"之旨而得出来的。更为值得注意的是，《彖传》作者善于发挥，他在释"否卦"之义时，将《杂卦传》之"君子道长，小人道消"一语，反其意而用之，变成"小人道长，君子道消"，可谓恰到好处。其袭用《杂卦传》之义，一目了然。可以说，这些都是《杂卦传》早于《彖传》的铁证。因此，《杂卦传》可以与《说卦传》相媲美，其最初可能与《说卦传》合在一起。

再说《序卦传》。该传讲了六十四卦次序的承接关系，其特点为相当简朴。它在讲述卦的承接关系时，虽也透露了事物普遍联系的辩证法，但

---

① 《经籍纂诂》曰："常，久也。"

也确有牵强附会之嫌。这种情况，从一个侧面透露了古代社会人们思维水平低下和作者认识的局限性，似乎不应出在汉代。人类思维发展的规律告诉我们，较为远古的东西，难免打上低水平的烙印。如《尚书·洪范篇》，在阐释"五行"的性能时，就很简单可笑，但它却反映了那时人们的思维水平。我们不能以它的内容简单甚至不科学，就说它是后人伪托；同理，《序卦传》所揭示的各卦之间的关系，也反映了较古时代人们探索各卦内在联系的思维水平。我们不能因为它不周全，就说它是汉人伪托。

《序卦传》成书之所以不会太晚，还由于《象传》、《彖传》等传对之有所袭用。例如，《需卦·象传》曰："需，君子以饮食宴乐。"《象传》作者之所以从"需"引申出"君子以饮食宴乐"，是以《序卦传》之"需者，饮食之道也"为依据的。又，《师卦·象传》曰："师，君子以容民畜众。"《象传》作者在这里提出"容民畜众"之说，乃是以《序卦传》"师者，众也"为其理论支撑的。又，《履卦·象传》曰："履，君子以辩（辨）上下，定民志。"这里用"辨上下，定民志"去释"履"，意在解"履"为"礼"，而这又是根据《序卦传》的"物畜然后有礼，故受之以履"（意为"礼"与"履"可互通）之说得出来的。故离开了《序卦传》之说，则以上《象传》之论，就丧失其支撑点。这种情况，在《彖传》中亦时有所见。例如，《泰卦·彖传》言："泰，小往大来，吉亨，则是天地交而万物通也……"这里从《泰》中引申出"天地交而万物通"，是以《序卦传》之"泰者，通也"一语为依据的。又，《贲卦·彖传》曰："刚柔交错，天文也；文明以止，人文也。观乎天文，以察时变；观乎人文，以化成天下。"这段论述，当是从《序卦传》"贲者，饰也，致饰然后亨则尽矣"一段文意引申出来的。其所谓"天文"、"人文"都是"饰"的体现，而"观乎天文，以察时变；观乎人文，以化成天下"，则表达了"致饰然后亨则尽矣"之意，其以《序卦传》为依托透露于字里行间。特别值得指出的是，《离卦·彖传》之言"离，丽也。日月丽乎天，百谷草木丽乎土，重明以丽乎正，乃化成天下，柔丽乎中正，故'亨'……"这段话，围绕"丽"，发了许多感慨，其所依，就是《说卦传》一段文字："陷必有所丽，故受之以离，离者，丽也。"由"离"引出"丽"，才使《彖传》作者有如此这般的发挥。这都说明，《序卦传》早于《象传》、《彖传》诸传。

以上，我们依据《象传》、《彖传》对《说卦传》、《杂卦传》、《序卦传》之应用，证明后三传早于前两传。这种论证方法可靠吗？笔者以为是可靠的。科学的推论，总是从已知推出未知。以上《彖传》、《象传》等一系列重要判断，如果没有《说卦传》、《杂卦传》、《序卦传》等给出已知条件，则它们的结论都将失去依托。因此，《说卦传》、《杂卦传》、《序卦传》之说，对于《彖传》、《象传》诸传具有"已知"的特性，处于"约定俗成"的地位，成为共识性的法则。从逻辑上说，它们应当早于《彖传》、《象传》诸传。

这里有一个不可回避的问题：既然《杂卦传》、《序卦传》两传均早于《彖传》、《象传》诸传，为什么司马迁未提及它们呢？这确实值得思考。笔者认为，《序卦传》、《杂卦传》两传，司马迁之所以未提到，很可能是这两传原本包含在《说卦传》中。《说卦传》，顾名思义，就是说说与卦相关的一些问题。原《说卦传》可能说了三个问题：一是说了卦象，今本《说卦传》即如此；二是说了卦名，今本《杂卦传》即是；三是说了卦序，今本《序卦传》便是。所以，用《说卦传》完全可以把三篇统于一篇，用上、中、下即可区分。而且，这三篇联系极其紧密。《说卦传》讲的是卦象，即卦的象征意义，但它只涉及八经卦之象；《杂卦传》解释了六十四卦之名，其所释，也揭示了卦象，从而将《说卦传》的八卦之象说扩大到六十四卦，这无疑是对《说卦传》的深化、发展；《序卦传》揭示了六十四卦排列次序间的相互联系，但它也涉及卦象，如"蒙者，蒙也"、"师者，众也"、"屯者，盈也"等，均属此类，这些都是对《说卦传》和《杂卦传》的重要补充，所以，此三传相辅相成，它们完全可以融之于《说卦传》中。司马迁见到的很可能是此种本子，故他的评述，未能涉及《杂卦传》、《序卦传》两传。这两传，可能是后人从《说卦传》中分离出来的，以合《十翼》之数。此说，现在只是一种推测，其进一步确立，只好待未来考古的新发现。

三 《易传》定本完成阶段

如果说，在孔子学《易》之前成书的《易传》是《易传》的初本，那么《易传》定本成于何时？这的确是一个值得考究的问题，下面试对这一问题作具体探讨。

（一）孔子与《易传》的关系

为了回答上述问题，我们有必要先谈谈孔子与《易传》的关系。自《易纬·乾凿度》至唐人陆德明、孔颖达等，均肯定孔子作《易传》，孔颖达《周易正义》言："《彖》、《象》等十翼之辞，以为孔子所作，先儒更无异议。"此说经学术界反复批驳，已难于成立。虽然孔子非《易传》之作者，但孔子同《易传》的密切关系，却不容否定。

需要指出的是，近数十年来，一些人出于"批孔"的需要，千方百计否定孔子同《易》的关系。有人以《鲁论》之"加我数年，五十以学，亦可以无大过矣"一段文字，代替《论语》之"加我数年，五十以学《易》，可以无大过矣"之说，借以证明孔子与《易》无关。此说之失，早为学者所指斥：孔子"十有五而志于学，三十而立，四十而不惑"，怎么又提出"五十以学，亦可以无大过矣"，这不是自相矛盾吗？实际上，孔子学《易》，并非仅以"五十以学《易》"作为佐证。孔子与《易》的关系，在今本《论语》中已多次透露。如《论语·子路》载："子曰：'南人有言曰：人而无恒，不可以作巫医。善夫！不恒其德，或承之羞。'"这里的"不恒其德，或承之羞"，乃《恒卦》之"九三"爻辞。由此可知，孔子曾用《易》文教导过学生。不仅如此，孔子读《易》曾"纬编三绝"[①]，说明他读《易》下过相当的功夫。这一点，在长沙马王堆出土的帛书《要》一文中，也有类似记载："夫子老而好《易》，居则在席，行则在橐。"这个记载，同《论语》所讲的"五十以学《易》"及《史记》所谓"纬编三绝"之说，完全吻合。因此，我们不能轻易否定孔子同《易》（特别是《易传》）的关系。孔子同初本《易传》的关系可以概括为两个方面：

第一，孔子对《易传》初本作过加工整理。依据司马迁之记载，孔子曾"序《彖》、《系》、《象》、《说卦》、《文言》"，文中的"序"如前所解，当训为"述"，即讲述之意。孔子讲述《易传》，并非照本宣科地去讲，他必然对之有所修饰，以实现"我于《易》则彬彬矣"的心愿。说孔子作《易传》虽不确切，但孔子对《易传》有所加工，当是完全可能的。他五十岁学《易》，希望"加我数年"，完成"我于《易》则彬彬矣"的

---

① 《史记·孔子世家》。

心愿。五十岁以后，他又活了二十年。这"二十年"已满足了他"加我数年"的愿望，则他"于《易》则彬彬"的心愿，当已完成。由此可以推知，孔子对《易传》作过文字加工。

第二，孔子向后学传授过《易传》。据《史记》记载，孔子确曾传《易》给商瞿。这个"传"，恐非仅传《易经》，而主要应是传《易传》。因为《易经》形成于殷周之际，到春秋后期，已越六百年之久，早为人们所熟知，何须孔子去传？而《易传》初本，大约成于孔子学《易》之前，且孔子对之作过加工整理，故有必要择人而传。应当说，孔子传《易传》，这是一个很大的理论贡献。他的传，使孔子的思想观念渗入了《易传》，使《易传》可同《老子》相媲美。同时，其所传，是一个承先启后的动态发展过程，在传播过程中，不可避免地会渗入弟子们的心得体会，从而使《易传》不断得到丰富、发展。因此，孔子的后学也应参与了《易传》的加工整理工作。

（二）今本《易传》确实渗入了孔子的思想观念

我们肯定孔子及其后学曾对《易传》作过文字加工，证据何在？下面试就此作出回答。

第一，《易传》渗入了孔子的"崇德"、"修德"观念。《论语·颜渊》载："子张问'崇德'、'辨惑'。子曰：'主忠信，徙义，崇德也……'。"该篇又载樊迟问"崇德、修慝、辨惑"，孔子答曰："善哉问！先事后得，非崇德与？……"这都表明"崇德"是孔子及其学生十分关注的一个重要理念。这个理念，已渗入《易传》之中。《豫卦·象传》"先王以作乐崇德"即是典型一例。孔子还十分重视"修德"，他曾说："德之不修，学之不讲，闻义不能徙，是吾忧也。"[①] 他还强调"修己以敬"、"修己以安人"、"修己以安百姓"。所谓"修己"，亦即修养自己的品德，这同"修德"观念是完全一致的。这一思想，亦已渗入《易传》，《蹇卦·象传》曰"君子以反身修德"，即是证据。认真研读《象传》，不难发现宣传崇德、修德的内容几乎遍及《大象》全文，如：《蒙卦·象传》言"君子以果行育德"；《师卦·象传》言"君子以容民畜众"；《小畜卦·象传》言"君子以懿文德"；《否卦·象传》言"君子以俭德辟难"；《大有卦·象

---

① 《论语·述而篇》。

传》言"君子以遏恶扬善，顺天休命"；《蛊卦·象传》言"君子以振民育德"；《大畜卦·象传》言"君子以多识前言往行，以畜其德"，等等，还可以举出许多。说明《象传》中确实充满"崇德"、"修德"的思想观念，这些都很可能出自孔子及其后学的手笔。

第二，《易传》渗入了孔子的尊礼观念。孔子十分重视"周礼"，他曾明确提倡"非礼勿视，非礼勿听，非礼勿言，非礼勿动"，要求人们视、听、言、动，都要按照"周礼"去办；其学生曾参强调"君子思不出其位"①，亦即思考问题不要越礼。这些思想，在《易传》中已有表现，如《艮卦·易传》曰："君子以思不出其位。"这句话，几乎是照搬曾子之语；又，《大壮卦·象传》曰："君子以非礼弗履。"这里的"非礼弗履"一语，可以说是对孔子"非礼勿视，非礼勿听，非礼勿言，非礼勿动"一段话的高度概括，同孔子重礼的思想完全吻合。

第三，《易传》渗入了孔子追求"君子"人格的理念。"君子"这一概念，虽在孔子以前就有，但是从道德人格的角度来界说"君子"，当由孔子奠基。在《论语》中，"君子"这个词，先后一百零七见，多是从道德人格的角度来规范"君子"的言行，如："君子无终食之间违仁"②、"君子去仁，恶乎成名"③、"君子义以为上"④、"君子义以为质，礼以行之，逊以出之，信以成之"⑤，等等，都强调的是"君子"之德，表达了孔子对君子人格的追求。这种道德取向，在《易传》中亦时有所见，特别是《大象传》在释六十四卦之卦名、卦义时，都非常注重描述君子之德，其行文有一个共同的模式，那就是用"君子以"开头，以道德规范结尾，如："君子以果行育德"、"君子以容民畜众"、"君子以懿文德"、"君子以俭德辟难"、"君子以遏恶扬善，顺天休命"、"君子以振民育德"、"君子以多识前言往行，以畜其德"、"君子以自昭明德"，等等，类似此种句式，在《易传》中先后出现五十七次之多，表达了对君子人格的追求与向往。文中的"以"，意为"借以"，即借助某种卦象来确定自己修德的目标，在思想含义方面，与儒家的道德取向是一致的，无疑渗入了孔子及其后学

① 《论语·宪问篇》。
② 《论语·里仁篇》。
③ 同上。
④ 《论语·阳货篇》。
⑤ 《论语·卫灵公篇》。

的道德智慧。对于此种情况，李镜池先生在《周易探源》一书中也谈到了，他摘引了《易传》中以"君子以……"为模式的句子共三十二条，并指出："《象传》这些话，差不多从《论语》里头都可以找出相类似的话来。"[1] 这从逻辑上说，应可进一步证明孔子同《易传》的密切关系。令人遗憾的是，李氏却由此得出相反的结论，把《易传》之成书推得很晚，认为《彖传》、《象传》"大概以作于秦汉间最为可能"[2]，其说实在过于牵强。

第四，《易传》中的"子曰"，从一定角度透视出该书中若干孔子言论。今本《易传》中，"子曰"先后出现三十次（其中《乾文言》六见、《系辞传》二十四见）。此"子曰"之用，与《论语》之用非常相似，大多采取"问答"的形式记述下来，恐非完全出于虚构。其中有的语句，非孔子之言莫属。例如，《乾卦·文言传》载："初九：'潜龙勿用，何谓也？'子曰：'龙德而隐者也，不易乎世，不成乎名，遁世无闷，不见是而无闷，乐则行之，忧则违之，确乎其不可拔，潜龙也'。"这里将"潜龙"比作"遁世无闷"的隐者，同孔子将老子比作"龙"的思想非常相似。《史记·老子传》载：孔子见老子后，"谓弟子曰：'鸟，吾知其能飞；鱼，吾知其能游；兽，吾知其能走，……至于龙，吾不能知，其乘风云而上天。吾今日见老子，其犹龙焉！'"这里将隐者老子比作"龙"，同上文将"潜龙"比作"遁世无闷"的隐者，可谓异曲同工。它很可能是孔子后学记述孔子讲《易传》时被保留下来的，说明其中"子曰"并非虚构。《乾卦·文言传》又曰："'见龙在田，利见大人'何谓也？子曰：'龙德而正中者也，庸言之信，庸行之谨，闲邪存其诚，善世而不伐，德博而化……'"这段文字，把"龙德"释为中庸之德，特别强调"庸言"、"庸行"的道德价值，"庸言"即中庸之言，"庸行"即中庸之行。"庸言之信，庸行之谨"，高亨释为"信于庸言，谨于庸行"，当属于道德规范。此意同《礼记·中庸》载孔子之语极为相似："庸德之行，庸言之谨，有所不足，不敢不勉；有余，不敢尽，言顾行，行顾言，君子胡不慥慥尔！"将以上两段文字加以比较，不难发现两者在重视"庸言"、"庸行"方面如出一辙，说明《文言传》中的"子曰"之后的文字，完全有可能出自孔

---

[1] 李镜池：《周易探源》，中华书局 1978 年版，第 308 页。

[2] 同上书，第 310 页。

子之口。又，《系辞下》载："子曰：'颜氏之子，其殆庶几乎！有不善未尝不知，知之未尝复行也。'"这里称赞颜回善于改过的德行，亦当出自孔子。其理由：一是称颜回为"颜氏之子"，这只有像孔子这样的师长，才能如此称，否则大为不敬；其二，颜回善于改过，《论语·雍也》言："哀公问：'弟子孰为好学？'孔子对曰：'有颜回者好学，不迁怒，不贰过……'"这里讲的"不贰过"，同上面所谓"知之未尝复行"之意是一致的，说明二者均出之孔子。类似以上情况，还可以举出若干例证，说明《易传》中的"子曰"并非全出之于虚构，它们很可能是孔子后学听孔子讲《易》之后，将之补进《易传》中的。虽然"子曰"并非虚构，但我们不能据此证明《易传》为孔子所作。理由很简单，若是全书为孔子所作，文中何必加"子曰"？正如《毛泽东选集》为毛泽东所作，文中不必加"毛泽东说"的道理一样。

还须指出的是，《易传》中还有大量论述没有"子曰"。拿《乾文言》来说，其中就有一些段落未有"子曰"。没用"子曰"，说明它们非孔子之言。如"元者，善之长也；亨者，嘉之会也；利者，义之和也；贞者，事之干也。……"就是一例。因为，这段文字在《易传》初本中早有，并曾为《左传》中的穆姜所引，它们均在孔子之前，确非孔子之语。此种情况，说明修改《易传》初本的学者非常严谨，是则是，非则非，绝不把非孔子之言加之于孔子。因而，对《易传》中的"子曰"，我们不能简单地加以否定，污之为"虚构"、"伪托"。"子曰"之用，说明孔子及其后学的确对《易传》作过加工整理。

（三）《易传》定本之完成当不晚于战国中期

既然孔子及其后学对《易传》作过加工整理，那么，《易传》定本大约完成于何时呢？笔者认为，当不晚于战国中期。这一点，我们可从战国时期有关著作同《易传》的关系中找到相关佐证。

一是《乐记》引用了《系辞传》之文，这一点我们已在前面讲过，证明《系辞》之定本不能晚于战国前期，此处不必重复。

二是《礼记·深衣》引用了《易传》之文。该书载："故《易》曰：'六二之动，直以方也'。"这段文字，出自《坤卦·象传》，是对《易经》之六二爻辞"直方大，不习，无不利"的阐释。值得注意的是，《深衣》引用此段文字时，特别点明"故《易》曰"，表明当时学界已把《易传》

视为《易》的组成部分。则《易传》定本当成于《深衣》之前。《深衣》同《礼记》之《缁衣》相与为类，皆为"七十子后学者所记也"①。《缁衣》在1993年复见于湖北天门郭店出土的楚简中。据专家考证，乃战国中期以前作品。文中说："长民者，衣服不贰，从容有常，以齐其民，则民德壹"，意在强调用衣服制度导民。《深衣》亦曰："古者深衣，盖有制度，以应规、矩、绳、权、衡。短毋见肤，长毋被土。"其讲的也是用衣服制度"齐民"之意，两文关联性十分密切，当出自同一师门，不晚于战国中期。则被其引用的《象传》之定本，更不会晚于战国中期。

三是《荀子·大略篇》引用了《易传》之文。《大略篇》载："《易》之《咸》，见夫妇。夫妇之道，不可不正也，君臣父子之本也。咸，感也，以高下下，以男下女，柔上而刚下。"这段文字，同《咸卦·象传》联系紧密。该传释"咸卦"之卦名、卦辞（"咸，亨利贞，取女吉"）曰："咸，感也。柔上而刚下，二气感应以相与，止而悦，男下女，是以'亨利贞，取女吉也'。"两相比较，不难看出是荀子对《易·咸卦·象传》的引用与发挥，其中既有直引，如"咸，感也"、"男下女"、"柔上而刚下"等；也有意引，如将"柔上而刚下，二气感应以相与"发挥为"夫妇之道"。有人说，这是《易传》抄袭《荀子》，此说不合乎逻辑。应当看到，荀子在此并非专门论《易》，他之所以引《易传》之文，无非是要借《易》的权威之论以阐明他要讲的"夫妇之道"。应当说，荀子从《象传》中引申出"夫妇之道"，这在内涵上已超越了《象传》原意，显示了"后来居上"的特征。若是《象传》抄袭《荀子》，则它也应对"夫妇之道"有所言及，但《象传》未有这种情况。因此，此处应视为《荀子》对《易传》的借鉴与引用。据此可知，《易传》定本应成于《荀子》之前。荀子约生于公元前313年，设他四十岁左右成名，则《荀子》一书当成于公元前273年前后。《易传》被《荀子》引用，当成书更早。因为，在古代，传播条件有限，一部书之出版，到被人公认为经典而加以引用，至少也得几十年的时间。设这个时间为四十年，则《易传》定本之完成，当不晚于公元前313年，时在战国中期。

四是《庄子》对《易传》有所论及。首先，《庄子·天下》言："《易》以道阴阳。"这里讲的"道阴阳"之《易》，当不仅指《易经》，

---

① 《汉书·艺文志》。

而应包括《易传》在内。因为《易经》除了涉及阴爻（--）和阳爻（—）这两个符号外，并未使用过"阴阳"这一概念。阴阳概念见于《易》之《系辞传》："一阴一阳之谓道"、"阴阳不测之谓神"、"阴阳合德而刚柔有体"。"《易》以道阴阳"这句话，正是对"一阴一阳之谓道"等语的引申与发挥，没有《系辞传》的那些话，则"《易》以道阴阳"之"道"，就失其所依。因此，《易传》定本之成书，当在《庄子·天下篇》之前。其次，《庄子·大宗师》言："夫道，……生天生地，在太极之先而不为高……"这里在"在太极之先而不为高"一语，乃是对《系辞传》"太极生两仪"的否定。在《系辞》作者看来，"太极"是世界万物的最高本原，它先生出"两仪"（阴阳或天地），然后又分离出"四象"（少阴、老阴、少阳、老阳），继而生出"八卦"（天、地、雷、风、水、火、山、泽）等事物。《大宗师》的作者不赞成把"太极"看做世界最高本原，认为在"太极"之先还有一个"道"，只有这个"道"，才是产生世界万物的最高本原。显然，《大宗师》的作者读过《易传》，则《易传》之定本成于《大宗师》之前当无疑义。《庄子》为战国中期著作，《易传》比它更早，其定本之完成不晚于战国中期，明矣！

综上所述，《易传》的形成，先后经历了三个阶段，一是思想资料的酝酿与积累阶段，二是初本形成阶段，三是定本形成阶段。这三个阶段前后相继、互相衔接，促成《易传》不断成熟、完善，它的定本当不晚于战国中期。这就是本文的基本结论。

（全文公开发表于"《周易》与出土经学文献学术研讨会"，
后摘要发表于《黉门菊灿》，吉林文史出版社 2009 年版）

《易传》的道德理念浅析

　　《易传》，又称《易大传》，全书囊括了从春秋至战国时期有关释《易》的思想资料，是当时的学者们究《易》与释《易》智慧结晶的汇集。《易传》正是在阐述《易经》的丰富内容中，透露了无比深刻的世界观、人生观、价值观、道德观、政治观以及社会管理方面的思想内容，在我国学术史上有着不可低估的重要地位。这里着重阐明它所包含的道德理念。其所倡导的道德理念，多是通过对《易》道的阐释而透露出来的，它集中体现了华夏先民们的伦理追求和人文意识，值得我们好好发掘，努力继承。

　　《易传》在阐述自己的道德观念时，运用了"天人合一"的思维逻辑。《序卦传》曰："有天地然后有万物，有万物然后有男女，有男女然后有夫妇，有夫妇然后有父子，有父子然后有君臣，有君臣然后有上下，有上下然后礼义有所错（措）。"这里从"天地"、"万物"，引申出"男女"、"夫妇"、"父子"、"君臣"、"上下"关系，最后归之曰："有上下然后礼义有所错（措）。"说明道德（"礼义"）的功用，是为了调节"男女"、"夫妇"、"父子"、"君臣"、"上下"各方面的关系。这些关系，从本质上说，都是上下、尊卑关系。从而论证了道德在调节人与人的关系方面，具有不可替代的作用。这里，着重探讨《易传》所倡导的道德观念、道德精神和修身方法等相关问题。

一　注重对《易经》道德观念的阐发与创新

　　《易传》以对《易经》的解释为己任，它在解释《易经》之卦象、卦名、卦辞、爻辞的过程中，较为深刻、系统地表达了自己的道德观念。它不仅对《易经》已透露的某些具有萌芽性质的道德观念予以阐发、深化，使之趋于成熟，而且还善于借题发挥，进行自己的理论创造，提出了一些具有独创意义的新观念。因此，《易传》所涉及的道德观念无比丰富，其涵盖面之宽、包容量之大、内涵之深刻，是《易经》所不能比拟的。正是从这个意义上，我们可以说，《易传》大大丰富和发展了《易经》的道德理念。

《易传》在阐释、发挥《易经》的道德观中，主要采取了以下一些做法。

（一）注意从卦象中进行发挥、引申

《易传》在阐释、发挥《易经》的道德观时，注意从卦象中进行发挥引申。例如，"家人卦"之卦象：离下巽上（☲），其六二为阴爻，代表女正位乎内；九五为阳爻，代表男正位乎外。依据这一卦象，《象传》发挥其义，曰："《家人》，女正位乎内，男正位乎外。男女正，天地之大义也。家人有严君焉，父母之谓也。父父子子、兄兄弟弟、夫夫妇妇，而家道正，正家而天下定矣！"这段论述，简明扼要地阐明了《象传》作者关于家庭道德关系的整体设计及其价值追求。又如，《易传》含有非常明确的"尚中"观念。这一观念也是通过对卦象的阐释而揭示出来的。试举几例："比卦"之卦象为"坤下坎上"（☵），其九五为阳爻居中位，《象传》曰"显比之吉，位中正也"；"履卦"之卦象为"兑下乾上"（☰），其"九五"，亦为阳爻居中位，《象传》曰"刚健中正，履帝位而不疚，光明也"；"同人卦"之卦象为离下乾上（☰），其"九五"，亦为阳爻居中位，故《象传》曰"文明以健，中正而应，君子正也"；"晋卦"之卦象为坤下离上（☲），其"六二"为阴爻居中位，《象传》曰"受兹介福，以中正也"，等等，都是依据爻之处中位引申出来的，它集中表达了《易传》的尚中意识。再如，"泰卦"之卦象为"乾下坤上"（☷），其内卦为"乾"，代表阳；外卦为"坤"，代表阴。阳气上升，阴气下降，有阴阳交感之象。依据这一卦象，《象传》发挥其义曰："天地交而万物通也，上下交而其志同也。内阳而外阴，内健而外顺，内君子而外小人，君子道长，小人道消也。"这些论述，表达了作者尚刚贵顺、尚君子之德贱小人之德的价值取向。以上《易传》作者所提出的若干重要道德观念，都是从卦象中发挥引申出来的。

（二）注意从卦名中进行发挥、引申

在《易传》中，涉及许许多多德目，这些德目有不少是直接从卦名中引申发掘出来的，例如，从"乾卦"之"乾"引申出"健"："乾，健也"，强调的是刚健之德。从"坤卦"之"坤"引申出"顺"："坤，顺也"，突出的是温顺之德。从"兑卦"之"兑"引申出"说"（悦）："兑，说也"① 倡导的是和悦之德。从《恒卦》之"恒"，引申出"恒久"之德，《彖传》曰："恒，久也。""天地之道，恒久而不已也。""日月得天而能久照，四时变化而能久成，圣人久于其道，而天下化成。观其所恒，而天地万物之情可见矣！"《象传》也说："恒，君子以立不易方。"突出的也是恒久不易之德。从"谦卦"之"谦"，引申出谦虚之德，《彖传》曰："天道下济而光明，地道卑而上行。天道亏盈而益谦，地道变盈而流谦，鬼神害盈而福谦，人道恶盈而好谦。谦，尊而光，卑而不可逾，君子之终也。"其反复肯定的乃是谦虚之德。从"革卦"之"革"引申出变革之德，《彖传》曰："革而当，其悔乃亡。天地革而四时成，汤武革命，顺乎天而应乎人，革之时大矣哉！"强调的乃是变革之德。这种从卦名中引申出有关德目的情况，在《易传》中还可以找出许多，因篇幅所限，此不赘述。

（三）注意从卦辞中进行发挥、引申

《易经》的卦辞，文字简约、古奥，其中虽也透露出一些道德观念，但含义多古朴不清。《易传》的作者，则通过自己"探微索引"式的阐发，表达了自己的独特见解。例如"乾卦"之卦辞"元亨利贞"一语，含义模糊，不易把握。而《文言传》则借此语，大加发挥，曰："元者，善之长也；亨者，嘉之会也；利者，义之和也；贞者，事之干也。君子体仁足以长人，嘉会足以合礼，利物足以和义，贞固足以干事。君子行此四德者，故曰：'乾，元亨利贞'。"明确把"元亨利贞"作为君子必须遵行的"四德"，并揭示出它们的相互关系。显然，《文言传》的论述，乃是对《易经》的创造性发挥。其所提出的道德观念，是《易经》原义所没有的，因而带有独创性。宋代朱熹据其说，对"元亨利贞"作了进一步阐

---

① 以上引文均见《说卦传》。

释："元者，生物之始，天地之德莫先于此，故于时为春，于人则为仁，众善之长也；亨者，生物之通，物至于此，莫不嘉美。故于时为夏，于人则为礼，而众美之会也；利者，生物之遂，物各得宜，不相妨害，故于时为秋，于人则为义，而得其分之和；贞者，生物之成，实理具备，随在各足，故于时为冬，于人则为智，而为众事之干。干，木之身，而枝叶所依以立者也。"朱子用仁义礼智比附元亨利贞，其所论，乃是从《易传》中发挥出来的。足见《易传》对后世影响之深。

（四）注意从爻辞中进行发挥、引申

《易传》在阐释、发挥《易经》的道德观时，注意从爻辞中进行发挥引申。例如，《易·坤卦》之"六二"爻词曰："直、方、大、不习，无不利。"《文言传》释曰："直其正也，方其义也。君子敬以直内，义以方外，敬义立而德不孤，直、方、大、不习，无不利。"这个解释，既肯定了《易经》"直、方、大、不习，无不利"的观念，又作了自己的创造性发挥。其将"直"释为"正"，将"方"释为"义"，并曰："君子敬以直内，义以方外，敬义立而德不孤。"这为人们修身正心指明了道路，对后世影响深远。关于这一观念，我们在后面还要进一步谈到，此不赘述。

以上说明，《易传》通过对《易经》之卦象、卦名、卦辞、爻辞等进行引申发挥，提出了自己丰富的道德观念。需要指出的是，《易传》作者释《经》，并不受《经》的约制，其不少解释，同《经》之原旨明显不符。这是由于他们受自己的道德观所左右。如《大过卦》之"九二"爻辞与"九五"爻辞，《传》的解释就同《经》有别。"九二，枯杨生稊，老夫得其女妻，无不利。"《象传》释曰："老夫女妻，过以相与也"；"九五，枯杨生华，老妇得其士夫，无咎无誉。"《象传》释曰："枯杨生华，何可久也。老妇士夫，亦可丑也。"这里涉及两则有关婚姻道德的资料。前者讲的是老夫娶少妻，后者讲的是老妇嫁少夫。对这两种婚姻，《传》与《经》持不同态度。对于老夫娶少妻，《经》给予赞许，其结论是"无不利"；而《传》的评价是"过以相与"，意为其结合似太"过"（不协调），但可以相处。虽给予认可，但有遗憾之叹。而对于老妇嫁少夫，《经》认为"无咎无誉"，未能否定；而《传》的作者则明确给予否定，认为"老妇士夫，亦可丑也"。这两处解释，《传》之意同《经》之意明显不同，表明《传》的作者持的是"以经注我"的研究方法，即借助注

《经》来表达他们自己的道德观念。由此可知，《易传》在释《易经》时，敢于突破原旨，大胆进行自己的理论创造，从而建立起与《经》不同的道德思想体系。

二　大力倡导一些具有积极意义的道德精神

《易传》在阐释《易经》的过程中，大力阐发一些具有积极意义的道德精神，其中特别是"自强不息"的进取精神、"厚德载物"的包容精神、"崇德广业"的敬业精神、"居安思危"的忧患精神、"革故鼎新"的变通精神、"中正有庆"的尚中贵和精神等。这些精神，经《易传》的大力倡导，如同天上红日，光彩四射。它们代代相传，成为中华民族精神和民族性格的重要组成部分。

（一）大力倡导"自强不息"精神

"自强不息"一语出自《乾卦·象传》，原文是："天行健，君子以自强不息。"其意为：自我奋发图强，永不停息。它是《易传》提倡刚健之德观念的升华。《易传》尚刚，《乾卦·文言传》曰："刚健中正，纯粹精也。"《需卦·象传》曰："刚健而不陷，其义不困穷矣！"《师卦·象传》曰："刚中而应，行险而顺，以此毒（治也）天下，而民从之。"《同人卦·象传》曰："文明以健，中正而应。"《大有卦·象传》曰："其德刚健而文明，应乎天而时行，是以元亨。"《大畜卦·象传》曰："刚健笃实，辉光日新。"这些阐述，都从不同侧面表达了《易传》尚刚的道德追求。"自强不息"正是尚刚之德的集中体现，故李鼎祚《周易集解》引干宝之语释之曰："言君子通之于贤也，凡勉强以进德，不必须在位也。故尧舜一日万机，文王日昃不暇食，仲尼终夜不寝，颜子欲罢不能，自此以下莫敢淫心舍力，故曰'自强不息矣'。"这就清楚明白地告诉人们，"自强不息"是一种积极进取精神的体现。它的确立，对于培养中华民族不屈不挠的战斗精神，产生过十分积极的影响。如毛泽东所说，人总是要有点精神的。积极进取、自强不息的精神，不仅过去是中华民族抗御自然灾害、反对外敌入侵的力量源泉，今后也仍将是我国人民开拓进取、振兴中华的精神支柱。

（二）大力倡导"厚德载物"精神

"厚德载物"一语出自《坤卦·象传》，原文是："地势坤，君子以厚德载物。"其意是说，大地笃实和顺，君子效法其德，就能盛载天下万物。"厚德载物"，是《易传》倡导和顺、笃实、生物之德的升华。《坤卦·象传》曰："至哉坤元，万物资生乃顺承天。坤厚载物，德合无疆，含弘广大，品物咸宁。"《坤卦·文言传》曰："坤道其顺乎，乘天而时行。"《坤卦·象传》曰："柔以时升，巽而顺。"《兑卦·象传》曰："刚中而柔外，说以利贞，是以顺乎天而应乎人。说以先民，民忘其劳；说以犯难，民忘其死。说之大，民劝矣哉！"文中的"说"，通悦，突出的是和悦柔顺之德。上述引文，都从不同侧面表达了《易传》作者尚柔贵顺的道德追求。"厚德载物"，就是大力倡导宽厚和顺之德，提倡学习大地那种无所不包、无所不容、无所不载的包容精神。这种精神，亦给予中华民族以十分积极的影响。中华民族宽大为怀、虚怀若谷、宽宏大量等高尚品格的形成，就同这种包容精神的陶铸不可分割。

（三）大力倡导"居安思危"精神

"居安思危"的观念在《易经》中已有萌芽，《乾卦》"九三"爻辞："君子终日乾乾，夕惕若，厉，无咎。"其意是，君子如能终日警惕，即使有危难，也能化险为夷。不难看出，这里已透露出"居安思危"意识。而《易传》关于这一意识则更显得鲜明、成熟，《系辞下》曰："危者，安其位者也；亡者，保其存者也；乱者，有其治者也，是故君子安而不忘危，存而不忘亡，治而不忘乱，是以身安而国家可保。"这里不仅告诉我们"危"的局面是由于"安其位"，"亡"的局面是由于"保其存"，"乱"的局面是由于"有其治"，而且还告诉我们：要想"身安而国家可保"，必须做到"安而不忘危"、"存而不忘亡"、"治而不忘乱"。这种忧患意识，不仅在历史上对中华民族应对灾难、防患于未然产生过积极影响，即使在当今发展市场经济的历史条件下，也有其重大现实价值。

（四）大力倡导"革故鼎新"精神

"革故鼎新"一语出自《杂卦传》："革，去故也；鼎，取新也。"其思想倾向，在于倡导革新意识。一是强调通变。《系辞传》曰："穷则变，变则通，通则久。"这是说，当事物发展到顶端（穷）时，就要进行变革，通过变革，打通前进的道路，才能长久不衰。这反映了我们的祖先十分重视通变的精神。这种精神，对于帮助我们改变山穷水尽的局面，无疑具有战略指导意义。二是突出"日新"。《系辞传》曰："日新之谓盛德，生生之谓易。"所谓"日新"就是要求日日更新；所谓"生生"，就是强调生了又生，生生不已。这些乃从另一层面深化了革新意识。"穷则变"的"变"，是指事物整体发展过程中的质变；而"日新"之"新"，则是指事物发展过程中的量变或者部分质变。从社会发展来看，"穷则变"是必要的，没有这个"变"，社会的发展就谈不上突破旧的格局；但是，如果只知"穷则变"式的质变，而不知"日新"式的量变，那么社会的发展也难免陷入困境。因为，如果平时不注意量变的积累（"日新"），等到陷于"穷"的困境才去变，那往往就会措手不及。《易传》一方面强调"穷则变"，另一方面又强调"日新"，意在告诉人们，只有将这两个方面结合起来，才能达到革故鼎新的目的。"革故鼎新"精神，为我们民族突破守旧、大胆创新，给予了积极的思想引导，至今仍对我国改革开放具有理论指导作用。

（五）大力倡导"崇德广业"精神

"崇德广业"一语出自《系辞传》："夫易，圣人所以崇德而广业也。"所谓"崇德广业"，就是要求人们德业双修，以德促业，爱岗敬业。《易传》的作者意识到，立"德"重于立"业"，只有"德"搞好了，"业"才能得到发展。故《系辞传》又曰："显诸仁，藏诸用……盛德大业至矣哉！"《文言传》也说："君子进德修业。"以上所谓"崇德广业"、"盛德大业"、"进德修业"，都旨在突出德业结合、以德促业的指导原则。这一指导原则不仅在古代对我们民族的道德生活实践产生过积极影响，而且对于我们今天在市场经济条件下正确处理德业关系，倡导爱岗敬业意识亦有重要指导意义。

（六）大力倡导"尚中贵和"精神

《易传》的作者有着强烈的中和意识。如前所述，他们通过对《易经》卦象的阐发，反复强调"刚中"、"正中"、"得中"、"时中"、"中正"、"行中"、"中道"、"中直"等，借以表达尚中的观念。关于"和"，《乾

卦·文言传》曰"利者，义之和"、"利物足以和义"，主张将义与利统一
起来。其中所言的"和"，具有协和、调和、平衡之意。此外，在《易
传》中，"坤卦"之顺德、"兑卦"之说（悦）德，亦都含有"和"义。
如《兑卦》初九爻词言"和兑，吉"，《象传》释曰："和兑之吉，行未疑
也。"其所谓"和兑"即和悦之谓，认为"和兑"之所以"吉"，在于
"行未疑"，即所行光明正大，无可怀疑。《兑卦·彖传》曰："说以利贞，
是以顺乎天而应乎人。说以先民，民忘其劳；说以犯难，民忘其死。说之
大，民劝矣哉！"文中所谓"说"即和悦，其关于"贵和"的观念亦十分
明显。《易传》的"尚中贵和"观念，亦对我们民族产生了十分积极的影
响。"中"与"和"相辅相成，《礼记·中庸》曰："中也者，天下之大本
也；和也者，天下之达道也。致中和，天地位焉，万物育焉。"这同《易
传》的思想观念一脉相通。"尚中贵和"精神，在今天尤具不可忽略的现
实价值。

总之，《易传》在阐释、发挥《易经》道德学说中，大力倡导一些重
要的道德精神，其中主要有"自强不息"精神、"厚德载物"精神、"居
安思危"精神、"革故鼎新"精神、"崇德广业"精神、"尚中贵和"精
神，等等。这些光彩四射的道德精神，反映了我们祖先高尚的道德追求，
是中华民族精神的重要组成部分，值得我们好好继承，发扬光大。

三　提出了一些具有积极意义的修身原则

《易传》在阐明自己的道德观时，还提出了一些具有积极意义的修身
方法、原则，具体可归结为如下几个方面：

（一）主张"遏恶扬善"

《大有卦·象传》："君子以遏恶扬善，顺天休命。"这里明确提出了
"遏恶扬善"的命题。《易传》的作者认为，人们要立身做人，必须谨慎
地对待自己的言与行，自觉地扬善去恶。《系辞上传》曰："君子居其室，
出其言善，则千里之外应之，况其迩者乎；居其室，出其言不善，则千里
之外违之，况其迩者乎！言出乎身，加乎民；发乎迩，见乎远。言行君子
之枢机，枢机之发，荣辱之主也。言行，君子之所以动天地也，可不慎
乎！"这是教导人们，要谨慎地对待自己的言行，自觉地遏恶扬善。《易

传》的作者非常重视"积"，明确倡导"积善"，反对"积恶"，《坤卦·文言传》曰："积善之家必有余庆，积不善之家必有余殃。臣弑其君，子弑其父，非一朝一夕之故，其所由来者渐矣。"要求人们遏恶扬善，必须在日常言行中下功夫。故《系辞下传》曰："善不积，不足以成名；恶不积，不足以灭身。小人以小善为无益，而弗为也；以小恶为无伤，而弗去也。故恶积而不可掩，罪大而不可解。《易》曰：'何校灭耳，凶'。"明确主张要成就大善，必须不断地积小善；要去大恶，必须从去小恶做起。这些对于引导人们遏恶扬善，都具有方法论启迪意义。

（二）主张"直内方外"

这里说的"直内方外"，是从《坤卦·文言传》中提炼出来的："直其正也，方其义也。君子敬以直内，义以方外，敬义立而德不孤。"这段文字我们在前面已经引述过，这里需要进一步说明的是，"直内方外"是关于修身的重要指导原则。

一是强调"直内"。"直"，讲的是正直，所谓"直其正也"即指此。"直内"，即是要求人们的内心世界保持正直，这实质上讲的是"正心"的问题。而要做到"直内"，必须持"敬"，故曰"敬以直内"，即通过持"敬"，达到"直内"的目的。

二是强调"方外"。"方"，讲的是义方，"方其义也"即指此。"方外"，即要求人们在处理自身与外在社会各方面的关系时，做到端方而合乎人伦物理，这实质上讲的是"立身"的问题。而要做到"方外"，必须在行"义"上下功夫，故曰"义以方外"。

"直内"与"方外"是相辅相成的两个方面：一方面，"直内"是"方外"的前提或基础，即只有"直内"，才能"方外"；另一方面，"方外"是"直内"的目标或归宿，即只有做到"方外"，才能落实"直内"的宗旨。因此，"直内方外"属于修身正心之道，是自我修养的重要法则。

此外，《易传》作者还强调"敬义立而德不孤"。其意是说，做到了立敬，就可以培养出许多好的德行。可见"敬"在修身中多么重要。《文言传》的阐释对后世产生过无比深远的影响，后来宋明理学家在论及修身问题时，经常注重阐发这一微言大义。例如，二程从"敬以直内"、"敬义立而德不孤"中，引出"敬"字，大加发挥。曾说："君子之遇事，无巨细，一于敬而已矣。"① 又说"涵养须用敬"②、"入道以敬为本"③ 等，都是强调"敬"在修身中的重要功能。二程之后，朱熹亦曰："君子主敬以直其内，守义以方其外。敬立而义直，义形而外方。义形于外，非在外也；敬义既立，其德盛矣。不期大而大矣，德不孤也。"并说："'敬'是真圣门之纲领，存养之要法。"④ "'敬'字工夫，乃圣门第一义，彻头彻尾，不可顷刻间断。""敬则万理俱在"，"敬则天理常明"。这些都从不同角度，阐释发挥了"敬"的微言大义，探其源，盖出之于《易传》。

（三）主张"穷理尽性"

《说卦传》曰："穷理尽性以至于命。"这里明确提出了"穷理尽性"的命题。所谓"穷理尽性"，亦属于修身之道。它包括"穷理"与"尽性"两个环节。

首先，"穷理"，指的是穷究天下之理。《易传》的作者认识到，人们只有做到"穷理"，才能"范围天地之化而不过，曲成万物而不遗，通乎昼夜之道而智"，才能"知进退存亡而不失其正"，做到"与天地合其德，与日月合其明，与四时合其序，与鬼神合其吉凶。先天而天弗违，后天而奉天时"。显然，其所谓"穷理"，旨在要求人们全面提高认识客观世界的能力。为此，必须"学以聚之，问以辨之，宽以居之，仁以行之"，借以扩展人们认识客观世界的能力。

其次，"尽性"指的是尽人物之本性。人与物都有自己的本能特性，《乾卦·文言传》："同声相应，同气相求。水流湿，火就燥，云从龙，风从虎……本乎天者亲上，本乎地者亲下。"讲的乃是物之性。至于人之性，则更为复杂。先秦儒家学者无比关注人性问题。孟子讲性善，荀子讲性恶，告子谓性有善有恶，《中庸》开篇即言"天命之谓性，率性之谓道，修道之谓教"，都涉及人性问题。《易传》作者强调"尽性"，旨在发挥人在改造自我及客观世界中的本能作用。

"穷理"与"尽性"两个方面亦相互联系，"穷理"是"尽性"的先决条件，"尽性"是"穷理"的必然归宿，二者相辅相成，都有利于修

① 《二程集》第1册，中华书局1981年版，第73页。
② 同上书，第188页。
③ 《二程集》第4册，中华书局1981年版，第1183页。
④ 《朱子语类》卷12。

身。"穷理尽性"作为修身的方法原则,亦对后世影响深远。宋明理学家围绕"穷理尽性",进行过文字浩繁的学术探讨。朱熹曾对"穷理尽性"予以评述,曰:"穷天下之理,尽人物之性,而合于天道。此圣人作《易》之极功也。"①

综上所述,《易传》不仅包含无比丰富的道德观念,而且大力倡导一些重要的道德精神,提出了一些具有积极意义的修身方法,这些都对我们民族的道德实践和文明进步产生过十分积极的影响。《易传》道德学说的重要特征,一是所涉德目极其丰富。它所提到的德目数量之多,在我国古代文献中,当处于领先地位。二是人文精神十分浓郁。它所倡导的"自强不息"、"厚德载物"、"革故鼎新"、"居安思危"、"崇德广业"等重要道德精神,不仅具有鲜明的民族特色,而且包含强烈的人文意识,被广为传颂。三是具有首创性,其所透露的有关道德修养原则,如"遏恶扬善,顺天休命"、"敬以直内,义以方外"、"穷理尽性以至于命"、"君子体仁足以长人,嘉会足以合礼,利物足以和义,贞固足以干事"等一些重要命题的提出,在我国文化史上都具有开创之功,成为后代学者探微索隐的重要方面,影响无比深远。

(原载《湘潭大学学报》2006 年第 3 期)

---

① 《周易本义》之《说卦传》注释。

读《周易》管识

　　《周易》是中华儒家经典最重要的组成部分，对我们民族文化的发展演进，产生过无比深远的影响。由于它在我国文化史上所处的极端重要的地位，受到古今学者的极端重视，历代研究《周易》的著作，汗牛充栋、浩如烟海。它们都从不同的角度对之进行了许多有价值的探索，形成了具有我们民族特色的《易》学文化史，并锻造出一代代成就卓著的《易》学大师。但是，由于《周易》自身博大精深，前人的研究探索，并未能穷尽真理性的认识，其中还有许多问题，值得我们作进一步的研究、探讨。正是在这一认识推动下，笔者近年来在研读《周易》方面，不倦探求，独立思考，大胆阐发拙见，随手写入读书笔记之中。古谚曰："愚者千虑，必有一得"，特将平时读《周易》等书所记，汇集成篇，题名为《读〈周易〉管识》，盖研读《周易》所获一管之识也。

一　关于"女子贞不字，十年乃字"新解

　　《易·屯卦》："六二，屯如邅如，乘马班如。匪寇，婚媾。女子贞，不字；十年乃字。"此文后两句"女子贞，不字；十年乃字"中的"字"，历来注家说法不一。唐李鼎祚《周易集解》引虞翻曰："字，妊娠也。"朱熹谓："'字'，许嫁也。《礼》曰：'女子许嫁，笄而字'。"[①]两说明显不同。孰是？愚以为虞说是。朱子所言的"女子许嫁，笄而字"，出自《礼记·曲礼上》。其所谓"笄而字"，属于儒家婚礼的一种，是婚姻走向文明的产物。而《易》中所说的"屯如邅如，乘马班如。匪寇，婚媾"之事，指的是远古时代的掠婚（俗称抢婚）习俗，当时恐还未有"笄而字"

---

①　《周易本义》，天津市古籍书店 1986 年版，第 66 页。

式的婚礼。因为，如已有"笄而字"式的婚礼，何须掠婚？故上文中的"字"，不当释为"女子许嫁"。虞氏释"字"为"妊娠"，似可从。高亨曰："《中山经》：'苦山有木，名曰黄棘，其实如兰，食之不字'，郭璞注曰：'字，生也。《易》曰：女子贞，不字。'然则不生谓之不字，必不孕而后不生，故不字亦兼不孕言之。"[1] 本文中"女子贞，不字；十年乃字"两句，写的是婚媾以后的事。为什么婚媾以后，女子守贞而不怀孕，直到多年之后才怀孕？愚意以为，这里吐露了古代大老婆、小丈夫的婚姻习俗（俗称"童子婚"）。当时，男子五六岁，与比自己大十来岁的女子成婚。于是，就出现了"女子贞，不字；十年乃字"的情况。由于结婚时男子尚未成熟，故在这期间，只要该女子守贞节，没有"第三者插足"，就不会怀孕（即"不字"）；直到多年之后，男子成熟了，该女子才会怀孕，故曰"十年乃字"。大老婆、小丈夫的婚姻习俗，历史悠久。1949 年前我国北方有的农村，还保存有这种婚姻习俗。

二　关于"直、方、大、不习"新解

《易·坤卦》六二爻辞："直、方、大、不习，无不利。"这里所讲的"直"、"方"、"大"、"不习"等，都属于道德信条。孔颖达《周易正义》曰："生物不邪，谓之直也；地体安静，是其方也；无物不载，是其大也。既有三德极地之美，自然而生，不假修营，故云：不习，无不利。"据孔氏此解，似乎这里只强调"直"、"方"、"大"三德，而"不习"为"不假修营"即不学习之意，恐不确。此"不习"应释为"不贪"，仍属道德要求。按：此"习"当借为"酖"，《广雅释诂》："酖，习也。"《左传·僖公五年》"寇不可酖"注："酖，习也"又，"忨"与"酖"通。《说文》："忨，贪也。《春秋》传曰：'忨岁而歇日'。"段注："'忨'与'玩'、'酖'皆略同。"据此，则"酖"有"贪"义，"不习"，犹不贪也。《坤卦》六二爻辞之意是说：正直、端方、宽大、不贪，则无不利。显然，这里所涉及的乃是四德，而非三德。若将"不习"释为不用学习，那在道理上是很牵强的。即使是有德之人，不学习也会碰壁的。孔子说："好仁不好学，其蔽也愚；好智不好学，其蔽也荡；好勇不好学，其蔽也

---

[1] 高亨：《周易古经今注》，中华书局 1984 年版，第 170—171 页。

乱；好刚不好学，其蔽也狂。"这里"仁"、"智"、"勇"、"刚"，都属于美德。孔子之意是说，即使有了这些美德，如果不学习，也会走向反面。所以，有了"直"、"方"、"大"三德，仍然需要学习。岂有不学习，而能"无不利"也哉！

三 关于"孚"字之释

在《易经》中，"孚"字共有四十四见。其中，"有孚"一词二十七见，散见于"需"、"讼"、"比"、"小畜"、"随"、"观"、"坎"、"大壮"、"家人"、"解"、"损"、"益"、"萃"、"井"、"革"、"艮"、"丰"、"未济"等十八个卦之卦辞与爻辞中。此外，还出现"孚"字十七次，如《泰卦》有"勿恤其孚"、"不戒以孚"，《大有卦》有"孚厥交如"，"随卦"有"孚如嘉吉"，"晋卦"有"孚裕无咎"，"萃卦"和"升卦"有"孚乃利用禴"等语。尤其值得注意的是，《易经》还直接用"中孚"作为卦名。这都说明，《易经》的作者对"孚"这一概念用得相当广泛。那么，何谓"孚"？或者说"孚"当作何解？对此，学界说法很不一致。虞翻、荀爽、王弼、朱熹等古代注《易》学者，均将"孚"释为"信"，属于道德范畴。今人郭沫若、李镜池、高亨等提出不同见解。郭、李均将"孚"释为"俘"，即俘虏或奴隶；高氏则以"罚"解"孚"，均与古说大相径庭。究竟谁对谁错？不能不认真考究。愚以为，此"孚"当从古代注家之说，以释为"信"为宜，理由如次：

第一，将"孚"释为"信"，《易传》、《礼记》等先秦典籍早有先例。首先，《易传》之《彖传》、《象传》、《序卦传》、《杂卦传》诸传均将"孚"释为"信"。如，"坎卦"之卦辞曰："习坎，有孚维心，亨，行有尚。"《彖传》释曰："习坎，重险也，水流而不盈，行险而不失其信。……"不难看出，在这里，《彖传》的作者是以"信"释"孚"的。又如，"革卦"九四爻辞曰："悔亡，有孚改命吉。"《象传》释之曰："'改命'之'吉'，信志也。"毫无疑问，《象传》也是以"信"释"孚"的。《序卦传》说："节而信之，故授之以'中孚'。"这是说，"节卦"之后，应是含有"信"义的"中孚卦"，其以信释"孚"亦一目了然，故《杂卦传》明确地说："中孚，信也。"《易传》非成于一人之手，亦非一时之作，它是春秋至战国时期解《易》学者著作的汇集，其中有的文字在春秋时期就已流传。如《左传》鲁庄公二十二年（公元前672）、闵公二年（公元前660）、昭公元年（公元前541）等篇，都保留有与《易传》某些内容相同的文字，就是铁证。《易传》诸篇，均非出自一人之手，亦非一时之作。但以上诸传均将"孚"释为"信"，这就值得重视。其次，《礼记·聘礼》："孚伊旁达，信也。"似亦赋予"孚"以信义。《易传》、《礼记》均属先秦典籍，其作者离《易经》成书时代最近，他们对当时文字之含义，最有发言权。又《诗经·大雅·文王之什》："仪刑文王，万邦作孚。"此句中的"孚"字，郑玄、孔颖达等古代注家均释为"信"[1]。可见，将"孚"释为"信"，是古代学者的共识，不应轻易否定。

第二，将"孚"释为"信"，符合周初天命观。我们知道，《易》之作为卜筮之书，是以承认天命的主宰权为依据的，人们之所以卜卦，其本旨乃在于探测天命。故《易经》多次强调："自天佑之，吉无不利！"《易》成书于殷周之际。殷周之际的天命观，一个明显的特点，是突出"皇天无亲，惟德是辅"[2]的观念。《尚书·商书·高宗肜日》："惟天监下民，典厥义。降年有永有不永。非天夭民，民中绝命。"这是说，上天监督下民，依据的是"义"（德）。对于行义者，以长寿；对于不行义者，以短寿，这并非天欲夭折下民之命，而是下民自己不能行义的结果。表达了"皇天无亲，惟德是辅"的意向。《尚书·周书·召诰》："我不可不监于有夏，亦不可不监于有殷。我不敢知曰，有夏服天命，惟有历年，我不敢知曰，不其延；惟不敬厥德，乃早坠厥命。我不敢知曰，有殷服天命，惟有历年，我不敢知曰，不其延；惟不敬厥德，乃早坠厥命。"这是说：我们周代君王，不能不借鉴夏、殷灭亡的历史教训。我虽然不知道大命赋予夏、殷两个王朝多少年的统治时间，但有一点是可以肯定的，那就是因为他们不能修德，因而提前丧失了天命的支持，遭到败亡。这亦表达了"皇天无亲，惟德是辅"的意向，突出了殷周之际天命观的基本倾向。在此时成书的《易经》，不能不打上这一思想烙印。它先后用了四十四个"孚"字，就从特定角度反映了作者的天命观。"孚"或"有孚"，作为占卦的特殊用语，最后都得到了平安乃至吉祥的结果。其逻辑结论是：凡能行诚信之德者，上天都给予了好的结局。这同"皇天无亲，惟德是辅"的

---

① 参见《十三经注疏·毛诗正义》卷16。

② 《尚书·蔡仲之命》。

天命观，完全吻合。显然，将"孚"释为"信"或"诚信"，符合《易》之本旨。

第三，将"孚"释为"俘虏"或奴隶，从表面上看，有的似乎也说得过去，但仔细深入思考，就会发现破绽。例如，李镜池在将"孚"释为"俘虏"或"奴隶"之后，在注释"萃卦"六二爻辞"孚乃利用禴"时说："贞兆指示春祭要有俘虏作人牲才好。"这个结论是值得怀疑的。我们知道，禴祭是当时简薄的祭祀，这种祭祀的特点，是要求致祭主体重视修德。《易·既济·九五爻辞》："东邻杀牛，不如西邻之禴祭。"王弼注曰："牛祭之盛者也，禴祭之薄者也。……祭祀之盛，莫盛于修德。故沼沚之毛，苹蘩之菜，可羞于鬼神。故黍稷非馨，明德惟馨。是以东邻杀牛，不如西邻之禴祭实受其福也。"可见，祭祀能否实受其福，不在祭品之丰盛，而在于致祭者是否修德。所以，将"孚乃利用禴"一语之"孚"释为"信"，符合禴祭的要求。而将该"孚"释为"俘"，用作人牲，则同禴祭很难吻合。"东邻杀牛"尚且"不如西邻之禴祭"，而用"人牲"岂不更"不如西邻之禴祭"？禴祭强调的是德祭。杀俘作祭品，这是缺德的。俘或奴隶亦是人，杀之用作祭品，天神不会认可。故《尚书·君陈篇》曰："至治馨香，感于神明。黍稷非馨，明德惟馨。"其强调的正是立德。故古有"鬼神饷德"①、"鬼神非人实亲，惟德是依"② 之说。

第四，郭沫若、李镜池等提出"人牲"这一概念，似乎证据不足。要证明《易经》已涉"人牲"，必须首先证明当时的中国社会已有用"人牲"供祭的习俗存在。对于这一点，他们似乎并无足够的依据。郭氏说："我们看《随》的上六（引者按：即'拘系之，乃从维之，王用亨于西山'）和《困》的九五（即：'劓刖，困于赤绂，乃徐有说，利用祭祀'），在当时好像还有人牲供祭的习俗存在。"③ 文中"好像"一语，说明这只是一种推测，还未得到证明。存在决定意识，对于人牲供祭的习俗，在未得到证明的情况下，我们很难说它的推测是对的。而且，"人牲"的使用，同中国古代的人文意识相抵牾。孟子曾痛骂行暴政的统治者"率兽而食人肉"。我们知道，动物尚且不食同类，何况于

---

① 《礼记·礼器》。
② 《左传·僖公五年》。
③ 《郭沫若全集·历史编》，人民出版社1982年版，第50—51页。

人！何况于鬼神！虽然，在暴君当政的情况下，也有食人肉的情况存在，但那些暴君都受到了天命的惩罚，岂有用"人牲"供祭而能感动神明者哉！因此，在没有其他资料作旁证的情况下，将"孚"同"人牲"联系起来，是不能令人信服的。

第五，高亨将"孚"释为"罚"，似亦难以自圆其说。"孚"在《易》中，乃为占语，它的出现，往往是吉祥之兆。将"罚"作为吉祥之兆的依据，这十分牵强，且与周人慎罚的观念不一致。我们知道，周人强调"明德慎罚"，《尚书·康诰》："惟乃丕显考文王，克明德慎罚。"可见，周人对"罚"是谨慎的，他们反对简单地使用"罚"。在《易》中，"孚"往往得到好的结果。若将"孚"释为"罚"，则罚均会带来好的结果，这同周人慎罚的观念相对立，似不可取。

综上所述，《易》中的"孚"，宜释为"信"，而不宜释为"俘"（奴隶）或"罚"。

四 关于"临者，大也"之训

《易·序卦传》言："蛊者，事也。有事而后可大，故受之以临。临者，大也。"此段中"有事而后可大"一语中之"大"，似有误。因为"大"同"临"风马牛不相及，由"大"引出"临"，极为牵强。愚疑"大"为"立"字之误。《说文》："立，侸也（段玉裁注：'侸'，各本作'住'，今止），从大，在一之上。""立"之误为"大"，乃因原简下"一"脱损，浅人不知，乃读为"大"。按："立"通"莅"。《经籍纂诂》："立，莅也。《史记·范雎、蔡泽传》：'明主立政'索隐。"则原文当为"有事而后可立，故受之以临。"这样，由"立"引出"临"，就顺理成章。据此，《序卦传》之"大"，当作"立"字，无疑。

［原载《人文论丛》之《特辑》，题名为《读经管识》，
湖北教育出版社 2004 年版，此文为其中部分摘要］

第 三 编

儒家道德学说浅探

"六经"——儒家道德学说的理论源头

儒家道德学说是我国传统道德学说的主干，对我们民族的道德生活实践，产生过无比深远的理论影响。那么，儒家道德学说的理论源头在哪里呢？笔者认为，儒家道德源远流长，它的理论源头可以上溯到中华远古时代的早期文明；而其直接理论源头，则是对儒家所推崇的"六经"中的精神文明成果的继承与发展。本文着重对后者予以探讨。

"六经"，指的是《易》、《书》、《诗》、《礼》、《乐》、《春秋》等六部古代经籍。"六经"又称"六艺"，《淮南·主术训》所谓孔丘"修先圣之术，通六艺之论"、《史记·伯夷传》所谓"夫学者载籍极博，犹考信于六艺"等，都是用"六艺"代替"六经"。需要指出的是，"六艺"还另有所指，《周礼·地官·保氏》："而养国子以道，乃教之六艺：一曰五礼，二曰六乐，三曰五射，四曰五御，五曰六书，六曰九数。"这里所谓"六艺"，乃指"礼、乐、射、御、书、数"等六种技艺，这同"六经"所指的六部经籍，显然不同。质而言之，"礼、乐、射、御、书、数"等，属于具体的文化知识技能，如，"礼"，指的是关于行礼的知识；"乐"，指的是有关奏乐的知识；"射"，指的是有关射箭的技能，等等。而《易》、《书》、《诗》、《礼》、《乐》、《春秋》等六部经籍，则属于六部中华典籍，其中虽然也涉及"礼、乐、射、御、书、数"等有关具体知识技能，但二者在概念上是有本质区别的，不能混为一谈。由于研究角度的特殊性，我们在这里说的"六经"或"六艺"，概指六部经籍，不探讨"礼、乐、射、御、书、数"等具体的文化知识技能。关于"六经"之次第，传统的排法有两种：一为"《诗》、《书》、《礼》、《乐》、《易》、《春秋》"，如《庄子·天运》、《礼记·经解》、《史记·儒林传》等书均如此。二为"《易》、《书》、《诗》、《礼》、《乐》、《春秋》"，如《汉书·艺文志》等如此。有人认为这两种排法，前者属"今文学家"传统，其序乃"按'六

经'内容程度之浅深而次第之"；后者属"古文学家"所遵，其序乃按
"'六经'产生时代之先后而定"。这个解释，虽亦持之有故，但却经不起
推敲。因为前一种排法，早见于《庄子·天运》、《礼记·经解》等先秦
古籍，当时并无什么"今文学家"参与；且断定其"按'六经'内容程
度之浅深而次第之"，似亦不确，因为在"六经"中，排在最后的《春
秋》并非内容最深。人所共知，在"六经"中，《易》是最深奥的，故被
公认为"三玄之冠"。笔者认为，关于"《诗》、《书》、《礼》、《乐》、
《易》、《春秋》"之排序，可能与孔子对"六经"所涉之先后有关。《史
记·孔子世家》言孔子"以《诗》、《书》、《礼》、《乐》教"，而未言及
《易》、《春秋》，是因为孔子传教时，还未来得及治《易》和《春秋》。孔
子究《易》和《春秋》乃在晚年之时，《论语》所谓"加我数年，五十以
学《易》，可以无大过矣"说明孔子读《易》乃是在晚年，当时已有紧
迫感，故有"加我数年"之愿望。孔子治《春秋》当更晚一些，乃至
一部《论语》未提及《春秋》。《论语》是孔子弟子关于孔子及其弟子言
行的记录。由于孔子在行教时，还未治《春秋》，故关于这方面的情况，
《论语》中未能反映出来，这只能说明孔子治《春秋》当在其治《易》
之后。

一　关于孔子与"六经"的关系

为了说明儒学与"六经"的关系，我们有必要先说明孔子与"六经"
的关系。关于孔子与"六经"的关系，学界见仁见智，看法殊异，归结起
来，主要有三种意见：一是认为"六经"乃孔子所作，如汉代董仲舒、清
代廖平等；二是认为孔子虽未作"六经"，但却删述或整理过"六经"，
如《隋书·经籍志》作者、唐吴道子及今人孙培青等；三是认为孔子既未
作"六经"，也未整理过"六经"，如清人龚自珍、章学诚、今人冯天瑜
等。这里所说的"作"，指的是创作或写作，冯天瑜将之称为"手订"
（似亦近同）；"述"，指的是概述、综述、传述、删述等，类似今人说的
"整理"。为了弄清问题，在此有必要对这三种意见予以分别评析。比较这
三种意见，我们以为第二种说法较为客观、公允。而第一、第三两种意
见，则值得推敲。

（一）"六经"非孔子所作

把"六经"完全归之孔子所作，显然与历史实事相悖。事实上，在百家争鸣时期，"六经"并非儒家所独奉。关于这一情况，《庄子·天下篇》中已讲得相当清楚：

> 古之人其备乎！配神明，醇天地，育万物，和天下，泽及百姓，明于本数，……其明而在数度者，旧法、世传之史尚多有之。《诗》以道志，《书》以道事，《礼》以道行，《乐》以道和，《易》以道阴阳，《春秋》以道名分。其数散于天下而设于中国者，百家之学时或称而道之。

《庄子·天下篇》的作者在这里从学术史的角度，把"六经"作为百家认同的古籍加以介绍，肯定它们是"百家之学时或称而道之"的"旧法"或"世传之史"。这就告诉人们，"六经"非孔子所作。因为，如果它们是孔子所作，那就不可能被"百家之学时或称而道之"。理由很简单，"道不同，不相为谋"！

"六经"非孔子所作，还可分篇予以讨论。

（1）关于《易经》。孔子曾说："加我数年，五十以学《易》，可以无大过矣！"① 这说明孔子五十岁以前，《易》就早已流传。② 又据《史记·孔子世家》所载：孔子读《易》，曾"纬编三绝"，则《易》非孔子所作，不言而喻。

（2）关于《诗经》。《诗经》成于孔子之前，亦可考订。据《左传·襄公二十九年》载，当年吴国公子季札出访鲁国，鲁人请他观《周乐》，并为之歌《周南》、《召南》、《邶》、《墉》、《卫》、《王》、《郑》、《齐》、《幽》、《秦》、《魏》、《唐》、《陈》、《小雅》、《大雅》等诗。将这些诗同今存《诗经》篇名加以比较，发现两者只有小的差异：今《诗经》中的《十五国风》，在当时已见十三篇，只缺《桧》、《曹》两篇（或者这两篇当时已列《诗》中，只是未歌）。其排列次序自《周南》至《齐》与今本

---

① 《论语·述而》。

② 今人考证《易》成于殷周之际。

同，唯后面稍有所异，今本排为《魏》、《唐》、《秦》、《陈》、(《桧》、《曹》)、《幽》。这种排序的变化，杜预注释曰："后仲尼删定，故不同。"此外，今本之《周颂》、《鲁颂》、《商颂》三篇在当时还未提及。尽管有这些差异，但也足以说明鲁人于公元前544年为吴公子季札歌诗时，《诗经》的主要篇章结构已大体形成。当时孔子年仅七岁。则《诗经》非孔子所作也合乎历史实际。

（3）关于《书经》（即《尚书》）。《尚书》，顾名思义属上古之书，其非孔子所作更在情理之中。今据孙星衍撰《尚书今古文注疏》，认定可信《尚书》文为二十九篇，其中《虞夏书》四篇，《商书》五篇，《周书》二十篇。其基本内容是"记先王之事"，具体说来，它记载的是自尧至西周时期历代王朝的事。这些东西非孔子所能独立完成，且其中许多篇章都能考证其作者。例如《周书》二十篇，孙星衍依据有关历史记载，对每一篇作者都有所认定。其中如《金滕》，孙疏引《书序》曰："周公作金滕"；又，《大诰》，孙注引"史迁曰：'初，管、蔡畔周，周公讨之，三年而毕定，故初作《大诰》'"；又，《康诰》，孙注曰："诰者，周公所作，以告康叔"。类似这样的"注"或"疏"，还可以列出许多，说明各篇作者。既然《尚书》作者多可以考订，则其非孔子所作，亦不应成为问题。还须指出的是，《尚书》在先秦时期已广为流传，并早被许多典籍所引用。据刘起釪《尚书源流及传本》一书列表统计，春秋战国时先后有二十部典籍引用过《尚书》文句，其中《国语》引二十次，涉及七篇内容；《左传》引八十六次，涉及十三篇内容；《墨子》引四十七次，涉及二十二篇内容。《国语》、《左传》的作者左丘明与孔子同时，则《尚书》之成书当在孔子之前。且《尚书》若由孔子所作，则作为儒家反对派的墨子，也不会大量引该书之文。总之，《尚书》非孔子所作。

（4）关于《礼经》（即《仪礼》）。《仪礼》亦称《士礼》。《哲学大辞典·中国哲学史卷》称它是"春秋战国时一部分礼制的汇编"，"近人有根据书中的丧葬制度，结合出土器物进行研究，认为成书在战国时代，为战国儒家著述，经汉儒编定。"[1] 笔者以为，这些说法把《仪礼》之成书时间推得很后，似乎不符合历史发展的逻辑。首先，从《仪礼》一书看，

---

[1]《哲学大辞典·中国哲学史卷》，上海辞书出版社1985年版，第190—191页。

全书对士礼的规范相当具体、细密，且文字古奥。这种情况，只有在周礼兴盛的西周时代才可能出现。而春秋战国时期"礼坏乐崩"，也就是说，关于"礼"的规范受到了社会变革的严峻挑战，在这样的条件下，谁还能对"礼"作如此具体、细密的思考？其次，《庄子·天下》已明确把"六经"作为"百家之学时或称而道之"的著作；《庄子·天运》还特别讲过"丘治《诗》、《书》、《礼》、《乐》、《易》、《春秋》"，这都说明，"六经"（包括《礼》）之成书，当在孔子之前。再次，孔子受"礼"的熏陶极深。他研究过"夏礼"、"殷礼"、"周礼"，而对"周礼"的体验尤多。《礼记·中庸》引孔子语："吾说夏礼，杞不足征也；吾说殷礼，有宋存焉；吾学周礼，今用之，吾从周。"这里强调"吾学周礼"，特别值得注意。要学"周礼"，必须用《礼经》作教材。故《礼经》当在孔子之前早已成书。若《仪礼》即是《礼经》，它绝不会拖到汉代才成书。因此，那种把《仪礼》之成书说成是"经汉儒编定"，恐难以成立。

（5）关于《乐经》。《乐经》今无传本。《宋书·乐志》言秦焚典籍，《乐经》乃亡。但邵懿辰《礼经通论》言："乐本无经也。《诗》为乐心，乐为声体，乐之原在《诗》三百篇之中，乐之用在《礼》十七篇之中，故曰兴于《诗》，立于《礼》，成于乐。子所雅言，《诗》、《书》执《礼》，不言乐也。先儒惜《乐经》之亡，不知四述有乐，《六经》无乐；乐亡，非经亡也。"此说虽亦持之有故，但似与《庄子·天下》等书记载难以吻合。由于资料阙如，故此处关于《乐经》与孔子的关系，暂存而不论。

（6）关于《春秋经》。《史记·太史公自序》言："孔子修旧起废，论《诗》、《书》，作春秋，则学者至今则之。"明确肯定《春秋经》乃孔子所作。但此说经不起推敲。据《左传·昭公二年》载，公元前540年，韩宣子使鲁，"观书于太史氏，见《易·象》与鲁《春秋》，曰：'周礼尽在鲁矣。'"这里所载韩宣子使鲁时见到的"鲁《春秋》"，当是《春秋经》无疑。彼时孔子仅十一岁。又，专门用于解释《春秋经》的《左传》，据《汉书·艺文志》所传，其作者为左丘明。左氏与孔子同时。若《春秋经》真为孔子所作，则何须由其同时人左丘明作传？这都说明，《春秋经》亦非孔子所作。

以上告诉我们，除《乐经》今无法考证外，其他五种经籍（从汉代起称《五经》）均非孔子所作。

（二）孔子对"六经"的整理确实作过重大贡献

以上说明，孔子确未作"六经"。如此说来，是不是孔子对"六经"的完善毫无贡献呢？或者如有的论者所云，孔子对于"六经"的贡献，仅限于"传述"呢？愚以为恐非是。因为"传述"只是起传声筒的作用，这不符合历史的实际。凭实而论，对于"六经"，孔子渗入了文字整理的心血。"整理"，既有删节或笔削，亦有修饰或整治。《史记·孔子世家》载："孔子问礼老聃，卒以删定'六艺'。"这里所讲的"删定"，指的是删述订定，即加工整理的意思。又，《隋书·经籍志一》载：孔子"述《易》道而删《诗》、《书》，修《春秋》而正《雅》、《颂》"。这里所用的"述"、"删"、"修"、"正"等字，都同"作"有所区别，而又与"整理"相关联，它正确反映了孔子对"五经"做过整理的工作。这种情况，还可从《论语》、《孟子》等相关文献得到论证。《论语·子罕》载："子曰：'吾自卫反鲁，然后《乐》正，《雅》、《颂》各得其所'。"这里明确告诉我们，孔子自卫国归来后，对《乐》有所订正，并使《诗经》之《雅》、《颂》序次有所变动。可见，孔子对《乐经》、《诗经》做过整理的工作。《孟子·滕文公下》载："世道衰微，……孔子惧，作《春秋》。《春秋》，天子之事也。是故孔子曰：'知我者其惟《春秋》乎！罪我者其惟《春秋》乎！'"又，《孟子·离娄下》载："孟子曰：'王者之迹息而诗亡，诗亡然后《春秋》作。晋之乘，楚之梼杌，鲁之春秋，一也。其事则齐桓、晋文，其文则史。孔子曰：其义则丘窃取之也。'"这里，《孟子》先后两次讲到孔子"作春秋"，其所谓"作"，确有夸大之嫌，但它也从侧面说明孔子对《春秋》的加工整理用功特深，以至接近于"作"的程度。正因为孔子对《春秋》的整理用功特深，所以他才有"知我者其惟《春秋》乎！罪我者其惟《春秋》乎"的感叹。一部《春秋》，关键在一个"义"字，故司马迁曰："春秋以道义。"孔子自言"其义则丘窃取之也"。这说明《春秋》中的灵魂——"义"，是孔子有意赋予。这无疑是一个创造性的贡献，已接近于"作"。《隋书·经籍志》用"修《春秋》"一语，似乎更为恰当。"修"，《辞海》前两条释义为：（1）修饰；装饰。（2）修理；整治。即"修"既有修饰之意，亦有整治之意。将之综合起来，含有修饰而整治之意。显然，"修春秋"，指的是对《春秋》进行整治加工并予以修饰。这个功夫是很深的，确实已接近于"作"。人所共知，"六经"本是先秦诸子共遵的古训，但今存的"五经"儒学特色均较为鲜明。这种思想倾向，当与孔子对之作过整理有关。

综上所述，孔子虽非"六经"的作者，但他对于该书的完善下过很深的功夫。看不到这一点，而仅将孔子视为"五经"的"传述者"，则似乎有违历史的真实。

二 "六经"是儒家道德学说直接的理论源头

如前所述，儒家道德源远流长，它的理论源头，可以追溯到中华民族的上古文化传统，而其直接的理论渊源，则可归之于"六经"。

（一）"六经"具有强烈的道德教化功能

"六经"作为我国先民的文化故籍，内容极其丰富，哲理无比深刻，从不同角度对人们发挥着道德教化功能。关于"六经"的功能，史书多有论述。据《礼记·经解》载："孔子曰：'入其国，其教可知也。其为人也，温柔敦厚，《诗》教也；疏通知远，《书》教也；广博易良，《乐》教也；絜静精微，《易》教也；恭俭庄敬，《礼》教也；属辞比事，《春秋》教也。故《诗》之失，愚；《书》之失，诬；《乐》之失，奢；《易》之失，贼；《礼》之失，烦；《春秋》之失，乱。其为人也，温柔敦厚而不愚，则深于《诗》者也；疏通知远而不诬，则深于《书》者也；广博易良而不奢，则深于《乐》者也；絜静精微而不贼，则深于《易》者也；恭俭庄敬而不烦，则深于《礼》者也；属辞比事而不乱，则深于《春秋》者也。'"这段话，借孔子之口对"六经"的道德教化功能阐述得极其深刻。如果它是孔子的真言，那么当是孔子晚年以后的体会。孔子曾自谓"七十而从心所欲不逾距"，这种思想境界只有在熟研"六经"并做到"温柔敦厚而不愚"、"疏通知远而不诬"、"广博易良而不奢"、"絜静精微而不贼"、"恭俭庄敬而不烦"、"属辞比事而不乱"之后才可能达到。此外，关于"六经"的功能，《庄子·天下》也有过评述："《诗》以道志，《书》以道事，《礼》以道行，《乐》以道和，《易》以道阴阳，《春秋》以道名分。"《史记·太史公自序》亦说过："《礼》以节人，《乐》以发和，《书》以道事，《诗》以达意，《易》以道化，《春秋》以道义。"这与《天下》所言大体一致。在此基础上，《汉书·艺文志》对"六经"的功能作了进一步阐释："《乐》以和神，仁之表也；《诗》以正言，义之用也；《礼》以明体，明者见著，故无训也；《书》以广听，知之术也；《春秋》以断事，信之符也。五者五常之道，相须而备，而《易》为之原。"这是将"五经"同"仁、义、礼、智、信"等五常之德相匹配，从而突出了"五经"的道德教化功能。这些评述虽各不相同，但在肯定其德教功能方面则是一致的。从总体上看，这些评述，抓住了各经所具有的突出特点，而忽视了它们各自还有其他相关特点，这无疑带有一定的片面性。其实，每一经的内涵都极其丰富，并非一两个字所能概括得了的。拿《诗》来说，它通过歌颂真善美，鞭挞假恶丑，确实能引人入胜，起到陶冶人们情操的重要作用。从这一方面看，我们说"《诗》以道志"或"《诗》以达意"，都符合内容的真实性。但是，《诗》的内涵又不仅限于此，它还表达了先民们一系列道德追求。例如，《诗》多次赞颂"夙夜为公"，表达了尚"公"的道德取向。再拿《易》来说，它通过阴爻与阳爻的不同组合，构成八卦，进而演生出六十四卦。每一卦由六爻构成，六十四卦合计三百八十四爻（加上《乾卦》"用九"、《坤卦》"用六"，则为三百八十六爻）。卦爻的变化，从一定角度反映了客观事物的变化法则。从这个意义上讲，说"《易》以道阴阳"或"《易》以道化"确实抓住了《易》的基本特点。但是《易》所包含的内容又远不止如此。其中，还透露了许许多多值得引为重视的道德观念。如，《易·坤·六二》："直、方、大、不习，无不利。"表达了高尚的道德取向。又如《易·乾卦》："元亨利贞。"这"元亨利贞"后来被儒家学者释为"四德"，对后世影响十分深远。而这一切，又无疑包含有强烈的道德教化功能。因此，"六经"所包含的内容极其丰富，并非简单的几个字所能包容。但是，《庄子》等书对"六经"功能所作的简单概括，又抓住了它们的中心思想，反映了它们的主要道德教化功能，成为后来儒家道德学说的重要来源。

（二）儒家道德学说是对"六经"所涉道德观念的直接继承与发展

孔子作为儒家创始人，在整理和完善"六经"的过程中，汲取了其中有关道德观念的思想萌芽，并将之发扬光大，终于建构成具有中华民族特色的儒家道德思想体系。这是一个了不起的功绩，值得大书特书。

第一，儒家吸取了"六经"中有关道德信条的思想萌芽，形成了具有自身特色的道德信条体系。我们知道，儒家所提倡的道德条目，以"德"

为统帅，以"仁"为核心，以义、礼、公、忠、恕、孝、弟、勇、恭、宽、信、敏、惠、和、敬、慈、爱等为辅助，构成了一个完整的体系。其中，"德"作为这个体系的最高统帅，它涵纳上述一系列具体德目。这些具体德目，可以分为两种类型：一类属于道德情操方面的，如仁、义、忠等；一类则属于道德行为方面的，如礼、恭、敬等。它们从不同的方面对道德主体的自我修身提出了高标准的要求。就道德情操性的德目而言，具有引导人们追求高尚道德精神的特性，有利于将特定社会的道德水平引向较高境界；就道德行为方面的德目而言，具有社会规范的特性，有利于约制人们在社会道德生活中的言行，从而达到调节个人与社会、个人与他人相互关系的目的。儒家所倡导的道德条目，并非从天上掉下来的，而是对"六经"中有关道德信条思想的直接继承。在"六经"中，以上那些德目，几乎都可找到。

以《诗》、《书》为例，据初步统计，在《诗》中，"德"字六十八见，"仁"字两见，"义"字一见，"礼"字九见，"公"字十三见，"信"字十六见，"孝"字十二见，"惠"字十二见，"和"字四见；在《书》中，"德"字一百零五见，"仁"字两见，"义"字八见，"礼"字七见，"孝"字六见，"信"字三见（其他未作统计）。这些情况，不仅说明在孔子之前，《六经》早已确立了许多重要德目，而且说明，孔子为首的儒家所倡导的德目，同《六经》的德目一脉相通。当然，儒家对《六经》有关德目的继承，并非简单地照抄照搬，而是通过自己的理论再创造，作了进一步的发展。如，关于"仁"的含义，在"六经"中未有明确说法。而在孔子那里，则赋予其"爱人"的内涵，从而集中表达了儒家的人文关怀。又如，关于"忠"与"恕"的内涵，在《六经》中也未见有明确的诠释。而在孔子那里，则用"己欲立而立人，己欲达而达人"来表达"忠"义，用"己所不欲，勿施于人"来表达"恕"义。这些显然都是很重要的理论创造，是对"六经"道德观念的直接继承。

第二，儒家吸取了"六经"中有关家庭道德的思想萌芽，形成了具有自身特色的家庭道德体系。人所共知，在儒家系统的道德理论中，家庭道德内容无比丰富。孔子所谓"孝悌也者，其为仁之本与"；孟子提出著名的"五伦"说，即"父子有亲，君臣有义，夫妇有别，长幼有序，朋友有信"①，

---

① 《孟子·滕文公上》。

都是儒家关于家庭道德的重要论述。在"五伦"中，关于家庭成员的关系占有三项，即父子关系、夫妇关系、长幼关系。这些关系的构建，对我国家庭道德的建设与实践，产生过极其深远的影响。在长达两千余年的封建社会中，几乎贯彻始终。考察儒家关于家庭道德的来源，亦同对《六经》思想的继承不可分割。如前所述，儒家关于家庭道德观念的核心内容是"子孝"、"父慈"、"兄友"、"弟恭"。而这些观念，在《六经》中早有透露。

先看《尚书》。关于家庭道德关系，《尚书》早有许多论述。例如，《康诰篇》曰："元恶大憝，矧惟不孝不友。子弗祗服厥父事，大伤其考心；于父不能字厥子，乃疾厥子；于弟弗念天显，乃弗克恭厥兄；兄亦不念鞠子哀，大不友于弟。"这里严格批评了当时家庭内出现的各种扰乱伦理道德的行为：一是"子弗祗服厥父事，大伤其考心"，讲的是做儿子的，不能对父尽"孝"道；二是"于父不能字厥子，乃疾厥子"，讲的是为人父者，不能对儿子尽"慈"道；三是"于弟弗念天显，乃弗克恭厥兄"，讲的是为弟者不能对兄尽"悌"道；四是"兄亦不念鞠子哀，大不友于弟"，讲的是做兄长的，不能对弟尽"友"道。这些都违背了家庭道德规范。对此，《康诰篇》的作者主张："文王作罚，刑兹无赦。"表明当时统治者已通过刑罚维护家庭内父慈、子孝、兄友、弟恭的道德关系。这无疑给予孔子为代表的儒家学者以直接影响。

次看《易经》。《易经》虽是一部卜筮之书，但其中关于家庭道德的关系亦时有所及。例如，《易·家人卦》之卦辞说："家人，利女贞。"其意是说"家人卦"利于女子守贞（正）。朱熹释曰："家人者，一家之人。卦之'九五'、'六二'内外各得其正，故为家人。'利女贞'者，欲先正乎内也；内正则无不正矣。"朱氏之解说，合乎《易经》之原旨。正是据《易经》之意，《易·象传》发挥出如下一段文字："家人，女正位乎内，男正位乎外。男女正，天地之大义也。家人有严君焉，父母之谓也。父父子子、兄兄弟弟、夫夫妇妇，而家道正。正家，而天下定矣。"《象传》的作者当是先秦儒家学者，他所作的上述一段重要概括，既鲜明地突出了家庭内的人伦关系，体现了儒家关于家庭道德的价值取向，又直接同《易·家人卦》之卦辞与卦象保持着渊源关系。"家人卦"之"九五"为阳爻占君位，象征父德；"六二"为阴爻占君位，象征母德。父在上位，母在下位，既体现了父母在家内之"严君"地位，又符合男先女后、夫唱妇随的封建伦理秩序。这些后来在儒家那里，得到进一步丰富发展。

再看《诗经》。《诗经》关于孝道的论述，亦时见于字里行间。例如，《大雅·生民之什·既醉》："威仪孔时，君子有孝子。孝子不匮，永锡（赐也）尔类。"明确认为，孝子不匮缺，其家就能得到上天的恩赐，而享福禄平安。显然，这是在歌颂孝道。又如《周颂·闵予小子之什·闵予小子》："于乎皇考，永世克孝！"据高亨先生《诗经今注》所言，此二句是周成王赞颂周武王能一辈子尽孝道之美德！表明周统治者对家庭道德"孝"的高度重视。

总之，儒家所提倡的家庭伦理关系，早在《书》、《易》、《诗》等经典中就有其思想萌芽。需要说明的是，儒家在建设家庭道德方面又有自己的独特贡献：他们强调"家国一体"，主张把社会道德与家庭道德结合起来，强调从家庭的父子关系引申出君臣关系，孔子所谓"君君臣臣、父父子子"，《易·象传》所谓"父父子子、兄兄弟弟、夫夫妇妇，而家道正。正家，而天下定矣"等重要概括，都具有这一思想倾向。他们从"父子有亲"，引申出"君臣有义"。所谓"在家为孝子，入朝作忠臣"、"四海皆兄弟"（由兄弟关系引申出朋友关系）等观念的推衍，都是"家国一体"模式的产物。因此，儒家所建构的道德体系，是以家庭道德建设为根基的。这是一个很重要的特点，它既与中国奴隶社会以血缘关系为纽带的宗族关系发展演变的历史不可分割，同时又是对"六经"道德观念的直接继承与发展。

第三，儒家吸取了"六经"中有关德政的思想萌芽，形成了具有自身特色的德政或仁政学说体系。儒家强调道德为政治服务，主张实行德政。孔子说："为政以德，譬如北辰，居其所，而众星共之。"① 孟子继承了孔子的思想，提出仁政说。曾言："以不忍人之心，行不忍人之政，治天下可运之掌上。"② 儒家的德政说，把道德与政治结合起来，具有伦理政治化、政治伦理化特征，对后世产生了无比深远的影响。考其源，也直接与"六经"相关联。

我们先看《尚书》。《尚书》有关德政的观念，比较鲜明。例如，《盘庚篇》就明确提出"实施德于民"的口号。这"实施德于民"，正好表达

① 《论语·为政篇》。
② 《孟子·公孙丑上》。

了德政的本质特征。最值得注意的是该书《洪范篇》。它直接对作为最高统治者的"王"提出了具体的道德要求："无偏无颇，遵王之义；无有作好，遵王之道；无有作恶，遵王之路。无偏无党，王道荡荡；无党无偏，王道平平；无反无侧，王道正直。"这里反复强调的"王道"，就是要求"王"以德行政，其中所包含的德政思想溢于言表。《洪范篇》不仅言及"王道"，而且言及"臣道"，提出："臣无有作福、作威、玉食。臣之有作威、作福、玉食，其害于而（汝）家，凶于而（汝）国。"这是说，做"臣"的人，要严格要求自己，不要作威、作福，贪图个人享受，否则将有害于家与国。显然，这也透露了德政的思想追求。此外，《尚书》作者还认为，统治者若不行德政，将会遭到天命的惩罚。《召诰篇》言："我不可不监于有夏，亦不可不监于有殷。我不敢知曰，有夏服天命，惟有历年，我不敢知曰，不其延；惟不敬厥德，乃早坠厥命。我不敢知曰，有殷受天命，惟有历年，我不敢知曰，不其延；惟不敬厥德，乃早坠厥命。"这里通过总结夏代和殷代的历史经验，认为做"王"的，如果"不敬厥（其也）德"，则会遭遇"早坠厥（其也）命"的后果，突出了为政以德的重要性和必要性。

我们再看《诗经》。《诗经》也从不同侧面涉及德政思想，这表现在两个方面：一是用讽刺的笔法，鞭挞统治者不道德的行为。如《十五国风·魏风·硕鼠》将当时残暴昏庸的统治者比作"硕鼠"（即大老鼠），反复指斥："硕鼠，硕鼠，无食我黍！三岁贯女（汝），莫我肯顾。""硕鼠，硕鼠，无食我麦！三岁贯女（汝），莫我肯德。""硕鼠，硕鼠，无食我苗！三岁贯女（汝），莫我肯劳。"又如《十五国风·魏风·伐檀》批评统治者不劳而获："不稼不穑，胡取禾三百廛兮？不狩不猎，胡瞻尔庭有悬貆兮？彼君子兮，不素餐兮！"这些怨语，表明劳动人民对残暴昏庸、不劳而获的统治者的无比憎恨，对德政的无比向往。二是用歌颂的方式，表达对有德统治者的赞扬。如《鲁颂·泮水》对鲁侯之德予以赞颂："穆穆鲁侯，敬明其德！""明明鲁侯，克明其德！"反复赞颂鲁侯德行的高尚，这从正面表达了作者拥护德政的鲜明立场。

上述经籍所载，无疑都给了孔子以直接启示。孔子及其后学的贡献，在于将德政说进一步系统化、理论化，突出强调"内圣外王"。"内圣外王"，包括互相衔接的两个方面，即"内圣"与"外王"。"内圣"，就是要求为政者具有高尚的道德素养；"外王"就是要求为政者担当起治国平天下的大任。"内圣"是"外王"的先决条件，"外王"是"内圣"的必然结果，两者相互联系，相辅相成。《礼记·大学篇》提出"修身、齐家、治国、平天下"的理念，将治国与修身结合起来，这从本质上说，就是强调"内圣外王"。"内圣"是通过修身、齐家实现的，认为只有搞好修身、齐家，才能实现治国、平天下。该篇所谓"身修而后家齐，家齐而后国治，国治而后天下平"的逻辑法则，集中体现了这一治国理念。因此，儒家十分重视修身。《礼记·中庸篇》曰："故为政在人，取人以身，修身以道，修道以仁。""故君子不可以不修身；思修身，不可以不事亲；思事亲，不可以不知人；思治人，不可以不知天。"从而把为政与修身、事亲与治人、治人与知天完美地结合起来，既集中表达了"家国一体"、"天人合一"的总体构想，又符合"内圣外王"、"修齐治平"的德治模式。这些理念对后世的影响极其深远。

第四，儒家吸取了"六经"中有关"民本"的思想萌芽，形成了具有自身特色的民本学说体系。儒家强调"民为邦本"。孔子提出"泛爱众而亲仁"，强调"使民如承大祭"；孟子提出"民为贵，社稷次之，君为轻"，主张"保民而王"，这些都鲜明地体现了以民为本的思想。强调"民为邦本"，是儒家政治道德的重要内容。这一思想，也来自于"六经"。

"六经"中，早有"民本"思想观念的萌芽，特别是《尚书》，这一内容尤为突出。例如《皋陶谟篇》提出："天聪明，自我民聪明；天明畏（威），自我民明畏（威）。"明确地把民德作为天德之本，其中已包含民本的观念。又如《盘庚篇》载殷王盘庚曾告诫其大臣们曰："汝不和吉言于百姓，惟汝自生毒，乃败祸奸宄，自灾于厥身。"其意是说，你们若不能和善地对待老百姓，那是自招祸患，必然给自身带来灾难。表明殷统治者已意识到为政者不能违背民心民意，否则没有好下场。其中无疑也透露出民本的观念。再如《周书》多次强调"敬德"、"保民"，《康诰》曰"王应保殷民"；《酒诰》曰"古人有言曰：'人无于水监，当于民监'"，主张以民心为鉴；《梓材》曰"欲至于万年，惟王子子孙孙永保民"；《无逸》强调以文王为典范，做到"徽柔懿恭，怀保小民，惠鲜鳏寡，自朝至于日中昃，不惶暇食，用咸和万民"。这些记载，都从不同角度，透露了以民为本的观念。

除《书》外，《诗》也有民本观念萌芽。在《诗》中，对于关心民生的统治者，老百姓就对之予以歌颂，称他们为"民之父母"①，"敬明其德"②；对于不好的统治者，老百姓则骂他们为"硕鼠"，决心"誓将去女（汝），适彼乐土"，这都从不同侧面说明民心不可违。这些无疑都给了孔子及其后学以深刻启迪。

儒家丰富发展了"六经"的民本观念，将之系统化、理论化。孔子强调"为政以德"，明确提出"修己以安人"、"修己以安百姓"的口号，要求统治者通过"修己"，达到"安人"或"安百姓"的目的，从而妥善处理君民关系、臣民关系。他们认为，统治者只有懂得"民"在国家政权稳固中的重要作用，才会真心实意地去思考并认真解决老百姓的实际问题。所以，在儒家的德政或仁政、礼治学说中，民本观念占有很重的分量，值得高度重视。

儒家道德学说来源于"六经"，还可列举许多例证，由于篇幅所限，不再赘述。仅以上几个方面，就足以证明"六经"是儒家道德学说直接的理论渊源。因此，我们考察研究儒家道德学说，绝不能忽略"六经"的理论贡献。

（原载《儒家德育学说论纲》，武汉大学出版社 2006 年版）

---

① 《小雅·南山有台》。
② 《鲁颂·泮水》。

论儒家对构建中华民族精神的重大贡献

　　中华民族精神是中华民族的先民们在长期劳动、生活实践中创造出来的具有民族风格的、积极向上的思想精华的总概括。它是中华民族集体智慧的结晶，是民族凝聚力和向心力得以激发的关节点，是推动中华民族不断走向文明进步的力量泉源。江泽民同志在中国共产党第十六次全国代表大会上的报告中指出："民族精神是一个民族赖以生存和发展的精神支撑。一个民族，没有振奋的精神和高尚的品格，不可能自立于世界民族之林。在五千多年的发展中，中华民族形成了以爱国主义为核心的团结统一、爱好和平、勤劳勇敢、自强不息的伟大民族精神。"他认为："面对世界范围各种思想文化的相互激荡，必须把弘扬和培育民族精神作为文化建设极为重要的任务，纳入国民教育全过程，纳入精神文明建设全过程，使全体人民始终保持昂扬向上的精神状态。"① 江泽民同志的这些论述，对于帮助我们正确认识弘扬和培育中华民族精神的重要性和必要性，具有十分重要的指导意义。

　　中华民族精神是我国古代先哲总结和发掘中华民族优秀道德成果的产物。在这个总结和发掘的过程中，儒家先哲贡献尤大。综观我国古代留下的优秀民族精神遗产，不难看出，其中有许多深刻内容都同儒家所倡导的高尚道德精神分不开的。例如，儒家先哲所倡导的"天下为公"的无私奉献精神，"仁者爱人"的博爱大众精神，"自强不息"的积极进取精神，"厚德载物"的宽厚包容精神，"居安思危"的民族忧患精神，"革故鼎新"的改革变通精神，"见利思义"的以义制利精神，"克勤克俭"的勤劳俭朴精神，以及"致中和"的尚中贵和精神，"杀身成仁"、"舍生取义"的英勇献身精神，"富贵不淫、贫贱不移、威武不屈"的人格独立精

---

　　① 以上均见江泽民《全面建设小康社会，开创中国特色社会主义事业新局面——在中国共产党第十六次全国代表大会上的讲话》，人民出版社 2002 年版，第 26 页。

神，等等，都是儒家先哲创造出来的高尚道德精神。它们都属于中华优秀民族精神的重要内容，是儒家对构建中华民族精神的创造性贡献。这些精神，不仅在古代对我国各民族的文明进步产生过十分积极的影响，而且对我们今天的社会主义精神文明建设仍有不可估量的现实价值，值得我们大力发掘，好好继承与弘扬。为此，我们有必要在这里对上述儒家所倡导的道德精神的基本内容及其现实价值作简要阐述。

一　关于"天下为公"的无私奉献精神

"天下为公"一语，最先出自《礼记·礼运篇》："大道之行也，天下为公。"相传，它是孔子的思想。实际上在孔子之前，我们的祖先早已形成关于"公"的思想观念。《诗经》中先后出现三次"夙夜在公"（意为白天黑夜都为办公事而操劳）一语，表达了尚公的道德取向。"天下为公"的积极意义在于强调以公义战胜私欲，要求人们去私尚公，关心整体利益，献身于国家、民族的共同事业。"天下为公"观念是爱国主义的思想基础，它曾对我们民族的发展进步产生过十分积极的影响。从贾谊的"国耳（而）忘家，公耳（而）忘私"，到范仲淹的"先天下之忧而忧，后天下之乐而乐"；从岳飞的"精忠报国"，到顾炎武的"天下兴亡，匹夫有责"，再到林则徐的"苟利国家生死以，岂因祸福避趋之"等，都是"天下为公"精神的千古绝唱。

今天，我们正在建设有中国特色的社会主义新道德。这个新道德，要求公民"以为人民服务为核心，以集体主义为原则"，这同"天下为公"的精神是一致的。为此，我们应当大胆借鉴我们祖先所提倡的"天下为公"精神，以丰富和拓宽社会主义的尚公观念，增强人们献身于社会、国家和民族的道德情感，更自觉地为广大人民群众谋利益。

二　关于"见利思义"的以义制利精神

"见利思义"一语，出自《论语·宪问》："见利思义，见危授命，久要不忘平生之言，亦可以为成人矣！""见利思义"之意，是说见到财利，要以"义"为标准，去衡量取舍：合乎义则取，不合乎义则不取。其本旨在于强调以义制利，或以道制欲，要求人们正确处理道德与金钱的关系。

孔子曾说："富与贵，是人之所欲也，不以其道得之，不处也；贫与贱，是人之所恶也，不以其道得（'得'疑为'去'之误）之，则不去也。"①孟子也说："非其道，则一箪食不可受于人；如其道，则舜受尧之天下不以为泰。"这些都表达了儒家先哲"见利思义"的道德取向。它启迪人们，对于"利"，要有一种理性的约制。不苟取，不妄得，不受不义之财，所谓"君子爱财，取之有道"，讲的就是这个意思。这种道德精神，毫无疑问，有它的进步性、合理性，应当予以重视。

今天，随着社会主义市场经济的深入发展，如何正确处理利与义的关系，已愈来愈为人们所关注。诚然，搞市场经营应当重效益，允许经营者在市场上追逐大利。但是，由于我们搞的是社会主义市场经济，经营者在谋利中，不能不顾及社会主义的职业道德，不能为一己之私利而损害全民族的大利；也不能不顾信义，损人利己，对顾客搞欺、蒙、拐、骗。因此，儒家所倡导的"见利思义"道德精神，在今天社会主义市场经济条件下，仍有不可忽略的重大价值，值得我们大力弘扬。

三　关于"自强不息"的积极进取精神

"自强不息"一语，出自《周易·乾卦·象传》："天行健，君子以自强不息。"其意是说，天体的运行，表现出刚健有为的特性。君子学习这一特性，就要使自己做到自我奋发，永不停息。儒家先哲带头践行这一美德。孔子"发奋忘食，乐以忘忧，不知老之将至"②；孟子"苦其心志，劳其筋骨，饿其体肤"③ 等，都是"自强不息"的写照。《中庸》鼓励人们在学习中，紧紧抓住"学、问、思、辨、行"五个环节，坚持"博学之，审问之，慎思之，明辨之，笃行之"。为了使自己学得有成效，必须用"自强不息"精神来武装自己，做到"人一能之，己百之；人十能之，己千之"，认为"果能此道矣，虽愚必明，虽柔必强"。④ 这里强调的是"自强不息"精神在学习中的运用。事实上，我们的先民在推进中华民族的文明进步中，在各方面都运用了"自强不息"精神来鞭策自己。中华民

---

① 《论语·里仁篇》。
② 《论语·述而篇》。
③ 《孟子·告子下》。
④ 《中庸》第 20 章。

族在历史上曾遭遇过许许多多内忧外患，最后都驱除了黑暗，迎来了光明。因此，"自强不息"精神，是我们民族在数千年的发展中，战胜困难、走向光明的力量泉源。

毛泽东说，人是要有一点精神的。① 自强不息的积极进取精神，有利于激励人们克服前进中的困难，不断创造人间奇迹。近年来，我国人民在党和政府的领导下，在战胜百年未有的洪灾之后，又夺取了抗击"非典"瘟疫的胜利。这些都与"自强不息"精神的支撑分不开的。当前，随着市场经济的发展和经济全球化的到来，各方面竞争愈来愈激烈。在这样的条件下，人们难免会遇到挫折和失败。这就需要我们努力发扬"自强不息"精神，不断增强人们的进取意识。鼓励公民在创造和开拓的道路上，知难而进，迎难而上，以"人一己百、人十己千"的精神，奋力拼搏，排除各种艰难险阻，从胜利走向胜利。因此，"自强不息"精神今后仍是我们不断开拓进取、自立于世界民族之林的可靠保障。

四　关于"革故鼎新"的改革变通精神

"革故鼎新"一语，出自《周易·杂卦传》："革，去故也；鼎，取新也。""革故鼎新"旨在强调坚持变革，去旧更新。它表达了儒家先哲重视变革的思想要求。《周易·系辞传》曰："穷则变，变则通，通则久。"其意是说，事物发展到极点（"穷"），就要因时变革；只有变革，才能打开前进的通道；打开前进的通道；才能长治久安。在这里，变革被视为事物发展的动力。与此相一致，《周易》中还提出了"日新之谓盛德"、"生生之谓易"、"通变之谓事"等关于尚变的重要命题，它们都从不同侧面，反映了我们民族重视变革、"与时俱进"的思想追求，这同今天的时代精神完全吻合。

从本质上说，倡导变革，就是突出"创新"。因为，创新是变革的先导，没有创新，就没有变革。江泽民同志在党的十六大报告中指出："创新是一个民族进步的灵魂，是一个国家兴旺发达的不竭动力，也是一个政党永葆生机的源泉。"② "创新就要不断解放思想、实事求是、与时俱

---

① 参见《毛泽东邓小平江泽民论世界观人生观价值观》，人民出版社 1997 年版，第 173 页。
② 《江泽民文选》第 3 卷，人民出版社 2006 年版，第 537 页。

进。"① 江泽民同志所说的"创新",其本旨正在于强调变革。今天,我国的改革开放正在深化,人们的生活方式、生产方式、消费方式、风俗习惯等,都在变化之中。特别是科学技术的迅猛发展,经济全球化的日益加深,社会变革任务不断加重,我们只有树立创新的思想观念,确立坚持变革、与时俱进意识,才能以变应变,处变不惊,使自己永远立于不败之地。

五 关于"仁者爱人"的博爱大众精神

"仁者爱人"的思想,最先见于《论语·颜渊》:"樊迟问仁,子曰:'爱仁'。"孟子据孔子之意,引申出"仁者爱人"② 一语。"仁者爱人"旨在强调对"人"的关心与爱护,是儒家人文精神的集中体现。孔子提出"泛爱众而亲仁";孟子提出"老吾老以及人之老,幼吾幼以及人之幼"③等,都表达了儒家先哲的人文关怀。"仁者爱人"要求人们在屡行道德义务时,发扬利他精神,奉行"忠恕之道","己欲立而立人,己欲达而达人"④,"己所不欲,勿施于人"⑤,其本旨在于提倡对广大人民的关爱。这同今天西方学者提出的"以人为本"的学说,在基本精神方面是相通的,但却早它两千多年。它表明中华民族的人文意识发端很早,值得我们引以自豪。

今天,在社会主义思想道德建设中,要提高人们的仁爱精神,就必须推动人们在各自的岗位上用自己的创造性劳动,向人民群众奉献爱心,把"全心全意为人民服务"、"代表人民群众的根本利益"落到实处。值得注意的是,在当今的现实生活中,一些人把我们祖先倡导的仁爱精神忘得一干二净,不但不能为人民谋利益,反而给社会制造灾难、传播苦难。例如,有的人为了牟取暴利,竟然制造与推销假酒、假药,干拐卖妇女儿童、贩卖毒品等不法勾当,给社会和人民群众带来严重灾难。这同我们的祖先所倡导的仁爱精神完全背离。因此,在当今的市场经济条件下,继

---

① 《江泽民文选》第3卷,人民出版社2006年版,第538页。
② 《孟子·离娄下》。
③ 《孟子·梁惠王上》。
④ 《论语·雍也篇》。
⑤ 《论语·颜渊篇》。

承、发扬我们民族的仁爱精神，尤有必要，势在必行。

六　关于"厚德载物"的宽厚包容精神

"厚德载物"一语，出自《周易·坤卦·象传》："地势坤，君子以厚德载物。"其意是说，大地笃实和顺，君子效法其德，就能盛载天下万物。这是我们民族宽厚包容精神的体现。这一道德取向，要求我们在与人交往中，做到宽以待人，虚怀若谷，宽厚大度，设身处地去理解人、关心人、体谅人，而不过分苛求于人。只有这样，才能容众乐群，使人们和谐相处，同心同德地干好工作。

今天，我国的社会主义建设任务十分艰巨，只有团结一切可以团结的力量，调动一切积极因素，才有可能克服前进中的困难，创造出我们的前人从未创造过的人间奇迹。这就更需要我们发扬"厚德载物"的宽厚包容精神，容众乐群，共同为社会文明进步作出贡献。

七　关于"克勤克俭"的勤劳俭朴精神

"克勤克俭"一语，出自《尚书·大禹谟》："克勤于邦，克俭于家。"意为勤劳于国，节俭于家，表达了先民勤劳俭朴的道德追求。勤劳俭朴由儒家提出后，早已成为我们民族的优良传统。《左传》所谓"民生在勤，勤则不匮"，《墨子·辞过》所谓"俭节则昌，淫逸则亡"（这是墨家对儒家思想的吸取）等重要思想，都同"克勤克俭"的勤劳俭朴精神一脉相通。

今天，我国人民的物质生活条件虽有所改善，但仍然需要发扬勤劳俭朴精神，勤俭办一切事业，不搞铺张浪费。近年来，由于腐败风气的漫延，大吃大喝、公款旅游、公车私用等不正之风屡禁不绝，导致各级政府行政费用连年攀升，浪费惊人。据有关部门估算，如能堵住不必要的行政消费，一年可以"省"下一个三峡工程的资金；反之，若堵不住，则一年至少浪费一个三峡工程的资金。如此巨大的浪费，确实令人触目惊心。可见，提倡勤俭节约，反对铺张浪费，对于改变当今的社会腐败风气，尤有特殊意义，应引起高度重视。

八　关于"致中和"的尚中贵和精神

"致中和"一语，出自《礼记·中庸》："致中和，天地位焉，万物育焉。"其意是说，达到了中和境界，天地乃各得其位，万物生长发育，体现了尚中贵和的中庸之道。何谓"中和"？《中庸》曰："喜怒哀乐之未发，谓之中；发而皆中节，谓之和。"简而言之，"中"即适中、中正，《中庸》所谓"执其两端，用其中于民"是也。《周易·益卦·象传》所谓"中正有庆"、《礼记·乐记》所谓"中正无邪"，都表达了尚中的基本观念。"和"即和谐，《国语·郑语》载史伯之语曰"以他平他谓之和"，盖即此意。史伯所谓"和实生物，同则不继"、孔子所谓"君子和而不同，小人同而不和"① 等，都表明了贵"和"的基本观念。"中和"，从哲学上说，乃指的是矛盾的统一、平衡、融合状态。儒家倡导中和之道，明确认为："中也者，天下之大本也；和也者，天下之达道也。"② 把"中和"视为天下的"大本"、"达道"，充分肯定了中和的重大价值。尚中贵和的道德取向，主张人们在社会交往中，以和为贵，友好相处，相互协作，共享祥和。这一认识早已成为我们民族的优良传统，民间所谓"和气生财"、"家和万事兴"等，都突出了"中和"的价值。

今天，不仅国内搞建设需要发扬尚中贵和的优良传统，使人际关系协和；而且，国际交往也需要突出尚中贵和的思想观念。当今世界已进入和平发展的新阶段，全球化趋势愈益明显，这就要求我们在国际交往中，发扬尚中贵和精神，搞好国与国之间的伙伴关系，求同存异，和平共处，互相支持，共谋发展大计。

九　关于"居安思危"的民族忧患精神

"居安思危"的观念出自《周易·系辞传》："君子安而不忘危，存而不忘亡，治而不忘乱，是以身安而国家可保。"这种精神浸透着忧国忧民的思想情感，是爱国主义的特殊表现形态。它要求当政者要善于洞察时

---

① 《论语·子路》。
② 《中庸》。

变，防患于未然，把可能出现的灾祸消灭于萌芽状态，以减少社会和民众的损失。这种忧患意识，是人类理性主义的体现，具有超历史、超地域的特征，值得加以继承、发扬。

今天，随着科学技术的进步，人们对未来灾害的预测与控制日益主动、自觉。但是，仍然不能没有防患意识。实事上，有些灾害在目前条件下，仍然无法预测，需要我们早作预防。古人云，凡事预则兴，不预则废。例如，1998 年遭遇百年未有的洪水灾害，有的地方早有预防，到洪水到来时，就比较主动，做到了人定胜天；而有的地方，防患意识差，事先没有准备，到洪水到来时，就比较被动，导致灾害得逞。这都说明"居安思危"意识在今天仍未过时，应当大力弘扬。

十 关于"杀身成仁"、"舍生取义"的英勇献身精神

"杀身成仁"一语，出自《论语·卫灵公》："志士仁人，无求生以害仁，有杀身以成仁。""舍生取义"一语，出自《孟子·告子上》："生，亦我所欲也；义，亦我所欲也。二者不可得兼，舍生而取义者也。"这种为维护高尚道德不惜牺牲自己生命的高尚情操，表达了先贤们高尚的道德追求。它激励一代代志士仁人，为国家、民族和社会正义事业，舍生忘死，勇于献身。如，民族英雄文天祥在遇难前吟出"人生自古谁无死，留取丹心照汗青"的千古绝唱；史可法在守城自卫的民族战争中，以"城存与存，城亡与亡。我头可断，而志不可屈"的壮志豪情，英勇赴难，等等，都表达了中华儿女"杀身成仁"、"舍生取义"的高风亮节。这种英勇献身精神光照日月，惊天地，泣鬼神，值得代代传承，发扬光大。

"杀身成仁"、"舍生取义"的英勇献身精神，到了今天是否过时了呢？答案是否定的。对于共产党人来说，英勇献身精神不但没有过时，而且需要发扬光大。刘少奇同志曾指出："在我们共产党员看来，为任何个人或少数人的利益而牺牲，是最不值得、最不应该的。但是，为党、为阶级、为民族解放，为人类解放和社会的发展，为最大多数人民的最大利益而牺牲，那就是最值得、最应该的。我们有无数的共产党员就是这样视死如归地、毫不犹豫地牺牲了他们的一切。'杀身成仁'、'舍生取义'，在必要的时候，对于多数共产党员来说，是被视为当然的事情。这不是由于他们的个人的革命狂热或沽名钓誉，而是由于他们对于社会发展的科学的了解和高

度自觉。"① 刘少奇同志的这些论述，表明了共产党人的高尚追求，说明了"杀身成仁"、"舍生取义"英勇献身精神的现实价值，值得我们好好学习、领会。

十一　关于"富贵不淫、贫贱不移、威武不屈"的人格独立精神

"富贵不能淫、贫贱不能移、威武不能屈"一语，出自《孟子·滕文公下》："居天下之广居，立天下之正位，行天下之大道。得志与民由之，不得志独行其道。富贵不能淫，贫贱不能移，威武不能屈，此之谓大丈夫。"这种大丈夫精神，表达了人格独立的高尚取向，是我国先民追求高风亮节的集中体现。《礼记·儒行》用"儒有可亲而不可劫也，可近而不可迫也，可杀而不可辱也"，来说明儒者应有的刚毅之气；北宋诗人梅尧臣亦用"男儿自有守，可杀不可苟"的惊天壮语来表达不向恶势力低头的坚贞品性；明代民族英雄于谦更用"粉身碎骨全不顾，要留清白在人间"的豪迈诗句，来抒写大义凛然的贞操品格。这些，都从不同侧面反映了历代先哲光照日月的人格追求。这种人格追求对于张扬人间正气，培育优良品行，树立高尚道德精神，均有着不可估量的历史价值和现实价值，值得我们永远继承。

今天，我们建设社会主义新道德，仍然需要发扬我们祖先所倡导的人格独立精神。就个人来说，应当做到居"富贵"而不贪淫，处"贫贱"而不变节，临威武而不屈服，做自觉维护真理和正义的勇士；就国家来说，在国际交往中，要自觉维护民族尊严，使国格不受侵犯，敢于顶住来自敌对方面的种种压力，使中华民族永远自立于世界民族之林。

以上，我们从十一个方面简要阐明了儒家先哲大力提倡的高尚道德精神的基本内容及其现代价值。这十一个方面的高尚道德精神，都是中华民族精神的重要内容。透过这些道德精神，我们可以窥见儒家先哲对中华民族精神的形成与发展作出过十分重大的理论贡献。因此，我们继承与弘扬中华民族精神，一定要高度重视儒家学者给我们留下的宝贵思想遗产，并自觉地努力学习，好好受用，使其在当今新的历史条件下再显辉煌。

（原载《国际儒学研究》第十三辑，成都时代出版社 2004 年版）

---

① 《刘少奇选集》上卷，人民出版社 1981 年版，第 133—134 页。

论儒家道德在当代的现实价值

儒家道德是我国传统道德的主干，它由春秋末期的孔子（公元前551年至前479年）首创，后经历代儒家学者相继整理加工、丰富发展，早已成为具有中华民族特色的比较严密、完整的道德体系，对我国古代各民族的道德生活实践产生过无比深远的影响。儒家所确立的道德规范曾长期成为我国先民调节人与人相互关系的重要准则，同时，儒家道德早已随着儒学走出国门，在东南亚乃至世界上，都享有重要地位。对于这样一个对中国和世界精神生活给予重大影响的道德遗产，我们不能不考虑它在未来的发展，重视对它的现实价值的开发。因此，弄清儒家道德在当代的现实价值，就是一个至关重要的问题。

一 儒家优秀道德成果的自身素质决定了它在当代的现实价值

儒家优秀道德具有良好的内在素质，这表现在：

第一，它具有一般优秀道德成果所具有的优点。一般说来，历史上的优秀道德成果，往往具有如下特点或优点。这就是：它总是能够唤起人们过理智和谐的道德生活，总是能够激励人们为社会、为民族的正义事业勇往直前，总是能够推动人们走向社会进步、拓宽社会文明，总是能够启迪人们按照理性的原则，去处理、协调各方面的人际关系。优秀道德的这些基本特征，是它长存不衰的内在根据。儒家优秀道德成果，正好具有这些优势。例如，儒家所提倡的"天下为公"的无私奉献精神、"自强不息"的开拓进取精神、"见利思义"的以义制利精神、"精忠报国"的爱国主义精神、"居安思危"的民族忧患精神、"仁者爱人"的人道主义精神，等等，长期以来为我国各族人民所践履，成为我们民族进步发展的精神支柱，陶冶出一代代志士仁人，推动我们民族不断走向文明。正是这些特殊功能，决定了儒家道德长存不衰，传承不绝。这种特有的内在优势，也必将使它在未来的社会再建奇功，发挥其特有的现实价值。

第二，它具有一般优秀道德成果所具有的适应现实的功能。一般优秀道德，都具有一种特殊的适应现实的功能。这就是，不管社会现实如何变，该道德的精华部分总是能够为新时代所吸取、利用，因而它具有极大的渗透力、附着力，它总是能够在新道德的建设中，显示出自己的特有价值。优秀道德所具有的这种适应现实的特有能力，同样也可以从儒家优秀道德成果之中找到。如，儒家"精忠报国"的爱国主义精神，我们从汉代将领霍去病身上可以找到，从宋代将领文天祥身上可以找到，从清代将领林则徐身上同样可以找到。这表明儒家若干优秀道德成果具有超历史、超地域的特性，因而到了今天它仍然会再放光芒。

为什么一些优秀道德成果在一定的范围内，具有超历史、超地域的特征呢？这是由意识形态的相对独立性决定的。关于这个问题，李瑞环同志作过深刻论述，他指出："马克思主义还历来认为，文化遗产作为人类认识和改造世界的共同成果，这就决定了若干文化遗产具有相对的稳定性。也就是说，不但物质文明，而且包括精神文明的许多方面，不是某一个阶级所独有的，而是经过不同阶级世世代代的努力，共同创造的成果；它也不是只为某一个阶级服务的，而是一视同仁地为各个不同的社会形态所服务。因此，我们既要看到历史文化遗产的阶级性，又要重视它的承继性和借鉴性。"① 李瑞环同志的这段论述，揭示了若干文化遗产具有超历史、超地域的特征，这对于我们认识儒家优秀道德成果对现实的适应能力，是有指导意义的。

第三，它蕴涵着我们民族的优秀民族精神。马克思主义告诉我们，任何文化成果，都是民族群体在长期共同劳动、生活中创造出来的，都有其民族根基。就道德而言，任何道德，总是一定民族的道德，总要打上民族精神的烙印。它和自己赖以依存的民族，具有不可分离的关系。一方面，民族群体在长期的共同劳动、生活中，创造了本民族的道德规范，形成了本民族的道德传统。这些规范和传统是民族智慧的结晶，是

---

① 李瑞环：《重视对中国文化遗产的发掘与研究》，《光明日报》1990 年 6 月 3 日。

民族精神的沉淀；另一方面，各民族的后裔，又总是要继承自己祖先所创造的优秀道德成果，把本民族的道德文明推向新的高度。从这个意义上来说，任何一个民族的道德，都体现着它所代表的民族的心理情感，反映了它所代表的民族的伦理特色。儒家道德成果，正好体现了我们中华民族的心理情感和伦理特色，它和中华民族有着不可分离的关系。历史上曾有人激烈地扫荡孔孟之道，但孔孟之道仍然潜藏于我们民族文化心理之中。今天，即使我们再次宣布抛弃儒家道德，但实际上，儒家道德给予我们民族的心理烙印是无法抛弃的，它必将继续以种种形式在"民族心"的最深处潜藏着，并寻找机会表现出来。儒家道德所具有的这种民族性，是它的优良素质的又一体现，表明它同我们民族相依为命，是其现实价值的又一客观依据。

第四，它在当代具有重要国际地位和国际影响。儒学早已走出国门，冲向了世界，特别是在东南亚，影响极深。所谓"东南亚文化圈"，基本上是以儒学为主体。今天的日本、韩国等国，都信奉儒家伦理。如韩国学者金日坤教授所言，在日韩两国，"儒教是最具优势的传统文化，至今仍作为重要的秩序原理而生存"[1]。中国儒学传到日本，大约是在六世纪，到了近代，同日本经济发展相结合，充分显示出了它特有的社会功能。日本明治维新以后，于1879年以天皇名义发布《教学大旨》，明确规定："自今以往，基祖宗之训典，专明仁孝忠义，道德之学以孔子为主。"[2] 到了1890年，明治天皇又颁发《教育敕语》，规定："尔臣民应孝父母，友兄弟，夫妇相和，朋友相信，恭俭持己，博爱及众……"[3] 这表明，儒家道德已成为日本明治政权时期占统治地位的道德。由于政府的提倡，一些企业家也尝试运用儒家道德来促进经济发展，其典型人物可推涩泽荣一。涩氏一生创办了五百多家企业，被称为"日本近代企业之父"。他在经营中，坚持把儒家道德和经济开发结合起来，也就是搞所谓"算盘加《论语》"，终于取得了很大成功。他在总结自己成功的奥秘时，深有体会地说："我们经营中虽饱含辛苦和惨淡，但常遵孔子之教，据《论语》之旨，故使经营获得了成功。"又说："我坚定地奉事孔子的思想，并体会到它与商业、

---

① 王家骅：《儒家思想与日本文化》，浙江人民出版社1990年版，第413页。
② 同上书，第170页。
③ 同上书，第173页。

工业、矿山业、制造业及所有事业毫不抵触。"① 涩泽荣一的经验受到日本人的重视，儒家道德在战后日本一直受到青睐。中国研究日本文化的学者王家骅先生在对日本儒家作了大量考察之后说："仅就战后日本来说，从现象的阐述，即可得知儒家的价值观与伦理观，在日本人中确实存在随处可见的影响。"② 这表明了儒家道德在日本所处的重要地位。其实，何止日本，在韩国、新加坡以及中国的台湾、香港（它们合称"四小龙"）等地，儒家道德的主导地位也是显而易见的。其共同点，是通过推行儒家道德，促进了经济的发展。亦如金日坤教授所云："儒教国家经济发展的成功，是由于儒教伦理具有与其经济发展的适应性。"③ 儒家道德在东亚所处的重要地位，说明了儒家道德的良好素质。

二　我国新道德建设的实践证明儒家道德有现实价值

回顾我国革命和建设发展史，我们可以看到，中国共产党在领导中国人民进行无产阶级新道德建设的实践中，非常善于吸取、借鉴传统道德的优秀成果，其中包括儒家道德的优秀成果。

第一，在借鉴、继承儒家道德方面，毛泽东、刘少奇、邓小平等老一辈无产阶级革命家，为我们树立了典范。毛泽东同志一贯提倡继承和发扬中华民族的优秀遗产，主张从孔夫子到孙中山都要给以总结，实现"古为今用"。他自己非常善于借鉴文化遗产中的优秀成果，包括儒家道德成果。特别是儒家"自强不息"的精神，在毛泽东身上时见闪光，这可以从毛泽东的诗文中得到见证。在他的诗词中，留下了许多脍炙人口的诗句，如"红军不怕远征难，万水千山只等闲"④；"宜将剩勇追穷寇，不可沽名学霸王"⑤；"为有牺牲多壮志，敢教日月换新天"⑥；"独有英雄驱虎豹，更

---

①　转引自徐水生《中国古代哲学对日本近代文化的影响》，《中国社会科学》1994 年第 4期。

②　王家骅：《儒家思想与日本文化》，浙江人民出版社 1990 年版，第 416 页。

③　同上书，第 413 页。

④　《毛泽东诗词集》，中央文献出版社 1996 年版，第 55 页。

⑤　同上书，第 74 页。

⑥　同上书，第 110 页。

无豪杰怕熊罴"①；"一万年太久，只争朝夕"②，等等。揣摩这些诗句，我们会发现其中有一个共同的"魂"，那就是儒家所提倡的"自强不息"的精神。在毛泽东的文章中，体现这种"自强不息"精神的篇章亦屡见不鲜，大家熟悉的《愚公移山》就是一例。"愚公移山"本是中国古代的寓言故事，毛泽东取其"挖山不止"的进取精神，借以激励全国人民大众，齐心协力，挖掉当时压在中国人民头上的两座大山——帝国主义和封建主义。古老的故事，经毛泽东一点化，就充满了时代气息，变成了动员人民参加革命的思想武器，收到了"化腐朽为神奇"的效果。之所以能够如此，这既同毛泽东熟悉并善于运用儒家道德精神分不开，也同儒家道德精神的内在素质分不开。

刘少奇同志亦非常善于借鉴儒家道德的优秀成果。他的不朽著作《论共产党员的修养》一书，可说是恰如其分地借鉴儒家道德的范本。在该书中，为了说明共产党员进行自我修养的必要性，刘少奇引用孔子"吾十有五而志于学，三十而立，四十而不惑，五十而知天命，六十而耳顺，七十而从心所欲，不逾矩"这段语录后，指出："这个封建思想家在这里所说的是他自己修养的过程，他并不承认自己是天生的'圣人'。"③ 其旨意在于教导共产党员们，认识世间没有"圣人"，一切有作为的人，都不能不修养自己的品格，共产党员是革命的先锋战士，当然更要注意修养。接着，刘少奇又引用了孟子的一段话，强调修养是一个艰苦的磨炼过程，指出："另一个封建思想家孟子也说过，在历史上担当'大任'起过作用的人物，都经过一个艰苦的锻炼过程，这就是'必先苦其心志，劳其筋骨，饿其体肤，空乏其身，行拂乱其所为，所以动心忍性，增益其所不能'。共产党员是要担负历史上空前未有的改造世界的'大任'的，所以更必须注意在革命斗争中的锻炼和修养。"④ 深刻的革命道理，通过借鉴儒家古训，赋予民族风格，就变得通俗易懂，熠熠生辉。

在继承文化遗产方面，邓小平同志也是典范。他的建设有中国特色的社会主义理论，其中就包含着对民族文化遗产的合理继承，否则，就谈不上"中国特色"。在改革开放中，小平同志特别强调发扬中华民族的爱国

---

① 《毛泽东诗词集》，中央文献出版社 1996 年版，第 133 页。
② 同上书，第 135 页。
③ 《刘少奇选集》上卷，人民出版社 1981 年版，第 101 页。
④ 同上。

主义精神，指出："中国人民有自己的民族自尊心和自豪感，以热爱祖国、贡献全部力量建设社会主义祖国为最大光荣，以损害社会主义祖国利益、尊严和荣誉为最大耻辱。"① 显然，这同儒家所提倡的"精忠报国"精神有相通之处。1989 年的政治风波之后，外国人对中国施加压力，搞什么"制裁"。邓小平同志听了后非常气愤，指出："世界上最不怕孤立、最不怕封锁、最不怕制裁的就是中国。建国以后，我们处于被孤立、被封锁、被制裁的地位有几十年之久。但归根结底，没有损害我们多少。为什么？因为……中国共产党有志气，中国人民有志气。"② 邓小平同志在这里反复强调的"志气"，就是中华民族传承不衰的"威武不能屈"的民族精神。可见，在邓小平同志的讲话中，虽未直接引用古语古训，但他的思想同儒家所创造的优秀民族精神，是完全一致的。

第二，在中国革命和建设中，广大干部群众也常常用传统道德来要求自己，儒家优秀道德被广泛运用，领导干部的楷模——孔繁森同志就是一例。孔繁森同志两次赴藏，历时十载，为西藏的建设、发展和稳定作出了突出的贡献。在他身上，时常可见儒家优秀道德精神的闪光。在第二次赴藏前他与老母告别，"想到这也许是同年迈老母亲的最后一面"，"再也抑制不住内心的感情，'扑通'跪在母亲面前：'自古忠、孝不能两全，娘，您要多保重'。说完流着眼泪，给母亲深深磕了一个头。"这段记述，表明孔繁森同志对儒家"忠"、"孝"两条德目铭刻在心。应当说，他很希望对母亲尽自己的孝心，但在"忠、孝不能两全"的情况下，他选择了"忠"，其内心还是对老母充满依恋之情。他讲的"忠"，就是忠于祖国，忠于人民，忠于党的事业。这"忠"，显然是对儒家所提倡的"忠"德的继承发扬。

三 在市场经济条件下儒家道德具有现实价值

我国的经济体制，已由过去的计划经济转为社会主义市场经济。经济体制的转轨，对我国现阶段的道德建设，提出了更新、更高的要求。因而很自然地会有人提出这样一个问题：在社会主义市场经济条件下，儒家道

---

① 《邓小平文选》第 3 卷，第 3 页。
② 同上书，第 329 页。

德还有无它的价值？回答仍然是肯定的。这是因为在不少方面，儒家优秀道德成果同市场经济所要求的新的道德观念可以相通。试举例说明如下：

第一，儒家"自强不息"的道德观念，同市场经济所要求的竞争意识有相通之处。将两者结合起来，可以激励商品经营者们在竞争中自我奋斗，开拓进取。"自强不息"一语，最先出自《周易·乾卦·象传》，原文是："天行健，君子以自强不息。"其基本思想，就是提倡人们奋发图强，永不停息。儒家先哲曾身体力行地带头实践这一道德信条。从孔子"发奋忘食，乐以忘忧，不知老之将至"，到孟子"苦其心志，劳其筋骨，饿其体肤"，都是自强不息的道德表现。有了这种自强不息的精神，就可以做到"人一能之，己百之；人十能之，己千之"。若能如此，则"虽愚必明，虽柔必强"①。我们今天搞市场经济，各方面竞争激烈，若能用"自强不息"的精神来武装自己，艰苦奋斗，不达目的决不罢休，那就没有过不去的河，没有登不上的山，就可以不断开拓新局，创造伟业。"自强不息"精神在这里的现实价值，是显而易见的。

第二，儒家"厚德载物"的道德观念，同市场经济所要求的包容精神有相通之处。将两者结合起来，可以激励商品经营者们，以宽容的意识搞好企业公关，广开财源，赢得企业大发展。"厚德载物"一语亦出自《周易·乾卦·象传》，原文为："地势坤，君子以厚德载物。"其意是说，大地笃实和顺，君子效法其德，就能盛载天下万物。这表达了《易传》作者提倡学习大地那种宽厚和顺之德，无所不包，无所不载。这种无比宽容的精神，给了我们民族以十分积极的影响。我们中国人提倡宽厚为怀、虚怀若谷、宽宏大量的气度，就是这种包容精神的体现。我们今天搞市场经济，不仅要善于竞争，还应当善于联合，这就需要有海纳百川的气度。如果我们在企业公关中坚持以宽容的态度待人，搞各种形式的联合，广纳博采，吸引四方人才、八方资源，必将赢得朋友遍天下，财源滚滚来。

第三，儒家"天下为公"的道德观念，同市场经济所要求的奉献精神有相通之处。将两者结合起来，有利于激励商品经营者们重视整体利益，在经营中顾大局，识大体，自觉地为社会作贡献。"天下为公"一语，出自《礼记·礼运篇》，原文是："大道之行也，天下为公，选贤与能，讲信修睦。故人不独亲其亲，不独子其子，使老有所终，壮有所用，幼有所

---

① 《礼记·中庸篇》。

长，矜、寡、孤、独、废、疾者皆有所养，……是谓大同。""天下为公"，
贵在一个"公"字，其旨意在于提倡以公德战胜私欲，强调人们对社会、
对国家、对民族的责任和义务。这种"天下为公"的精神，是我们的"民
族魂"，已陶冶出千千万万以民族大义为重的先贤圣哲。从孟子的"乐以
天下，忧以天下"，到范仲淹的"先天下之忧而忧，后天下之乐而乐"，再
到顾炎武的"天下兴亡，匹夫有责"，这些千古绝唱，都有一个共同的主
旋律，那就是"天下为公"。今天我们搞的市场经济，是社会主义性质的
市场经济，尤其要求商品经营者们自觉地以公义战胜私欲，负起对社会民
族的义务和责任。我们同外国人谈生意，需要维护祖国尊严、民族大义，
不能做出有损国格的事；我们还要提倡奉献精神，做到富了不忘国家，自
觉地交纳税款；要先富不忘后富，在力所能及的情况下，伸出援助的手，
扶助贫困灾区。因此，提倡"天下为公"，完全符合社会主义企业求得发
展的基本原则。

第四，儒家"仁者爱人"的道德观念，同市场经济所要求的人权意识
有相通之处。将两者结合起来，有利于激励商品经营者们在经营活动中自
觉地尊重人、爱护人。"仁者爱人"的思想先由孔子提出，《论语·颜渊》
载："樊迟问仁，子曰'爱人'。"《孟子》据此提出："仁者爱人，有礼者
敬人。"[1]"爱人"，就是要关怀、爱护他人。具体说来，就是要做到"推
己及人"。孔子所谓"己欲立而立人，己欲达而达人"，"己所不欲，勿施
于人"；孟子所谓"老吾老以及人之老，幼吾幼以及人之幼"等，都是
"爱人"的表现。我们今天搞社会主义市场经济，尤其要关心人、爱护人。
在工厂应当尊重工人的权利，关心工人的生活；在经营中，应当做到不生
产、不销售伪劣商品，不出卖假酒、假药，处处对顾客负责，对人民负
责。若能如此，必将赢得良好信誉，招来顾客盈门，实现企业振兴。

第五，儒家"敬业乐群"的道德观念，同市场经济所要求的尽职意识
有相通之处。将二者结合起来，有助于激励商品经营者们热爱本职工作，
并在广交益友中，开拓进取。"敬业乐群"一语，出自《礼记·学记篇》。
所谓"敬业"，指的是专心致志，开创事业；"乐群"，指的是乐于广交益
友。总的精神就是提倡安于职守，联合益友，共同奋斗。这正是我们今天
搞市场经济所需要的创业精神。有了这股精神，我们就会兢兢业业投身于

---

① 《离娄下》。

自己要开创的事业，就会自觉联合那些志同道合的朋友共同奋斗，就能百折不挠，知难而进。这种精神对企业的发展无疑是很有利的。

第六，儒家"居安思危"的道德观念，同市场经济所要求的危机意识有相通之处。将两者结合起来，有助于激励商品经营者们在经营活动中保持清醒头脑，做到安不忘危、存不忘亡、盈不忘亏。"居安思危"的观念最先出自《易传》："君子终日乾乾，夕惕若，厉，无咎。"高亨释曰："君子昼则勤勉，夜则警惕，虽处危境，亦无咎灾。"其中已透露了居安思危之意。此后，《孟子》提出"生于忧患，死于安乐。"《周易·系辞传》则更明确提出："危者，安其位者也；亡者，保其存者也；乱者，有其治者也。是故君子安而不忘危，存而不忘亡，治而不忘乱，是以身安而国家可保。"今天，我们搞市场经济，这种居安思危的精神，仍有其可供借鉴之处。市场经济竞争激烈，风险性大，存亡莫测，这就要求经营者有危机意识，在顺利时要想到不顺利；在赢利时，要想到亏本；在产品畅销时，要想到滞销。这就必须超前性地思考问题，做到居安思危，有所防范。若能如此，在遇到困难和挫折时，就可以减少不必要的损失。

第七，儒家高尚的理想人格，同市场经济所要求的企业家形象有相通之处，将两者结合起来，有助于激励商品经营者们在商品经营中严于律己，做道德高尚的新型企业家。关于儒家的理想人格，《孟子》曾有一段名言："居天下之广居，立天下之正位，行天下之大道。得志与民由之，不得志独行其道。富贵不能淫，贫贱不能移，威武不能屈，此之谓大丈夫。"这种高尚的理想人格，对我们民族精神给予了无比积极的影响。今天，我们搞市场经济，仍需要这种人格精神来武装，真正做到富贵了而不荒淫腐败，贫穷了而不改变做人应有的气节，面临强权而不委曲求全。今天，在现实生活中，不少经营者缺少这些品格。有的人做生意发了，便寻求淫乐，搞"金屋藏娇"，找"三陪"女郎；有的人在经营中遇到挫折，便不择手段，搞违法乱纪之事，甚至出卖人格；有的人面对强权，不敢斗争，甚至助纣为虐。在这样的情况下，我们借鉴儒家高尚的理想人格，是有现实指导意义的，它可以帮助我们塑造新型的社会主义企业家形象。

以上我们从不同的侧面，阐明了儒家道德在当今的现实价值。需要说明的是，我们强调重视儒家道德的现实价值，既不是主张原封不动地全盘照搬儒家道德，也不是主张用儒家道德来排斥其他优秀道德包括外民族优秀道德。这不仅是因为儒家道德体系中还残存着封建主义的糟粕，需要我们认真清理，努力剔除；还因为社会主义新道德的建设，是一个推陈出新、革故鼎新的辩证过程，它既要求我们对当代人的道德实践进行合理总结，又要求我们对以往和外域的优秀道德成果广纳博采。因而，新道德的建设，是一项无比复杂的系统工程，需要我们动用智慧之思，进行由此及彼、由表及里的再创造，而不能满足于照抄某一道德模式。对儒家道德成果，同样应取这种态度。还需要指出的是，新道德的建设，既不是少数精英匠心独撰的结果，也不是政府用强制手段公布一些道德条文所能办到的，它是一个群众性的共同创造的过程。这个创造，既取决于当代群众（包括知识分子阶层）所具有的文化道德素养，又取决于当代社会物质生产力水平，还取决于社会各方面合理的内部机制。因此，新道德的建设不可能一蹴而就，而是逐步演进的。这里的关键，是要形成一个有助于群众进行新道德创造的环境，要维护对其中有积极意义的道德建树，要允许群众借鉴、利用一切有价值的道德成果，包括儒家道德成果。

（原载《中华文化论坛》1995 年第 3 期）

第 四 编

道家渊源及若干《老子》版本考论

论《老子》与《易》的血缘关系

　　《老子》是我国先秦时期第一部体系完整、哲理宏富的重要著作。它发端于春秋末年（由老聃首传），成书于战国前期，是我国西周至春秋战国之际哲学思维发展之集大成。它之成书，广泛吸取了前人思想之精华，尤其同《易》有着不可分的血缘关系。

　　关于《老子》同《易》的血缘关系，历代研究者多次提到过。宋人邵尧夫曰："老子得《易》之体，留侯得《易》之用。"① 这里所谓"老子得易之体"，画龙点睛地揭示了《老子》与《易》的继承关系。近人李大防在《老子姚本集注·自序》中曰："《老子》之书，多与《易》合。"今人詹剑峰在《老子其人其书及其道论》一书中也说："老子之学源于古之学术"，与"《易》的思想亦有其血缘关系"。② 这都说明《老子》同《易》的关系早为学界所注意。但是，究竟二者有哪些联系呢？似乎过去的人们又很少具体论及。本文拟就这一问题，阐明浅见。

一　《老子》对《易》哲学思想的继承

　　《易经》作为一部卜筮之书，是宗教巫术的产物。但是，由于八卦的作者从"观物取象"的观念出发，"探赜索隐，钩深致远"，记录了当时人们观察社会生产、生活的一些经验之谈，因而其中也包含着一定的哲理，有合理因素。特别是其中包含的朴素辩证法思想的胚胎，对我国古代辩证思维的发展产生了深远的影响。我们说《老子》哲学源于《易》道，也主要是从辩证思维的联系上来看的。《老子》书中关于变易的观念、矛

---

① 陈和详评注：《老子读本·老子总论》，世界书局 1926 年版，第 3—4 页。
② 詹剑峰：《老子其人其书及其道论》，湖北人民出版社 1982 年版，第 162 页。

盾的观念、转化的观念、柔弱胜刚强的观念，差不多都可以在《易》中找到原始胚胎和蛛丝马迹。但是，《老子》的作者对《易》的发掘继承，不是简单地照抄、照搬，而是站在自己的时代高度，用他自己所具有的抽象思维水平，对《易》所提供的辩证思维的原始胚胎，进行了去粗取精的再创造。因而《老子》同《易》比较起来，又有自己独特的体系和风格。

（一）《易》关于变易的思想胚胎在《老子》中得到继承与发挥

强调变易是《易》关于辩证思维的突出表现。《易》之所以称为《易》，这首先是从变易的意义上说的。《易纬·乾凿度》曰：易者，"变易也"；《史记》也说《易》"长于变"，"《易》以道化"。可见，变化是《易》的重要特征。这与《易》之爻变的客观内容是基本符合的。《易》之八卦以及依其演成的六十四卦，都是由"﹣﹣"、"—"两个基本符号组合而成的。"﹣﹣"叫做阴爻，"—"叫做阳爻。任何一个卦画，只要更动其中任一阳爻或阴爻，整个卦画及其象征意义就发生了变化。这正如《系辞》所概括的："爻者，言乎变者也"；"刚柔相推而生变化"；"易之为书也不可远，为道也屡迁，变动不居，周流六虚，上下无常，刚柔相易，不可为典要，唯变所适"。这里的"唯变所适"，抓住了《易》的基本特征。可见，《易》确有变易之意，这给了《老子》以直接的影响。

变易的思想贯穿《老子》全书。《老子》第二十三章说，"飘风不终朝，骤雨不终日"，"天地尚不能久，何况于人乎"？在《老子》看来，一切都在变化不息，狂风吹不了一早晨，暴雨下不了一整天，连天地也不能长久不变，何况人呢？言下之意，人事更在显著变化，不可抗拒。第二十五章说，"独立而不改，周行而不殆"；"大曰逝，逝曰远，远曰反（返）"，也是讲变化之特性。"独立而不改"，说的是"道"独立存在而不改变自身运动的本性；"周行而不殆"，指的是道循环往复地运行而不懈怠。先言"独立而不改"，后言"周行而不殆"，逻辑十分谨严。正因为"道"不改变自身运动的本性，所以它才循环往复地运行而不懈怠。后文"大曰逝，逝曰远，远曰反（返）"，也是说明道在循环往复地运动。因此，《老子》之"道"，乃是运动变化之"道"。

《老子》关于变易的观念源于《易》又高于《易》。《易》所体现的变，是八卦卦画的爻变带来象征意义之变，这个变不是客观事物变化的摹写，而且它被限制在八卦的框架结构之内，最终陷入形而上学。《老子》

则不同，它把《易》的形式上的变，引申到研究客观事物之变，从飘风、骤雨等自然现象之变，讲到社会现象的祸福得失之变，从而摆脱了《易》爻变的空洞形式，使变易的观念回到客观现实之中，落到了实处。并且，《老子》还概括出"反者道之动"、"周行而不殆"、"大曰逝，逝曰远，远曰反（返）"等运动变化的规律。

尤其值得注意的是，《老子》从运动变化的观点出发，提出了"道生一，一生二，二生三，三生万物"的宇宙生成说，这既是受《易》的启示，也是对《易》变易观念的发挥。我们知道，《易》的演化过程是由简而繁的，它以阴（－－）、阳（—）为基本要素，先搭配成少阴"䷁"、少阳"䷂"、老阴"䷀"、老阳"䷀"四种物象，然后再演变成八卦和六十四卦。这个过程本身就包含有一分为二的变化法则。故《系辞》曰："易有太极，是生两仪，两仪生四象，四象生八卦。"《系辞》的这个概括是基本符合《易》之八卦的演化情形的。《老子》的"道生万物"的命题与此非常相似。《系辞》的这段话是否出在《老子》之前，现在很难断定，但是二者都受了《易》的启示则是毫无疑问的。《老子》的"道生一，一生二，二生三，三生万物"，运用变易的观念来说明宇宙万物的发展进程，其抽象思维水平达到了相当的高度，是我国哲学史上最早、最完整的本体论命题。它的提出，标志着我们的祖先探索宇宙生成进入了新的境界。

（二）《易》关于矛盾的思想胚胎，在《老子》中得到继承与发挥

《易》关于矛盾的观念，在多方面有所表现。首先，从卦画看：《易》之八卦乃至六十四卦，都是由"－－"、"—"两个基本符号所组成。"－－"和"—"象征阴阳两个对立面，是《易》中一对基本矛盾。《易》之八卦即乾（☰）、坤（☷）、震（☳）、巽（☴）、坎（☵）、离（☲）、艮（☶）、兑（☱），这里实际上揭示了乾与坤（天与地）、震与巽（雷与风）、坎与离（水与火）、艮与兑（山与泽）四对矛盾。然后在此基础上，把八卦相互重叠，组成六十四卦，实际上构成了三十二对矛盾。在六十四卦中，除"乾"、"坤"两卦分别由全阳爻和全阴爻构成外，其他六十二卦都是由阴爻和阳爻交互参合而成，这样，每个卦里都包含有阴阳两个对立面，而卦画是象征事物的，故由卦画推知事物，也包含有阴阳两个对立面。显然，这是矛盾观念的流露。

其次，《易》已有了交感的观念。这种交感，体现了矛盾的相互作用。

任继愈主编的《中国哲学史》指出,《易》中所谓"吉"的一些卦,一般是上下两卦具有交感的性质;所谓"凶"的一些卦,一般是上下两卦不具有交感的性质。如"泰卦"(䷀),下乾上坤,象征天在下,地在上。天气属阳,地气属阴;阳气上升,阴气下降,故阴阳二气可以交感,是吉卦。相反,"否卦"(䷀)是地在下,天在上。按照天气属阳,地气属阴,阳气上升,阴气下降的理论,上下两卦没有交感,故凶。这种交感的观念,吐露了阴阳二气相互矛盾、相互作用的思想萌芽。

再次,《易》之卦辞、爻辞涉及了一系列矛盾的概念,如泰与否、乾与坤、损与益、既济与未济、吉与凶、福与祸、得与丧、大与小、远与近、存与亡、往与来,等等,都是互相对立的概念。这无疑给《老子》哲学提供了借鉴。

《老子》关于矛盾的观念是非常突出的。据统计,《老子》运用相互对立的范畴达七八十对之多,其中有的反映自然界的矛盾,如寒与热、大与小、轻与重、往与来、壮与老、死与生、雄与雌等;有的反映社会领域的矛盾,如强与弱、刚与柔、贵与贱、贫与富、祸与福、吉与凶、得与失、损与益、治与乱等;有的反映思维领域的矛盾,如是与非、辩与讷、智与愚、巧与拙等。值得注意的是,上述《易》中有关矛盾的概念,许多已被《老子》吸取,比如吉与凶、祸与福,本是《易》用于卜筮的专有概念,《老子》也加以沿用,赋予新意。这说明《老子》的矛盾观念也对《易》有所继承。

此外,《老子》还提出了"万物负阴而抱阳,冲气以为和"的判断,这也可能受到《易》的启示。其中关于阴阳的观念,与《易》有着密不可分的联系。"阴阳"这个词,最早见于《国语》伯阳父论地震。其文曰:"周将亡矣。夫天地之气,不失其序;若过其序,民乱之也。阳伏而不能出,阴迫而不能蒸,于是有地震。"伯阳父在这里把地震解释为阴阳失序,当是受《易》之震卦的启示。《易》之"震卦"的卦画是"☳",这里两阴爻在上,一阳爻在下,正显示了阳伏在下、阴迫在上,使阳不能蒸出之势,这绝不是偶然的巧合。很明显,伯阳父关于阴阳的概念,是受《易》的启示。如果这个推测不错的话,那么把"--"看做"阴",把"—"看做阳的观念,当在伯阳父之前就已经流行了。可见,探源溯流,阴阳观念当出于《易》。《老子》所谓"万物负阴而抱阳",指的是万事万物都包含着阳阴两个对立面,这可能是对诸卦之卦画中包含着"--"、"—"两个对立情形的概括总结。所谓"冲气以为和"，高亨注："《说文》：'冲，涌摇也'《广雅释诂》：'为，成也'，'冲气以为和'者，言阴阳二气涌摇交荡以成和气也。"① 这是讲阴阳二气的相互作用产生和气，这大概也与《易》所谓阴阳交感的观念有关。因此，《老子》中的矛盾观念同《易》比较起来，既有继承，又有发挥。在《易》中，关于矛盾的概念，要么表现为一个个具体事实的罗列，要么表现为空洞的卦画形式；而《老子》则不同，它从个别中抽象出一般，并把空洞的卦画矛盾，还原为现实的矛盾，所谓"万物负阴而抱阳，冲气以为和"，是经过抽象思维表达出的哲学命题，它简直猜测到了矛盾的普遍性，猜测到了矛盾斗争引起事物发展，这无疑比《易》的矛盾观念深刻得多。

（三）《易》关于矛盾转化的思想胚胎，在《老子》中得到继承与发展

《易》也接触到矛盾双方相互转化的问题。先从卦位来看，八卦在相互重叠组成六十四个别卦过程中，常出现位置的上下变换，如"☰"与"☷"结合，可以组成"泰卦"（䷊）与"否卦"（䷋）。泰（"䷊"）变成否（"䷋"）恰是"☰"与"☷"位置的上下交换，这正体现了内在矛盾的相互转化。六十四个别卦相互之间都可以实现转化。任何一卦，只要更动一个爻条，就转化成另一个卦。这种情况，《左传》用"遇某卦之某卦"的形式，揭示得比较清楚。例如鲁庄公二十二年（公元前672）有"遇观'䷓'之否'䷋'"，滑公元年（公元前661）有"遇屯'䷂'之比'䷇'"等，都揭示了卦与卦之间的相互转化的情况。拿"遇观'䷓'之否'䷋'"来说，讲的是"观卦"转化成"否卦"的情形。这个转化，只是"观卦"（"䷓"）由下而上的第四爻"－－"变成了"－"，亦即上卦由巽（☴）变成了乾（☰），这是爻位之变引起卦象之变，实则类似矛盾转化。

再从卦爻辞来看。《泰卦》："九三，无平不陂，无往不复。"其意是说，平地可以变成高陂，去往必将复返，点明了矛盾双方都会转化。《复卦》曰"反复其道，七日来复"，《泰卦》曰"小往大来"，《否卦》曰"大往小来"，也都体现了矛盾转化的思想。矛盾转化经常走的是"物极必反"的道路，即事物的量发展到一定的"度"，就会发生质的飞跃。这种

---

① 《重订老子正诂》，古籍出版社1956年版，第97页。

情形,《系辞》称之为"穷则变"。这种"穷则变"的情形,在"乾卦"中表现得尤为明显:初九,潜龙勿用;九二,见龙在田,利见大人;九三,君子终日乾乾,夕惕若,厉,无咎;九四,或跃在渊,无咎;九五,飞龙在天,利见大人;上九,亢龙有悔(极高曰亢——王萧注)。

这里以龙的变动为例,形象地说明了物极必反。你看,龙由潜而现,由现而跃,由跃而飞,逐步升腾。到了"飞龙"可谓尽善尽美,应当适可而止。如果还要上升,那就势必走向反面,乃至出现"亢龙有悔"了。这里把"穷则变"的道理讲得多么生动、透彻。

《易》关于转化的观念,常常通过祸福转化的形式表现出来。《坤卦》:"西南得朋,东北丧朋。"李镜池注:"朋:朋贝。货币起先用贝,贝十枚一串为朋。"[1]"西南得朋,东北丧朋",是说某商旅之人,在西南某地赚了一笔钱,但到了东北某地却又蚀了本,即好事变坏事,因福得祸。《否卦》"先否后喜",似在说明因祸得福。《同人卦》曰"同人先号咷而后笑",《旅卦》曰"旅人先笑后号咷",这里前者先哭后笑,说明是由祸转化为福;后者先笑后哭,说明是由福转化为祸,两者恰成鲜明的对照。这些关于转化的思想,都给了《老子》以很大的影响。

《老子》关于矛盾转化的思想极为丰富。《老子》第六十四章说:"合抱之木,生于毫末;九层之台,起于累土;千里之行,始于足下。"这是在讲由量向质的转化。第二十二章说:"曲则全,枉则直,洼则盈,敝则新,少则得,多则惑。"这里揭明了曲向全、枉向直、洼向盈、敝向新等转化的必然性。尤为值得注意的是,《老子》在第四十章作出了"反者道之动"的判断,其意是说,向相反的方面转化,是道在运动。这个命题同《易》"无平不陂,无往不复"的思想是一致的,但却比《易》的抽象思维有所深化,它说明《老子》已经把矛盾转化看成普遍的自然法则。在祸福转化方面,《老子》也比《易》高出了一筹。《易》关于祸福转化只记录了一些偶然现象,如"西南得朋,东北丧朋"、"同人先号咷而后笑"、"旅人先笑后号咷"等,这些至多不过是关于祸福转化的感性认识。《老子》则不同,它明确提出了"祸兮福之所倚,福兮祸之所伏"、"正复为奇,善复为妖",这些命题都属于理性思维的成果,它把祸福转化看做普遍的社会法则,从而使认识深化了一大步。

---

[1]　李镜池:《周易通义》,中华书局1981年版,第5页。

（四）《易》关于柔弱变刚强的思想胚胎，在《老子》中得到继承与发挥

柔弱变刚强，本是矛盾转化的特殊表现形式，对于这一特殊表现形式，《易》也有独到的表述。

首先，我们来看卦画的阴阳演变情况。在八经卦之中，除乾、坤两卦外，其他六个经卦都是由阴爻和阳爻交互组合而成。按照奇数为阳、偶数为阴的原则，其中震（☳）、坎（☵）、艮（☶）都属奇数，代表阳性、刚强的事物；巽（☴）、离（☲）、兑（☱）都属偶数，代表阴性、柔弱的事物。仔细比较以上两组卦，不难发现这样一个规律：凡阴爻多的卦，就属阳卦；凡阳爻多的卦，就属阴卦。这实际上是说，阴多则阳，阳多则阴，亦即柔多则刚，刚多则柔。这里的"柔多则刚"正是柔弱变刚强思想的流露。

以上是就经卦的组合情况而言。我们再看别卦：在六十四个别卦中，除八个经卦自身重叠而组成的八个别卦外，其他五十六个别卦也都是由八个经卦交互重叠组合而成。这些卦，有二十八个是阴卦在上，阳卦在下（以下简称"上阴卦"）；另外二十八个则是阳卦在上，阴卦在下（以下简称"上阳卦"）。把这两组卦联系卦辞比较一下，我们会发现这样两种情况：

其一，"上阴卦"多是吉卦。如"泰卦"（䷊）下乾上坤，即下阳上阴，卦辞说："泰，小往大来，亨，吉。"据统计，在二十八个"上阴卦"中，吉卦为二十二，约占百分之八十；其他为平卦（吉凶不明），约占百分之二十，凶卦没有。这种阴居上则吉的特征，象征性说明了柔弱变刚强。

其二，"上阳卦"多是凶卦。如"否卦"（䷋）下坤上乾，即下阴上阳，卦辞曰："否之匪人，不利君子贞，大往小来。"当是不吉之兆。据统计，在二十八个"上阳卦"中，凶卦为九，约占百分之三十二；吉卦为十五，约占百分之五十三；平卦有四，约占百分之十五。从这个比例来看，似乎"上阳卦"并非凶卦居多而仍然是吉卦居多。但仔细分析则不然。因为在上述被判为吉卦的十五个卦中，有的是从别的意义上来说明柔弱变刚强的。比如，在卦画中，从下爻往上数，第二爻和第五爻，都被看做是"中正之位"，阴爻如果占据这两个位置，一般也是吉卦，如"豫"（䷏）、"小过"（䷽）、"贲"（䷕）、"颐"（䷚）等，都属于这类情况。这种阴爻居中正之位则吉，是从另一角度说明柔弱胜刚强的。如果在二十八个"上阳卦"中，我们把由于别的原因被判为"吉"的卦除开，那就仍然是凶卦居多。这种阳处上则凶，正好说明了刚强是不好的，这就从反面衬托出柔弱胜刚强。

其次，我们再看卦辞、爻辞的内容。在卦辞、爻辞中，多次吐露了对谦的赞美，对骄的贬斥。这似乎也表现了作者倾向于守柔。因为谦是柔弱的表现，骄是刚强的表现。在作者看来，谦有发展前途，骄没有发展前途。例如《履卦》："六三，眇能视，跛能履，履虎尾，咥人，凶。""九四，履虎尾，愬愬，终吉。"这里有两人同是踩着老虎的尾巴，由于态度不同，结果大不一样。一人表现为"愬愬"的柔弱态度，结果是"终吉"，没有被老虎吃掉；另一人自以为"眇能视，跛能履"，趾高气扬，结果被老虎吃掉。《易》对谦的赞颂在"谦卦"中表现得尤为明显："初六，谦谦，君子用涉大川，吉；六二，鸣谦，贞吉；九三，劳谦，君子有终，吉；六四，无不利，抃谦。……上六，鸣谦，利用行师征邑国。"文中所说的"谦谦"、"鸣谦"、"劳谦"、"抃谦"等都是谦的种种表现形式，它们都得到了好的终结。《象传》对"谦卦"作了这样的解释："谦亨，天道下济而光明，地道卑而上行。天道亏盈而益谦，地道变盈而流谦，鬼神害盈而福谦，人道恶盈而好谦。"这里所谓"天道下济而光明，地道卑而上行"，说明了"卑"、"下"是合乎大道的；所谓"天道亏盈"、"地道变盈"、"鬼神害盈"、"人道恶盈"，说明"盈"是违背大道的，因而应当"亏之"、"变之"、"害之"、"恶之"。可见，《象传》也是从守虚去盈的意义上来理解"谦卦"之义的。

《老子》继承并发挥了《易》之柔弱胜刚强的思想。众所周知，处柔守弱是老子人生哲学的突出表现，它像一根经线一样，贯穿《老子》全书。《老子》第七十六章说："人之生也柔弱，其死也坚强；万物草木之生也柔脆，其死也枯槁。故坚强者死之徒，柔弱者生之徒。是以兵强则不胜，木强则折。强大处下，柔弱处上。"第七十八章说："天下莫柔弱于水，而攻坚强者莫之能胜，以其无以易之。弱之胜强，柔之胜刚。"这里把柔弱胜刚强的道理讲得清楚明白，并且提出了一些带有普遍意义的命题，如"坚强者死之徒，柔弱者生之徒"，"强大处下，柔弱处上"，"弱之胜强，柔之胜刚"，等等，都是对柔弱胜刚强思想的高度概括，是抽象思维的产物。正由于《老子》坚信柔弱胜刚强，所以它对强梁者非常痛恨，指出："强梁者不得其死，吾将以为教父。"为此，《老子》提出了"知其雄，守其雌"，"知其白，守其黑"，"知其荣，守其辱"作为做人的准则。《老子》告诫人们："持而盈之，不如其已；揣而锐之，不可长保；金玉满堂，莫之能守；富贵而骄，自遗其咎。"仔细研读，不难看出这些思想同《易》有着微妙的联系，又比《易》深刻得多。比如《易》对谦德的赞颂是通过一个个具体实例表达出来的，而《老子》则用"强大处下，柔弱处上"的判断，表达了同样的思想，其抽象思维水平更上一层楼。

以上四个方面说明，《老子》哲学确实同《易》有着千丝万缕的联系。这些联系不是偶然的巧合，而是《老子》的作者发掘继承了《易》之合理因素的客观反映。

二　《老子》对《易》的思想作了必要的扬弃

还应当看到，《老子》不仅对《易》有所继承，还有所扬弃。这表现在如下两个方面：

第一，《老子》扬弃了《易》中的宗教巫术，创立了具有唯物倾向的天道观。

如前所述，《易经》是卜筮之书，是宗教巫术的产物。它通过八卦演成六十四卦、三百八十四爻（加上"乾卦""用九"、"卦卦""用六"，则为三百八十六爻），来预卜人事之吉凶，这是以承认有一个万灵的上帝在冥冥中主宰一切为前提的。在《易》的作者看来，人事的吉凶完全是由上帝（天）所操纵、所主宰，人们要知天意，只有通过卜筮去探测。卦爻辞中所用的"吉"、"凶"、"悔"、"吝"、"无咎"等征兆之语，都是用来传达天意的。正如郭沫若所指出的，"八卦是天人之间的通路"，"所有人的祈预，由它衔告上天；所有天的豫兆，由它昭示下民，一切的吉凶祸福都可前知"①。在天面前，人是无能为力的，只能祈求上天保佑。所谓"自天佑之，吉，无不利"，就是承认上天保佑的价值。显然，这是赤裸裸的宗教巫术，是露骨的神学唯心主义。

《老子》在发掘继承《易》之哲学观念时，扬弃了它的宗教巫术式的

---

① 《郭沫若全集·历史编》第 1 卷，人民出版社 1982 年版，第 57—58 页。

神学属性。首先，《老子》否定创世主的存在。它说："道"，"吾不知其谁之子，象帝之先。"明确肯定"道"存在于上帝之前，这就"取消了殷周以来人格神的天之至上权威"①，"推倒了关于主宰之天的信仰"②，这无疑表示它同《易》信奉上帝的基本观念实行决裂。其次，《老子》对鬼神也持否定态度。第六十章说："以道莅天下，其鬼不神；非其鬼不神，其神不伤人。"有了"道"，鬼神也"不神"了，可见，在《老子》那里，鬼神是没有立足之地的。

同上述蔑视上帝鬼神的思想相联系，《老子》明确提出了"道法自然"的命题。所谓"自然"，就是自己如此，自然而然，没有外来干预，一切听任万物自变自化，自己成就自己。这就从根本上否定了上帝"创世说"。恩格斯说：唯物论的世界观不过是对自然界本来面目的了解，不附加以任何外来的成分，所以在希腊哲学家中间，它一开始就是自然而然的东西。③《老子》之"道法自然"的思想，正是把一切看做"自然而然"的东西，因而其天道观本质上倾向于唯物主义。这正是它扬弃《易》之宗教世界观所取得的重大成果。

第二，《老子》打破了《易》机械的框架结构，用哲理诗正面表达自己的世界观。《易经》作为卜筮的工具，是通过一个特殊的框架结构来实现的。这个框架结构是以八卦的形式装配而成的。它之预卜吉凶祸福，就是在这个八卦框架结构的范围内，进行形式主义的推演。诚然，它在推演的过程中，也偶然吐露出某些辩证思维的胚胎，但是，这些"胚胎"被挤压在宗教巫术的夹缝中，被局限在机械的框架结构的陷阱中，不能萌发起来。我们知道，客观事物的发展是千变万化、千差万别、多种多样的，而《易》却企图用那个固定的框架结构来概括世间的一切变化，这就不能不窒息活生生的辩证法而陷入形而上学。

《老子》在发挥、继承《易》之哲学观念时，一个勇敢的行动是直接打破了《易》的框架结构，代之以自己的哲理诗，这是一个创造。哲理诗是一种开放的体系，不再受框架的约束，比较机动灵活：一是能够比较自由地进行自己的哲学思考和哲学创造；二是能够比较自由地吸取前人的思

---

① 《郭沫若全集·历史编》第1卷，人民出版社1982年版，第35页。
② 张岱年：《中国哲学发微》，山西人民出版社1981年版，第343页。
③ 参见恩格斯《自然辩证法》，人民出版社1955年版，第163页。

想精华以营养自己。因而,《老子》的作者既能充分发挥自己的聪明才智,又能容纳汇集各方面的思想精华,聚古今圣哲于一炉,从而熔铸成《老子》这部博大精深的哲学名著。

以上《老子》对《易》两个方面的扬弃,都是重大的突破。从这方面看,《老子》高于《易传》。《易传》的辩证法也达到了相当的水平,但是,它同《老子》比起来,却有着致命的弱点。一是它因袭了《易经》的宗教神学世界观。《易传》解《经》,仍然坚持"以神道设教",承认"天"之最高人格神的地位。《系辞》所谓"易有四象,所以示也;系辞焉,所以告也;定之以吉凶,所以断也。"此处的"所以示"、"所以告"、"所以断",很明显指的是探测"天意",由此而达到"以通神明之德"。这就未能摆脱宗教巫术的神学属性。二是它保存了《易经》的框架结构。《易传》对一系列哲学观点的阐发,是以《易经》的"象"、"数"及卦辞、爻辞为依据的,这就有很大的局限性。《易传》之所以未能摆脱上帝鬼神的观念,不能不与此有直接关系。

因此,同《易传》比起来,《老子》对以上两个方面的扬弃是非常难能可贵的。人所共知,《易经》并非哲学著作而是宗教性著作。由于《老子》对《易》之宗教世界观和神秘的框架结构作了扬弃,从而实现了由宗教神学到哲学的一个飞跃。从《易》到《老子》,标志着我们祖先的哲学思维进入到了一个新的高度。因此,探索《老子》哲学同《易》的血缘关系,对于考察我们祖先思维发展的进程,有着不可低估的意义。

(原载《广西师大学报》1985 年第 2 期)

论道家学术与楚文化的血亲关系

　　道家学术和楚文化，都是中国传统文化的重要组成部分。楚文化属于地域文化，道家学术属于学派文化。两者虽各自独立，但又相互联系、相辅相成，共同推进了中华民族的文明进步，在中国乃至世界文化史上，均享有十分重要的地位。

　　楚文化是形成与发展于楚地的文化模式的总称。楚，在中国古代有东楚、西楚、南楚之分。《史记·货殖列传》言："夫自淮北、陈、汝南、南郡，此西楚也；……彭城以东，东海、吴、广陵，此东楚也；……衡山、九江、江南、豫章、长沙，是南楚也。"综观"三楚"地域，北抵河南鹿邑，南达湖南衡岳，东及吴越，西至荆沙而接西川，涵盖了今天长江中游、汉水流域以及淮水中上游广大地区，涉及湖南、湖北、安徽、河南、江西、浙江、江苏数省地域。可以说，楚文化是我国中部鄂、湘、赣、皖、豫、浙地区各族人民共同创造的特定文化模式，在中国传统文化中，独具一格，可与齐鲁文化、秦晋文化并肩媲美。

　　道家学术属于学派文化，是中国古代道家学派所创立的特定文化模式。它形成于春秋战国"百家争鸣"时期，曾与儒、墨、法等著名学派并世而立，又显示出自身的特有风格。如果说儒、墨、法诸家持的是"有为之道"，那么道家则奉行的是"无为之道"。它的确立，是对儒、墨、法诸家文化的必要补充，因而有着顽强的生命力。《刘子·九流》云："九流之中，二化为最。"所谓"二化"，指的是儒、道两家。说明在中国文化史上，只有道家坚持与儒家抗衡到底。其在中国文化史上的地位，不言而喻。

　　从表面看，楚文化和道家学术均属于不同特质的文化，两者似乎各自独立，难以联系起来。但事实上，这两种文化模式有着十分亲密的"血缘"关系。

楚文化与道家学术的关系，属于地域文化与学派文化的关系。一方面，一定地域文化（含经济政治制度和风土人情），造就了相应的学派文化。中国历史上之所以出现过儒、墨、道、法多种学派，其原因在于这些不同学派都受到其背后不同的政治经济环境的熏陶，这就不能不同各学派代表人物活动的地域有关。如果说邹鲁地域造就了儒家文化，秦晋地域造就了法家文化，那么，三楚地域则造就了道家文化。这正是马克思主义"社会存在决定社会意识"的基本法则所使然。另一方面，一定的学派文化一经形成，又反过来推动其所对应的地域文化的发展。如果说，儒家文化曾深刻影响了邹鲁文化、法家文化曾深刻影响了秦晋文化，那么道家文化则曾深刻影响了三楚文化。这又是马克思主义"社会意识反作用于社会存在"的基本法则所使然。这里着重论述楚文化对道家文化的深刻影响。

楚文化对道家文化的影响极其关键，我们甚至可以说，楚文化直接孕育了道家文化。理由何在？下面试对这个问题，作概略阐述。

一　道家的基本思想与楚文化密切相关

人所共知，道家的基本思想是"尚柔"。故《吕氏春秋》明确认为："老聃贵柔。""贵柔"，就是突出柔弱的价值，因此，"守柔处弱"是道家的基本思想。在《老子》一书中，这一思想，被反复强调。其中第七十六章讲得尤为集中、典型："人之生也柔弱，其死也坚强；万物草木之生也柔脆，其死也枯槁。故坚强者死之徒，柔弱者生之徒。是以兵强则不胜，木强则兵。强大处下，柔弱处上。"这段文字，把柔弱胜刚强的哲理讲得十分透彻。因此，司马迁把"清虚以自守，卑弱以自持"作为老子奉行的基本原则。可见，"尚柔"是道家的基本精神。考察这一精神的来源，当与楚地政治经济文化环境直接相关。

第一，道家的"尚柔"思想，是楚人"恶盈"思想的必然升华。"恶盈"是楚人思想的历史传统。据《左传·庄公四年》载：楚武王"将齐，入告夫人邓曼曰：'余心荡'。邓曼叹曰：'王禄尽矣，盈而荡，天之道也'。"这是说："盈"，而又动荡，是走向灭亡的预兆。其基本思想乃是恶盈。这件事发生在公元前690年，时当春秋中前期。又，据《国语·越语下》载，楚人范蠡在辅佐越王时，曾对勾践讲了这样一段话："天道盈而不溢，盛而不骄，劳而不矜其功。……今君王未盈而溢，未盛而骄，不劳而矜其功，……此逆于天而不和于人。王若行之，将妨于国家……"综观范蠡此段话之意，似亦以"恶盈"为中心内容。此事发生在公元前494年。又，据《左传·哀公十一年》载，伍子胥曰："吴其亡乎，……盈必毁，天之道也。"伍子胥，楚之大臣。他明确把"盈必毁"视为"天之道"。这同上述邓曼、范蠡之说是一致的，亦是"恶盈"的体现。此事发生在公元前484年，时在春秋末期。以上三例说明，"恶盈"的思想，早在春秋时期已成为楚人的共识。"恶盈"同"尚柔"是相通的，因而有助于启迪道家的尚柔意识。所以，《老子》反复启示人们要做到"不盈"。第四章说"道，冲而用之，或不盈，渊兮似万物之宗"；第九章说"持而盈之，不如其已"，"金玉满堂，莫之能守"；第二十九章说"圣人去甚、去奢、去泰"；第四十四章曰"知足不辱，知止不殆，可以长久"。不难看出，其基本思想，就是忌盈、恶盈。这些都同上面所说的楚人恶盈的思想不谋而合。此种情况绝非偶然，它告诉我们，道家的"尚柔"思想，可以在楚地找到思想源头。

第二，道家的尚柔思想，是楚人政治、军事经验的历史总结。我们知道，越国打败吴国，是我国历史上以弱胜强的战争范例。越在历史上，曾与吴国在争夺霸主地位中经历了长期的战争较量。公元前494年，为吴王夫差所败。越王勾践即位后，起用楚之谋士范蠡，誓雪此次国耻。范蠡从"赢缩转化"的基本思想出发，强调"阳至而阴，阴至而阳；日困而还，月盈而匡"（此思想突出的是强弱地位可以相互转化的哲理），主张对吴国采取"尽其阳节，盈吾阴节以夺之"的基本战略决策。其所谓"阳节"，指的是强者的优势；"阴节"，指的是弱者的地位。其决策的中心内容就是使吴"尽其阳节"（即逐渐丧失强者的优势），使越"盈其阴节"（即完成由弱向强的转化），最后打败对手。正是在这一思想的指导下，勾践"卧薪尝胆"，经过约二十年的艰苦磨炼，最后于公元前473年攻灭了吴国，成为东南霸主。这可以说是我国历史上一次柔弱胜刚强的战争范例。这一历史经验，虽出之于越，但由于谋士范蠡是楚人，且越后来并入楚地，因而也应是楚人的一笔思想遗产。

同时，楚国也经历了由弱向强转化的战争实践。据史书记载，春秋晚期，吴国兴起，称霸于楚之东，欲图谋向西拓地，曾与楚连年征战。在楚昭王十年（公元前506），吴王阖闾伐楚，"楚大败，吴兵遂入于郢，辱平王之墓"，使楚遭遇奇耻大辱。楚昭王逃出郢后，"使申包胥请救于秦。秦以车五百乘救楚，楚亦收余散兵与秦击吴"，后"败吴于稷"，于当年九月回归到首都——郢。这次战争，楚虽暂时立住脚，却已大伤元气，一跌不振，常遭遇外患侵扰。楚惠王十三年（公元前476），"吴王夫差"又"强陵齐晋来伐楚"；越灭吴后，楚地又被越国所觊觎；悼王二年（公元前400），又遭"三晋来伐楚"、"十一年三晋伐楚，败我大梁、榆关"①。在外患不断的情况下，楚悼王任用吴起，"明法审令，……要在强兵"，终于完成了由弱到强的转化——"南平百越，北并陈蔡、却三晋，西伐秦"②，成为当时中部地区地域辽阔的霸主。这是楚之历史上又一次以弱胜强的范例。

以上两大以弱胜强的战例，深深印入楚人记忆。这一历史经验，无疑成为道家"柔弱胜刚强"思想的活水源头。

第三，道家的尚柔思想，是楚人生活经验的概括总结。道家的尚柔，除了同楚人政治经济文化有着内在联系外，还同楚人的日常生活密切相关，从一定意义上说，它是楚人生活经验的哲学总结。

一是总结了楚人与"水"打交道的经验。我们知道，楚地水多，长江、汉水、淮水、湘水，再加上各地大小湖泊纵横交错，这就使得楚人经常与水打交道。正是在这一过程中，楚人熟悉了水的两面性：一方面，水温柔和顺，甘居卑位，既可以浇灌农田桑园，又可以养鱼植荷，真称得上"利万物而不争"；另一方面，水又有以弱胜强的特性：水可滴穿坚石，可磨铁销铜，当洪水袭来之时，江堤为之垮，庄稼被吞没，房屋遭毁坏，真可谓无坚不摧，无缝不入。楚人生活中的这些体验，无疑对于道家尚柔思想的确立，至关重要。综观《老子》书，不难看出作者捕捉到了水的上述特征。《老子》第八章说"上善若水，水善利万物而不争。处众人之所恶，故几于道"；第六十六章说"江海所以能为百谷王者，以其善下之，故能为百谷王"，这些都突出了水之"善下"、"利物"、"不争"的特性。又，第七十八章说："天下莫柔弱于水，而攻坚强者莫之能胜。"这里突出了水以弱胜强的特性。细读《老子》，可知它所描述的水的特性，具有直观性、经验性的特征。而这一切，都是对水作细致观察的产物。毫无疑问，《老子》中吸取了楚人同水打交道的生活经验。

---

① 以上引文凡未注者，均见《史记·楚世家》。
② 《史记·吴起传》。

二是总结了楚人烹鱼的经验。楚地是鱼米之乡，楚人吃鱼多，对烹鱼也有自己的独特经验，比如"烹小鲜（鱼）"不能大搅大拌，而必须以小火对之烘烤。正是吸取了这一经验，《老子》明确提出了"治大国若烹小鲜"的政治谋略，表达了对无为而治的向往与追求，从政治角度深化了其尚柔的基本思想。

综上所述，道家尚柔的基本思想同楚文化密切相关。它既是楚人政治、军事历史经验的总结，也是楚人"恶盈"思想的必然升华，还同楚人的生活经验相关联。正是从这些意义上，我们说楚文化给了道家文化以重大影响。

二　道家"尚隐"的人生态度与楚文化密切相关

道家的人生态度，表现为不愿与统治者合作，而追求隐士生活。道家代表人物老子、庄子、列子、文子都是隐者的典型。司马迁《史记·老庄列传》载："老子修道德，其学以自隐无名为务。居周久之，见周之衰，乃遂去。至关，关令尹喜曰：'子将隐矣，强为我著书。'于是老子乃著书上下篇，言道德之意五千余言而去，莫知其所终。"其结论是："老子，隐君子也。"该传又曰："楚庄王闻庄周贤，使使厚币迎之，许以为相。庄周笑为楚使者曰：'千金，重利；卿相，尊位也。子独不见郊祭之牺牛乎？养食之数岁，衣以文绣，以入太庙。当是之时，虽欲为孤豚，岂可得乎？子亟去，无污我。我宁游戏污渎之中自快，无为有国者所羁。终身不仕，以快吾志！'"这段记述，说明庄周亦称得上"隐君子"。他"宁游戏污渎之中自快"，也不愿为"有国者所羁"，其归隐之志溢于言表。

道家倡导"归隐"，这在《老子》一书中也有透露。《老子》第八十章曰："小国寡民，使有什伯之器而不用，使民重死而不远徙。虽有舟舆，无所乘之；虽有甲兵，无所陈之，使人复结绳而用之。甘其食，美其服，安其居，乐其俗。邻国相望，鸡犬之声相闻，民至老死不相往来。"这段文字，集中反映了道家所追求的"小国寡民"的社会理想，其中也反映了老子所向往的"鸡犬之声相闻，民至老死不相往来"的隐士价值取向。

道家"尚隐"的思想意识，也不是从天上掉下来的，考其源，亦与楚文化密切相关。我们知道，楚地多隐士。据《史记·孔子世家》载，孔子入楚，先后遇见了四位楚国的隐者，即长沮、桀溺、荷蓧丈人、楚狂接舆等四人。现将有关记载，陈述于下：

　　"长沮、桀溺耦而耕，孔子以为隐者，使子路问津焉。长沮曰：'彼执舆者谁？'子路曰：'为孔丘。''是鲁孔丘与？'曰：'然。'曰：'是知津矣。'桀溺谓子路曰：'子为谁？'曰：'为仲由'曰：'孔丘之徒与？'曰：'然。'桀溺曰：'悠悠（按：悠，同忧。'忧忧'即忧而又忧）者，天下皆是也，而谁以易之？且与其从辟（同避，下同）人之士，岂若从辟世之士哉！'……子路以告孔子，孔子怃然，曰：'鸟兽不可与同群。天下有道，丘不与易也。'"这段文字，记载了长沮、桀溺两位隐士向往"避世"的隐者生活，而反对"避人"（孔子从鲁入陈、楚、蔡等国，是希望找到一个理想的君王，以实现从政之愿，这实质上是"避人"，即避开鲁君，而另找国君）的入世态度。孔子当时周游列国，旨在谋求从政之机，以达到变易现实的目的。对此，两位隐者表示不赞同，他们说，令人忧而又忧的现象，到处都是，谁又能改变得了呢？对此，孔子只好说："天下有道，丘不与易也。"其意是说，因为天下无道，我孔丘不得不追求变易啊！表明隐者向往的是无为而治，而儒者孔子则追求的是有为之治，两者大相径庭。

　　又，"子路行，遇荷蓧丈人，曰：'子见夫子乎？'丈人曰：'四体不勤，五谷不分，孰为夫子！'植其杖而芸。子路以告，孔子曰：'隐者也。'复往，则亡。"这位荷蓧丈人，向往的是四体勤、五谷分，而对孔子"四体不勤，五谷不分"表示否定。这从另一角度，表达了隐者"自食其力"的人生追求。

　　再，"楚狂接舆歌而过孔子，曰：'凤兮凤兮，何德之衰！往者不可谏兮，来者犹可追也。已而，已而，今之从政者，殆尔！'孔子下，欲与之言，趋而去，弗得与之言。"这段文字，似乎是对孔子予以谏言，希望孔子放弃从政的有为之求，而归入隐者行列。

　　综上所述，孔子与子路在途中遇到的四位隐者均为楚人。他们的基本思想就是强调避世、无为、自食其力，这些都可以从今天的《老子》中找到相似之处。因此，道家"尚隐"的人生态度，亦当与楚文化密切相关。

三　道家的文字风格、诗歌体例亦同楚文化保持渊源关系

　　道家同楚文化的密切关系，还可以从其文字风格和诗歌体例形式得到

印证。我们知道，《老子》一书，是一部长达五千言的哲理诗。如冯友兰
先生所言，五千字作为一篇论文不算长，但作为一篇诗，就是很长的了。
《庄子》虽不能视为一部以诗为体裁的著作，但它亦间有韵文夹于其中，
显示出诗的韵味。如，《齐物论》："大知闲闲，小知间间；大言炎炎，小
言詹詹。其寐也魂交，其觉也形开；与接为构，日与心斗……"这里前半
节"闲"、"间"、"炎"、"詹"成韵，后半节"构"、"斗"成韵，读起来
朗朗上口，具有诗的效果。又如《养生主》："为善无近名，为恶无近刑，
缘督以为经，可以保身，可以全生……"文中"名"、"刑"、"经"、
"身"、"生"均能成韵，亦具诗的特色。再如，《德充符》："惠子谓庄子
曰：'人故无情乎？'庄子曰：'然。'惠子曰：'人而无情，何以谓之人？'
庄子曰：'道与之貌，天与之形，何得不谓之人？'惠子曰：'既谓之人，
恶得无情？'庄子曰：'是非吾所谓情也。吾所谓无情者，言人之不以好恶
内伤其身，常因自然，而不益生也。'惠子曰：'不益生何以有其身？'庄
子曰：'道与之貌，天与之形，无以好恶内伤其身。今子外乎子之神，劳
乎子之精，倚树而吟，据槁梧而鸣。天选子之形，子以坚白鸣。'"这里讲
的是庄子与惠施围绕养生问题所进行的一段对话，几乎从头到尾都显示出
韵律，其中"人"、"情"、"形"、"身"、"神"、"精"、"鸣"都成韵，
亦可称得上哲理诗。这都说明，《庄子》也富有诗的意味。

　　道家这种行文风格，亦当与楚文化密切相关。我们知道，楚地不仅江
湖密布，而且山岳连绵，可谓湖光山色、水秀峰青，人杰地灵。这种自然
环境，使楚人心胸特别宽广，思维特别敏捷，情感特别丰富，其语言富有
诗的特色。可以说，借助诗歌来表达情感，是楚人生活中的传统习惯与优
势。因此，楚人特别善歌。

　　早在春秋时期，楚地就流传名为《弹歌》的歌谣："断竹，续竹，飞
土，逐宍（'宍'，古'肉'字，'逐肉'，指猎兽）。"这支歌，相传由楚
国射手陈音所传唱。据《吴越春秋》卷九载，陈音是范蠡推荐给越王的一
位楚国武士，他善射。一次，勾践问陈音善射之道，陈音答曰："臣，楚
之鄙人，尝步（涉）于射术，未能悉知其道。"王曰："然。愿子一二其
辞。"音曰："臣闻弩生于弓，弓生于弹，弹起于古之孝子。"越王曰：
"孝子弹者奈何？"音曰："古者人民质朴，饥食鸟兽，……孝子不忍见父
母为禽兽所食，故作弹以守之，绝鸟兽之害。"接着，陈音便唱出《弹
歌》。这首古歌，歌唱了楚地狩猎生活，说明善歌是楚人自古已有的习俗。

　　楚人善歌的古风，还可以《诗经》中名为《汉广》的情歌窥其一斑。该歌曰："南有乔木，不可休思（按："思"，楚之方言，语助词，与"兮"通。下同）；汉有游女，不可求思；江之永矣，不可方思；翘翘错薪，言刈其楚。之子于归，言秣其马。汉之广矣，不可泳思！江之永矣，不可方思！翘翘错薪，言刈其蒌，之子于归，言秣其驹。汉之广矣，不可泳思！江之永矣，不可方思……"① 这首古歌，据专家分析，乃是流行于楚地的一首情歌。它既带有楚地方言，又同楚地之江汉密切相关。它见之于《诗经》，直接启迪了《楚辞》艺术，是楚人善歌的又一范例。

　　楚人善歌，还可以从楚地流传的民歌中得到佐证。试举几例：

　　其一，鄂西北富有民歌传统。1982 年，青年学者胡崇峻在鄂西北神农架地区发现了具有"创世史诗"之称的《黑暗传》手抄本。该传有八种本子，计三万多行。全文对天地起源、盘古开天、洪水泡天和再造人类、三皇五帝等问题，进行了广泛的追忆，而行文为民歌体。如该传中有这样一段文字：

　　　　师哥听我说分明，我把根由说你听。说起盘古那根痕，当时乾坤未成形。青赤二气不分明，一片黑暗成浑沌。乾坤暗暗如鸡蛋，迷迷蒙蒙几千层。不知过了多少年，二气相交产万灵。金木水火是盘古父，土是盘古他母亲。盘古怀在浑沌内，此是天地产育精。浑沌里面是包罗，包罗吐青气，昆仑才形成。天心地胆在中心，长成盘古一个人。盘古心中好纳闷，定要把天地来劈分。……手举斧头上下砍，声如炸雷冒火星。眼看清气往上升，那就成了天；浊气往下降，那就成了地。天空地清风云会，阴阳两合雨淋淋。盘古石斧化雷电，千秋万代镇天庭。

　　这段文字，用诗的语言讲述了"盘古开天地"的神话故事。从文句看，乃为通俗的白话体，则其成文时间当不会太古；从内容看，确实是在探讨世界的起源这一哲学大课题，因而将其称为"创世史诗"亦不为过。我们之所以将之引述于此，旨在说明鄂西北人民长于诗歌（特别是哲理之诗）的优良传统。

---

　　① 参见《诗经·十五国风·周南》。

其二，地处鄂东的黄梅，富有善唱山歌的传统。农民耨草、耙田、放牛、砍柴，常常放声歌唱，甚至东边唱，西边和，确实有"行者歌于途，耕者歌于野"的风气。他们借唱歌来驱逐劳动中的疲劳，借唱歌来表达丰收后的喜悦，借唱歌来传达爱情的心声，当地人以能唱山歌为自豪。相传，有这样一首歌："说唱歌来就唱歌，大伙的歌儿一箩箩。你也唱来我也唱，唱的山歌流成河。"透过这支歌，可以想见唱山歌在黄梅具有普遍性、广泛性。人们都熟知"黄梅戏"。据研究，这一地方戏种的形成，就同黄梅人民长于山歌分不开的。相传，旧社会河堤失修，黄梅常遭水灾。为了谋生，乡民离乡背井，以卖唱为生。黄梅戏就是通过这种卖唱的形式流传到安徽。今天的安徽黄梅戏，其祖籍乃在黄梅。

其三，湖北清江土家族亦特爱唱歌。当地流传这样一支歌："山里姐儿山歌多，牛毛一根歌一撅。高山打鼓唱三年，还只唱个牛耳朵。"这是为自己的山歌多而自豪。当地土家族有一支《向王天子吹牛角》的创世古歌："向王天子一支角，吹出一条清江河。声音高，洪水涨；声音低，洪水落。牛角弯，弯牛角，吹成一条弯弯拐拐的清江河。"[1] 这里歌颂的"向王天子"，乃是当地土家族的祖先廪君。表明楚地的土家族亦长于诗歌，故有"清江天下秀，长阳歌舞乡"的美誉。

总之，善于歌唱，确是楚人的一个优良传统。正是这一传统，给了道家以深刻影响。道家的代表作，无论是《老子》还是《庄子》，其语言表达形式都同诗歌不可分割。探其源，当是受楚文化中的诗歌体裁的熏陶所致。

综上所述，道家的基本思想，与楚文化密切相关，道家"尚隐"的人生态度与楚文化密切相关；道家的文字风格、诗歌体例，亦同楚文化保持渊源关系。我们的结论是：楚文化孕育了道家文化。也正是因为这一点，道家主要作品《老子》、《庄子》以及后来的《鹖冠子》、《淮南子》，都出在楚地；近年发现的帛书《老子》和竹简《老子》两种《老子》古本，亦均出在楚地。这都绝非偶然，它说明道家文化与楚文化有着不解之缘。

（原载《学习与实践》2011年第3期，收入此书时有删节）

---

[1] 参见李继尧《清江民歌的历史价值与审美观》，载《清江文化与现代文明》，武汉出版社2001年版，第303页。

帛书《老子》的文献价值简论

　　1973 年长沙马王堆第三号汉墓出土的帛书《老子》两种写本，一本用篆书书写，被称之为"甲本"。一本用隶书书写，被称之为"乙本"。"甲本"不避刘邦之讳，其抄写年代当在刘邦称帝之前；"乙本"避刘邦之讳，而不避刘盈和刘恒之讳，其抄写年代当在刘邦称帝之后、刘盈和刘恒登极之前。帛书甲、乙两种本子，是我们今天所能见到的最古的《老子》手抄本，它同传世的河上公本、王弼本、傅奕本、范应元本以及清末在敦煌石室发现的唐人写本（残卷）等流行较广的《老子》本比起来，有着自己的特有风格，是我们研究《老子》书及其思想极为珍贵的古文献，值得特别重视。

　　帛书《老子》出土后，引起了学术界的广泛注意。但是，在评价中，人们的看法很不一致，有的偏于褒，有的偏于贬。因此，应当如何评价帛书《老子》，仍是当前老学研究中一个值得探讨的问题。笔者认为，对帛书《老子》应当从两方面分析评价：一方面充分肯定它的文献价值，另一方面也要指出它的不足之处，以便科学地利用这一历史典籍。概括说来，帛书《老子》的文献价值可以归纳为下述三个方面。

一　帛书《老子》有助于恢复原本《老子》的完整体系

　　今本《老子》一般分为八十一章，上篇三十七章，下篇四十四章。历史上还有分五十五章、六十四章、六十八章、七十二章诸种本子。司马迁《史记·老子韩非列传》曰："老子乃著书上下篇，言道德之意五千余言而去，莫知其所终。"由此可知，太史公所见的《老子》本，分为上下篇，未言分章之事。《老子》分章，当是后人所为。新出土的帛书《老子》甲、乙两种本子，均未分章，再一次证实了原本不分章的情况。

从原本不分章到以后分章，这是《老子》书在流传过程中发展的必然趋向。《老子》书流传开来后，社会上解老、注老逐渐蔚成风气。注家为了注解的方便，就不可避免地要把原书分为许多章节，以便逐章地训释、解析，为从整体上进行归纳、综合创造条件。显然，这种从微观到宏观、从部分到整体的分析研究，是老学研究走向深化的表现。

但是，分章也相应地带来一些弊端，最明显的弊端是割裂了体系上的完整性，切断了思想上的连贯性。今帛书《老子》不分章，保存了原本的风貌，这对于消除诸今本由于分章而带来的上述弊端，很有参考价值。

第一，有了帛书《老子》，可以校正今本由于分章而造成的字句分割。以流行分章本第十九章为例，该章说：

> 绝圣弃智，民利百倍；绝仁弃义，民复孝慈；绝巧弃利，盗贼无有。此三言也，以为文未足，故令有所属：见素抱朴，少私寡欲，[绝学无忧]。

从文意上看，最后一句"绝学无忧"应与"少私寡欲"相连续。但今王弼本此句却为第二十章之首句。对此，注家早有所疑。蒋锡昌曰："此句自文谊求之，应属上章（指第十九章，引者注），乃'绝圣弃智、绝仁弃义、绝巧弃利'一段文字之总结也。晁公武《郡斋读书志》谓唐张君相《老子注》以'绝学无忧'一句附'绝圣弃智'章末，以'唯之与阿'句，别为一章，与诸本不同，当从之。后归有光、姚鼐亦以此句为上章，是也。"[1] 李大防亦曰："'绝学无忧'句，断不能割归下章。盖'见素抱朴，少私寡欲，绝学无忧'三句，是承上句'此三者以为文不足，故令有所属'。'见素抱朴'，承'绝仁'二句；'少私寡欲'承'绝巧'二句；'绝学无忧'承'绝圣'二句。'此三者以为文不足'句，是统括上文，'故令有所属'句，是启下文，脉络分明，毫无疑义。"[2] 以上分析，都颇有说服力。十分明显，"绝学无忧"句，应属第十九章，今本排入第二十章，是不当的。今帛书甲、乙本不分章，"绝学无忧"句与"见素抱朴，少私寡欲"紧相连接，直读下去，文通理顺。当据帛书恢复本来面目。

---

① 蒋锡昌：《老子校诂》，商务印书馆 1937 年版，第 122—123 页。
② 转引自朱谦之《老子校释》，中华书局 1984 年版，第 77 页。

以上是一句话由于分章而由上文误入下文的情形。不仅如此，在流行分章本中，还存在一个字由上文误入下文的情形。第九章末句应为"天之道也哉"，但检诸今本，却作"天之道"或"天之道也"，其"哉"字变为"载"字误入下章，把原文"营魄抱一"，变成"载营魄抱一"，使文意晦涩难解。这种情况，也早为注家所知。褚白秀注第十章曰："首'载'字，诸解难通，盖以前三字为句，'抱一'属下文，与后语不类，所以费辞牵合。尝深考其义，得之郭忠恕《佩解集》引《开元诏语》云：'朕钦承圣训，覃思玄宗，顷改正《道德经》十章'载'字为'哉'，仍属上句。及乎议定，众以为然，遂错综真诠，因成注解。'此说明当可去千载之惑。盖古本不分章，后人误以失之。'道也哉'句末字加次章之首，传录又讹为'载'耳。五十三章末'非道也哉'，句法可证。"① 马叙伦亦曰："'载'、'哉'，古通，不烦改字。然以'载'字属上句读是也。……此章'营魄抱一，专气致柔，涤除玄览，爱民治国，天门开阖，明白四达'，皆以四字为句，不得独此加一'载'字，《老子》他章亦无以'载'字起辞者，而五十三章'非道也哉'与此辞例正同，故可证'哉'字当属上读。"② 以上分析均言之成理，"载"字属上读是也。今帛书不分章，甲本此句脱损，乙本"天之道也"正与"载营魄"紧相连接，当顺文读作："天之道也载（哉）。营魄抱一……"从而解开了千古疑案。

第二，有了帛书《老子》，可以校正今本由于分章而造成的段落错乱。分章不仅造成字句的分割，也带来了章节的错乱，应参阅帛书予以纠正。

今本第四十章曰："反也者道之动也，弱也者道之用也。天下之物生于有，有生于无。"第四十二章曰："道生一，一生二，二生三，三生万物。万物负阴而抱阳，冲气以为和。……"从文章脉络来看，这两章联读，文字紧凑。上文说"天下之物生于有，有生于无"，下文接上"道生一，一生二，二生三，三生万物。……"上下贯通，形成密不可分的整体。可是，诸今本这两章之间，却插入了第四十一章，使本来完整而严密的文字，遭到切割。这种情况，当是分章之后错简所致。今帛书甲、乙本"有生于无"句下，紧接的恰好是"道生一，一生二……"重现了本来面目，当据以纠正今本之失。

---

① 蒋锡昌：《老子校诂》，商务印书馆1937年版，第54—55页。
② 同上书，第55页。

又，第二十四章："……自是者不彰，自见者不明，自伐者无功，自矜者不长。"第二十二章："不自是故彰，不自见故明，不自伐故有功，不自矜故长。……"不难看出，这两段文字亦是互相贯通、连成一体的。前者说明骄矜的坏处，后者说明谦虚的好处，一反一正，互相衬托，把要谦虚而不要骄傲的思想讲得十分透彻。毫无疑义，这两段文字应连起来读。可是，今本这两章之间却插入了第二十三章，且二十四章与二十二章的位置颠倒。这种情况，也当是分章后错简所致。今读帛书，以上两段文字连成一体，上下紧扣，天衣无缝。当据以纠正今本章节的错乱。

以上说明，有了帛书《老子》，既有助于纠正由于分章而造成的字句分割，也有助于纠正由于分章而带来的段落错乱，从而为恢复《老子》原本的完整体系，提供了依据。

二 帛书《老子》有助于订正今本《老子》字句的讹误

帛书《老子》的字句同今本相比，有不少相殊的地方，较明显的有两个方面：（1）帛书《老子》有的字句，今本或许没有；（2）今本有的字句，帛书或许没有。这有助于我们将两方面加以比较，从而校正今本的错误。

第一，帛书有的字句如果今本没有，经过分析，有些可以作为订正今本的依据。例如，第八章写水的特征，借水喻道，今本有"予善仁"句；帛书甲本此句掩，乙本作"予善天"。比较两者，似以帛书为优。因为今本"予善仁"同《老子》的基本思想相悖。《老子》反对施仁恩，第五章说："天地不仁，以万物为刍狗；圣人不仁，以百姓为刍狗。"第十九章说："绝仁弃义，民复孝慈。"第三十八章说："失道而后德，失德而后仁，失仁而后义，失义而后礼……"可见，老子对"仁"持否定态度，认为它是失道、失德后的产物，故圣人不用也，主张绝而弃之。可见"予善仁"不合老旨。相反，"予善天"则同《老子》的思想一致。"予善天"，意为给予善于仿效天道。在《老子》看来，天之道是"善予"的。第七十六章说："天之道，其犹张弓也，高者抑之，下者举之，有余者损之，不足者补之，天之道损有余而补不足。"这里所谓"损有余而补不足"，正是天之"善予"的表现。水也与此相类似，它总是从高处流向低处，平准高下，泽润四方，"损有余而补不足"，这同"天之道"是近似的，故曰"予善天"。由此可知，"予善天"较"予善仁"贴切，当据以纠正今本之误。

又如，今本第二十七章"善结者无绳约而不可解"，句中"绳约"二字，帛书甲本脱损"绳"字，乙本作"纆约"。《说文》："'纆'，索也，从系，黑声。"段注："所谓黑索，拘挛罪人也。"则"纆"乃是捆绑罪人的绳索。正因为"纆"用于捆绑罪人，所以才有"不可解"的说法。"善结者无纆约而不可解也"，意为善于捆绑的人，不用捆人的绳索，却使人难以松解。从文意看，"纆"较"绳"字义胜，"纆"，专指捆人的绳索，"绳"，则为一般的绳索，当从帛书。

第二，今本有的字句帛书如果没有，经过分析，有些可以作为删去今本某些字句的依据。第二十三章，今本概有"信不足，焉有不信"句。此二句过去注家曾怀疑为衍文，马叙伦曰："此二句疑一本有十七章错简在此，校者不敢删，因复记之，遂成今文矣。观十七章弼注张之象本与大典所引互有错误，而此弼注曰：'忠信不足于下，焉有不信也……'，'于下'二字与十七章注'大人在上'正相对，可证。石田羊一郎谓此二句衍。"[1] 朱谦之亦曰："此二句见第十七章，疑为错简重出。"[2] 以上分析都说明此二句实为衍文，但过去无确证，不敢删。今阅帛书，恰好无此二句。得此证据，便可删去"信不足"二句。

今本第三十八章"上德无为而无不为"（"不为"一本作"以为"）句下，均比帛书多一"下德"句，这句各本用字殊异，或作"下德无为而有以为"，或作"下德为之而有以为"，或作"下德为之而无以为"，互相抵牾，难执一是。从表面看，"上德"句后增"下德"句，似乎很对称，但联系下文，却纯属画蛇添足。因为下文云："上仁为之而无以为也；上义为之而有以为也，上礼为之而莫之应也，则攘臂而扔之。"此处"上仁"、"上义"、"上礼"都属"下德"范畴，它们各有特殊性，非"下德"句所能概括。实际情形是：上述"下德无为而有以为"、"下德为之而有以为"、"下德为之而无以为"等三种句式，无论取哪一句，都与下文相悖。如果作"下德无为而有以为"，则其"无为"与"上仁为之"、"上义为之"、"上礼为之"均相悖；如果作"下德为之而有以为"，则与"上义"句意重复而又与"上仁"句相悖；如果作"下德为之而无以为"，则同

---

① 马叙伦：《老子校诂》，中华书局1974年版，第265页。

② 朱谦之：《老子校释》，中华书局1984年版，第96页。

"上仁"句意重复,而又与"上义"句相悖。可见,上述三种"下德"句,无论取哪一句,在本文中都是赘瘤,于义难通。今帛书甲、乙本并无此句,则上述互相抵牾的情形不复存在,似以帛书无"下德"句为优,当从之。

此外,帛书《老子》惯用"也"、"与"之类的语尾虚词,这对于校正今本的句读,也很有参考价值。第一章"常(或作'恒',下同)无欲以观其妙,常有欲以观其徼"两句,在句读上,历来存在分歧,或读作"常无,欲以观其妙;常有,欲以观其徼";或读作"常无欲,以观其妙;常有欲,以观其徼。"见仁见智,各执一端。究竟应怎么读?今帛书甲、乙本在两"欲"字下并有虚词"也"字,当读作"恒无欲也,以观其妙;恒有欲也,以观其所徼。"则过去争论不休的问题,似可终结。

今本第六十八章末句多作"是谓配天古之极",很不好理解。华钟彦说:"傅奕本'极'下有'也'字,稍给读者以启示。今观甲、乙本都有'也'字,得此有力的证据,便可重新定为'是谓配天,古之极也',成为二句,词意尽通。"① 可见,帛书语尾虚词,自有其独到之处。

三 帛书《老子》有助于我们全面把握《老子》的思想

研读帛书《老子》,可以帮助我们全面评价《老子》的思想,这可以从以下两个方面,得到证实。

第一,认真研究帛书《老子》同今本《老子》的差异之处,有助于修正今本《老子》对老子思想的某些扭曲。帛书《老子》同今本《老子》相比,其基本思想是一致的,只是在某些问题上稍有差异。认真研究这些殊异之处,有助于我们全面把握《老子》的基本思想。例如,第二章曰:"天下皆知美之为美,斯恶已;皆知善之为善,斯不善已。有无之相生也,难易之相成也,长短之相形也,高下之相盈也,音声之相和也,先后之相随——恒也。是以,圣人居无为之事,行不言之教……"把这段文字同传世的诸今本相比较,可以看到一个突出的不同之点,这就是帛书在"先后相随"句后,多出"恒也"二字。老子用"恒也"一语,意在对上文进行概括总结,说明有无相生、难易相成、长短相形、高下相盈、音声相

---

① 华钟彦:《评有关帛书〈老子〉的论述》,《河南师大学报》1980 年第 1 期。

和、前后相随等，都是恒久存在的客观法则。不难看出，有"恒也"二字和没有"恒也"二字，其思想的深刻性大不一样。帛书《老子》保存了这"恒也"二字，说明《老子》的作者不仅猜测到了相反相成的辩证法则，而且还说明他意识到这一法则经得起时间考验，恒久适用。因此，我们必须以此为据，相应提高《老子》辩证法的历史地位。

又，第三十一章有这样一段话："兵者，不祥之器也，不得已而用之，铦袭为上，勿美也。若美之是乐杀人也，夫乐杀人，不可以得志于天下矣。"

该句中"铦袭为上"取自帛书甲本，乙本作"铦襺袭为上"，今本多作"恬淡为上"（其"恬淡"，有作"恬憺"、有作"恬澹"、有作"恬惔"者）。用兵讲"恬淡"，实在令人难以捉摸，注家对此早有所疑。劳健《古本考》曰："用兵而言恬淡，虽强为之词，终不成理，所谓甚难而实非也"，"循其音义，皆不可通。今考二字乃'铦锐'之讹，谓用兵但取铦锐，无用华饰也。"劳氏所言有理，可惜"铦锐"二字没有确据。今帛书甲本作"铦袭"，正同劳氏"铦锐"之说相近。"铦"，利也；"袭"，入也，"铦袭"意为锋利而能攻入。张舜徽说："铦，锐利也；袭，攻敌也。"[1] 亦通。从今本"恬淡为上"到帛书"铦袭为上"，虽然只是两字之差，但却涉及《老子》的战争观。《老子》认为，用兵是不得已的事，在不得已而用兵时，还是要注重武器的实用，要以锐利而能杀敌为标准，用不着在表面上装饰。显然，这符合《老子》的基本思想。今本作"恬淡为上"，那就必然歪曲老子的原意，以致认为老子在不得已而用兵时，还主张"恬淡为上"，实行安静无为，这就把老子看做只是退让，没有进取的怯弱无能之辈，显然是不对的。当据帛书作"铦袭为上"，以便全面评价《老子》的战争观。

第五十七章"民多智慧，邪事（一本作'奇物'）滋起"句下，今王弼本等有"法令滋彰，盗贼多有"句。这一句河上公本作"法物滋彰，盗贼多有"。这两种句子，历代注家有赞成前者，有赞成后者。究竟应作"法令滋彰"还是应作"法物滋彰"呢？今查帛书，甲本此句脱损，乙本作"□物兹章"。对照今本，"物"前脱字当为"法"字无疑。因此，帛书作"法物滋彰"。河上公本此句与帛书同，当是古本如此。"法物滋彰，

---

[1] 《老子疏证》，载《周秦道论发微》，中华书局1982年版，第192页。

盗贼多有"，河上公注曰："法物，好物也。珍好之物滋生彰著，则农事废，饥寒并至，故盗贼多有也。"这个解说虽亦言之成理，然此"法物"似应解作"写有法律条文的实物"为宜。春秋末年，新兴地主阶级提倡"明法审令"，主张以法治来平治天下，常把法律条文写在实物上，以晓谕百姓，约束下民。如《左传》所记：郑人"铸刑器"，晋人"铸刑鼎"，以及邓析制"竹刑"，都是将法律条文写在实物上的做法，这些实物可称之为"法物"。当时叔向针对子产在郑国铸刑书这件事批评说："夏有乱政，而作禹刑；商有乱政，而作汤刑；周有乱政，而作九刑。三辟之典，皆叔世也。今吾子相郑国，作封洫，立谤政，制参辟，铸刑书，锥刀之末，将尽争之。乱狱滋丰，贿赂并行，终子之世，郑其败乎！"认为郑国铸刑书，将导致"乱狱滋丰，贿赂并行"，乃至使郑国败亡。无独有偶，孔子针对晋国铸刑鼎这件事也批评说："晋其亡呼，失其度矣。夫晋国将守唐叔之所受法度，以经纬其民，卿大夫以序守之。……今弃是度也，而为刑鼎。民在鼎矣，何以尊贵？贵何业之守？贵贱无序，何以为国？"亦认为"刑鼎"将导致晋国灭亡。叔向和孔子的批评，同《老子》所说的"法物滋彰，盗贼多有"正可以相互发明。由此可见，《老子》所讲的"法物"，当是"刑器"、"刑鼎"之类的写有法律条文的实物无疑。"法物"一语，打上了春秋战国时期的时代特色，由此我们可以进一步窥见《老子》思想形成的社会历史条件。

第二，认真研究帛书《老子》同今本《老子》的差异之处，还有助于修正帛书《老子》中的某些失误，以维护老子的原意。帛书《老子》并非什么都好，它也有其不足之处。对此，我们不应忽视。如果我们只看到帛书《老子》珍贵的一面，看不到它的不足之处，以为它什么都好，难免犯片面性的错误。帛书出土后，有人撰文主张"用帛书本校勘今本，判别今本的正与误；用帛书本研读今本，审定旧注的是与非"。这实际上是要以帛书本之是为是，以帛书本之非为非，一切以帛书为依据，显然是不对的。因为帛书本也并非《老子》原本，它也只是一种手抄本。由于以下几种原因，我们需要参阅今本对之加以校勘。

一是脱烂之处需要校补。帛书《老子》在地下埋藏了两千多年，两种本子均有脱损。甲本存放在一块竹木条上，保存不善，脱烂尤为严重。全书计五千四百四十七字（包括脱损之字），实际脱损一千三百零四字，约占全书的百分之二十三强；乙本存放在一只漆盒内，保存较好，但亦有脱损。全书五千四百六十七字（包括脱损之字），实际脱损六百四十九字，约占全书的百分之十一强。这些脱损之字，如不参阅今本加以校补，是无法阅读的。

二是同音假借字需要训释。帛书两种本子，都抄写于秦汉之际，彼时正是汉字急剧演变的历史时期。战国时代，诸侯割据，各诸侯国从政治思想到文化生活都存在差异。秦统一六国后，实行了"书同文"的文字统一，这实际上是汉字的一次巨大变革。在这个变革中，人们使用"通假"字显得更加频繁。因此，秦汉时人抄书多用同音通假字。翻开帛书《老子》，同音通假字满目皆是。如：将"谓"写作"胃"，"鑑"写作"监"，"爪"写作"蚤"，"谷"写作"浴"，如此等等，皆为同音通假。这种情况，虽然在当时是合理的，但到了今天，就不应该继续下去了。因此，应当参阅今本，加以训释，并用今日通行之字取代之。

三是衍字漏字需要删、增。帛书甲、乙本在抄写中都存在衍字或漏字的情况。如第三章，帛书乙本"使夫知不敢"一句，今本多作"使夫知者不敢为"，两相对照，似以今本为优。帛书少"知"下一"者"字，"敢"下一"为"字，语意难通。显然，此"者"、"为"二字为漏字，当据今本补正。又如第七章，"后其身而身先，外其身而身存"，帛书乙本写作"退其身而身先，外其身而身先，外其身而身存"，毋庸置疑，这里第二句为衍文，当据甲本和今本删去。

四是错别字需要纠正。帛书甲、乙本错别字亦为数不少。其错别字的出现，有种种原因，有的因字形相近而误，如将"察察"误作"蔡蔡"，"田猎"误作"田腊"，"宠辱"误作"龙辱"；有的因字音相近而误，如把"圣人"误作"声人"，"大患"误作"大梡"，"孝慈"误作"畜兹"，等等。有的因涉上、下文而误。如第三十八章"上仁为之而无以为也"一语后，当为"上义为之而有以为也"，但帛书乙本却把"上义"误作"上德"。此"上德"一词，当是涉及上文"上德无为而无（以）〔不〕为"一句而误。有的则纯属抄者妄改。第八章"上善若水，水善利万物而不争"，今本概如此。但帛书乙本却把"不争"写作"有争"（甲本作"有静"），纯属谬误。

以上种种，说明帛书并非什么都好，它确实也有自己的不足，必须参阅今本，对之加以科学的整理，以便更好地发挥它的文献资料价值。遗憾的是，我们有的论者对帛书的不足之处认识不够，他们把帛书当做金科玉律，甚至把其中错误的东西也当做正确的东西大加赞扬，这是极为不慎重的。

　　例如，对于上述第八章，有的论者认为帛书的"有争"为"正确"，认为这表现了《老子》"柔而有争"的思想。初看起来似乎有理，但联系《老子》的全文来看，就不正确了。

　　不错，《老子》的哲学是"柔而有争"，但是，"有争"是以"不争"为前提的，"有争"寓于"不争"之中，"不争"是条件，"有争"是归宿。这种思考问题的逻辑，在《老子》书中随处可见。第七十八章："天下莫柔弱于水，而攻坚强者莫之能胜。"首句"天下莫柔弱于水"，写的是"不争"；后句"而攻坚强者莫之能胜"，写的是"有争"，正是从"不争"中求"有争"的。第八十一章说："天之道，利而不害；圣人之道，为而不争。"虽然"不争"，却是"有争"的，故《老子》又说："圣人无积，既以为人己愈有，既以与人己愈多。"此处的"为人"，变成了"己愈有"，"与人"变成了"己愈多"，正说明"不争"中包含着"有争"。第七十三章说："天之道，不争而善胜，不言而善应，不招而自来，繟然而善谋，天网恢恢，疏而不失。"你看，天之道虽然"不争"、"不言"，却能"善胜"、"善应"，再一次说明了"不争"中包含"有争"。可见，从"不争"中求"有争"，是《老子》一贯的思想。所以，《老子》反复强调："夫惟不争，故莫能与之争"[①]；"以其无争与，故天下莫能与争"[②]；"夫惟不争，故无尤"[③]。毋庸置疑，"不争"是《老子》无为之道的重要内容，作"水善利万物而不争"，才合《老子》本意；作"水善利万物而有争"，则恰恰背离了《老子》的思想。从本章的上下文来看，问题也十分清楚。前言"水善利万物而不争"，后言"夫唯不争，故无尤"。前文为后文理下伏笔，前呼后应，文通理顺。如作"水善利万物而有争"，则后文"夫唯不争"就是无的放矢了。由此可见，帛书本作"有争"是错的，当据今本改正。

　　又如今本第十四章末句多作："执古之道，以御今之有，能知古始，是谓道纪。"帛书甲、乙本此段中"执古之道"并作"执今之道"，应当

---

① 《老子》第22章。
② 《老子》第66章
③ 《老子》第8章。

说，这也属讹误。但是，有人也大加赞扬，说这"执今之道"表现老子"讲道论德的立足点正在今而不在古"；有的论者甚至借"执今之道"一语，大发议论，说这表现了《老子》坚持"治国不一道，便国不法古"的"法家路线"。真是滑天下之大稽。

《老子》真的提倡"执今之道"吗？否！细读《老子》书，我们不难发现，《老子》强调的是"古道"，而非"今道"。书中多次赞扬"古之善为道者"，多次引证古圣人的格言，就是例证。第三十八章说："失道而后德，失德而后仁，失仁而后义，失义而后礼。夫礼者，忠信之薄而乱之首也。"在老子看来，古道到了后来已经退化了，代之的是"仁"、"义"、"礼"这一套虚假的东西。因此，只有恢复"古之道"，才能治理今日的天下国家。可见，《老子》要执的是"古道"，而并非今道。孔子评价老子"述而不作，信而好古"，也从侧面证明老子要执的是"古道"。所以，帛书甲、乙本作"执今之道"是不对的，当据今本改正。

总之，帛书《老子》有其所长，也有其所短，我们应当本着实事求是的态度，扬其所长，避其所短，让帛书《老子》在老学研究中，发挥应有的文献作用。

（原载《湘潭大学学报》，1985 年校庆特刊）

竹简《老子》的版本归属及其文献价值探微

1993年湖北荆门郭店楚墓出土的一批先秦古竹简中,有三组《老子》简,引起了学界的极大关注。它同1973年长沙马王堆第三号汉墓出土的帛书《老子》相较,墓葬时间早一百余年(约于公元前300年前后下葬),是我们今天所能见到的最古的《老子》手抄本,因而值得格外珍惜。竹简《老子》(以下简称"简本")出土后,学界纷纷撰文,从不同角度对之予以评论,特别是对简本的归属问题提出了许多不同的见解,其中许多好的意见对于人们认识简本的文献价值以及探索道家文化源头,富有启迪意义。笔者认为,从学派归属上来考察,简本《老子》应为稷下道家传本的摘抄本。为了论述的方便,我们在这里拟先阐明竹简《老子》为摘抄本,再进而阐明这种摘抄本乃出自稷下道家传本。

一 竹简《老子》应为一种摘抄本

楚墓出土的《老子》简,分为甲、乙、丙三组,共存简七十一枚。其中,甲组存简三十九枚,乙组存简十八枚,丙组存简十四枚。三组简涉及今本《老子》文句近三十一章,现按今本章序将之整理排列如下:

二章、五章、九章(中段)、十三章、十五章、十六章(上段)、十七章、十八章、十九章、二十章(上段)、二十三章、二十五章、三十章(上、中段)、三十一章(中、下段)、三十二章、三十五章、三十七章、四十章、四十一章、四十四章、四十五章、四十六章(中、下段)、四十八章(上段)、五十二章(中段)、五十四章、五十五章、五十六章、五十七章、五十九章、六十三章、六十四章(上、下段,其中下段两见)、六十六章。

以上所列三十二章,从内容上看,相当于今本的五分之二,应当说,它不是一个完整的本子。

简本出土后，有人把三组竹简视为三种不同的《老子》传本，也有人把三组竹简合起来看，称简本是一个完整传本。这些似都值得推敲。笔者以为，这三组《老子》简，既非三种不同的《老子》本，也非完整的《老子》传本。它们实际上乃是同一种《老子》本的摘抄本。

（一）三组简不可能是三种不同的《老子》本

为什么说三组简不可能是三种不同的《老子》本呢？

首先，三组《老子》简，在内容上基本互不重复（只有六十四章后段重复一次，而且该段严格说来，也不算重复：甲组抄为"教不教，复众人之所过"，丙组写为"学不学，复众之所过"），对此，我们不能不予以注意。如果是三种不同的《老子》本，则在文字章节上不可能互不重复。以帛书《老子》甲、乙本为例，该两种本子虽有这样或那样的不同，但在章节内容上，则大同小异，互相重复的情况十分明显。今三组《老子》简，在章节内容上互不重复，则只能说明它们是同一《老子》本不同内容的摘抄，我们没有理由将它们视为三种不同的《老子》本。

其次，三组竹简所囊括的《老子》文，在数量上差别很大，且均未反映《老子》全貌。甲组用简三十九枚，抄录了今本《老子》近二十章的内容；乙组用简十八枚，仅涉及今本《老子》近八章的内容；丙组用简更少，仅十四枚，其囊括今本《老子》文不足五章之数。对于这三组《老子》简，我们无论怎样去看，都不可能将它们分别判为独立的《老子》本，因为它们没有一组能基本反映《老子》的全貌。

再次，三组竹简所抄《老子》文，可能出自一人之手。（1）我们实地对出土原竹简作了考察，发现该三组竹简《老子》，不仅字体相同，而且书写风格一致，很像一人的笔迹，极有可能由一人手抄而成。（2）三组竹简虽然长短不同，但甲、乙两组编线线距却完全相同（均为十三厘米），这说明它们由一人手编而成（丙组因竹简本身太短，无法与甲、乙两组编线线距保持一致）。这再次证明该三组《老子》简出自一人之手。既然出自一人之手，如果抄写者旨在保存三种不同的《老子》本，那么他就不可能不抄出《老子》书全部内容；如果抄写者旨在抄录一些他认为重要的《老子》语录，那么他就没有必要依据三种不同的本子来抄录。今摆在我们面前的三组《老子》简，均未再现《老子》全貌，说明抄写者不是以保存三种不同的《老子》本为目的抄写的，而是以摘抄重要的《老子》语录为目的的，这样三组《老子》简，就只能为一种《老子》本的摘抄本。

（二）三组简所保存的《老子》内容，绝非完整的《老子》传本

有的论者把三组简所保存的《老子》内容，看做"是一个完整传本"，这无论从哪个角度说，都很难令人信服。因为要证明简本"是一个完整的传本"，就必须首先证明我国公元前三百年前后，《老子》只有如简本那么一些内容。但这个证明是无法办到的。因为，无数历史记载告诉我们，公元前300年前后，《老子》绝非仅具有简本那么一些内容。

首先，韩非《解老》、《喻老》所引《老子》文句，已有十七章不见于竹简《老子》。人所共知，韩非是战国末年的思想家，他撰《解老》、《喻老》共涉及《老子》二十三章内容。韩非生于公元前280年。《解老》、《喻老》是他的早期作品，假如他三十岁时（即为公元前250年）着手写该二书，而他所依据的《老子》本，当比公元前250年更早。因为一部书从写成到流传开来，再到被世人公认为权威著作并且需要学者对之作注解，这是需要相当长的时间的。所以，韩非依据的《老子》原本，当不晚于竹简本。今考《解老》、《喻老》二书，可知韩非当时注解的《老子》文，涉及以下一些章次：

《解老》依次为今本《老子》的第三十八章、五十八章、五十九章、六十章、四十六章、八章、十四章、一章、五十章、六十七章、五十三章、五十四章，共计十二章。

《喻老》依次为今本《老子》的第四十六章、五十四章、二十六章、三十六章、六十三章、六十四章、五十二章、七十一章、六十四章、四十七章、四十一章、三十三章、二十七章，共计十三章（其中六十四章二见）。

以上《解老》、《喻老》所涉《老子》今本计二十五章，因第六十四章重复，故实际上只涉及今本二十四章。将此二十四章与竹简本相对照，只有六章相重合，它们是：四十一章、四十六章、五十四章、五十九章、六十三章、六十四章。据此可知，《解老》、《喻老》所涉《老子》文，尚有十八章未见于竹简《老子》。这就雄辩地告诉我们，在竹简《老子》的时代，《老子》书的内容并非只有简本所囊括的那么一些内容。所以，说简本在当时"是一个完整的传本"，是很难令人信服的。

其次，《老子》自古称《五千言》，《史记·老子传》也载："老子修道德，其学以自隐无名为务，居周久之，见周之衰，乃遂去。至关，关令尹喜曰：'子将隐矣，强为我著书'，于是老子乃著书上下篇，言道德之意五千余言而去，莫知其所终。"在这里，司马迁明确记载老子"言道德之意五千余言"。司马迁是严肃的史学家，其所言，必有依据，故"五千余言"是老子书的基本字数，帛书甲、乙本及传世各种今本，都与此数完全相符。今竹简本仅为今本的"五分之二"，与五千余言相差甚远，我们怎么能把它看成"完整的传本"呢？

再次，《庄子·天下篇》载："老聃曰：'知其雄，守其雌，为天下溪；知其白，守其黑，为天下谷。'"这段文字，亦见于今本和帛书《老子》。但查竹简本，却无此段文字。人所共知，《庄子》乃庄周及其后学著作总集，其成书时间，亦当不晚于竹简《老子》下葬时间。这再次证明，竹简本未能抄全在当时已有的《老子》内容，因此，简本绝非完整的本子。

最后，从《老子》基本思想来看，"尚柔"是其重要特色，正因为如此，所以《荀子·天论》评论老子时，说他"有见于诎，无见于信"；《吕氏春秋·不二篇》则更明确认为"老耽（聃）贵柔"。在帛书和今本《老子》中，确实有许多章节阐述其处柔守弱的基本思想，如第八章讲"上善若水，水善利万物而不争"；第二十八章讲"知雄守雌"、"知白守黑"、"知荣守辱"；第七十六章讲"人之生也柔弱，其死也坚强"，"坚强者死之徒，柔弱者生之徒"，"兵强则灭，木强则折"，"强大处下，柔弱处上"；第七十八章讲"天下莫柔弱于水，而攻坚强者莫之能胜"，"弱之胜强，柔之胜刚"；第八十一章讲"天之道利而不害，人之道为而不争"，等等，都鲜明地体现了老子处柔守弱的基本思想。今查竹简《老子》，以上所引章句，均未抄录，这么一些表达"尚柔"思想的重要内容均被遗漏，则老子"尚柔"的基本思想不可能表达出来。鉴于此种情况，我们又怎么能够说简本"是一个完整的传本"呢？

综上所述，竹简《老子》既非三种不同的传本，也非一个"完整的传本"。由于它不是三种本子，所以只能是同一种传本的摘录；由于它并非完整的传本，所以只能有三种情况：或者下葬时，未能将竹简全部放进去；或者出土前，竹简因盗而遗失；或者它是一种摘抄本。关于第一种情况，我们现在无法考证；第二种情况，似乎考古者亦未予肯定；所以，第三种情况是可能存在的。而且，从竹简本现存文字所反映的内容来看，极有可能为摘抄本。例如，今本《老子》的批儒倾向，几乎从简本中无法找到。这种情况，恐非未葬入或盗简所能解释得清楚的。

有人或问：既然《老子》是摘抄本，那么，为什么许多表现《老子》重要思想的章节，简本却未能摘录呢？对于这个问题，我们的回答是：摘录者之所以摘录这些而不摘录那些，这与其摘录的目的有关。在我们未能弄清其摘录宗旨之前，这个问题是很难说清楚的。抄录者为满足某种需要而对抄录内容有所取舍，这是很自然的事。例如韩非写《解老》、《喻老》所引《老子》文句，仅涉及全书二十四章内容，尚有许多重要内容未能引论，我们能说韩非所取所舍不合理吗？

二 竹简《老子》可能出自稷下道家传本

竹简本既然是一种摘抄本，那么它究竟摘自何种传本？有的论者说它出自"关尹一派传承之本"；也有论者以前者为依据，进一步肯定"简本是一个完整的原始传本"。笔者以为，以上两种看法似都值得商榷。

第一，简本不可能"为关尹一派传承之本"。断定简本"为关尹一派传承之本"论者的一个重要理由，是认为"太一生水"说与关尹一派有关。他们引《庄子·天下》"关尹老聃闻其风而悦之，建之以常无有，主之以太一……"，说："'建之以常无有'，尚可与《老子》对应，'主之以太一'，则不见于《老子》，当为关尹的学说。"愚以为此说恐非是。如果说："太一"作为一个完整的概念，在《老子》中找不到，那么"常无有"作为一个完整的概念，在《老子》中同样找不到。《老子》中只有"常无"、"常有"或"常"、"无"、"有"，并无"常无有"一语。如果说"常无有"在《老子》中可以分别找到，那么"大一"（"大"，古读作"太"）在《老子》中也可分别找到。今本第二十五章："有物混成，先天地生……可以为天下母，吾不知其名，字之曰道，强为之名曰大。"此段中的"大"，乃是"道"的一个别名。第四十二章："道生一，一生二，二生三，三生万物。"在这里，"一"是仅次于"道"的东西。又，第三十九章："昔之得一者，天得一以清，地得一以宁，神得一以灵，谷得一以盈，万物得一以生。"在这里，"一"，成为"天清"、"地宁"、"神灵"、"谷盈"、"万物生"的根本推动力。所以，"大"与"一"结合起来，可以化生万物，本来就是《老子》的思想，怎么一下子又成了关尹的思想呢？附带说一句，竹简《太一生水》本作"大一生水"，将"大"训为"太"，是整理者所为，其实此举完全没有必要。据此，则竹简中的"大一"正好同《老子》中的"大一"相对应。可见，仅据《太一生水》来证明竹简《老子》为关尹一派传承之本，是很难支撑其说的。

第二，说简本"是一个原始传本"，也很难成立。关于《老子》原始本的概貌，我们在前引《史记·老子传》中的那段文字，似乎可作为考证依据。据该文所言，老子原始本当为老子出关时为关令尹所著的"言道德之意五千余言"的"上下篇"。从字数来看，为"五千余言"，今竹简本不足此数的五分之二，哪里能称得上是完整的原始传本呢？退一步说，即使原始本只有竹简本那些字数，但从其内容来看，也与早期道家学说大相径庭。人所共知，早期道家对儒家的批判是很尖锐的，但竹简本已掩去了批儒的锋芒（关于这种情况，本文将在后面作进一步阐述），这同早期"儒道互绌"的情况极为不符，基于这种情况，说简本是原始传本就很难自圆其说了。

第三，简本应出自稷下道家传本。简本既然不是"关尹一派传承之本"或"原始传本"，那么，它究竟出于什么传本呢？愚意以为，它很可能出自稷下道家传本。所谓稷下道家，指的是在齐国稷下学宫中从事学术活动而主黄老说那部分学者所组成的学术派别。这一派在道家发展史上有着极其重要的学术地位，后来的黄老新道家实际上来源于稷下道家。例如，在西汉初期为"曹相国师"的黄老学者——盖公，就出自稷下黄老道家。据《史记·乐毅列传》载："河上丈人教安期生，安期生教毛翕公，毛翕公教乐瑕公，乐瑕公教乐臣公，乐臣公教盖公，盖公教于齐高密、胶西，为曹相国师。"这里从河上丈人到盖公，前后六代相承，以每代二十年计，约有一百余年，时间可以上溯到战国中期。这一百余年的前后相承，当有自己的《老子》传本，这个传本可能与河上丈人有关，或者河上丈人曾为稷下学宫学者，他的传本取自稷下学宫。汉代的"河上公"，当是冒"河上丈人"之名作《老子》注，则河上丈人似应有其《老子》传本。我们之所以认为简本为稷下道家传本，是基于以下几点考虑：

一是竹简本具有稷下道家和会众家的包容胸怀。稷下学宫是一个开放的学府，它集聚了各派学者，如儒家学者来自鲁国，道家学者来自楚国，法家和刑名家学者来自三晋。这么多学者齐集稷下，开展学术交流，无疑为黄老道家学派的形成创造了良好的条件。黄老道家一个主要的特色，是博采众家之长。司马谈《论六家要指》曾概括评述黄老新道家，曰："其为术也，因阴阳之大顺，采儒墨之善，撮名法之要，与时迁移，应物变化，立俗施事，无所不疑……"在司马谈看来，黄老新道家博采了阴阳、儒、墨、名、法各家的思想成果，因而在思想上显得比较成熟，乃至"立俗施事，无所不宜"。由于黄老新道家出自稷下道家，故在思想脉络上稷下道家亦当隐约具备上述特征。稷下道家的著作今未存专集，但《管子》书中的《心术》（上、下）和《白心》、《内业》、《水地》等篇，学界已公认为稷下道家遗著，从这些篇章中，不难发现它对儒、墨、名、法诸家思想成果的广纳博采（阴阳家因成于战国后期，故稷下道家对之未能涉及），这表现了稷下道家融合众家的开放胸怀和宽容态度。这种情况似乎竹简《老子》亦相类似。

首先，简本掩去了批墨与批法的思想内容。传世本《老子》既批判了儒家，亦批判了墨家和法家，只是相对于批儒来说，批墨与批法的字句要少得多。尽管少得多，但简本仍不予放过。如传世本第三章有"不尚贤"句，此句当是批判墨子，因为"尚贤"是墨子的重要主张。但该章竹简本却未抄录。这是明显删去了对墨子的批判。又，今本第五十七章王弼本有"法令滋彰，盗贼多有"句，此句河上公本作"法物滋彰，盗贼多有"。两句相较，前者批法的锋芒毕露，后句则似乎较为隐蔽。竹简本恰恰保存了后一句，似亦非偶然。

其次，竹简本最突出的特色，是掩去了批儒的思想倾向。传世本第五章说："天地不仁，以万物为刍狗；圣人不仁，以百姓为刍狗。"这里用天地和圣人不行仁道来批判儒家的仁学是显而易见的。又，第三十八章说："失道而后德，失德而后仁，失仁而后义，失义而后礼。夫礼者，忠信之薄而乱之首也。"这里对儒家仁、义、礼的说教予以有力鞭挞也是显而易见的。值得注意的是，以上两章竹简本都全未收录，这的确令人费解。又今本第十九章为："绝圣弃智，民利百倍；绝仁弃义，民复孝慈；绝巧弃利，盗贼无有。"帛书甲、乙本与此大致相同，而竹简本此章写作："绝智弃辩，民利百倍；绝巧弃利，盗贼无有；绝伪弃诈，民复孝慈。"与今本和帛书相较，差别很大：其一是无"绝圣"二字；其二是无"绝仁弃义"一语。这一变化，使该章批儒的锋芒化为乌有。这又不能不令人感到奇怪。再者，今本第十八章为："大道废，有仁义；智慧出，有大伪；六亲不和，有孝慈；国家昏乱，有忠臣。"此章帛书乙本作："故大道废，安有仁义；智慧出，安有大伪；六亲不和，安有孝慈；国家患乱，安有贞臣。"文中的"安"，当释为"乃"或"于是"，则帛书和今本含义一致。今查竹简本，此章为："故大道废，安有仁义；六亲不和，安有孝慈；邦家昏乱，安有正臣。"从用"安"字来看，与帛书相似。但值得注意的是，同今本和帛书相比，竹简本无"智慧出，安有大伪"一句。少了这一句，情况就大不一样。王本和帛书有这一句，则"仁义"、"孝慈"、"忠（贞）臣"都与"大伪"处于同等的被贬斥的地位，其批儒的倾向性非常明显。今竹简本无此句，则全章可作如下新的解释：由于（古代的）大道到了今天不起作用了，所以需要运用仁义来重新规范人们的行为；由于六亲出现了不协和的情况，所以需要运用孝慈来调节家庭成员的关系；由于国家出现了动乱，所以需要正直的能臣出来安邦治国。这样，仁义、孝慈、忠（贞）臣就都由贬义变为褒义，它们成为社会文明所不可缺少的东西。这里不但磨平了批儒的锋芒，而且还充分肯定了儒家创造的仁义、孝慈等道德规范的社会价值。此外，今本第六十六章有"天下乐推而不厌"一语，此语竹简本"乐推"作"乐进"，一字之差，意义就有根本差别。"天下乐推而不厌"，指的是天下人乐于推拥君王而不厌倦，这是让众人拜倒在圣贤脚下；而"天下乐进而不厌"，则指的是天下人自我进取而不停滞，突出了儒家自强的精神。二者相较，似乎简本也有融儒的色彩。

总之，竹简本不但不批墨、不批法、不批儒，而且还有扬儒的思想倾向，这种情况不能不引起重视。人所共知，儒道互绌是早期道家一个鲜明特征，这一特征司马迁曾在《史记·老子传》中说过："世之学老子者则绌儒学，儒学亦绌老子，'道不同，不相为谋'，岂谓是焉？"竹简本不绌儒学，这种情况只有到了稷下道家阶段，才有可能。从这个意义上说，竹简《老子》可能出自稷下道家传本。

二是简本具有黄老道家重术的思想倾向。重术是黄老道家一个重要特色。《管子·心术》（上、下）就是稷下道家重术思想的集中体现。这种重术的思想倾向，似乎在竹简《老子》中也隐约可见。

首先，简本保存了"无为而无不为"一语。"无为而无不为"在传世本中先后三见：一见于第三十七章"道常无为而无不为"（河上公本），二见于第三十八章"上德无为而无不为也"（傅奕本），三见于第四十八章"损之又损，以至于无为，无为而无不为"（王弼本）。帛书《老子》

出土后，人们发现全书未见"无为而无不为"一语。与今本相对应的第三十七章，帛书甲、乙本均作"道常无名"，无"无为而无不为"语；第三十八章乙本作"上德无为而无以为也"，甲本有脱字，作"上德无□□以为也"，似亦同乙本，无"无为而无不为"语；第四十八章，帛书甲、乙本均脱损严重，无法辨认。鉴于这种情况，于是有人断定帛书无"无为而无不为"句（这很牵强），更有人评论说，老子原本只讲"无为"或曰"无为而无以为"，从未讲过"无为而无不为"。"'无为而无不为'的思想本不出于《老子》，它是战国末年出现的一种新的观念，可以说是对《老子》'无为'思想的改造"①。今竹简《老子》出土，再现了"无为而无不为"一语，这就迫使我们不得不重新思考问题的答案。如果说"无为而无不为"的思想是后人改造《老子》思想的产物，那么这个改造不在战国末年，而可能出在战国中期的稷下黄老道家。司马谈评黄老新道家时，曾说："道家无为，又曰无不为。"可见，"无为而无不为"确是黄老道家一大特色。今竹简《老子》保存了这一特色，说明它倾向黄老的术治思想。

其次，简本还有一项值得注意的事，那就是它先后三次使用"衍"字，一曰"以衍差人主"，二曰"保此衍者不欲盈"，三曰"衍，恒无为也"。"衍"，传统字书释为"道"字，云出自《古老子》、《古尚书》，故竹简整理者在"衍"后加括号注为"道"字。愚以为，"衍"字在简本中三次出现，是值得研究的，它很可能是"术"字的形误。在竹简《老子》中，因形近而误的字时有所见，如"见素抱朴"的"素"，误为"索"；"不可得而亲"的"亲"误为"新"；"成事遂功"的"遂"误作"衍"等，都属此类。我们之所以说"衍"为"术"之误字，是因为，其一，全书有二十二处用"道"字，且都写作"道"，唯独以上三处将"道"写作"衍"，这不能不引起人们的关注。其二，以上三处将"衍"读为"术"（即方法、方术之意）字，最为合理。如"以术佐人主"，指的是以统治术辅佐君主；"保此术者不欲盈"，表明此术是处柔守弱之术；至于"术恒无为"则更明显地是把"无为"视为一种"南面术"。其三，竹简《老子》所用的"道"字，乃往往用来指化生世界万物的本体或指带根本性的规律，这些地方都是"术"所无法代替的，如"吾不知其名，字之曰道"，这个"道"具有"先天地生"的特征，实为化生万物的最后本体，

---

① 高明：《帛书〈老子〉校注》，中华书局 1996 年版，第 425 页。

是"术"所不能代替的；又如"人法地，地法天，天法道，道法自然"，这里的"道"，乃是体现宇宙根本规律的东西，也是"术"所无法代替的；再如"反也者道之动也，弱也者道之用也"，这里的"道"也指的是根本法则、规律，同样是"术"所无法代替的。以上说明，竹简《老子》所依之本，在用字上是很严密的，该用"道"的地方用"道"，该用"术"的地方用"术"。抄写者之所以把"术"误写为"衍"，是因为二字形近，且"术"在古代亦通"道"字。《说文》："术，邑中道也。"《广雅·释宫》："术，道也。"由于"术"通"道"，而"衍"为"道"之古字，抄写者因不明此"术"的特别含义，乃见"术"字便改为"衍"字，于是造成上述错误。如若此猜测不错的话，则此"术"字的出现实在太重要了。说明竹简本表现了鲜明的黄老术治思想特色。《史记·孟子荀卿列传》载："慎到赵人，田骈、接子齐人，环渊楚人，皆学黄老道德之术。"可见"黄老术"是客观存在的，《老子》中有"术"字似乎合乎黄老重术特色。今竹简本隐约显示了这一点，是值得引为重视的，它从侧面说明了简本应为稷下道家传本。

三是与简本附在一起的《大一生水》，可能为稷下道家遗著。《大一生水》的基本思想，是认为"大一"通过"水"而生万物。这一思想正好同《管子·水地篇》的思想相关联。《水地篇》提出了水为"万物之本源"的观点，说："水者何也？万物之本源也，诸生之宗室也，美恶、贤不肖、愚俊之所产也。"《大一生水》曰：

> 大一生水，水反辅大一，是以成天；天复相辅大一，是以成地；天地 复 相 辅 也，是以成神明；神明复相辅也，是以成阴阳；阴阳复相辅也，是以成四时；四时复相辅也，是以成沧热；沧热复相辅也，是以成湿燥；湿燥复相辅也，成岁而止。

这段文字从"大一生水"起，到"成岁而止"，中间经历了生天、生地、生神明、生阴阳、生四时、生沧热、生湿燥等种种事物生成阶段。这里"大一"和"水"乃是一系列物质生成的最后本源，故该文又追溯曰：

> 故岁者，湿燥之所生也；湿燥者，沧热之所生也；沧热者，四时阴阳之所生也；阴阳者，神明之所生也；神明者，天地之所生也；天

地者，大一之所生也。是故大一藏于水，行于时，逆而或□□□□万
物母。

　　这段文字用逆推的形式，讲明了"大一"为"万物母"。值得注意的
是，按照前段"大一生水"之意，本段应有"水者，大一之所生也"，但
该文却不这样写，在写了"天地者大一之所生"之后，该文接着写道：
"是故大一藏于水，行于时……"由此可知，作者所阐明的"大一生万
物"，是以水为其载体的，故其中亦包含"水生万物"之意，显然这同
《管子·水地篇》所讲的"水为万物之本源"的说法是相吻合的。其为稷
下道家遗著无疑。《大一生水》同竹简《老子》抄写在一起，这再一次证
明简本极有可能是稷下道家传本。
　　四是简本用字具有稷下道家积极、求是的学术风格。细读竹简《老
子》，不难发现它用字比较稳当，具有积极、求是的特征，这似乎同黄老
道家"立俗施事，无所不宜"相一致，代表了新兴地主阶级积极进取的思
想状态。试举例说明如下：
　　例一：竹简《老子》甲组有"罪莫厚乎甚欲"一句，此句傅奕《老
子古本篇》作"罪莫大于可欲"；帛书甲本与傅本同，乙本"大"字后少
一"于"字。比较这些版本所用词语，似以竹简《老子》更为实在。"可
欲"有学者将之训为"所欲"，则"罪莫大于可欲"，意为罪过莫大于有
所欲求，旨在告诉人们，只要有所欲求，就是最大罪过。照这个解释，
《老子》是反对任何欲念的，它将老子其人描绘成禁欲主义者。而"罪莫
厚乎甚欲"，情况就不大一样。"甚"者，过也，极也。据此，"罪莫厚乎
甚欲"，讲的是罪过莫大于极欲或过欲。它提醒人们，只有极欲或过欲才
是罪过，而正常的、合理的欲则是不能少的，在一定意义上认可了"欲"
的正当性，这无疑比简单的禁欲主义合理得多、积极得多。
　　例二：今本第四十一章"大器晚成"，帛书作"大器免（晚）成"，
而竹简《老子》则作"大器曼（慢）成"。比较两者，似亦以竹简本为
优。因为"大器晚成"并未概括出普遍规律，无论古今中外，都存在"大
器早成"的客观事实。而"大器慢成"，则符合客观规律。这里讲的
"慢"，是针对"快"而言的。"慢"，不是磨洋工，而是一个精雕细刻、
严谨求是、精益求精的创造过程。俗语说"慢工出细活"，任何有用之才，
要想成为"大器"，都需要经过一定的磨炼。"大器慢成"，讲的是能成

"大器"者，往往比成"小器"者用工多、时间长、费力大。一个"慢"字，表达了成才过程的艰辛，符合社会育才规律。所以，"大器慢成"比"大器晚成"更为实在、合理。

例三：今本《老子》第五十七章有"天下多忌讳，而民弥贫"句，帛书甲、乙本此句均同，而竹简《老子》此句写作"夫天［下］多期（忌）韦（讳），而民尔（弥）畔（叛）"。比较两者，似亦以竹简本为优。竹简本一个"叛"字，可谓一针见血，讲明了老百姓对统治者压迫反抗的必然性。统治者禁令多，诚然也会导致"民弥贫"的后果，但"民弥贫"并非统治者的心病。统治者最怕的，是老百姓揭竿而起，举起义旗。所以，"而民弥叛"，才能引起统治者的思考，促使其改进统治术。这也正符合《老子》为统治者提供"南面术"的宗旨。

例四：今本《老子》第十九章有"绝圣弃智"一语，帛书《老子》甲、乙本此句均同，而竹简《老子》此句作"绝智弃辩"。两者相较，差别很大。首先，竹简本无"绝圣"一语。这一变异，非同寻常，它表明，简本用字非常谨慎。因为在《老子》书中，"圣人"是受尊崇的。全书八十一章，有二十六章三十一次用过"圣人"一语，其旨在于引导人们效法圣人。如第二章说"是以圣人处无为之事，行不言之教"；第三章说"是以圣人之治也，虚其心，实其腹，弱其志，强其骨……"；第五章说"天地不仁，以万物为刍狗；圣人不仁，以百姓为刍狗"；第七章说"是以圣人后其身而身先，外其身而身存"。类似的情况，还可以列举许多，都说明《老子》对圣人是推崇的，"圣人"在老子那里是褒义。如果老子再讲"绝圣"，那就自相矛盾，自己打自己的耳光了。所以，《老子》中不应有"绝圣"一语，今竹简本无此语，不仅磨去了批儒的锋芒，也与全书主旨相协和，无疑比传世本更为合理。其次，竹简本强调"弃辩"也是很耐人寻味的。反对辩是《老子》一贯的主张，今本第八十一章有"善者不辩，辩者不善"之语，就是对辩者的批判。尚辩虽始于墨子，但这里的"弃辩"很可能针对战国中期一批以宣扬诡辩为能事的辩者而言的，如若此猜测不错，则竹简《老子》为稷下道家传本更有可能。

以上我们从简本具有稷下道家和会众家的包容胸怀、简本具有黄老道家重术倾向、与简本附在一起的《大一生水》篇应为稷下道家遗著、简本用字具有积极求是特征等四个方面，揭示了竹简《老子》同稷下道家的亲密关系，从而证明简本有可能是稷下道家传本。

　　我们把简本视为稷下道家传本，是不是会贬低它的价值呢？我们认为，不会。因为简本价值的客观性，在于人们对它的本来面貌认识的程度。我们的认识愈能接近它的真面目，则其价值就愈能清晰地显露出来。简本若真属稷下道家传本，那么，它对于我们认识《老子》乃至道家思想形成发展的演化进程，将提供极为珍贵的文献资料。学派的思想发展，往往要经历由一元到多元又由多元到一元的演进过程。儒家如此，墨家如此，道家亦是如此。《老子》一书形成并流传后，必然随着学派的分化，产生过不同的传本。到了战国中期，《老子》至少有两种传本，一种是庄周学派所奉行的传本，另一种是稷下道家学派所奉行的传本。庄周学派和稷下道家学派是战国中期从道家中分化出的两大流派。庄周学派从消极方面发展了《老子》的思想，而稷下道家则从积极方面将老子学说引向政治实践。这两大学派虽然都尊崇老子，但在学术观点上分歧很大，他们传承《老子》，必然有各自不同的传本。从今存竹简本来看，它将批儒以及处柔守弱的文字删去了许多，而这些内容，又恰是庄周学派突出强调的方面，表明该本同庄周学派的分歧；同时，从《庄子·天下》来看，该篇所记载的老子"知其雄，守其雌，为天下溪；知其白，守其黑，为天下谷"一段文字，又不见于竹简本，这又表明《庄子》同稷下道家对《老子》的基本精神看法不一致。此种情况从侧面证明当时庄周学派和稷下道家学派必然持有不同的《老子》传本。这两种传本经过战国末年的思想洗礼，可能最后又归于一统，帛书《老子》以及其他传世本的《老子》，可能是《老子》不同传本走向统﹒的产物。所以，透过竹简《老子》，我们可以看到《老子》乃至道家思想发展的历史进程，它的文献价值无疑极其珍贵。

　　需要指出的是，对于竹简本的价值，我们应当实事求是地看待它，对之既不能人为地贬低，也不能人为地拔高。记得帛书《老子》出土时，曾有人鼓吹"以帛书本之是为是，以帛书本之非为非"，主张一切依照帛书《老子》来改正传世本的《老子》。这个意见过于偏激，因而理所当然地遭到多数学者的反对。今天，竹简《老子》出土后，似乎又有人想人为地拔高它，说它一切优越于今本。我认为这种看法似乎缺乏分析。应当说，竹简《老子》有优于今本之处，也有逊于今本之处。例如，它的内容严重缺失，就远不及今本。现在有一种倾向，只要发掘出土古《老子》本，就出现了贬低传世本的种种评述。其实，这是过于好古。如果中国古代没有传世本的《老子》，而只有如竹简那么一点内容的《老子》，道家的发展演化，就将是另一种情况；与此相一致，中国古代的文化发展史也必将是另外一种面貌。所以，我们不能轻易贬低传世本的《老子》，正是由于有了那么一些传世本的《老子》，才有了中国历代道家文化不断发展的丰富内容和万紫千红的局面。

（原载《人文论丛》2000 年 5 月《特辑》）

《〈老子〉河上公章句》成书于
西汉中前期考论

　　《〈老子〉河上公章句》（以下简称《河上注》）是我国古代第一部完整的注老之作，在我国老学研究史上，享有独特地位。但是，对于这部重要著作，我国学术界长期未能给予应有重视。特别是将它的成书时间拉得很后，以致抹杀了它的重要地位。鉴于这种情况，我们有必要详加讨论，澄清是非，还历史的本来面目。

　　关于《河上注》的成书时代，我国学术界见仁见智，说法不一，比较有代表性的看法，可归纳为三类：一是认为该书成于西汉前期（如金春峰）；二是认为该书成于东汉中叶至末季（如王明）；三是认为该书成于"王弼之后"（如马叙伦）或成于魏晋葛洪时代（如谷方）。比较以上三种意见，愚以为后两种意见将《河上注》的成书时代看得太晚，似不合历史的实际。笔者基本赞同金春峰先生的意见，认为该书成于西汉前期至中期。本文拟就此提出浅见，就教于海内外大方之家。

一　《河上注》之成书不能晚至魏晋

　　将《河上注》成书的时代推至魏晋，有两种颇有影响的观点：一是马叙伦先生之说，他认为《河上注》"出在王弼之后"；二是谷方先生之说，他认为《河上注》属魏晋时期葛洪一派道教徒伪托。这两种观点，我以为都值得推敲。

　　第一，马叙伦先生之说似难成立。马先生把《河上注》放在"王弼之后"，我们认为很难令人接受。

　　首先，据朱谦之先生研究，《河上注》应当早于王弼本。他指出："河上本近民间系统，文句简古，其流派为景龙碑本、遂州碑本与敦煌本，多古字，亦杂俗俚；王本属文人系统，文笔晓畅，其流派为苏辙、陆希声、吴澄诸本，多善属文，而参错己见，与古《老子》相远。"接着，朱氏从六个方面评述了两本的优劣之处，其中第五条明确认为"河上本较王本为早"，并举例论证说："如五十五章《河上》本'毒虫不螫'，王本作'蜂趸虺蛇不螫'，案：此六字乃河上公注，王本误以河上公注羼入，此为王本后于《河上》之铁证。"① 朱氏指出的这一"铁证"，是很有说服力的。有这一条，就足以证明王本出在《河上注》之后，而不是相反。

其次，据饶宗颐先生研究，《河上注》应早于《老子想尔注》。饶氏在《老子想尔注校笺》一书中明确认为，《想尔注》有因袭《河上注》之迹，指出："间曾比勘二家注语，知《想尔》立义与《河上》间有同者，而训诂违异实多，就其异中之同处，又可推知《想尔》袭取《河上》之迹，因知《想尔》应出《河上》之后焉。"饶氏引用了许多具体资料，对此作了有力论证。为了说明这一点，我们不妨在此占用一点篇幅，摘引该书论证以上观点的两段文字：

其一曰："第十九章'此三者以为文不足'，《河上注》云：'谓上三事，所弃绝也。''以为文不足，文不足以教民。'《想尔》本'三者'作'三言'，而注云'三事天下大乱之源，欲消散之，亿文复不足，竹素不胜矣。'此似有意改经文为'言'字，以就下句'亿文不足'之义，然注首'三事'二字，则固《河上》原文也。就《想尔》本意，但直云'三者大乱之源'，今乃称为'三事'，则袭用《河上》之迹甚显。"

其二曰："第二十八章'为天下谷'，《河上注》云：'天下归之，如水流入深谷也。'而《想尔》云：'如天下谷水之欲东流归于海也。'经文原主纳受，故《河上》解为'如水流入深谷'。《想尔》袭水流之义，而谓谷水入海，则谷反为被纳受者矣，此又袭文而忘义之迹。"②

饶文本来还有好几段引证《想尔注》袭取《河上注》之文字，为了避免烦琐，兹不再摘引。仅以上二例就已雄辩地告诉我们，《想尔注》确实对《河上注》有所因袭。这说明《河上注》早于《想尔注》。《想尔注》的作者是东汉末年的张陵或张鲁，既然张陵或张鲁读过《河上注》，则《河上注》早于《王弼注》就是自明之理。

以上告诉我们，所谓《河上注》"成于王弼之后"的说法是站不住

---

① 朱谦之：《老子校释·序文》，中华书局1984年版，第2页。
② 饶宗颐：《老子想尔注校笺》，香港苏记书庄1956年版，第87—89页。

脚的。

第二，谷方先生之说似亦难令人信服。谷方先生认为，《河上注》是魏晋时期葛洪一派道教徒伪造出来的，他说："经过比较研究，发现《河上注》同《抱朴子》属于同一思想体系。"[①] 金春峰先生曾针对这一点，提出不同看法，认为"《河上注》思想与《抱朴子》思想迥异"[②]，两者并非同一思想体系。笔者有感于此，亦将两书进行比较研究，结论同金春峰先生的看法基本一致。下面，试就此阐明笔者的一管之见。

拙见认为，《抱朴子·内篇》（以下简称《抱》著）与《河上注》是完全不同的两个思想体系。关于《抱》著的思想体系，拙作《论〈抱朴子·内篇〉长生成仙说的思想体系》[③]，对之作过专门探讨，认为其体系由三大部分构成，一是全力论证了长生成仙的可能性，其结论是"长生可得，仙人无种"；二是系统地论证了长生成仙的途径和方法，提出三项"长生之要"：一曰"宝精"（房中术），二曰"行气"（类似今天的"气功"），三曰"服一大药"（指服用炼丹术士炼制出来的"金丹"）；三是重点阐述了道教徒的价值观、出世观及其生活理想，其中重点表达了对神仙生活方式的追慕。这个体系集中体现了魏晋道教学说所达到的理论高度，表明该书是一部典型的道教新著。

同《抱》著相较，《河上注》则属于另一种思想体系。虽然它也讲"长生不死"，但只是从凡俗之人注重养生的角度立论，着重论述了四类养生方法：一是强调呼吸行气，二是主张"保精爱气"，三是突出"养神复性"，四是提倡"除情去欲"。从表面看，这四个方面似乎有些地方（如"行气"、"保精"）与《抱》著"长生之要"相似，但仔细比较，二者在思想体系上有本质区别，其差别可以概括为如下几点：

一是两书关于"长生"的性质不同。《河上注》所讲的"长生"，是世俗之人的长生，它是为现实生活中的人提供养生的原则或方法，全书未涉及"成仙"之语，亦未见"仙"字；而《抱》著所讲的"长生"，则是

---

① 谷方：《老子〈河上公章句〉考证——兼论其与〈抱朴子〉的关系》，载《中国哲学》第7辑，生活·读书·新知三联书店1982年版。

② 金春峰：《也谈〈老子河上公章句〉之时代及其与〈抱朴子〉之关系》，载《中国哲学》第9辑，生活·读书·新知三联书店1983年版。

③ 该文载《魏晋南北朝文学与思想学术研讨会论文集》第2辑，台湾文津出版社1993年版。

从出世的角度讲仙道的"长生"，其关于"仙寿"之语，满纸可见，是不折不扣的道教徒的理想追求。

二是两书关于长生的方法也大相殊异。以上所列《河上注》关于长生的四类方法，其中重点是保精爱气，而《抱》著所讲的"成仙之要"三项，除包括保精、行气之外，还讲到服用"金丹大药"，这后一点是《河上注》未曾涉及过的；而且《抱》著所讲的"宝精"，指的是"房中术"，这也是《河上注》未能问津的，这说明《抱》著所讲的长生方法同《河上注》有严格区别。

三是两书关于长生的理论深浅不同。《河上注》关于长生之说，是直接从《老子》经文中引申出来的，它依经立论，未能作深层次论证。如第六章经文说"谷神不死"，《河上注》曰："谷，养也，人能养神则不死也。"第十三章经文说"不失其所者久"，《河上注》曰："人能自节养，不失其所受天之精气，则可长久。"第十五章经文说："是故深根固蒂，长生久视之道。"《河上注》曰："深根固蒂者，乃长生久视之道。"这些注文，都是直接从经文中引发出来的，未能作深层次的逻辑论证。特别是第十五章注文，基本上是重复经文，未见新意。而《抱》著则大不同，它不仅肯定"长生可贵"，而且从理论上逻辑地论证了"长生可得，仙人无种"，回答了唯物主义者的种种质疑，这就为道教宣扬长生成仙奠定了坚实的理论基石。这一点是《河上注》所无法比拟的。

四是两书在出世、入世问题上界限分明。《河上注》把"治国"与"治身"相提并论，其强调"治身"，是为"治国"服务的，面对的是社会现实，谈论的是入世问题，毫未涉及仙道；而《抱》著则大不相同，它不仅指出了"长生可贵"的价值观，运用了道教的炼丹术成果，更表达了对神仙"逍遥太清"生活方式的追慕，集中体现了道教徒出世成仙、超凡脱俗的宗教归宿。

以上四个方面的比较说明，两书乃属于不同的思想体系。它们的差异在于，《抱》著属于道教徒的著作，它回答的问题是人为什么要得道成仙？能不能得道成仙？如何得道成仙？而《河上注》虽也讲长生不死，但它属于凡俗之人对长生的追慕，讨论的是现实生活中的人如何益生、养生，以实现长生久寿的问题，全书未涉及"仙"字。可见《河上注》与《抱》著在思想体系上有本质不同。既然两书不属于一个思想体系，则所谓《河上注》"为葛洪一派道教托伪托"，就难以成立了。

以上我们从两个方面分别对马叙伦、谷方先生的观点提出不同意见，我们的结论是：《河上注》之成书不能晚至魏晋。

二 《河上注》之成书不能晚至东汉

《河上注》的成书时代不能晚至魏晋，已于上述。那么，它是否可以出在东汉呢？笔者对此亦持否定态度。为了说明这一问题，我想分两步论证，先说明它不能晚至东汉中后期，然后再说明它不能晚至东汉早期。

（一）《河上注》之成书时间不能晚至东汉中后期

王明先生在其所著《道家和道教思想研究》一书中说："《河上公章句》者，盖当后汉中叶迄末造间，有奉黄老之教者，为敷陈养生之义，……托名于河上公而作。"① 把《河上注》之成书时间放在"东汉中叶迄末造间"，愚以为似亦值得推敲。我们知道，各个时代在文化思潮方面，都有自己特殊的表现形式。与此相一致，各个时代的著作都会打上时代精神的烙印。东汉中叶至末季，在文化思潮方面，有一特别值得注意的现象，那就是道教思想走向成熟。如果《河上注》成书于东汉中后期，那么，它至少应在这方面留下蛛丝马迹，否则，我们就没有理由说它成书于该历史阶段。

道教作为中国本土宗教，它的真正成熟期当在东汉中后期。任继愈先生主编的《中国道教史》，把《太平经》、《周易参同契》、《老子想尔注》三部著作的问世视为中国道教信仰和理论形成的标志，我以为是很有道理的。这三部著作，都出在东汉中后期。《太平经》若以汉顺帝时于吉所献《太平清领书》作为成书标志，则为东汉中期；《周易参同契》乃汉恒帝时魏伯阳所著，魏氏将此书授予"同郡淳于叔通"②，时当东汉中期偏后；而《老子想尔注》的作者（张陵或张鲁）乃东汉末年人，这都说明，道教在理论上走向成熟，时当东汉中后期。若《河上注》成书于这个时期，那么，它就应当留下道教思潮的烙印。我们知道成书于东汉中期的《太平经》、后期的《老子想尔注》，都留下了这方面的烙印。在《太平经》中，

---

① 王明：《道家和道教思想研究》，中国社会科学出版社1984年版，第323页。

② 参见葛洪《神仙传》。

所用"神仙"、"仙官"、"仙士"、"仙人"、"仙药"、"仙衣"等属于道教徒的常用语，几乎满纸皆是；在《老子想尔注》中，"道人"、"仙士"、"仙寿"等语亦时有所见，这都说明该二书打上了深深的道教烙印。而《河上注》则不同。该书本来强调长生，按常理它完全可以从道教理论中借用"长生成仙"论为自己的理论开路。但奇怪的是，作者并未这样做。全书自始至终未言"仙"字，更不见"仙寿"之语，这只能说明《河上注》未受到道教思潮的影响。据此，似乎很难判定它成书于东汉中后期。

王明先生判定《河上注》成于东汉"中叶迄末造间"，还有一条值得注意的理由，那就是认为"章句"之体裁只能始于马融，在马融之前不可能有"章句"之体裁。他指出："且马融注《周礼》，始就经为注，若是书（指《河上注》——引者注）作于西汉，何以注文已散入各句之下？……融当章帝至恒帝间人，则今传《河上章句》，似当马氏《周礼注》问世后之作，非西汉初河上公所注也。"以马融为章句之首创者来证明《河上注》出于马融之后，在王明先生之前，周中孚《郑堂观书记》以及《四库全书总目》之作者都持此论。金春峰先生曾针对其说，提出不同意见，认为"章句之学汉初已有之，非待东汉马融而有"[1]。他据《汉书·艺文志》著录情况，指出：在《汉志》中，"《易》章句有施孟梁丘氏各二篇；《尚书》有《欧阳章句》三十一卷，《大小夏侯章句》各二十九卷；《诗》有《毛诗故训传》三十卷，《毛诗》二十九卷；《春秋》有《公羊章句》三十八篇，《谷梁章句》八十三篇。"[2] 应当说这些例证都很有说服力。此外，我想在这里作一点补充说明：据班固《汉书·扬雄传》载："雄少而好学，不为章句……"这里称赞扬雄"不为章句"，似已肯定在扬雄所处的西汉末年，"章句"之学已成风气，否则其称赞扬雄"不为章句"，就是无的放矢。又据《汉书·夏侯胜传》载，夏侯胜曾批评夏子建好章句的弊病，说："建所谓章句小儒，破碎大道。"认为搞"章句"乃是"小儒"之作为，其弊在"破碎大道"。表明西汉时确有"章句"之风。可见，以马融为"章句"之创始人并据以判定《河上注》成于马氏之后，是很难令人信服的。

---

① 金春峰：《也谈〈老子河上公章句〉之时代及其与〈抱朴子〉之关系》，载《中国哲学》第9辑，生活·读书·新知三联书店1983年版，第165页。
② 同上书，第165页。

（二）《河上注》也不能晚至东汉前期

《河上注》也不能晚至东汉前期。理由是：王充《论衡》对《河上注》既有因袭，亦有批判，这说明《河上注》早于《论衡》。《论衡》出在东汉前期，则《河上注》似当比东汉前期更早。

《论衡》对《河上注》有所因袭，这表现在：

其一，《河上注》把"精气"、"元气"、"和气"看做万物的本原，王充亦持此说。《河上注》说，"天地之间空虚，和气流行，故万物自生"[①]；"一者，道始所生太和之精气也"[②]；"今万物皆得道精气而生"[③]；"元气生万物而不有"[④]。以上几段注文告诉我们，《河上注》是把精气、元气、和气看做化生万物的本原。今查《论衡》，可知王充亦持此说。《别通篇》言"夫水精气渥盛，故其生物也"；《言毒篇》云"万物之生，皆禀元气"；《超奇篇》说"天禀元气，人受元精"；《讲瑞篇》曰"瑞物皆起和气而生"；"醴泉朱草，和气所生，然则凤凰、麒麟亦和气所生也"。这些都说明，王充也是把精气、元气、和气看做化生万物的本原，与《河上注》相同。

其二，《河上注》认为，人们之所以有德智方面的差异，是由于禀气不同。指出："禀气有厚薄，得中和滋液则生圣贤，得错乱污辱，则生贪淫也。"[⑤]《论衡》亦持此论，《自然篇》曰："至德纯厚之人，禀天气多，故能则天，自然无为；禀气薄少，不遵道德，不似天也，故曰'不肖'，不肖者，不似也，不类圣贤，故有为也。"王充还用禀气多少来说明人们富贵贫贱的根由，《幸偶篇》曰："俱禀元气，或独为人，或为禽兽；并为人，或贵或贱，或贫或富，富或累金，贫或乞食；贵至封侯，贱至奴仆，非天禀施有左右也，人物受性有厚薄也。"

其三，《河上注》重视人的价值。认为："天地生万物，人最为贵。"《论衡》亦持此论。《无形篇》言："天地之性，人最为贵。"《奇怪篇》云："天地之性，唯人为贵。"《量知篇》说："人食天地之性，最为贵

---

① 《〈老子〉河上公章句》第 5 章注文。
② 《〈老子〉河上公章句》第 10 章注文。
③ 《〈老子〉河上公章句》第 21 章注文。
④ 《〈老子〉河上公章句》第 2 章注文。
⑤ 《〈老子〉河上公章句》第 1 章注文。

者乎!"

以上三个方面，《论衡》与《河上注》完全吻合，恐非偶然，其中必有一书因袭另一书的情况。那么，究竟是谁因袭谁呢? 笔者以为，《论衡》因袭《河上注》的可能性较大，理由是：《论衡》除因袭《河上注》之外，还不点名地批判了《河上注》的观点。例如，《论衡·道虚篇》云："世或以老子之道为可以度世，恬淡无欲，养精爱气。夫人以精神为寿命，精神不伤，则寿命长而不死，……此又虚也。"在王充看来，所谓只要做到养精爱气，即保养好精神或精气就可以长生不死之说，乃是"虚妄"之言，故又指出："食气者，必谓吹嘘呼吸，吐故纳新也。昔者彭祖尝行之矣，不能长寿，病而死矣。""有血脉类，无有不生，生无有不死。以其生，故知其死也……死者生之验，生者死之验也。"王充在这里批判的所谓"养精爱气"可以"长生不死"的观点，当是针对《河上注》而发。虽然在王充以前，讲"长生不死"并非《河上注》所独有，但"养精爱气"一语，似乎可算作《河上注》的特殊用语。与此相似的语句，我们还可以在《河上注》中找出许多。

如："修道于身，爱气养神，益寿延年"①；"爱精重施，髓满骨坚"②；"养育精神，爱气希言"③；"待时而动，喻常爱气希言也"④；"治身者当爱精气，不放逸"，"爱精气则能先得天道"⑤；"当爱精神，承天顺地也"，"自爱其身，以保精气也"⑥。以上引文告诉我们，"爱精"、"爱气"、"爱精气"、"爱精神"、"养育精神"等，都是《河上注》的常用语。在《河上注》看来，只要做到爱精、爱气或养育精神就可以长生久寿。不难看出，王充的批判，正是针对《河上注》而发。既然王充批判过《河上注》，则《河上注》早于王充就不言自明。据此可以断定，是《论衡》因袭《河上注》而不是相反。王充是东汉前期人，《河上注》之成书应当比东汉前期更早。

---

① 《〈老子〉河上公章句》第 34 章注文。
② 《〈老子〉河上公章句》第 3 章注文。
③ 《〈老子〉河上公章句》第 5 章注文。
④ 《〈老子〉河上公章句》第 41 章注文。
⑤ 《〈老子〉河上公章句》第 59 章注文。
⑥ 《〈老子〉河上公章句》第 72 章注文。

三 《河上注》当成书于西汉中前期

《河上注》之成书既然不能晚至东汉，那么，它就只能成于西汉。我们说该书成于西汉，还因为它鲜明地打上了西汉时期的时代烙印，这表现在：

（一）《河上注》保留了帛书《老子》的某些用语

我们知道，帛书《老子》甲、乙两种本子，是今存最早且最完整的《老子》抄本，甲本抄于刘邦称帝之前，乙本抄于刘邦称帝之后，属于西汉前期的遗物。今存的《河上》本，虽同帛书《老子》有不少殊异之处，但也保存了与帛书《老子》相同的特殊用语，例如：

其一，帛书《老子》甲、乙本第六章首句均作"浴神不死"（甲本脱一"不"字）。此"浴神"，王本及其他多种本子概作"谷神"；宋出《河上章句》本亦作"谷神"；但唐人陆德明所见《河上》本作"浴神"，陆氏注曰："'谷'，《河上》本作'浴'，云：'浴，养也。'"①《河上》本原作"浴"，与帛书《老子》正相合。

其二，《河上注》第五十七章："法物滋彰，盗贼多有。"按：此句中的"法物"一语，王弼本及其他多种传世本均作"法令"。今查帛书《老子》，甲本此句脱损严重，只存"盗贼"二字；乙本为"□物兹章，而盗贼□□"。对照《河上》本，可知帛书亦作"法物"。1992年湖北郭店出土的楚简《老子》，亦作"法物"，这再一次说明《河上注》有古本之风。

《河上》本由于在社会上流传年深日久，其面目难免有异于古之处，尽管如此，它仍然保留了与帛书《老子》乃至楚简《老子》相同的特殊用语，这就足以证明该书是传世本中最古的本子，很可能与帛书《老子》的时代相近，当传自西汉。

（二）《河上注》暗示了对秦王朝的批判

我们知道，西汉时期的著作，一般都对秦王朝的暴政有所鞭挞，《河上注》似亦其此种特征，试举三例：

---

① 参见毕沅《老子道德经考异》。

其一，第七十四章"民不畏死"句下，《河上注》曰："治国者刑罚酷深，民不聊生，故不畏死也。"这里虽未点明"治国者"是谁，但从"刑罚酷深，民不聊生"来看，正是对秦代暴政的历史总结。《史记·秦始皇本纪》引贾谊《新书》曰："秦王怀贪鄙之心，行自奋之志，不信功臣，不亲士民，废王道，立私权，禁文书而酷刑法，先诈力而后仁义，以暴虐为天下始。"又说："更始作阿房宫，繁刑严诛，吏治刻深，赏罚不当，赋敛无度，天下多事，吏弗能纪，百姓困穷……"这些都是"刑罚酷深，民不聊生"的真实写照。显然，《河上注》是在抨击秦朝暴政。

其二，第七十四章注曰："代天杀者，失纪纲；不得其纪纲，还受其鞅。"第五十八章注曰："人君不正其身，其无国也。"不难看出，这些都是总结秦朝覆亡的教训，如太史公所云："贵为天子，富有天下，身不免于戮杀者，……是二世之过也。"由于秦王昏庸，民不聊生，老百姓不得不揭竿而起，推倒秦政权，戮杀秦二世，这不正是"不得其纪纲，还受其殃"吗？

其三，第八十章注曰："清静无为，不作繁华，不好出入游娱也。"这里反对"好作繁华"、"好出入游娱"，似乎也是在总结秦朝的失败教训。人所共知，秦朝遭灭亡之祸，虽有多种原因，但最主要的原因，当是统治者贪图享受，生活腐败，特别是"好作繁华"、"好出入游娱"，严重地劳民伤财。据史书载，秦统治者为修建阿房宫和丽山墓，动用了几十万人服徭役，"发北山石椁，……蜀荆地材皆至，关中计宫三百，关外四百余"。这些不正是"好作繁华"的铁证吗？至于"好出入游娱"，更是秦王一大癖好。秦始皇一生中，曾多次出游，史书明载的有以下几次："二十七年，始皇巡陇西北地，出鸡头山，过回中……"；"二十八年，始皇东行郡县，上邹峄山，立石……"；"二十九年，始皇东游"；"三十二年，始皇之竭石"；"三十七年十月癸丑，始皇出游……十一月，行云梦，望视虞舜于九嶷山，浮江下，观籍河，渡海渚，过丹阳，至钱塘，临渚江，水波恶，乃西百二十里从狭中度；上会稽，祭大禹，望于南海，而立石刻颂秦德……还过吴，从江乘渡，并海上，北至郎邪，……至平原津而病"。[①]作为一位帝王，出游次数如此之多，所达地区如此之广，这在历史上当是"前无古人"。《河上注》强调"不好出入游娱"，显然是针对秦王之失而

———————————

① 以上均见《史记·秦始皇本纪》。

发，具有总结秦朝灭亡教训的特征。其针对性如此之强，若非西汉时人恐难有此种感受。

·(三)《河上注》表现了对西汉王朝大政方针的肯定与颂扬

《河上注》不仅批判过秦王朝的暴政，也歌颂过西汉王朝的举措，例如：

第一，第七十九章"和大怨"句下，《河上注》曰："杀人者死，伤人者刑，以相和报。"值得注意的是，用"杀人者死，伤人者刑，以相和报"来释老子的"和大怨"，实属牵强附会，不合老旨。而《河上注》之所以要如此做，是因为作者要把自己的解释同时代需要结合起来。"杀人者死，伤人者刑"，乃是汉朝初年的约法，《史记·高祖本纪》载：高帝"与父老约法三章：杀人者死，伤人及盗抵罪，余悉除去秦法"。可见《河上注》所谓"杀人者死，伤人者刑"，乃是源于汉高祖的"约法三章"。这表明《河上注》作者在主动宣传西汉王朝的大政方针。

第二，《河上注》表现了与汉初黄老之治基本精神相协和的特征。我们知道，汉初推行"黄老之治"，特别强调"治道贵清静"①。当时，汉文帝"其治尚清静无为"，曹相国"清静极言合道"，都突出了贵清静的原则。今读《河上注》，可知作者亦重视"清静"之旨，全书用"清静"、"安静"之语共二十一见。如第三章注曰"上化清静，下无贪人"；第三十七章注曰"侯王镇抚以道德，……当以清静导化之也"；第四十三章注曰"能清静则为天下长"；第四十七章注曰"人君清静，天气自正"；第八十章注曰"清静无为，不作繁华，不好出入游娱也"。以上作者反复强调"上"、"侯王"、"人君"清静无为，这完全同汉初"贵清静"的黄老精神一脉相通，说明作者是生活于西汉时期的黄老学者。

第三，第七十六章"俭故能广"下，《河上注》曰："天子身能节俭，故民用日广。"将"俭故能广"直接同"天子身能节俭"联系起来，似乎也很耐人寻味。作者很可能是在歌颂汉文帝。我们知道，汉文帝有节俭的美德，《史记·孝文本纪》说："孝文帝从代来，即位二十三年，宫室苑囿狗马服御无所增益，有不便，辄弛以利民。尝欲作露台，召匠计之，值百金，上曰：'百金，中民十家之产。吾奉先帝宫室，常恐羞之，何以台为？'上常

---

① 《史记·曹相国世家》。

衣绨衣，所幸慎夫人，令衣不得曳地，帏帐不得纹绣，以示敦朴，为天下先。治霸陵，皆以瓦器，不得以金银铜锡为饰。不治坟，欲为省，无烦民……是以海内殷富，兴于礼义。"这段论述，正可作为对"天子身能节俭，故民用日广"一语的疏证。很显然，《河上注》的作者是在歌颂汉文帝。

（四）《河上注》反映了西汉时期"元气"说初露头角的特征

"元气"乃由"精气"演化而来。客观地说，"元气"的出现，乃始于黄老新道家。查先秦时期的有关著作，《吕氏春秋》有"与元同气"一语，这似乎还称不上"元气"的开端。黄老新道家著作《鹖冠子》中的《泰录篇》，有"天地成于元气，万物乘（疑为'秉'字之误）于天地"一语（但此句中的"元气"，有的本子作"无气"，此"无气"概念不清，疑误），故有学者认为，元气说始于《鹖冠子》。《淮南子·天文训》曰："天坠未形，冯冯翼翼，洞洞漏漏，故曰太昭。道始于虚廓，虚廓生宇宙，宇宙生气。气有涯垠，清阳者薄靡而为天，重浊者凝滞而为地。"此段话中的"宇宙生气"，《太平御览》引作"宇宙生元气"。综观上下文，似以《太平御览》所引为是，因为上文"道始于虚廓，虚廓生宇宙"，均为五字一句，配上"宇宙生元气"正好与上文相呼应。所以，张岱年先生《中国哲学大纲》引此段时，取《太平御览》之文，且肯定《淮南子》有"元气"的概念。到了董仲舒的《春秋繁露》，已两次用过"元气"一词，《王道篇》曰："王者，人之始也，王正则元气和顺。"《天地之行》曰："布恩施惠，若元气之流。"董氏还对"元"作了解释，曰："唯圣人能属万物于一，而系之元也。……元犹原也，其义以随天地终始也……故元者为万物之本。"这说明元气说到了董仲舒已趋于成熟。西汉末年，扬雄在《解嘲》和《檄灵赋》中都用过"元气"一词。需要指出的是，"元气"说虽在西汉时已初露头角，但并未占主导地位，西汉时仍以精气说为主，这只要细读《淮南》、《春秋繁露》等西汉时代的著作，就不难明白。《河上注》也正好反映了这种情况，该书以精气说为主，元气说居于极次要地位。据统计，《河上注》全书"元气"仅三见，而"精"、"精气"则有二十七见，反映了西汉时期精气说为主的文化背景。到了东汉，情况就不同了，元气说已普遍流传开来。据初步统计，王充《论衡》"元气"一语已有十七见，而《太平经》仅甲部至丙部之文中，就有元气二十五见。这再一次告诉我们，《河上注》不可能成于东汉，而只能出在西汉"元气"初露头角之时。

综上所述，《河上注》既保留了《老子》古本的特殊用语，又总结了秦朝灭亡的历史教训，歌颂宣传了汉初的大政方针，并且同西汉时元气初始的文化背景相一致。这些都说明《河上注》同西汉历史有不可分割的关系，该书只能成于西汉时期。

那么，具体说来，《河上注》究竟成于西汉哪一段呢？由于该书的作者不明，因而很难说清这一问题。从已知的材料推测，该书很可能出在汉文帝之后，董仲舒《春秋繁露》之前，时当西汉中期或稍前。理由是《春秋繁露》有因袭《河上注》之迹。

我们在前面曾说过，"爱气"、"爱精"是《河上注》的特有用语，这些用语在该书中反复出现。今查《春秋繁露》，其中"爱气"一词三见：一曰"爱气以生物"①；二曰"是故君子甚爱气而（谨）游于房"②；三曰"故养生之大者在爱气"③。两书都讲"爱气"，其中必有一书因袭另一书的情况，究竟是谁因袭谁呢？愚以为《春秋繁露》因袭《河上注》的可能性较大。因为《河上注》中的"爱气"、"爱精"、"爱精气"、"爱精神"的观念，尚处于浅表层次，未能对"气"与"神"的关系作深层次的表述。而《春秋繁露》则不同，它除了讲"爱气"以外，还对"气"、"神"、"意"三者的关系作了进一步论述，指出："故养生之大者，乃在爱气。气从神而成，神从意而出，心之所之谓意，意劳者神扰，神扰者气少，气少者难久矣。"④ 这里对意、神、气三者的关系所作的深层次的论述，是《河上注》所不能及的。这只能说明《春秋繁露》晚于《河上注》。因为晚出的书，在借鉴吸收前人成果的同时，有可能进行新的创造，因而能够超过前人。如果此推测不错的话，则《河上注》之成书，当不能晚于西汉中期。

综上所述，《河上注》既不能晚至魏晋，亦不能晚至东汉，它的成书时间很可能在汉文帝之后、董仲舒《春秋繁露》之前，时当西汉中前期。有了这一结论，则《河上注》就应当是我国古代第一部完整的注老之作，它不仅保存了传世本中最古的《老子》本，而且开创了我国古代全部注释

---

① 《春秋繁露·阳尊阴卑篇》。
② 《春秋繁露·循天之道》。
③ 同上。
④ 同上。

《老子》经文之风，特别是它从养生的角度注《老》，对以后的道教养生学产生了十分深远的影响。

（原载《中州学刊》2001 年第 2 期，收入本书时略有修改）

《老子想尔注》作者及其思想体系考述

　　《老子想尔注》是我国东汉时期成书的一部极为重要的道教经典。它原书早佚，今存《〈老子·道经〉想尔注》残卷，出自清末敦煌莫高窟之手抄本。该本后由斯坦因博士自中国携入英国伦敦，今藏于大英博物院，"列斯氏编目六八二五号"。该本虽为残卷，却仍然无比珍贵，是考察我国早期道教思想建设、研究我国道教形成发展历史不可多得的重要文献。饶宗颐先生在《老子想尔注校笺》中，将之称为"学术上之鸿宝"，可谓至允至当。

　　长期以来，关于这部书的作者及其学术思想，学界见仁见智，很不一致。下面，试就这些谈一点不成熟的意见，就教于海内外的专家们。

一　关于《老子想尔注》的作者

　　关于《老子想尔注》（以下简称《想尔注》）的作者，历代有关记载说法不一，有云"三天法师张道陵所注"，也有云张鲁"托遭想尔"所为，还有说是刘表注。今人饶宗颐先生所著《老子想尔注校笺》，题为"张天师道陵著"，但饶先生在书中又说："当是陵之说而鲁述之，或鲁所作而托始于陵，要为天师道一家之学。"① 其言似有模糊之嫌，很有进一步探讨之必要。笔者认为，从已知的史料来看，《想尔注》很可能是张鲁所作，而非张陵或刘表所著。

　　为什么说《想尔注》属于张鲁之作？下面谈谈笔者的一些想法。

（一）史料记载有"系师得道，化道西蜀"之说
　　《道藏》所收《传授经戒仪注诀》中，引了名为"隐"的人的一段注

---

① 饶宗颐：《老子想尔注校笺》，香港苏记书庄 1956 年版，第 5 页。

述，该注述在评述《河上公章句》之后，接着叙述《想尔注》的来由，其言曰：

> 系师得道，化道西蜀，蜀风浅末，未晓深言，托遘想尔，以训初迴。初迴之伦，多同蜀浅，辞说切近，因物赋通（一作"道"），三品要戒，济众大航，故次于河上。①

文中的"系师"乃指张鲁。据《仙鉴》卷十九云，张陵称天师，其长子衡称"嗣师"，衡长子鲁称"系师"。

隐之注文告诉我们，《想尔注》乃是系师张鲁得道之后，在西蜀弘化大道时，见蜀地风俗浅鄙而陷末流，人们不通《老子》之深言，于是，张鲁便假托遇见仙人想尔，"以训初迴"。"迴"，通也。"以训初迴"是说，用训释的方法，使蜀人初通老意。其辞说切近蜀人之俗，因而广为流传，收到了"济众大航"之效。这段论述，可以从史书上得到印证。据《三国志·魏书·张鲁传》载：

> 张鲁，字公祺，沛国丰人也。祖父陵，客蜀，学道鹄鸣山中，造作道书以惑百姓，从受道者，出五斗米，故世号米贼。陵死，子衡行其道，衡死，鲁复行之。益州牧刘焉以鲁为督义司马，与别部司马张脩将兵击汉中太守苏固，鲁遂袭脩，杀之，夺其众。焉死，子璋代立，以鲁不顺，尽杀鲁母家室。鲁遂据汉中，以鬼道教民，自号"师君"，其来学道者，初皆名"鬼卒"，受本道已信，号"祭酒"。……雄据巴汉垂三十年。汉末，力不能征，遂就宠鲁为镇民中郎将，领汉宁太守，通贡献而已。
>
> 太祖（曹操）入南郑，甚嘉之……遂拜鲁镇南将军，待以客礼……

从这段记载来看，张鲁雄据巴汉达三十年之久，其"以鬼道教民"，当是传播道教，这同隐记载的张鲁"化道西蜀"是一致的。又，在上面所引的《张鲁传》中，裴松之引《典略》曰：

---

① 《道藏》第32册，文物出版社1987年影印本，第169页。

> 熹平中，妖贼大起，三辅有骆曜，光和中，东方有张角，汉中有张脩。骆曜教民缅匿法，角为太平道，脩为五斗米道。……脩法略与角同，……又使人为奸令祭酒，祭酒主以老子五千文，使都习，号为奸令、为鬼吏，主为病者请祷……后角被诛，脩亦亡，及鲁在汉中，因其民信行脩业，遂增饰之，教使作义舍，以米肉置其中以止行人……

此段文中的"张脩"，裴松之谓"应是张衡，非《典略》之失，则传写之误"。裴氏谓"张脩"为"张衡"之误，不知据何说，愚以为恐不确。其一，如果"张脩"为"张衡"之误，则上文中"东方有张角，汉中有张脩"两语，应为"东方有张角，汉中有张衡"。人所共知，角与衡乃父子关系，而文中却不言其父子关系，只言二人各割据一方（一据"东方"，一据"汉中"）并各行其道（一传"太平道"，一传"五斗米道"）。该文作者，没有肯定他们的父子关系，则"张脩"为"张衡"之说，似有疑问；其二，如果"张脩"应为"张衡"，则据汉中者非张脩而为张衡。这就带来一个问题：据《魏书·张鲁传》言，鲁之所以能取汉中，是由于"袭脩，杀之，夺其众"的结果。而如果汉中本为张衡所有，则张鲁据汉中，乃是继承其父张衡之业，何须"袭脩，杀之，夺其众"呢？其三，关于张脩其人，史书还存有相关记载。任继愈主编的《中国道教史》言：《后汉书·灵帝纪》云中平元年春二月黄巾起事，"七月巴郡张脩反，寇郡县"，注引刘艾《纪》曰："时巴郡巫人张脩疗病，愈者雇以米五斗，号为五斗米师。"这些记载，同《典略》所言"脩为五斗米道"，正可相互印证。这些都说明，裴氏谓"张脩"为"张衡"之误，是不能成立的。余以为，这位张脩在道教信仰以及政治态度方面，与张陵有共同之处，两人很可能有过交往，或者说脩为陵的弟子或追随者。张陵二月举事，张脩七月起义，两人可谓相互呼应。正因为有此缘分，所以张鲁曾联合他击汉中太守苏固，后来大概是由于权力之争，张鲁乃杀张脩并夺其众。杀了张脩，鲁才得以据汉中达三十年。《典略》谓张脩"又使人为奸令祭酒，祭酒主以《老子》五千文，使都习"。后来鲁在汉中所为，乃是对张脩道术的承继，故《典略》又说："及鲁在汉中，因其民信行脩业，遂增饰之"。这"增饰之"的过程，就是张鲁继承脩业、弘扬道法的过程。张鲁正是在继承张脩传播"《老子》五千文"的事业中，得以撰成《老子想尔注》

的。这都证明前引隐的那段注文言及"系师得道，化道西蜀，……托遘想尔，以训初迴"等语，是符合实际的客观评价，则《想尔注》为张鲁所作，乃在情理之中。

那么这位名为"隐"的人，究竟是谁呢？饶宗颐先生认为是郑隐，即郑思远其人。这个推测是可信的。郑隐是葛仙翁即葛玄的弟子，后又成为葛洪学道之师，是当时享有盛名的道教大师，他自然读过许多道教经典，也有能力对各种道教经典给予评述。如果这个推测不错的话，则郑隐之注，是应予以高度重视的。

（二）《想尔注》曾被人称为"张镇南古本"

《登真隐诀》引陶隐居（即陶弘景）之语说："老子《道德经》有玄师杨真人手书张镇南古本。其所谓五千文者，有五千字也。数系师《内经》有四千九百九十九字，由来阙一，是作'三十辐'，应作'卅辐'，盖从省易文耳，非正体矣。宗门真迹不存，今传五千文为正本，上下二篇不分章。"① 这段记载告诉我们，陶弘景曾见过杨真人手书张镇南（即镇南将军张鲁）古本，杨氏将"卅辐"写作"三十辐"，正好五千字；但陶弘景亲自数了系师《内经》本，实为四千九百九十九字，其"三十辐"作"卅辐"，故五千文缺一字耳。陶弘景所记，无疑值得重视。陶氏毕生隐居修道，著述达三十六种，计二百一十九卷之多，在研究道教经典方面达到了很高造诣。因此，他的话应是可信的。故饶宗颐先生评曰："此记系师张鲁五千文本，情状甚详悉。今敦煌想尔残卷'三十辐'作'卅辐'，不分章，删减助字，与此正合。"② 又，据饶宗颐先生所云，敦煌天宝十载（751）写本卷末记有如下语句："《道经》卅七章"，"五千文上下二卷"，"系师定"。这些记述同上述资料完全一致，它有力说明：系师张鲁，确曾定过《老子》五千文，《想尔注》由他所作，最为可能。

（三）既然《想尔注》为张鲁所作，则所谓张道陵注或刘表注就当排除

说《想尔注》为张陵注，现存资料有三条：一是唐玄宗《御制道德真经疏·外传》中，在列举历代有关笺注《老子》书时，于"《想尔》二

---

① 刘大彬：《茅山志》卷9《道山册》，引自《道藏》第154册，洞真部纪传类。
② 饶宗颐：《老子想尔注校笺》，香港苏记书庄1956年版，第4页。

卷"下，写有"三天法师张道陵所注"一语；二是五代杜光庭所著《道德真经广义》中，列举历代笺注诠疏《老子》书时，亦于"《想尔》二卷"下云"三天法师张道陵所注"；三是《广弘明集》中，唐释法琳之《辨正论》言："汉安元年，道士张陵分别黄书，故注五千文。"认真研读这三条史料，其中疑问颇多，不可轻信。

首先，唐玄宗《御制道德真经疏·外传》中所载《想尔注》二卷为"三天法师张道陵所注"一语，值得怀疑。其一，上述敦煌天宝十载（751）写本卷末记有"《道经》卅七章"，"五千文上下二卷"，"系师定"等语。此本之问世，正是在玄宗注疏《道德真经》之后（玄宗《御制道德真经疏》成书于开元十一年即公元723年之后）、离位之前（按：玄宗于公元713至755年在位）。这就值得格外重视：如果玄宗真的肯定《想尔注》为"张道陵所注"，那么，在玄宗还在位之时，抄写敦煌本之人，就不敢明目张胆地同玄宗唱对台戏，将"张道陵所注"写为"系师定"。而该敦煌本的客观存在，只能说明玄宗本关于"三天法师张道陵所注"一语有疑问；其二，玄宗本中"张道陵所注"一语之运用，不合汉语规范。我们知道，按汉语用字习惯，"所著"或"所注"常常是为了评价或介绍某人著作时才会使用，"所注"或"所著"往往在书名之上，而不应在书名之下。如云"刘安所著《淮南鸿烈》，乃是对汉初黄老之治的理论总结"，"葛洪所著《抱朴子·内篇》，系统地提出了长生成仙说"，"毛泽东所著《矛盾论》，是马克思主义唯物辩证法中国化的典型"，"唐玄宗所著《道德真经疏》，收入了历代诠注《老子》的书目"，"王弼所注老子《道德经》，体现了玄学家的意旨"等等，都合乎汉语用"所注"或"所著"的体例。也有将"所注"或"所著"放在书名之后的情况，那是在前面对某书作了许多介绍之后，然后在结语时，指出该书由××所著。而唐玄宗《御注道德真经疏·外传》在写"张道陵所注"一语时，并非上述两种情况之一，而只是在书名之下，附带注明作者。这种注释人名的方法，今人写在括号中；古时无括号，则用小体字写出。一般说来，在括号中注明作者，只需说明该书由某某作即可，而不必说"由某某所作"；若加"所"字，则显累赘。正因为如此，唐玄宗在《外传》中列了六十多种历代注疏本，其注明作者时，均未用"所"字，而唯独在"张道陵"下用了"所"字，这就说明，此"所"字属于误字。那么，原字应当是什么字呢？笔者推测，很可能是"孙"字。"孙"与"所"小篆体形极相似，浅人不识，系将"孙"字写作"所"字耳！若此推测不错的话，则"张道陵孙注"，亦即张鲁注。这再次证明了我们在前面得出的结论。那么，为什么唐玄宗不直接写"张鲁注"，而却写"张道陵孙注"呢？大概是张道陵在道教界地位极高（享有"三天法师"之称号）所使然。

其次，考杜光庭《道德真经广义》，发现该书亦叙历代诠疏笺注《老子》本六十余家，笔者将之同唐玄宗所列笺注本相对照，发现杜氏所列之书目及作者姓名，乃袭自玄宗《外传》本。杜氏本同玄宗本比起来，只是个别地方作了改动，如将玄宗本之"河上翁"改作"河上公"；将玄宗本之"清江张嗣"改为"清河张嗣"等，其余几乎完全照抄玄宗本。因此，杜氏书中所谓"三天法师张道陵所注"一语，乃是抄自玄宗本。既然玄宗本"张道陵所注"实为"张道陵孙注"之误，则杜氏亦属同例，不证自明。此种误抄给我们如下启示：将"孙"字误作"所"字，在杜氏之前即已造成，杜氏照抄，以讹传讹，乃铸成千古疑案。

最后，关于释法琳《辨正论》所载"汉安元年，道士张陵分别黄书，故注五千文"等语，恐亦不可信。因为法琳是佛教学者，他对于道教经典的了解，不可能达到郑隐、陶弘景诸人的造诣。且陶弘景生活的时代（456—536）比法琳生活的时代（572—640）早一百余年，其距《想尔注》的时代更近，因而更有发言权。所以，关于《想尔注》的作者，似以郑隐、陶弘景之语，更为可信。

至于说《想尔注》为刘表作，更是天大的误会。《想尔注》在《隋志》与两《唐志》中均未著录，独陆德明《经典释文·序录》中列有《老子想余（尔）注》二卷，下云："不详何人，一云张鲁，或云刘表。鲁，字公旗，沛国丰人，汉镇南将军。"从这段注文看，陆氏倾向该书为张鲁所作，故特别在文中点明张鲁的出身。大概是关于该书的作者，他还听到有云刘表所著的情况，对此他来不及考证，便照实记述下来，写上"或为刘表"一语，供后人参考。当时之所以产生这一讹传，当是由以下原因引起的：张鲁曾被曹操封为"镇南将军"，而刘表于汉献帝时，亦被朝廷封为"镇南将军"。可能《想尔注》古本中关于作者署名，有"镇南将军"字样，于是有人张冠李戴，将张镇南误为刘镇南。以讹传讹，造成失误。不过，这又从侧面告诉我们，《老子想尔注》同镇南将军张鲁有着难分难解的关系。不仅如此，陆氏注文对于纠正唐玄宗书中关于"张道陵所注"之误，亦有参考价值。陆氏为唐初著名学者，其生活时代，先于玄宗。他所知道的《老子想余（尔）注》为张鲁或刘表（后者为讹传，已如前述），而未涉及张道陵。这就进一步证明，玄宗之书有误。

综上所述，《想尔注》的作者，既非张道陵，亦非刘表，而是张陵之孙张鲁其人。

二 《想尔注》对构建道教教义的理论贡献

《想尔注》作为一部道教经典，曾在我国古代广为流传，对传统道教思想观念产生过不可估量的影响。它出在《〈老子〉河上公章句》之后，其道教色彩却远远超过《〈老子〉河上公章句》，可以说它是我国第一部用道教思想解注《老子》的著作。在它之前的《〈老子〉河上公章句》，虽也有可供道教利用的思想资料，但严格说来，该书还不是纯粹的道教著作（它成书于西汉中期），而《想尔注》则是彻头彻尾的道教著作。从今存的《老子想尔注·道经》残卷，就可窥见它对构建道教教义所作的理论贡献：一是树立"道"的至高无上权威，使信徒对之顶礼膜拜；二是提出长生成仙目标，作为信徒的共同追求。这两个方面的理论构建，奠定了道教教义的理论基础。

（一）《想尔注》将"道"神秘化

《想尔注》赋予"道"以至高无上之人格神的权威，从而使"道"由道家最高哲学范畴转化为道教人士心目中特有的崇拜对象和最高主宰。我们知道，任何宗教，都要以特定的方式，表达教徒们的信仰与追求，没有信仰的宗教，在现实世界是不存在的。道教徒的信仰集中在"道"上，可以说"道"是道教信徒们的精神支柱。因此，要慑服道众，弘化道法，广开道心，就必须将"道"改造为符合道教需要的人格神，使信徒们自觉地去"尊道畏天"。正是基于这一需要，《想尔注》在描绘"道"方面作了许多文章。

一是赋予"道"以人格神的特征。《想尔注》说："道设生以赏善，设死以威恶。"[1] 在这里，"道"具有赏善威恶的特殊意志。又说，"古未

---

[1] 《想尔注》第 20 章注。

有车时，道遣奚仲作之"；古未有宫室，"道使黄帝为之"①。这是说，人类社会的一切进步、创造发明，包括从车舆到宫室的制作，都是"道"有意安排所使然，"道"帮助人类创造了一切。在这里，"道"都具有人格神的特性，同中国古代"天命"相当。

二是突出"道"的至上权威。《想尔注》说："四大之中，何者最大？道最大也。""天地广大，常法道明生，况人可不敬道乎？"② 又说："王者尊道，吏民企效，不畏法律，乃畏天神。"③ 在这里，"道"与"天神"具有同等含义，都有至高无上的权威。在《想尔注》那里，"道"也就是"神"，所以它有时将"道"与"神"合为一词，称作"道神"，它说"不念行道，不觉道神"；又说"道人行备，道神归之"，"道神"其意是说有道就有神，道即神也。

三是强调人不能离"道"、失"道"。《想尔注》说："诚为渊，道犹水，人犹鱼。鱼失渊去水则死，人不行诚、守道，道去则死。"④ 可见，"道"对人来说，一刻也不能离。

四是全力引导信徒们追求那个神秘的"道"。在《想尔注》中，字里行间散布着贵道、信道、守道、求道、得道的思想观念。如："得仙之术，但贵道言"⑤；"守真道，即得道经纪也"⑥；"心中旷旷但信道"⑦；"当精心鉴道意，教民皆令知道真"⑧；"默而自励，重守道真也"，"独能守道不盈溢，故能改弊为成耳"⑨，如此等等，其本意在于激励信徒们追求那个神秘的"道"，努力完成道教修养之功。

经过《想尔注》作者的这些着意渲染，"道"这个道家哲学的最高范畴终于被改造为具有人格力量的最高神，成为道教徒们崇拜的对象。《想尔注》对"道"的这些神秘化描述，对以后的道教发展产生了深远的影响。后来，道教虽然出现各种宗派，在方术上各有所执，但在对"道"的

---

① 《想尔注》第 11 章注。
② 《想尔注》第 25 章注。
③ 《想尔注》第 32 章注。
④ 《想尔注》第 36 章注。
⑤ 《想尔注》第 17 章注。
⑥ 《想尔注》第 14 章注。
⑦ 《想尔注》第 15 章注。
⑧ 《想尔注》第 10 章注。
⑨ 《想尔注》第 15 章注。

崇拜方面却完全一致，这自然同《想尔注》的深远影响分不开。

(二)《想尔注》竭尽全力引导信徒把长生仙寿作为追求的最高目标

《想尔注》极力引导信徒追求长生成仙，从而变道家的养生论为道教的长生成仙说。如何对待现实人生，佛教和道教有着不同的答案。佛教徒希望摆脱现世苦难，超脱生死轮回，他们把通过"涅槃"进入佛国作为追求的终极目标。因此，"死"对于佛教徒来说，并非灾难（至少在信仰上是如此）。而道教则不同，它追求的是长生不死，成为神仙，借以超脱凡世，逍遥太清，用《想尔注》的话说，叫做"归志于道，唯愿长生"，"长生为大福"。为了宣传这一道教信仰，《想尔注》下了很大功夫。它明确强调求道之人要自觉地争取长生，说："自威以道诫，自劝以长生，于此致（至）当。"① 又说："知道意，贱死贵仙。"② 明确提倡"结志求生"③。

那么，怎样才能实现长生仙寿呢？《想尔注》作了如下回答：

一是强调遵道以行。它说："愿求仙寿、天福，要在信道，守诫守信，不为贰过。"④ 又说："悉如信道，皆仙寿矣。"⑤ 还说："人不行诫守道，道去则死。"⑥ "不知长生之道，身皆尸行耳，……道人所以得仙寿者，不行尸行，与俗别异，故能成其尸，令为仙士也。"⑦ 以上引文，意思都是一致的：要得仙寿，必须守道。

二是提倡结精自守。它说，"道教人结精成神"；"结精成神，阳气有余，务当自爱，闭心绝念，不可骄欺阴也。"⑧ 又说："积精成神，神成仙寿，以此为身宝矣。"⑨ 还说："古仙士实精以生，今人失精以死。"⑩ 以上所谓"结精"、"积精"、"实精"等词，意思都是一致的，就是强调求长

---

① 《想尔注》第4章注。
② 《想尔注》第18章注。
③ 《想尔注》第27章注。
④ 《想尔注》第24章注。
⑤ 《想尔注》第30章注。
⑥ 《想尔注》第36章注。
⑦ 《想尔注》第7章注。
⑧ 《想尔注》第9章注。
⑨ 《想尔注》第13章注。
⑩ 《想尔注》第21章注。

生之人必须保养精气。故又曰："所以精者，道之别气也，入人身中为根本。"① 不过，《想尔注》又认为，实精是有条件的，并非想实精就能如愿，故又指出："夫欲实精，百行当修，万善当著，调和五行，喜怒悉去，……精乃守之。"这些思想，把实精与修德、制欲结合起来，既是对河上公"专守精气"思想的深化发展，又成为后来葛洪等人"宝精"思想的直接理论渊源，对中国古代守精养气求长生的思想产生了深远影响。今天的气功理论，也可从《想尔注》中找到理论先源。

三是主张淡泊名利。《想尔注》在释《老子》第九条"名成、功遂、身退，天之道"一语时曰："名与功，身之仇；功名就，身即灭，故道诫之。"其淡泊名利、但求出世的思想溢于言表。在注第十二章"难得之货令人行妨"时又说："行道致生不致货，货有为，乃致货妨道矣。"在注第二十章"我欲异于人而贵食母"时又说："仙士与俗人异，不贵荣禄财宝，但贵食母者，身也。"这都说明，要长生仙寿，就要淡泊名利，少私寡欲。这种淡泊名利的主张，不仅丰富了道教养生说，也加强了道教出世的思想观念，为道教把自己同世俗区分开来，奠定了理论基础。

《想尔注》的长生仙寿理论，对中国道教后来的发展，影响极大。中国道教至唐五代以后，外丹、内丹盛极一时，可以说都是围绕长生成仙的理想而展开的。

三　《想尔注》的道教伦理观念

《想尔注》作为一部早期道教著作，不仅从特定角度表达了早期道教的思想倾向，而且也从特定角度表达了道教徒的伦理追求。

（一）《想尔注》明确提倡行善弃恶

任何宗教都有扬善去恶的思想观念。佛教鼓吹三界轮回，因果报应，其中就含有劝人行善去恶的思想成分；基督教讲耶稣基督救人脱离罪恶，也含有扬善弃恶之意；作为中国本土宗教，道教把中国传统的善恶观改造为道教善恶观，这在《想尔注》中已有充分流露。

首先，《想尔注》认为，"道"与"恶"是势不两立的。说："行善，

---

① 《想尔注》第21章注。

道随之；行恶，害随之也。"又说："心为凶恶，道去囊空"；而"虚去心中凶恶，道来归之，腹则实矣"①。可见，有了"恶"念，就不能得道；只有去恶，才能得道。它又说："天地像道，仁于诸善，不仁于诸恶。""圣人法天地，仁于善人，不仁（于）恶人。"② 再一次给恶以有力鞭挞。又说："疵，恶也，非道所喜。"③ 这都告诉我们，修道之人，只有做到"知恶而弃，知善能行"才合于道。

其次，强调修道之人要亲善人，劝恶人。《想尔注》第十七章注曰"见求善之人晓道意，可亲也"；"见学善之人勲勲者，可就誉也"；"见恶人，诚为说善，其人闻义则服，可教改也"。第二十七章注说"今信道言善，教授不邪，则无（疑"无"下脱一"不"字）适也"；"常为善，见恶人不弃也"。提倡教人行善、劝人弃恶，这对于社会文明是有一定积极意义的，因而能在一定程度上受到社会重视。

再次，强调只有去恶扬善，才能长生仙寿。第三章注文说："志随心有善恶，骨随腹仰；气强志为恶，气去骨枯；弱其恶志，气归髓满。"这里明确告诉人们，强其恶志，则"气去骨枯"；弱其恶志，则"气归髓满"。"气去骨枯"，短命也；"气归髓满"，长生也。

（二）《想尔注》明确提倡诚信之德

"诚信"是我们民族的传统美德，先秦儒家、墨家、道家，都有涉及。《想尔注》的作者，亦十分强调践行诚信之德。

首先，《想尔注》把"诚信"同行善联系起来，把"诚"作为"为善"的基本内容。第三十章在注"为善者果而已"之"果"曰："果，诚也，为善至诚而已。"并连续四次强调"至诚守善"，表明作者对诚信之德的不懈追求。

其次，强调"至诚"可得善报。第三十四章注曰："富贵贫贱各自守道为务：至诚者，道与之，贫贱者无自（鄙）强，欲求富贵也。"第二十七章注又曰："结志求生，……至诚者为之，虽无绳约，永不可解；不至诚者，虽有绳约，犹可解也。"这是说，立志求长生者，若能做到"至

---

① 《想尔注》第 3 章注。
② 《想尔注》第 5 章注。
③ 《想尔注》第 10 章注。

诚"，其长生之结非常牢实，不可解开；若不"至诚"，则其长生之结很不牢实，易于解开。简言之，至诚者可得长生，不至诚者不可长生。这都说明至诚者乃有善报。

再次，把"诚信"同行仁义联系起来，强调"人为仁义，自当至诚，天自赏之，不至诚者，天自罚之；天察必审于人，皆知尊道畏天，仁义便至诚矣"。明确把至诚看做是行仁义的体现，既表达了儒道合一的思想倾向，又符合中华民族的传统美德。

（三）《想尔注》强调"守诚"

"守诚"（按："诚"与"戒"通），是宗教家的行为规范，始见于佛教。佛门将之称为"戒禁"或"戒律"，旨在禁止一切不符合教义的思想和行为，用以约束信徒，维护教义，是宗教伦理规范的特殊表现形式。如，小乘制有"五戒"、"八戒"、"十戒"等不同戒律，都有规范信徒言行的功能。天师道作为中国道教的开创教派，吸取了佛教关于戒律的思想，通过《想尔注》透露了守诚的观念。《想尔注》多次强调"奉道诚"[1]，"示道诚"[2]，"信道守诚"[3]，"守诚守信，不为贰过"[4]。不仅如此，第三十六章注还涉及了守诚的内容："道人宁施人，勿为人所施；宁避人，勿为人所避；宁教人为善，勿为人所教；宁为人所怒，勿怒人；分均，宁与人多，勿为人所与多。"这里提出的"五宁五勿"，类似戒律，对此后道教戒律的形成发展，产生了十分重要的影响。后来道门奉行的"九行二十七戒"[5]，其中不少内容就继承发挥了《想尔注》的思想成果。

以上我们从三个方面，概述了《想尔注》所透露的早期道教伦理观念。这些观念既相互联系，又相互独立。它们各自从一个特定侧面，反映了早期道教人士的道德价值取向。其中，行善弃恶的理论是一面旗帜，它可以赢得世人的好感和支持，使道教徒们得以信道、行道、传道。追求诚信之德，可以坚定信徒们对道的信仰与崇拜；强调守诚，是用特定的行为

---

① 《想尔注》第 20 章注。
② 《想尔注》第 27 章注。
③ 《想尔注》第 15 章注。
④ 《想尔注》第 24 章注。
⑤ 参见张君房编《云笈七籤》。

规范要求信徒，它有利于把道教信徒同世俗区分开来，对于约制道教徒的行为、维护道教教义，都有不可忽视的重要作用。

（原载《春风讲席》，中山大学出版社 2008 年版）

第 五 编

稷下道家与黄老道家若干著作考论

《管子·水地篇》的成文时代及其理论贡献

《管子·水地篇》是保存于《管子》书中一篇稷下道家文献。它从宇宙生成论的角度，第一次明确提出了水为"万物之本原"的学说，这在中国哲学史乃至世界哲学史上，都具有不可估量的理论意义。但是，长期以来，由于学术界对《水地》的成文时代说法不一，因而对它在学术史上的价值也就难以论定。有鉴于此，确定《水地》的成文时限，是论定这篇著作理论价值的关键所在。为此，笔者曾在《管子研究》第一辑（1987年）发表了《浅论〈管子·水地篇〉成文时限》（以下简称《时限》）一文。后来，收到一些师友的来信，支持我关于《水地》成文时限的见解。1992年，陈鼓应先生为《道家文化研究》约稿，建议我将《时限》一文作展开论述。这正好符合我的愿望。《时限》由于当时篇幅所限，不仅对《水地》的理论价值和思想渊源未能论及，而且关于《水地》成文时限的论述也还有未竟之言。有鉴于此，我遵陈先生嘱，写成《〈管子·水地篇〉考论》一文，刊发于《道家文化研究》第二期（1992年）。这里，以该文为基础，在探讨《水地》成文时限的同时，兼论及它的理论贡献。

一 《水地》应成文于战国中期

我们探讨《水地》成文的时限，不能凭主观臆测，而应当从该文自身去寻找时代烙印。

第一，《水地》留下的一段文字，透露出其成书的时代性。《水地》有这样一段引人注目的文字：

> 夫齐之水，（道）[道]躁而复，故其民贪粗而好勇；楚之水，淖弱而清，故其民轻果而（贼）[敢]；越之水，浊重而洎，故其民愚疾

而（垢）［妒］；秦之水，（泔）［汩］（最）［冣］而稽，淤滞而杂，
故其民贪戾罔而好事；齐晋之水，（枯）［盐］旱而（运）［浑］，淤
滞而杂，故其民谄谀［而］葆诈，巧佞而好利；燕之水，萃下而弱，
沈滞而杂，故其民愚戆而好贞，轻疾而易死；宋之水，轻劲而清，故
其民闒（简）易而好正。是以圣人之化世也，其解在水。……是以圣
人之治于世也，不人告也，不户说也，其枢在水。①

上段引文，字里行间刻嵌着《水地》成文的时代标记，只要认真分
析，不难找出解决问题的线索来。

最能引起我们注意的是，文中罗列了齐、楚、秦、燕、晋、宋、越等
七个诸侯国。这就告诉我们，作者写作《水地》时，中国境内主要存在上
述七个国家。由此可知，它不可能成于春秋时期。因为春秋前期十二诸侯
国，其中鲁、卫、陈、蔡都处于昌盛时期。但《水地》所列七国中，却未
涉及它们。这说明作者写此文时，这几个国家俱已衰弱而不值一提了。到
了春秋末期，吴越并称，但上文中提到"越"而未提到吴，说明作者写此
文时，吴已被越所灭。则《水地》也不可能成于春秋末年。因此，我们应
当把注意力放在战国阶段。

那么，《水地》究竟作于战国前期、中期还是后期？要解决这一问题，
我们必须分两步走：第一步找出《水地》成文的时间上限；第二步再找出
其成文的时间下限。

让我们先考察上限。这得从"晋"入手。我们知道，晋国于公元前
376 年被韩、赵、魏三家所分，此后史称"三晋"。文中提到的"晋"，究
竟是三家分晋之前的晋国，还是三家分晋之后原来晋国的地域？这是问题
的关键所在。如果此"晋"指的是三家分晋之前的晋国，则《水地》当作
于公元前 376 年以前；如果此"晋"指的是三家分晋之后原来晋国的地
域，则《水地》当作于公元前 376 年之后。因此，我们应当着力弄清这一
问题。当我们研究这一问题时，不能不注意到《水地》原文"晋"字前面
还有一个"齐"字。"齐晋"二字连在一起，在该文中是一个不寻常的现
象。笔者认为，"齐晋"一语直接关系到《水地》成文的时间概念，所
以，我们还是不惜笔墨在这里作必要的探讨。

---

① 《诸子集成》第 5 册《管子校正》，中华书局 1954 年版，第 237—238 页。

关于"齐晋"，历代注家众说纷纭，主要有如下几种意见：

尹知章认为，此"齐晋"指的是"齐之西，而晋之东"①。

王念孙曰："此'齐'字涉上文而衍。"②

宋翔凤曰："古'齐'、'晋'二字易相误……《管子》旧文当作'齐之水枯旱而运'，校者见上文已见'齐'字，故此字是'晋'字，而两存其读。"③

郭沫若曰："安井衡《篹诂》以'齐'上属绝句，即'其民贪戾罔而好事齐'，解云：'其民，贪戾且诬，而其善者则好以齐疾为事'。其读可从，其解则迂曲。'事'，读为'剚'；'齐'，训为'劗'，谓好杀伐也。"④

以上诸家之说，似都有意说迂曲之嫌。

首先，把"齐晋"解作"齐之西，晋之东"，这是把"齐晋"看做"齐"与"晋"的中间地带，实为附会之说。我们知道，文中所列七国，其他六国都指一国的地域，而独此指两国的中间地带，岂非怪事？且"齐"已在上面点到，这里又讲"齐之西"，在逻辑上是说不通的。

其次，谓"齐"字"涉上文而衍"，亦于理不当。如俞樾所指出的："夫上文有'齐之水'、'楚之水'、'越之水'、'秦之水'，何独误作'齐'乎？"

再次，谓"齐"、"晋"二字相误所致，亦难使人信服。既是"齐"、"晋"二字相误，则文中或作"齐"，或作"晋"，为何"齐晋"二字并存？如谓"两存其读"，岂非制造出新的混乱？

最后，谓"齐"字属上读，似亦迂曲。上文"其民贪戾罔而好事"，语意明确，增一"齐"字，反要把"事"读为"剚"、"齐"训为"劗"，岂非画蛇添足？

可见，以上诸家之说均不可从。那么，"齐晋"二字究作何解？

愚意以为，"齐晋"之"齐"字，乃"叁"字之误。"叁"，古写作"叄"，"齐"，古写作"龡"，二字仅一笔之差，形极相似，故误耳。由此可知，原文"齐晋"当作"叁晋"。有了这个结论，则可判定《水地》成

---

① 转引自《郭沫若全集·历史编》第6卷，人民出版社1984年版，第506页。

② 同上书，第505页。

③ 同上。

④ 同上书，第507页。

于三家分晋（即公元前 376 年）之后，此为上限。

下面，我们再来考察《水地》成文的下限。研究这一问题，应当从越国着手。"越"，在七国中也是一个很有特色的诸侯国，它兴盛于春秋末年，曾于公元前 473 年吞灭了较为强盛的吴国，而自己又在公元前 355 年被楚所灭。由于作者在《水地》中提到"越"而未提到"吴"，故可知作者写作时，吴已不复存在。同时，作者又把楚与越并提，说明作者写《水地》时，楚国尚未吞灭越国。由此可知，该文作于公元前 355 年之前，此为下限。

综上所述，《水地》很可能成文于公元前 376 年至公元前 355 年之间，时当战国中期。

我们把《水地》成文的时限定在战国中期，还可以从该文自身找到一些证据。

第二，《水地》对《老子》一书有所因袭，这说明它成于《老子》之后。《水地》在赞美水之"卑下"的特性时写道："人皆赴高，己独赴下，卑也；卑也者，道之室，王者之器也，而水以为都居。"明确认为"卑"可以成为"道之室"（即容纳大道的库室），也可以成为帝王手中之"器"。无疑，这里讲的是《老子》所提倡的无为之道，同《老子》的思想一脉相通。《老子》也曾以水来比喻无为之道，说："上善若水，水善利万物而不争，处众人之所恶，故几于道矣。"[①] "天下莫柔弱于水，而攻坚强者莫之能胜。"[②] "天下之至柔（即水），驰骋于天下之至坚，无有入无间，吾是以知无为之有益也。"[③] "江海所以能为百谷王者，以其善下之，所以能为百谷王。"[④] 无须解释，这里讲的都是柔而不争的无为之道。《水地》正是吸取了这些资料，才肯定"卑下"为"道之室"，为"王者之器"，其间的渊源关系是一目了然的。不唯如此，《水地》还用了"廉而不刿"一语。人所共知，此语见于《老子》第五十八章。该章曰："是以圣人方而不割，廉而不刿，直而不肆，光而不耀。"显然，《水地》所用"廉而不刿"一语，亦当袭自《老子》。因此，《水地》应成于《老子》之后。

---

① 《老子》第 8 章。
② 《老子》第 78 章。
③ 《老子》第 43 章。
④ 《老子》第 66 章。

那么，《老子》成于何时呢？

关于这个问题，学术界的看法也不一致。笔者在拙著《道家思想史纲》一书中，提出了管见，认定《老子》成于战国前期。具体说来，在公元前428年至377年之间。① 限于篇幅，这里不再赘述。

将《老子》成书时限与我们前面论述的《水地》成文的时限加以比较，不难发现，《水地》成文的上限（公元前376年）恰好与《老子》成书的下限（公元前377年）相连接。这从侧面证明，我们前面关于《水地》成文时限的推测，是合理的，则其成于战国中期无疑。

第三，《水地》吸收了稷下道家的"精气说"，这说明他不能早于战国中期。《水地》在赞扬水的特性时说："人，水也。男女精气合而水流形。"这里明确提出了"精气"的概念。我们知道，"精气说"起源于稷下道家。《管子·内业篇》（稷下道家之遗著）说："凡物之精，（此）［化］则为生。下生五穀，上为列星。流于天地之间，谓之鬼神；藏于胸中，谓之圣人。是故（民）［名］气。"又说："精也者，气之精者也。"这里所讲的"凡物之精，……是故（民）［名］气"、"气之精"等，是我国古代关于精气学说的早期表现。《水地》所提到的"精气"当是吸收稷下道家的思想资料，故其成文不能早于稷下学宫创立之前。我们前面考察《水地》成文的下限（公元前355年）刚好在稷下学宫创立的下限（公元前357年）之后两年，其时间衔接如此吻合，再一次证明我们关于《水地》成文时限的推测是正确的，则其成于战国中期无疑。

第四，《水地》对儒、道两家思想兼收并蓄，这也只有到战国中期才有可能。《水地》不仅吸收了道家的思想，也吸收了儒家的思想。如，它在赞美水时，指出："夫水，淖弱以清，而好洒人之恶，仁也；视之黑而白，精也；量之不可使概（平斗斛的工具），至满而止，正也；唯无不流，至平而止，义也。"这里以"仁"、"义"等来比附水的特性，是对儒家思想的发挥。表明《水地》对儒、道两家思想都有所因袭。这种现象的存在，至早不能超越战国中期。因为，战国前期儒、道两家是互黜的，这可以从《老子》中看得很清楚。只有到了战国中期，两家学术思想才开始相互渗透。如稷下道家的另一篇著作《管子·心术上》，在发挥道家"无为"思想的同时，也注意发挥儒家关于"礼"与"义"的思想。这篇著

---

① 参见《道家思想史纲》，湖南师范大学出版社1991年版，第39—40页。

作成于战国中期。《水地》与此相类似，也对儒、道两家的思想兼收并蓄，则其成文最早也不能超越战国中期。

综上所述，鉴于《水地》对老子和稷下道家思想都有所因袭，并且对儒、道两家思想兼收并蓄，可以判定其成文不能早于战国中期。这同前面我们论证的《水地》成文的时限是一致的。

二 《水地》以水为万物之本原的学说及其理论贡献

《水地篇》在学术上的突出贡献，就在于它在我国哲学史上，第一次明确提出并且论证了水为万物之本原的理论。

《水地篇》开头写道："地者，万物之本原，诸生之根苑也，美恶、贤不肖、愚俊之所生也。"在文末又写道："水者何也？万物之本原也，诸生之宗室也，美恶、贤不肖、愚俊之所产也。"单从这两段话来看，似乎《水地》既把"地"看做万物之本原，又把"水"看做万物之本原，即"地"与"水"并为万物之本原，有"二元论"的嫌疑。其实不然，《水地》开头讲的地为万物之本原，只是点出常人所看到的"地生万物"的表面现象，其目的在于引导人们透过现象看本质，明白"地"之所以能生万物，关键在于地下有水，水才是万物得以产生的最后本原。所以，它在讲了地为万物之本原的意思之后，接着写道："水者，地之血气，如筋脉之通流者也，故曰：'水，具材也。'"这就告诉我们，地之所以能生万物，在于有"水"这个"如筋脉之通流"的"血气"在起作用。所以，说到底，"水"才是真正构成万物的原始"具材"。正因为如此，所以该文作者将其篇名定为《水地》，将"水"放在"地"之前，这是考虑得很周密的，说明"水"是比"地"更根本的东西。因此，《水地》的宇宙观并非"二元论"，而是非常成熟的朴素唯物主义一元论。

为什么说"水为万物之本原"呢？《水地》回答说："万物莫不以水生。"在《水地》作者看来，水"无不满"、"无不居"，它"集于天地而藏于万物，产于金石，集于诸生"，就是说，从无生命的"金石"，到有生命的"诸生"（包括植物、动物、人类），都赖水得以生成。

首先，无生命的金石离不开水。该文以"玉"为例，指出："夫玉之所贵者，九德出焉。"所谓"九德"，即指仁、知、义、行、洁、勇、精、容、辞等九种品性："夫玉，温润以泽，仁也；邻以理者，知也；坚而不蠤，义也；廉而不刿，行也；鲜而不垢，洁也；折而不挠，勇也；瑕适皆见，精也；茂华光泽，并通而不相陵，容也；叩之，其音清扬彻远，纯而不淆，辞也。"而"九德"的形成，都同"水"分不开的，故曰"水集于玉而九德出焉"。

其次，植物、动物均赖水而生。《水地》说：水，"集于草木，根得其度，华得其数，实得其量"；"鸟兽得之，形体肥大，羽毛丰茂，文理明著"。在动物中，有些怪异者，如龟、龙、蟡、庆忌等，过去人们称它们为"神"，如龙、龟；为精（怪），如蟡与庆忌。其实，它们同别的动物一样，也是得水而生，并不神秘："龟生于水，发之于火，于是为万物光，为祸福正"；"龙生于水，被五色而游，故神"；"故涸泽数百岁，谷之不徙、水之不绝者，生庆忌"；"蟡者，一头而两身，……此涸川水之精也"。所以，从植物到动物（包括那些被人们视为神、精等怪异者），均是得水而生，水是它们的本原。

再次，作为万物之灵的人，亦是赖水而生。《水地》曰："人，水也。男女精气合而水流形。"水，"凝蹇而为人，而九窍五虑出焉"。可见，人们形体的长成，九窍五虑的完善，都应归之于水。不仅如此，人们智慧的高低，也是由不同的水决定的。《水地》以齐、楚、越、秦、晋、宋、燕等国为例，说明不同的水，养育出"美恶、贤不肖、愚俊"不同的人。《水地》还认为，水有许多美德，可以为人们所效法："夫水，淖弱以清，而好洒人之恶，仁也；视之黑而白，精也；量之不可使概，至满而止，正也；唯无不流，至平而止，义也；人皆赴高，己独赴下，卑也。卑也者，道之室，王者之器也，而水以为都居。"此外，水为"万物之准"，也同人类的社会生活密切相关。

以上告诉我们，从无生命的金石，到有生命的植物、动物，再到作为万物之灵的人，莫不赖水而生长，故《水地》总结说："万物莫不尽其几、反其常者，水之内度适也。""万物莫不以生，唯知其托者能为之正（同证）。"这就从微观到宏观，论证了水为"万物之本原"这一哲学命题。在中国哲学史上，以如此清晰的语言表达关于宇宙发生的理论，是少有的。因此，对于《水地》所提出的"水为万物之本原"的学说，我们应当充分肯定它的理论价值。

第一，水为万物之本原的学说，标志着我们祖先关于世界本原的理论探讨，达到了新的高度。我们知道，我们祖先关于世界本原的思考，最初表现为多元论。先是八卦说，八卦即乾（☰）、坤（☷）、震（☳）、巽（☴）、坎（☵）、离（☲）、艮（☶）、兑（☱），分别代表天、地、雷、风、水、火、山、泽等八种自然物，认为世界万物的发生，起源于八种自然物，透露了多元论的本体论观念；而后，又有五行说。五行说最早见于《尚书·洪范篇》。该篇通过对金、木、水、火、土五种自然物性能的描述，说明五行同人们生活的密切关系，似乎还称不上哲学本原论。到了西周末年，史伯明确提出"先王以土与金、木、水、火杂，以成百物"的命题，标志以五行为世界本原的学说趋于成熟。此后，又有阴阳说。阴阳说虽与《易经》相关，但该书并未运用"阴阳"这个词，只是其八卦组合中所用的阴爻（－－）、阳爻（—）两个符号，同阴阳概念相近。到了西周末年，伯阳父论地震，以阴阳之气解释自然现象的发生，说："阳伏而不能出，阴迫而不能生，于是有地震。"至此，阴阳为本原的本体论正式形成。从八卦说到五行说，再到阴阳说，都属于多元论的本体论之不同表现形式。多元论虽也能从直观的角度说明世界的本原，但它的局限性是无法说明世界的统一性。从多元的发生情况看，由八而五，由五而二，处于递减状态。这种递减的趋势，反映了我们祖先在探索世界本原的哲学思考中不断进步的脚步声。到了春秋末期，老子提出了"道生一，一生二，二生三，三生万物"的命题。这个命题的简要表述，就是"道生万物"。其中"道"为宇宙本原，从而用一元论代替了多元论。这在理论上是一重大贡献。但是，老子的"道"乃是一个无法把握的神秘客体，它恍恍惚惚，窈窈冥冥，不可致诘，玄之又玄，易于把人们引向神秘主义道路。因此，唯物主义思想家不得不作出新的思考。战国中期出现的稷下道家的精气说和《水地》作者的水为万物本原说，正是对老子的道生万物思想的一次突破。从这时起，我国古代开始有了唯物主义一元论。而后，战国末年至汉初出现的元气一元论，虽然直接导源于稷下道家的精气说，但同《水地》关于水为万物本原的思想也有间接联系（"气"与"水"，中间没有不可逾越的鸿沟）。汉代河上公在阐述"元气生万物"的思想时，曾指出"禀气有厚薄，得中和滋液则生圣贤，得错乱污辱则生贪淫也"，认为不同的元气，产生出贤愚不同的人，这不正是《水地》关于不同的水，生出"美恶、贤不肖、愚俊"不同的人的思想的再现吗？由此可见，《水地》关于水为万物本原的思想，乃是我国古代朴素唯物主义一元论发展长途中的一个重要环节，我们应当给予它应有的历史地位。

第二，水为万物之本原的学说，是对殷周以来的天帝创世说的全面否定，对中国古代无神论思想的发展作出了杰出的理论贡献。我们知道，春秋战国时期，从殷周流传下来的天帝创世说，仍占统治地位。当时，儒家信奉"天命"，宣扬"死生有命，富贵在天"①；墨子崇尚"天志"，认为天有意志，能行赏罚，说："顺天意而得赏，反天意而得罚。"② 他们把天尊奉为最高人格神，认为世间的一切都是由至高无上的"天"安排的。面对这种天神崇拜，当时的一些唯物主义思想家纷纷起来同"天命论"作针锋相对的斗争，《水地》的作者就是最杰出的代表。他用水为万物之本原的完整学说，说明世界不是神创造的，而是由水构成的。从无生命的金石，到有生命的鸟兽虫鱼，再到作为万物之灵的人，莫不是得水而生。这就揭破了历代天命论的神秘说教，对宇宙万物的形成作了唯物主义的解释。不仅如此，《水地》还破除了当时人们对龟、龙、蠋、庆忌等怪异动物的迷信，说它们同其他东西一样，也是得水而生，这是一种无神论的立场。

第三，水为万物之本原的学说，在世界哲学史上显示了特有的理论光辉。我们知道，古希腊哲学家泰利士（泰利士亦译为泰勒斯）曾透露了水是原质的思想，但这一思想在泰利士那里，还非常浅陋。人们除知道他"把水当作原质，当作一切事物的神这一点以外，是别无所知的"。尽管如此，黑格尔仍给他以极高的评价，他在《哲学史讲演录》一书中指出："从泰利士起，我们才真正开始了我们的哲学史。"③ 诚然，泰利士的生活时代（约公元前 640 或 629 年至公元前 551 年）稍早于《水地》的作者，但是，《水地》关于水为万物之本原的周密论证，却是泰利士未能达到的。

三　《水地》是古代先民治水实践的哲学总结

《水地》如此推崇水，也同齐国的历史环境有关。齐国是一个有着悠久治水传统的国度，早在管仲相齐时，就把治水提上了重要日程。

《水地》关于水"人皆服之，而管子则之；人皆有之，而管子以之"

---

① 《论语·颜渊》。
② 《墨子·天志上》。
③ 见黑格尔《哲学史讲演录》第 1 卷，贺麟、王太庆译，商务印书馆 1983 年版，第 178 页。

的记载，从侧面反映了管仲重视治水的情况。《史记·河渠书》所载："于齐，则通菑济之间"，亦说明齐国治水的成就。其故都临淄，至今仍保存着当时灌溉和民用的水利设施。经专家鉴定，其建筑结构至今仍具有科学价值。正因为齐国是一个注重治水的国家，所以在《管子》书中，多处记载了人们对水的评述。如，《白心》曰："民之所急，莫急于水火"；《禁藏》说："夫民之所生，衣与食也；食之所生，水与土也"；《乘马》主张立国要做到"高毋近旱，而水用足；下毋近水，而沟防省"；《度地》把水分为五类，即：经水、枝水、谷水、川水、渊水，认为"此五水者，因其利而注之，可也；因其害而扼之，可也"。《水地》正是在这样的历史环境中，孕育成熟的。它之成文，是对前人关于水的哲学认识的全面总结。

　　《水地》的作者如此推崇水，这绝非偶然。理论常常是改革的先导。该文作者之所以把水看做宇宙之本，万物之准，意在动员人们掀起一个以治水运动为中心的社会改革运动。《水地》明确告诉人们："是以圣人之化世也，其解在水。故水一则人心正，水清则民心易；人心正则欲不污，民心易则行无邪。是以圣人之治于世也，不人告也，不户说也，其枢在水。"这简直就是一份鼓动治水的宣言书。作者的本意，是希望通过改造水性来达到改造民性乃至改造整个社会的目的，这表达了改革者的心声。虽然其认为水性可以决定民性的观点有环境决定论的倾向，但其重视对水的改造，希望各国之水都如同宋之水"轻劲而清"，这无疑是合理的。当今，在自然环境中，水的污染极其严重，它直接损害人们的健康。面对这种情况，我们重温一下《管子·水地篇》，回味我们祖先在几千年前的告诫，引起人们重视对水的改造，对环境污染的治理，这无疑是很有现实意义的。

　　我国古代典籍是一个内容极其丰富的宝库，后人从中不仅可以获取人文科学方面的启示，而且可以获取自然科学方面的启示。重温《管子·水地》篇，这一印象尤其突出。

（原载《道家文化研究》1992 年第 2 期）

《文子》若干问题考说

《文子》是战国末年黄老道家留下的一部重要著作，其中所包含的思想道德教育学说极为丰富，值得我们认真发掘。

一　关于《文子》这部书

《文子》究竟是一部什么样的书？为什么说它是黄老新道家著作？下面就这两个问题分别加以说明。

（一）《文子》成书时代考论

《文子》这部书，《汉书·艺文志》及隋唐《经籍志》均有著录。自北魏迄宋，先后有李暹、徐灵府、朱元、杜道坚诸家为《文子》作注。唐代曾诏封《文子》为"通玄真经"。这说明《文子》曾在历史上享有重要地位。但是，对这部书的成书时代学界早有不同见解。远在班固著《汉书》时，就提出了"似依托者也"的疑问。后来唐人柳宗元也指出："文子书……盖驳书也。"① 此后，宋人黄震曾在《黄氏日钞》中断言其为"伪书"，他怀疑作伪者是唐人徐灵府。至近代，梁启超、章太炎亦相继断言《文子》为"伪书"，认为其内容"大半袭自《淮南子》"，章氏怀疑是注释《列子》的张湛"伪造"。此后，《文子》在我国学术史上受到冷遇。1973 年，河北定县四十号汉墓出土了一批竹简，其中有《文子》残篇。有人将之与今本《文子》相对照，认为"相同的文字有六章"②，证明传世之《文子》并非汉以后之人伪托。从这时起，学术界对《文子》的评价

---

① 《柳河东集·辨文子》。
② 李定生：《文子论道》（上、下），《复旦大学学报》1984 年第 3、4 期。

始有转机。一些论者认为，《文子》属先秦时代遗著（如唐兰、艾力农、李定生等），也有学者认为《文子》是汉初的著作（如吴光）。这两种意见有一个共同之处，就是都肯定《文子》是《淮南子》之前的著作。我们赞同第一种见解，认为《文子》应属先秦典籍，而非汉代著作。理由如下：

第一，河北定县四十号汉墓在出土《文子》竹简的同时，还出土了《论语》与《儒家者言》。据专家考证，除《论语》外，《儒家者言》亦为先秦古籍。同为殉葬品的三本书，既然有两本为先秦典籍，则《文子》也可能为先秦典籍。

第二，断言《文子》成于汉初的论者，也认为《文子》在《淮南子》之前。这就有一个问题，若被《淮南子》所抄袭的《文子》成于汉初，则刘安"献所作内篇（即《淮南子》）"于汉武帝，武帝就不会去"爱秘之"。因为汉初的作品武帝当有所闻，怎会去"爱秘之"呢？

第三，四十号汉墓所出土的《文子》竹简，是中山王的随葬品。以中山王的地位，其殉葬之古书，完全可抄于帛上，如长沙马王堆出土的帛书《老子》等。可是，它们完全为竹简，这只能说明这些竹简是很早以前留下来的，而非殉葬时抄写成的。因此，它的抄写年代可能在刘汉之前。因为皇族高贵之极，完全有条件用帛。如果是刘邦称帝之后抄成此书，哪会用竹简呢？

第四，《文子》中有一句典型的标明时代特征的用语："秦楚燕魏之歌，异声而皆乐。"[①] 这里点明的秦、楚、燕、魏四国，给了我们研究问题的向导。我们知道，秦灭六国，其中楚、燕、魏三国被灭在后。秦于公元前230年灭韩，以后为秦、楚、燕、魏并存。因此，"秦楚燕魏之歌，异声而皆乐"一语，正好打上了战国末年的时代烙印，证明《文子》为先秦遗籍。

《文子》虽为先秦故籍，也难免为后人所篡改。由于秦王朝实行"焚书坑儒"的残酷政策，使先秦文化典籍遭到浩劫。后来，汉人整理故籍，有的有原著可依，有的则凭一些学者心记口述，这中间就难免出现有增益、有删损甚至有篡改的情况。将传世《文子》与定县出土残篇《文子》相对照，就可发现后人增删或篡改的痕迹。如，今本《文子·道德篇》：

---

① 《文子·精诚篇》。

"文子问圣智，老子曰：'闻而知之，圣也；见而知之，智也。'"竹简残篇相应的文字为："平王曰：何谓'圣智'？文子曰：'闻而知之，圣也……'"又如，《道德篇》："文子问曰：'王道有几？'老子曰：'一而已矣。'"竹简残篇相应的文字为："平王曰：'王者几道乎？'文子曰：'王者一道而已矣！'"对照两者，不难发现不同之处。如竹简整理者所言："凡简文中的'文子'，今本都改成了'老子'，并从答问的先生变成了提问的学生，平王被取消，新添了一个'老子'。"①这使我们弄明了一个问题：为什么《文子》中不少"老子曰"之文，在传世的《道德经》中找不到？原来是经人篡改、张冠李戴所致。此外，也有后人附益的情况。如，《精诚篇》有这样一段话："藏精于内，栖神于心，静漠恬淡，廓然无形，寂然无声。官府若无事，朝廷若无人，无隐士，无逸民，无劳役，无冤刑。"这段文字中的"官府若无事，朝廷若无人"诸语，乃出自陆贾《新语》，有可能是后人附益进去的。因为，从前面"藏精于内，栖神于心，静漠恬淡"诸语看，讲的是养神之道，而后面加进"官府若无事，朝廷若无人"诸语，就与原意大相径庭。因为这几句讲的是政治理想，难与前文相吻合，显系后人所增。当然，《文子》虽然有后人篡改或附益的情况，但不妨碍该书仍成于战国后期，为先秦典籍。

不过，《文子》虽为先秦典籍，但它并非文子其人所著，而是战国末年黄老学者托名文子所作。因此，我们应当把《文子》其书同文子其人区别开来。文子其人为老子之弟子，生活于春秋末年或战国前期；而《文子》这本书，则成于战国后期，绝非文子所著。在这个问题上，我们同李定生同志的见解有别。李定生同志将《文子》其书与文子其人联系起来，通过《文子》其书来探讨文子其人的思想。他认为，稷下道家等唯物主义学派，"就是沿着文子这条线去理解和发挥老子"的思想；"战国中期兴起到汉初盛行的黄老之学，则起源于《文子》"②。我们认为，恰恰相反，《文子》不是稷下黄老之学的先源，而是黄老之学进一步发展的产物；不是稷下黄老之学源于《文子》，而是《文子》源于稷下黄老之学。《文子》之成书，应在战国末年，而不可能太早。

为什么说《文子》之书成于战国末年呢？这是因为：

---

① 《定县40号汉墓出土竹简简介》，载《文物》1981年第8期。

② 李定生：《文子论道》（上、下），《复旦大学学报》1984年第3、4期。

　　首先，从内容上看，《文子》明显因袭了战国中期一些思想家的著作。一是因袭了《孟子》。《精诚篇》说："夫忧民之忧者，民亦忧其忧；乐民之乐者，民亦乐其乐。故忧以天下，乐以天下，然而不王者，未之有也。"《孟子·梁惠王下》亦有类似文字："齐宣王见孟子于雪宫，王曰：'贤者亦有此乐乎？'孟子对曰：'……乐民之乐者，民亦乐其乐；忧民之忧者，民亦忧其忧。乐以天下，忧以天下，然而不王者，未之有也。'"两相对照，如出一辙。或者有人问：是不是《孟子》剽窃《文子》呢？我们认为，这不可能。《孟子》这一段话，是在答齐宣王问这一特定条件下讲的，从宣王之问话，到孟子之答话，文字流畅自然，没有照搬别人用语的痕迹。而《文子》则不同，它讲的这段话，有明显剽窃之处。例如，"然而不王者未之有也"这句话，用在《孟子》中合情合理，因为孟子讲的是王道；而用在《文子》中，则不伦不类。因为《文子》在这里讲的是"至人之德"，用该句就纯属多余。而且，"然而不王者未之有也"这句话，是《孟子》的习惯用语，在《孟子》中先后有五见。这就充分证明，不是《孟子》因袭《文子》，而是《文子》因袭《孟子》。

　　二是因袭《庄子》。《道原》说："孔子问道，老子曰：'正汝形，一汝视，天和将至。摄汝知，正汝度，神将来舍。德将为汝容，道将为汝居。瞳兮，若新生之犊而无求其故。形若槁木，心若死灰，真其实知，而不以曲故自持。恢恢无心可待，明白四达，能无智乎？'"这段话，当是袭自《庄子·知北游篇。》该篇曰："啮缺问道乎被衣，被衣曰：'正汝形，一汝视，天和将至。摄汝知，一汝度，神将来舍。德将为汝美，道将为汝居。汝瞳焉如新生之犊，而无求其故。'言未足，啮缺睡寐。被衣大说，行歌而去之，曰：'形若槁核，心若死灰，真其实知，不以故自持。媒媒晦晦，无心而不可与谋，彼何人哉！'"两段文字，几乎完全相同，所不同者，仅有两点：一是将啮缺与被衣的对话，改成老子与孔子的对话；二是《文子》删去了"言未足，啮缺睡寐。被衣大说，行歌而去之"等语。这一删，马脚又露出来了。因为下文"形若槁核，心若死灰"等语，正是被衣有感于"啮缺睡寐"而发。删去"啮缺睡寐"这一情节，则后文的出现就非常牵强。因此，从文理上看，可知《文子》因袭了《庄子》。

　　三是因袭了《管子》。《道德》曰："夫道者，小行之，小得福；大行之，大得福；尽行之，天下服。服则怀之，……"这段话，亦见于《管子·白心》："道者，一人用之，不闻有余；天下行之，不闻不足。此谓道矣。小取焉，则小得福；大取焉，则大得福；尽行之而天下服，殊无取焉则民反，其身不免于贼（戮）。"两相比较，不难看出因袭的痕迹。究竟是谁因袭谁呢？仅从两段文字比较，似乎难以作出确切的判断。但是，只要我们综观全书，就会断定是《文子》因袭《管子》。在《文子》中还有这样一段话："水为道也，广不可极，深不可测，长极无穷，远沦无涯，息耗减益，过于不訾，上天为雨露，下地为润泽，万物不得不生，百事不得不成。"这里以水喻道，从表面看，似乎是发挥老子的思想，但深入下去，我们就会发现，《文子》以水喻道同《老子》以水喻道有很大的不同。《老子》以水喻道喻的是水的卑下柔弱的特性，并不把水视为化生万物的最后本原。而《文子》在这里则是把水看做化生万物的最后本原。而这一点，正是因袭《管子·水地篇》。该篇说："水者，何也？万物之本原也，诸生之宗室也，美恶、贤不肖、愚俊之所产也。"水，"万物莫不以生"。因此，《文子》上述思想，乃是对《管子·水地篇》的发挥。既然《文子》因袭过《水地》，则前面"夫道，小行之则小得福"等语，无疑也是《文子》因袭《管子》。

以上三例，已足够说明《文子》确实因袭过战国中期思想家的著作。这种情况，唐人柳宗元早有察觉。他说：《文子》"窃取他书以合之者多，凡孟、管辈数家，皆见剽窃。"既然《文子》剽窃过《孟》、《管》诸书，则其成书在这些书之后，便无可置疑了。

其次，从所使用词语看，《文子》中不少词语出于战国中后期。

综观《文子》全书，其中有许多概念打上了战国中期或后期的时代烙印，如"精气"、"心术"、"道德"、"性命"、"精神"等词语，都只见于战国中期或后期的著作。

先说"精气"。《文子》曰："精气为人，粗气为虫。""万物有以相连，精气有以相薄。"我们知道，"精气"说来源于稷下道家。《管子·内业》说："凡物之精，此（据丁士涵说，'此'乃'化'字之误）则为生。下生五谷，上为列星。"又说："精也者，气之精者也。"这里所引的两段文字，前者说明"精"是化生万物的本原，后者又进而说明，所谓"精"乃是"气之精"，即精气是也。因此，精气的发明权，属于稷下道家。《文子》使用"精气"这一概念，说明它只能成于稷下道家之后，而不可能在前。

次说"心术"。《文子》也使用过"心术"这个词。它说："达于心术之论者，即嗜欲、好憎外矣。"考"心术"这个词，最先亦见于稷下道家。《管子·心术》上、下两篇，不仅提到"心术"，而且还以"心术"为题，对它进行专门探讨，足见稷下道家对"心术"之重视。两书都使用"心术"，究竟谁在前？毫无疑义，是《管子》在前。这是因为，《文子》关于"心术"的理解，要比《管子》深一些。比如，何谓"心术"？《管子·心术上》是这样回答的："心术者，无为而制窍者也。"这是用心官控制九窍的情形来喻示心术的功能，实质上是用形象比喻来说明一种道理，似乎还未达到理论思维的高度。《文子》则不同，它对"心术"作这样的界说："发一号、散无竟、总一管，谓之心；见本而知末，执一而应万，谓之术。"这里用"发"与"散"、"一"与"万"等范畴来揭示"心术"的本质和特征，显示出理论思维的水平。因此，从思维发展的逻辑来看，当是《文子》在后。

再看"道德"、"性命"、"精神"。这三个词，在《文子》中反复出现，是一个值得注意的现象。据刘笑敢考察，这三个概念都出在战国后期。刘笑敢在《庄子哲学及其演变》一书中，对《左传》、《论语》、《墨子》、《老子》、《孟子》作了周密考察，发现这些书"都没有使用道德、性命、精神这样的复合词。"他又进一步查证了《诗经》、《尚书》、《国语》等战国中期以前的著作，也没有发现这三个词。由此，他得出结论："在战国中期以前，约略相当于《孟子》时代以前，还没有出现道德、性命、精神这三个复合词。"① 同时，他又对战国后期的著作如《荀子》、《韩非子》、《吕氏春秋》等作了详尽考证，发现这些书中都已使用"道德"、"性命"、"精神"这三个复合词。他以此为依据，研究《庄子》的时代特征，发现内篇中"没有使用道德、性命、精神这三个复合词"；"而在外杂篇中，这三个复合词都反复出现了"②。据此，他断定："外杂篇不可能是战国中期的作品，只有内篇才可能是战国中期的文章。"③ 这个论证是很有说服力的。以此为借鉴，我们就不难确定《文子》的成书时代。由于《文子》反复使用过道德、性命、精神这三个复合词，因而同《庄子》外杂篇一样，不可能是战国中期以前的著作，而只能是战国后期的作品。

---

① 刘笑敢：《庄子哲学及其演变》，中国社会科学出版社 1987 年版，第 9 页。
② 同上书，第 5 页。
③ 同上书，第 12 页。

以上说明，《文子》一书，非文子自著，而是战国末年学者托名于文子所作。班固曾言"似依托者也"，并非虚言。《文子》虽为依托之作，却仍然很有价值。它从一个侧面体现了战国末年黄老新道家的思想水平，不仅为汉初黄老之治提供了理论指导，也为汉代《淮南子》、《〈老子〉河上公章句》之成书提供了先行资料和理论导向。因此，《文子》是一部极为珍贵的道家著作，应当给予应有重视。

（二）《文子》的学派归属

《文子》属于黄老道家思想体系，它的思想集中反映了中国封建制到来之际新兴封建主的思想要求。新兴封建主在政治上积极进取，在思想上比较开放。为了本阶级的利益，能将一切有用的思想成果借鉴过来，为己所用，因而能在一定程度上打破门户之见，博采众家之说。以《文子》而论，在道家外部，它吸取了儒、墨、名、法、阴阳诸家之所长；在道家内部，它融合稷下道家与庄周学派于一炉，陶冶出具有黄老特色的思想体系。因此，《文子》的思想在深度和广度上都超过了战国中期道家所达到的水平。

一是采纳了儒家思想。例如《上义篇》云："君子善言，贵乎可行，善行，贵乎仁义。"明确强调"贵乎仁义"，这显然是采纳儒家的思想。二是吸取了墨家的思想观念，《上仁篇》说："知贤之谓智，爱贤之谓仁，尊贤之谓义，敬贤之谓礼，乐贤之谓乐。"这里反复强调"知贤"、"爱贤"、"尊贤"、"敬贤"、"乐贤"，毫无疑问，是对墨家"尚贤"思想的具体发挥。三是吸收了法家思想。《上义篇》说："夫法者，天下之准绳也，人主之度量也。县法者，法不法也。法定之后，中绳者赏，缺绳者诛。虽尊贵者，不轻其赏；卑贱者，不重其刑。犯法者，虽贤必诛；中度者，虽不肖无罪。是故，公道行而私欲塞也。"既直接阐明了法的功能，也透露了以法律为"准绳"的观念。四是吸取了阴阳家的观念。《十守篇》曰："头圆法天，足方法地。天有四时、五行、九曜、三百六十日，人有四肢、五脏、九窍、三百六十节。"这里讲的"天圆"、"地方"以及天人相类的观念，都是来自当时阴阳五行家言。这都说明，《文子》广泛吸取了儒、墨、法、阴阳诸家的思想观念，具有战国后期黄老新道家的鲜明特征。

虽然《文子》博采众家之说，但它并非杂家，而是归本于道家。综观全书，可知它特别重视"道"的作用。《道德篇》曰："夫道，无为无形，内以修身，外以治人。功成事立，与天为邻，无为而无不为，莫知其情，莫知其真。"《道原篇》曰："夫道者，高不可极，深不可测，苞（包）裹天地，禀受无形，原流浊浊，冲而不盈。浊以静之徐清，施之无穷无所，朝夕表之，不盈一握。约而能张，幽而能明，柔而能刚，含阴吐阳，而章三光。山以之高，渊以之深，兽以之走，鸟以之飞，鳞以之游，风以之翔，星历以之行。以亡取存，以卑取尊，以退取先。"在《文子》看来，"道"无所不在，无所不能。它千变万化，是一切事物运动、消长、存亡的内在依据和支配力量。如此强调"道"的权威，这正符合道家的基本特征。《文子》所说的"道"，既有本体论意义，亦有自然法则和社会法则的意义。这都说明《文子》归本于道家。

二 《文子》的宇宙观

在宇宙观方面，《文子》的本体论和发展观，都有自己独特的理论创造。

（一）在本体论方面，《文子》开凿了中国哲学史上气一元论先河

《文子》同所有道家学者一样，也把"道"看做化生万物的最后本体。它说："夫道者，德之元，天之根，地之门。万物待之而生，待之而成，待之而宁。"[①] 又说："道生万物，理于阴阳，化为四时，分为五行，各得其所。"[②]《文子》在这里所讲的作为万物之本的"道"究竟为何物？通观全书，可知其指的是"气"。它说："阴阳陶冶万物，皆秉一气而生。"[③] 又说："气者生之元也。"由此可知，《文子》所讲的"道"实质是"气"。这里有一个问题：万物同为"气"之所出，为什么会有千差万别的不同形态呢？《文子》认为，这是由于"气"自身有不同的形与质。他说："天地未形，窈窈冥冥，浑而为一，寂然清澄。重浊为地，精微为天。离而为四时，分而为阴阳。精气为人，粗气为虫，刚柔相成，万物乃生。"[④] 在《文子》看来，气可以分为不同种类，精微而轻之气，上浮为天；浊浑而

---

① 《文子·道德篇》。
② 《文子·自然篇》。
③ 《文子·下德篇》。
④ 《文子·十守篇》。

重之气，下凝为地；精粹之气合而成人，粗劣之气聚而为虫。因此，世间万事万物都是由不同形质的气所构成。这是气一元论的早期表现形态，它是对《庄子》气论和稷下道家精气说的重大超越。

一是超越了《庄子》的气论。我们知道，《庄子》曾提出过"通天下一气耳"的重要命题，也曾透露过气生万物的观念。它说："至阴肃肃，至阳赫赫，肃肃出乎天，赫赫发于地，两者交通成和而万物生焉。"①　又说："杂乎芒芴之间，变而有气，气变而有形，形变而有生。"②　"人之生，气之聚也。聚则为生，散则为死。"③　以上从"物生焉，"到"人之生"，都离不开"气"，似乎"气"是生物之本。但是，只要我们认真研读以上几段文字，就会发现，在《庄子》那里，"气"并非万物的最后本原。"气"乃是由另外的东西生成的，它或者产生于天地，或者"杂乎芒芴之间，变而有气"。因此，《庄子》并未把"气"看做产生天地万物的最后本原。《庄子》所谓世界万物的最后本原，实质上乃是指"无有"或曰"非物"。它说："有先天地生者，物耶？物物者非物。"④　把"非物"作为天地万物的本原，就难免陷入唯心主义。《文子》则避免了这一失误，在它那里，"气"是产生万物的最后本原，这就比《庄子》迈进了一大步。

二是超越了稷下道家的精气说。稷下道家认为，精气是生物之本，它说："凡物之精，比（化）则为生。下生五谷，上为列星；游于天地之间，谓之鬼神；藏于胸中，谓之圣人。"明确把"精气"作为化生万物的最后本原。但是，稷下道家的"精气"是浑而为一的，它没有精微粗劣之分。从天上的"列星"到地上的"五谷"，乃至"鬼神"和圣人的观念，都是"精气"构成的。为什么同为精气，却产生出不同的事物？稷下道家没有回答这一问题。《文子》则完成了这一理论创造。它把气区分为精微浊粗等不同形质，说明不同的气构成不同的事物。这个说法虽然也未必科学，但在道理上是讲通了。它给后代的气一元论以很大的影响，可以说奠定了中国古代气一元论的理论基础。后来王充、柳宗元、张载、王夫之的气一元论思想，都同《文子》在理论上有着渊源关系。

---

① 《庄子·田子方篇》。
② 《庄子·至乐篇》。
③ 《庄子·知北游篇》。
④ 同上。

（二）在发展观方面，《文子》深化了道家的辩证思维理论

老子是中国古代朴素辩证法大师，他的辩证法理论对后世影响很大。《文子》直接继承发挥了老子的辩证思维观念。一是重视对矛盾转化法则的探讨。"反者道之动"，是老子总结出来的一个辩证法命题。《文子》继承并发挥了这一思想。它看到了事物向两极转化的趋势，认为"物盛则衰"，"日中则移"，"月满则亏"，"乐极而怨"，并说："卑则尊，退则先，俭则广，损则大，此天道所成也。"明确把事物向对立面转化，看做"天道"（即自然法则），这无疑是难能可贵的。

不仅如此，《文子》还特别意识到量变在事物转化中的关键作用。它指出："金之势胜木，一刃不能残一林；土之势胜水，一掬不能塞江河；水之势胜火，一酌不能救一车之薪。"① 这是说，五行相胜，但必须达到一定的量，才能胜。又说："十围之木始于把，百仞之台始于下。"② 这是说，一切质变，都是以量变为条件。它特别强调"积"在量变中的作用，说"积德成王，积怨成亡，积石成山，积水成海。"③ "积薄成厚，积卑成高"，"积爱成福，积憎成祸"④；"积柔即刚，积弱即强，观其所积，以知存亡"⑤。这里，一再突出"积"。"积"，指的是事物量变的积累，故又曰："不积而能成者，未之有也。"⑥ "未有不蓄积而能化者也，故圣人慎所积"。这就把"积"提到了方法论的高度。这都说明，《文子》的作者对量变引起质变的规律，有了较深的认识。这在理论上是值得重视的，不仅补充了老子柔弱胜刚强的理论，也批判了《庄子》的相对主义思想。

二是看到了"和"（即矛盾统一性）在事物发展中的作用。我们知道，任何事物都是由相互对立即矛盾的两个方面组合而成的。矛盾双方又统一、又斗争，推动了事物的运动和发展。因此，矛盾的统一性和斗争性是事物矛盾运动的两种根本特性。《文子》在理论上的一个重要成就，是其看到了矛盾统一性在事物发展中的作用。不过，他还不懂得用"统一性"

---

① 《文子·上德篇》。
② 《文子·道德篇》。
③ 同上。
④ 《文子·微明篇》。
⑤ 《文子·道原篇》。
⑥ 《文子·道德篇》。

这个词语，而用的是"和"。《文子》说："天地之气，莫大于和。和者，阴阳调，日夜分。"① 又说："天地之所覆载，日月之所照明，阴阳之所煦，雨露之所润，道德之所扶，皆同一和。"② 细读以上文句，可知《文子》所讲的"和"，指的是矛盾双方（如天地、日月、阴阳、雨露、道德等）得到统一、中和。在《文子》看来，任何事物的生成，都是矛盾中和的结果。它说："万物春分而生，秋分而成，生与成，必得和之精。"它认为，单有矛盾的一方，是不能成就事物的，故曰："积阴不生，积阳不化，阴阳交接，乃能成和。"因此，"和"即矛盾统一，是事物生成、发展的重要条件。这在两千多年前的古代，是极为深刻的见解。不仅如此，《文子》还把"和"上升到方法论的高度，主张"治物者不以物以和"，强调为政要做到宽严结合，刚柔相济。它说："圣人之道宽而栗，严而温，柔而直，猛而仁。"③ 这些观念，反映了战国末年人心思和、天下归一的历史趋势，为新兴封建主在政治上统一天下，提供了理论依据。《文子》关于"和"的理念，对于我们今天构建社会主义和谐社会，亦有十分重要的启迪意义。

（三）在认识论上，《文子》突出了照规律办事的必要性

《文子》所说的"道"，有时也指规律。它说："夫道，无为无形，内以修身，外以治人"④。"天子有道，则天下服，长有社稷；公侯有道，则人民和睦，不失其国；士庶有道，则全其身，保其死；强大有道，不战而克；小弱有道，不争而得；举事有道，功成得福；君臣有道，则忠惠；父子有道，则慈孝；士庶有道，则相爱。故有道则和，无道则苛。由是观之，道之于人，无所不宜也。夫道者，小行之小得福，大行之大得福，尽行之天下服。"⑤ 这里把"道"的作用说得多么透彻。毫无疑义，这个"道"，就是自然和社会的共同法则或曰规律。人们只能遵循，不能违背。故曰："道者，物之所道也"，"圣人所由曰道"。

《文子》在论述"道"的作用的同时，还涉及"理"这一概念。它说

---

① 《文子·上义篇》。
② 《文子·微明篇》
③ 《文子·上仁篇》。
④ 《文子·道德篇》
⑤ 《文子·道德篇》。

的"理",同"道"是什么样的关系呢?从《文子》的有关论述来看,它所说的"理",指的是具体规律,而它所说的"道",则指的是根本规律。或者说"理"是"个别","道"是"一般"。"一般"寓于"个别"之中。《文子》曰:"故阴阳、四时、金木水火土,同道而异理。"阴阳、四时、五行都是"道"的体现(同道),但是它们所表现的"理"却各有特殊性(异理)。故又说:"夫天地有高下之位,日月有昼夜之宜,阴阳有刚柔之理,万物有长短之差。"[①] 这是说,不同事物所表现的"理"是不同的。"至于道也,非幽非沉,非存非亡,非巨非细,非圆非方,轮转不极,变化无方"。"道"不像"理"那样有各种具体特性,这同韩非所说的"万物各异理,而道尽稽万物之理"[②] 是一致的。《文子》反复强调要"遵天之道"、"循天之理",要求人们"择是而居之,择非而去之",表现了照规律办事的理性追求。

(原载《海南大学学报》1990 年第 4 期)

---

① 《文子·自然篇》。
② 《韩非子·解老篇》。

《黄老帛书》相关问题辨析

1973 年长沙马王堆第三号汉墓出土的《老子》乙本卷前四种古佚书，即《经法》、《十六经》（按：《十六经》原被整理者误释为《十大经》，1980 年文物出版社《马王堆汉墓帛书（壹）》订正为《十六经》，当从之）、《称》、《道原》等，统称为《黄老帛书》。

一　关于《黄老帛书》的若干问题

《黄老帛书》是我们今天研究道家思想发展环节和探索战国末年黄老新道家的珍贵文献。对于这一重要文献，研究者见仁见智，看法不一。这里仅就它的书名、成书时代、作者及其学术思想，谈谈笔者的一管之见。

（一）《黄老帛书》非《黄帝四经》

《黄老帛书》出土之后，唐兰先生等判定它为《黄帝四经》[①]，笔者认为，此说恐不可信。

其一，帛书中有《十六经》一卷，把《十六经》看做《黄帝四经》之一"经"，这在概念上是混乱的。这种混乱，似乎与享有"经"之地位的《黄帝四经》不符。

其二，《汉书·艺文志》明确记载"《黄帝四经》四篇"，而《黄老帛书》严格说来并非四篇，而是四卷。前两卷又包括许多篇。这同《汉志》的记载似乎难于一致。

其三，《经法》、《十六经》、《称》、《道原》等，虽在思想体系上较为一致，但它的体裁却不一致。如刘翔同志所指出的："我们所看到的《称》

---

① 唐兰：《马王堆出土〈老子〉乙本卷前古佚书的研究》，《考古学报》1975 年第 1 期。

篇，类似格言的汇集，《道原》则重于议论，都不是'经'的体裁。"

综上所述，《黄老帛书》恐非《黄帝四经》。

（二）《黄老帛书》当成于战国末年

关于《黄老帛书》的成书时间，我国学界说法不一，比较典型的说法有如下四种：一是战国前期之末到中期之初说；二是战国中期之末说；三是战国末期说；四是西汉初年或秦汉之际说。笔者赞同第三种意见。为了下面论述的方便，我们称前两种说法为"早出论"，称第四种说法为"晚出论"。我们认为，"早出论"或"晚出论"都值得推敲。

先说"早出论"。从已经掌握的资料来看，《黄老帛书》的上限似不能早到战国中期。关于这个问题，吴光同志在《黄老之学通论》一书中作过论证，他的一些好的意见，我们都赞同。这里只作一些补充论证。

第一，从《黄老帛书》与先秦其他典籍的关系来看，可知它成书不能早于战国末年。

如吴光所指出的："《黄老帛书》四篇古佚书，有一百三十多处内容与先秦一些古籍内容相同或相近，其中《管子》二十七处，《国语·越语下》与《鹖冠子》各十八处，《老子》十处，还有《尉缭子》、《申子》、《韩非子》、《慎子》、《庄子》、《荀子》、《礼记》、《易传》等书，也多有与帛书相合之处。"[①] 这种情况的出现，只有两种可能：或者帛书抄袭其他书籍，或者其他书籍抄袭帛书。我们查对了帛书和其他先秦古籍相同或相近的文字，发现既有帛书抄袭他书的情况，也有他书抄袭帛书的情况。关于他书抄袭帛书的情况，以《鹖冠子》较为明显。由于该书成于帛书之后，这一问题留待研究该书时再讨论。这里着重说明帛书抄袭他书的情况。我们试比较下面三段文字：

《管子·内业》："道也者，……人之所失以死，所得以生；事之所失以败，所得以成也。"

《韩非子·解老》："凡道之情，……万物得之以死，得之以生；万事得之以败，得之以成。"

《经法·道法》："故同出冥冥，或以死，或以生，或以败，或以成。"

这三段文字，其演变次序是非常清楚的：先由《内业》的那段文字演

---

① 吴光：《黄老之学通论》，浙江人民出版社 1985 年版，第 131 页。

变出《解老》的那段文字；再由《解老》的那段文字演变出《道法》的那段文字。韩非把《内业》的"人之所失以死，所得以生"改作"万物得之以死，得之以生"。不仅用"万物"代替"人"，而且将"失之以死"改作"得之以死"。这一改，一是告诉人们，作为规律性的"道"，不仅适用于"人"，而且也适用于"万物"，其作用的范围更宽了；二是告诉人们，"道"，不仅得之可以生，而且得之也可以死（若用之不当）。这表明韩非对《内业》的思想作了重要改造。《黄老帛书》的作者，其理论思维的抽象性又有了明显提高，他用"或以死，或以生，或以败，或以成"四句，来代替韩非"万物得之以死，得之以生；万事得之以败，得之以成"四句，其概括程度又提高了一步，显然，帛书的作者对韩非的论述又有所加工改造，它只能出在韩非成名之后。

第二，从思维发展的逻辑来看，《黄老帛书》之成书不可能早于战国末年。细读帛书，不难发现它是以道家思想为主，兼采儒、墨、名、法、阴阳诸家学说之长而形成的一种应变力极强的思想体系，这是先秦时期学术大融合的产物。我们知道，战国前期各家尚处于互黜的历史阶段，不可能产生类似帛书那样的思想大融合的著作。到了战国中期，虽已出现了融合的趋势，但那时的思想融合尚处于初级阶段。例如，战国中期的稷下道家著作，虽已吸收了其他学派的思想，但没有帛书那么广泛，其中明显没有吸收阴阳五行家学说。这是因为阴阳五行家学说盛行于战国后期，成书于战国中期的稷下道家著作，不可能吸收他们的思想成果。而帛书的一个显著特点，是它大量吸收了阴阳五行家的思想成果，这说明它的成书不能早于战国后期。那么，帛书成书的下限，是否可定在汉初呢？答复是否定的。

首先，《黄老帛书》在当时是作为殉葬品而与《老子》同抄在一起，这从侧面告诉我们，它在当时学术地位极高。如果帛书是在黄老之学盛行的汉初完成的，其著作当被学界尊重而载入汉史。但我们今天见到的《史记》和《汉书·艺文志》，均未提及该书及其作者，说明它并非成于汉代。

其次，汉初已完成了统一大业，结束了"天下大争"的局面，但该书却说"今天下大争，时至矣"！这与汉初的政治形势很难吻合得上，说明它不可能成于汉初。

那么，《黄老帛书》究竟成于何时呢？我们认为，它成于韩非成名之后、秦统一六国之前。我们在前面已经证明，帛书改造过韩非的思想成果，它不可能成书于韩非成名之前。韩非于公元前223年出使秦国，同年被李斯和姚贾陷害致死。此前，他已是享有盛名的法家学者。据史书记载，他到秦国之前，秦王政曾读过他的《孤愤》、《五蠹》等书，叹曰："寡人得见此人，与之游，死不恨矣！"足见当时韩非著作传播很广，影响很大。帛书的作者完全有可能在公元前223年以前读到韩非《解老》诸书，并借鉴其思想成果。

（三）《黄老帛书》很可能出自齐人之手

关于帛书的作者，过去有人猜测是"郑之隐者"，也有人推断为楚国的黄老学者，似乎都难以令人信服。我们认为，它很可能出自齐人之手，是齐国稷下道家的后学所著。理由是：从《帛书》的内容和文字上看，它与今存的《管子》有许多相似之点。据学者统计，《帛书》与《管子》相同或相近文字，达二十七处之多。仔细比较两书，至少有如下几个共同点：

其一，用语有的相同或相似。如，《黄老帛书》将"道法"并提，《管子》也是如此。《管子·法法》曰"明王在上，道法行于国"；《管子·任法》言"百姓辑睦，听令（命）道法，以从其事"；《管子·君臣上》云"是以知明君之重道法而轻其国也"；《管子·宙合》说"章（彰）道以教，明法以期"等，都属道法并提之例。又如，帛书"以天为父，以地为母"二句，也首见于《管子·五行》。再如，帛书《观》篇曰："夫并时以养民功，先德后刑，顺于天。"这段文字，也同《管子·势篇》"秉时养人，先德后刑，顺于天，微度人"一段相近似。这都绝非偶然。

其二，寓意有的基本一致。如帛书提出的"道生法"这一命题，《管子》中虽无"道生法"一语，但这个含义在该书中已有流露。《管子·心术上》曰："故事督乎法，法出乎权，权出乎道。"其中就含有"道生法"之意。又，《管子·枢言》曰："法出乎礼，礼出于治，治、礼，道也。"其中心思想亦在强调"道生法"。又如，帛书《称》言："一曰正名立而偃，二曰倚名发（废）而乱，三曰强主立而无名。"这里将"正名"与"倚名"对应使用，且颂扬"正名"，贬抑"倚名"，表达了作者围绕"名"所作的理论思考。这个意思，在《管子》中也有流露。《管子·枢言》曰："名正则治，名倚则乱，无名则死。"《管子·白心》曰："正名自治，倚名自废。名正法备，则圣人无事。"类似此种寓意相似的情况，还可列举许多，因篇幅所限，不再赘述。

其三，基本观点有一些相通之处。特别值得重视的是，《黄老帛书》同《管子》中的"道家诸篇"在理论上惊人的一致。如帛书在哲学上，把"道"看做客观世界的根本法则，主张"执道"、"循理"、"因天"、"因地"、"因民"，提倡守"雌节"，认为"重柔者吉，重刚者灭"。这些基本观点都可以从《管子》之"道家诸篇"中找到理论源头。另外，在政治上，帛书主张"是非有分，依法断之"①；提倡"君臣当位"，"上下不赾"、"君执度，臣循理"②，认为圣人"察稽知极"而"天下服"③ 等，也都可从"道家诸篇"中找到思想脉络。

以上可见，帛书同《管子》之学（特别是稷下道家之学）有着不可分割的渊源关系，因此，其作者一定富有深厚的齐文化功底，很可能是齐人或稷下道家之后学。

二　《黄老帛书》思想体系的基本特点

《黄老帛书》是战国末年新兴地主阶级营造新的上层建筑的理论成果。它在思想道德教育方面，不仅展示了积极进取的政治谋略，也表现出对政治道德的高度重视。它以道家思想为主体，兼采儒、墨、名、法、阴阳诸家之长。这种理论上的建构，正好符合战国末年黄老道家的基本特征，具有极大的应变能力。

（一）《黄老帛书》兼采众家之长

《黄老帛书》一个重要特点，是它在体系上呈现出开放的状态。除了继承和发挥道家思想之外，它还广猎博采儒、墨、名、法、阴阳诸家之长，可谓集众家之学术成果于一体，内容极其丰富。

一是吸取了法家的思想成果，重视法治。《经法·道法》曰"法者，少（佐）得失以绳，而明曲直者也，（故）执道者，生法而弗敢犯也，法立而弗敢废也，能自中以绳，然后见知天下而不惑也"；《称》云"案法

---

① 《经法·论约篇》。
② 《经法·大分篇》。
③ 《道原篇》。

而治则不乱";《经法·君正》也说"法度者，政之治也。而（读作能，下同）以法度治者，不可乱也，而生法度者，不可乱也。精公无私而赏罚信，所以治也";《经法·名理》言"是非有分，以法断之；虚静谨听，以法为符"，这些论述，无疑都是对法家思想的因袭。二是吸取了形名家的思想成果。帛书较多涉及"刑名"（这一概念属于刑治专用语）问题，但也涉及"形名"问题。"形名"概念的本质，在于阐明形体与名称的关系问题，这是名家重点探讨的问题。《称》言："有物将来，其刑（形）先之。建以其刑（形），名以其名。"这里强调先有形，后有名，显然是对形名家"夫名，实谓也"（公孙龙语）思想成果的运用。三是吸取了阴阳家的思想成果。帛书的作者明确提出了"凡论必以阴阳明大义"。《十六经·果童》曰："两若有名。相与则成。阴阳备物，化变乃生。"《姓争》言："刑德相养，……刑阴而德阳，……"这些论述，多次涉及阴阳观念，当是对战国末年阴阳家思想的借鉴。此外，帛书还吸取了儒家、墨家的一些思想。关于儒家的思想，帛书突出了它的"德治"，使之与法家的刑法结合起来，提出了"刑德相养"的政治主张；关于墨家的思想，帛书对其"兼爱"、"上同"都有所涉。

（二）《黄老帛书》归本于道家

《黄老帛书》虽然博采众家之说，但它基本倾向仍归属于道家。它把"道"看做世界万物的本根。《十六经·成法》说："一者……道其本也。……一之解，察于天地；一之理，施于四海。周极上下，四乡（向）相枪（抱），各以其道。"这里所说的"一"，由"道"所生。"一"虽然可以"察于天地"、"施于四海"，但它"四乡（向）相枪（抱），各以其道"。"道"乃"一"的最后归宿，故又说："夫百言有本，千言有要，万言有葱（总），万物之多，皆阅一空（孔）。"这里所谓"一孔"，即指"道"。可见，《黄老帛书》的作者，同老庄一样，都把"道"作为最高范畴，予以尊重。该书虽然有着浓厚的法家意识，但"法"同"道"相比，仍居次要地位，故有"道生法"之说。

三 《黄老帛书》的宇宙观

在宇宙观方面，《黄老帛书》继承发挥了早期道家的哲学思想。

（一）继承发挥了早期道家把"道"看做客观世界总规律的思想

《黄老帛书》提倡"执道循理"，遵循规律。《道原》说："恒无之初，迵（洞）同太虚，虚同为一，恒气而止。湿湿梦梦，未有明晦……古（故）无有刑（形），大迵无名。天弗能覆，地弗能载。小以成小，大以成大。盈四海之内，又包其外。在阴不腐，在阳不焦，一度不变，能适规（蚑）侥（蟯）。鸟得而蜚（飞），鱼得而流（游），兽得而走。万物得之以生，百事得〔之〕以成。人皆以之，莫知其名，人皆用之，莫见其形。"这里所说的"道"，"湿湿梦梦，未有明晦"，虽然人们"莫知其名"，"莫见其形"，但它却是客观存在着的东西，是世界万物包括鸟兽虫鱼得以生长运动的内在根据，小的东西得到了它，可以成其小；大的东西得到了它，可以成其大。故曰："万物得之以生，万事得之以成。"显然，道就是自然界的根本法则。帛书把"道"看做客观世界的总法则，这同《老子》中的思想是一致的，但又比前者讲得更明确。正是同这个思想相联系，帛书特别强调要遵循规律。它提出了"执道循理"①、"循名究理"②、"抱道执度"、"主执度，臣循理"③等重要口号，表明了作者对真理的向往。什么叫做"理"？帛书在回答这个问题时，提出了"顺"、"逆"两个概念："物各（合于道者）谓之理，理之所在，谓之顺。物有不合于道者，谓之失理，失理之所在，谓之逆。"④这里把"合于道"的东西叫做"理"，把"不合于道"的东西叫做"失理"。认为有理为"顺"，失理为"逆"，人们认识的关键，在于"审知顺逆"。这无疑是一种理性的自觉。

（二）突出"执道"的重要意义

《帛书》说："故唯执道者，能上明于天之反，而中达君臣之半（畔），富密察于万物之所终始，而不为主。"⑤又说："故执道者之观于天下也，见正道循理，能与（举）曲直，能与（举）冬（终）始。""是故

---

① 《经法·四度篇》。
② 《经法·名理篇》。
③ 《经法·大分篇》。
④ 《经法·论篇》。
⑤ 《经法·道法篇》。

万举不失理，论天下而无遗策。"① "抱道执度，天下可一也。"认识了"执道"的重要性，也就有了遵循规律的自觉性。它表明封建主阶级在其上升时期，能够在客观规律面前发挥积极的能动作用，推动时代的前进。

（原载《管子学刊》1989 年第 4 期）

---

① 《经法·论约篇》。

《鹖冠子》若干问题探讨

　　《鹖冠子》作为一部道家遗著,也鲜明地体现了黄老道家特色。但是,这部书同《文子》的遭遇一样,长时间被人视作汉以后的伪造品并长期打入冷宫。直到 1973 年长沙马王堆出土了《经法》等四篇《黄老帛书》,才引起一些专家对《鹖冠子》的重视。侯外庐、唐兰、张岱年等先后著文肯定这部书为先秦古籍,李学勤、吴光、谭家健等亦先后撰文考证这部书的真伪及其成书时代,其中不少好的意见值得肯定。这里谈谈我们的看法。

一　关于《鹖冠子》这部书

　　《鹖冠子》究竟为先秦古籍还是汉人伪托?它成书于何时?作者是谁?其思想有什么特色?这是学界时常提到的一些问题,需要作认真的讨论。

(一)《鹖冠子》属先秦古籍

　　《鹖冠子》为先秦古籍,历史早有记载。《汉书·艺文志》"道家类"载有"《鹖冠子》一篇",班固谓其作者为:"楚人,居深山,以鹖为冠。"《隋书·经籍志》著录"道家"有"《鹖冠子》三卷",注曰:"楚之隐人"。至唐、宋均有《鹖冠子》三卷。刘勰曾在"文心雕龙"中称"鹖冠绵绵,甫发深言"。给《鹖》著以很高的评价。唐韩愈撰有《读鹖冠子》一文,谓"《鹖冠子》十有六篇,其辞杂黄老刑名,其《博造》篇'四稽'、'五至'之说当矣。使其人遇其时援其道而施于国家,功德岂少哉!《学问篇》称'贱生于无所用,中流失船,一壶千金者',余三读其辞而悲之……"文中所言《博造》、《学问》二篇及其内容,今从《鹖》著中均可找到。这说明今存的《鹖》著与韩愈所见本大体一致,唯篇数由十六增至十九,疑为后人附益文字。

首次对《鹖》著提出怀疑的是与韩愈同时代的柳宗元。柳氏在《辩鹖冠子》一文中说："余读贾谊《鵩赋》，嘉其辞，而学者以为尽出《鹖冠子》。余往来京师，求《鹖冠子》，无所见。至长沙，始得其书。读之，尽鄙言也。唯谊所引用为美，余无可者。余意好事者伪为其书，反用《鵩赋》之文释之，非谊有所取之，决也。""太史公《伯夷列传》称贾子曰：'贪夫殉财，烈士殉名，夸者死权'，不称《鹖冠子》。迁号为博极群书，假令当时有其书，迁岂不见哉！"此后，晁公武、陈振孙、王应麟、姚际恒均附柳说，断言《鹖冠子》为伪书。

毫无疑义，把《鹖冠子》视为"伪书"的说法是不能成立的。《四库全书总目》早有公正评说，指出："柳宗元……谓其《世兵篇》多同《鵩赋》，据司马迁所引贾生二语以决其伪。然古人著书，往往偶用旧文。古人引证，亦往往偶随所见，如'谷神不死'（字）［语］，今见《老子》中，称为《黄帝书》；'克己复礼'一语，今在《论语》中，《左传》谓'仲尼称《志》有之'；'元者，善之长也'，今在《文言传》中，《左传》乃记为穆姜语。司马迁唯称贾生，盖亦此类。未可以单文孤证，遽断其伪。"这个评说是很中肯的。因此，以柳宗元之说为据来否定《鹖冠子》为先秦古籍是不能成立的。今人唐兰、李学勤等依据1973年长沙马王堆汉墓出土的《经法》等四卷《黄老帛书》，进一步阐明了这一问题。他们把《黄老帛书》同《鹖冠子》作了比较研究，发现二者的思想体系和主要观点有着密切的联系。《鹖冠子》书中有近二十处的语句或词意与《经法》等篇古佚书基本相同或相互印证，说明它们是同一学派或同一时代的作品，[①] 是先于《鵩鸟赋》出现的先秦文献。《鵩鸟赋》对其有所吸取是很自然的事。此后，谭家健的文章，对这个问题又作了进一步论证。他将《鹖冠子·世兵篇》同《鵩鸟赋》中相同的文字作了比较，从文字技巧的角度，说明《鵩鸟赋》更为密致，其文笔优于《鹖冠子》，符合后出转精的规律。再则，吸取前人成果是汉代思想家的普遍风气。贾谊写《赋》于长沙王傅任上，完全有可能参考流行于楚地的《鹖冠子》。这都说明柳宗元之说不足为据。而且，柳氏谓《鹖冠子》"尽鄙言"，也过于偏激。如《四库全书总目》所言："其说虽杂刑名，而大旨本原于道德，其文亦博辩宏肆，自六朝至唐，刘勰最号知文，而韩愈最号

---

① 参见唐兰《马王堆出土〈老子〉乙本卷前古佚书的研究》，《考古学报》1975年第1期；李学勤《新发现汉简帛书与秦汉文化史》，《淮阴师专学报》增刊《活叶文史丛刊》第121期。

知道，二子称之，宗元乃以为鄙浅，过矣。"

《鹖冠子》虽为先秦古籍，但今存本确有后人附益的情况。就其篇数而言，《汉志》载为"一篇"，唐韩愈所见为"十六篇"，今本乃有十九篇，似有日趋增多之势。对此，当作具体分析。关于《汉志》记为"一篇"，有的学者认为是将原书分割为两部分，一部分入兵书类，故"道家"类仅存"一篇"耳！这个分析有一定的道理。又，今本十九篇，比唐韩愈所见本多出三篇。吴光考证认为，《世兵》、《世贤》、《武灵王》三篇，是后人将《庞煖》书混进去的。读《世贤》与《武灵王》两篇，确系庞焕（煖）答卓襄王与武灵王之问，其中无鹖冠子之言，可以认定非《鹖冠子》之文；至于《世兵》是否为混入之作，似乎还可以继续讨论。

总之，今本《鹖冠子》确有后人附益的情况，但我们不应因为该书有附益之文而全盘否定该书的价值。如梁启超所云："今书时言明理，且多古训，似非出魏晋以后人手。""虽未必为《汉志》之旧，然尤为近古。"这个结论是客观而公正的。

（二）《鹖冠子》的作者及成书时代

《鹖冠子》既为先秦古籍，那么，作者是谁？成书于何时？关于《鹖冠子》之作者，其真名已无可详考。据应劭《风俗通义》逸文言："鹖冠氏，楚贤人，以鹖为冠，因氏焉，鹖冠子著书……"又据《太平御览》卷五〇一引袁淑《真隐传》："鹖冠子或曰楚人，隐居幽山，衣弊（敝）屣穿，以鹖为冠，莫测其名，因服成号，著书言道家事。马（当为'庞'之误）煖尝师事之。煖后显于赵，鹖冠子惧其荐己也，乃与煖绝。"隐居幽山的鹖冠子为什么以"鹖"为冠？《文选·司马相如〈上林赋〉》中有"蒙鹖苏"一语，张揖注曰："鹖似雉，斗死不却。"说明"鹖"十分勇敢，宁可斗死，也不退却。则"鹖"，象征勇武，故古其羽作为武冠。又据《后汉书·舆服志下》载"鹖者，勇雉也，其斗对一死乃止，故赵武灵王以表武士……"由此推断，鹖冠子曾是武人，后来隐深山。近年，又有学者作过较为翔实之考证，他们根据该书所涉及的掌故、人物及其历史事件，推断出鹖冠子是战国后期的楚国人，大约生活于赵武灵王后期至赵惠文王时期，即约为公元前 310 年至前 260 年之间。① 又推测《鹖冠子》大

---

① 参见谭家健《〈鹖冠子〉试论》，《江汉论坛》1986 年第 1 期。

约写于赵将庞煖败燕军杀剧辛（据有关资料载，剧辛死于公元前 242 年）之后。书中有"庞子曰"，应是出自庞煖弟子之手，时间又应后推若干年，约在战国之末或秦楚之际。① 我们赞同这些见解。

（三）《鹖冠子》的思想倾向

《鹖冠子》在思想体系上属于黄老新道家范畴，它同《文子》、《黄老帛书》有一定的相似性，但又有自己的个性。

第一，它也有杂取众家之长的风格。一是吸取儒家的成果。《道端》曰："是以先王置士也，举贤用能，无阿于世。仁人居左，忠臣居前，义臣居右，圣人居后。左法仁，则春生殖；前法忠，则夏功立；右法义，则秋成熟，后法圣则冬闭藏。先王用之，高而不坠，安而不亡，此万物之本剽（膘）。"这里所强调的"举贤用能"以及"法仁"、"法忠"、"法义"、"法圣"等观念，毫无疑问，乃取之儒家的学术成果。二是采摘了法家之言。《度数》："散无方、化万物者，令也；守一道，制万物者，法也。法也者，守内者也；令也者，出制者也。夫法不败是，令不伤理。故君子得而尊，小人得而谨。"这些论述，体现了法家的一些主张。三是撮取阴阳家之说，《度万》言："阴阳者，气之正也；天地者，形神之正也。"《王铁》："天用四时，地用五行。"这些都同阴阳家的学说相贯通。

第二，《鹖冠子》虽善取众家之长，但其归宗仍属道家。它高度重视"道"的权威。《环流篇》说："唯圣人究道之情，唯道之法。"《泰鸿篇》说："得道之常，谓之圣人。"《能天篇》曰："道者，圣人之所吏（任）也。至〔人〕之所得也。……口不可以致其意，貌不可以立其状，若道之象门户是也，贤、不肖、愚、知由焉，出入而弗异也。"又曰："故圣人者，后天地而生，而知天地之始；先天地而亡，而知天地之终；力不若天地，而知天地之任。"圣人所以如此聪明而有智慧，是因为他们掌握了大道。这都说明，"道"是《鹖冠子》所崇拜的最高对象，其所归依，当属道家。

二 《鹖冠子》的宇宙观

在宇宙观方面，《鹖冠子》有其一些独到之处。这表现在以下几个

---

① 参见李学勤《马王堆帛书与〈鹖冠子〉》，《江汉考古》1983 年第 2 期。

方面：

（一）坚持以"元气"为本体的世界万物生成说

《鹖冠子》继承和发展了稷下道家的"精气说"和庄周学派的"气论"，创立了以"元气"为本体的世界万物生成说。《泰录篇》说："故天地成于元气，万物乘（疑为'秉'字之误）于天地。"这里明确把"元气"作为天地万物的本原。与此相联系，它在该篇又指出："精微者天地之始也。"吴世拱注曰："精微，谓元气也。"因此，这里所谓"精微者天地之始也"，实质上也是把"元气"作为天地的本原。又说："天者，气之所总出也。"陆佃注曰："所谓虹霓也，霜露也，风雨也，积气之成乎天者也。"这同《庄子》"通天下一气耳"的思想又是一致的。

从稷下道家的"精气说"到《鹖冠子》的"元气论"，这表明我们的祖先以气为本体的宇宙观有了一个飞跃。"元气说"同"精气说"相比，在理论上是一个重大突破。首先，"元气"不是一般的"精气"，它乃是产生天地万物的本原之气。故《说文》曰："元，始也。"何休《公羊传解诂》隐公元年释"元"曰："元者气也，无形以起，有形以分，造起天地，天地之始也。"因此，"元气"乃是作为"天地之始"的一种特殊的"气"。这种"气"，存在于天地未分之前，同精气有所区别。其次，"元气"揭示了天地未分之前宇宙间的混沌状态。许慎《说文解字》："元气初分，轻清阳为天，重浊阴为地。"肯定"元气"是天地未分的统一体。因此，"元气"概念的提出，不仅把本原之"气"同非本原之气区别开来了，而且也描述了天地未分之前"气"的浑而为一的状态，为"一生二"的宇宙生成论提供了理论依据。过去，学术界一直认为我国古代"元气说"始于汉代，现在，由于肯定了《鹖冠子》为先秦古籍，使"元气说"出现的时间有所提前，这是思想史上的一件大事。

但是，《鹖冠子》的"元气说"尚不成熟，甚至在理论上出现了混乱。本来，按照其"天地成于元气，万物乘（秉）于天地"的说法，"元气"应是天地万物的最后本原。但它又说，"气由神生，道由神成"[1]，照这个说法，似乎"气"又不是万物的最后本原，在"气"之前还有一个

---

[1] 《鹖冠子·度万篇》。

"神"。"神"究为何物？它回答说："神明者，积精微全粹之所成也。"①似乎"神"也可理解为"精气"。但它有时又把"形"与"神"对称，《度万篇》说："形神调则生理修。"由此可知，它所说的"神"乃是与"形"相对立的精神。把精神放在"气"前，这就未能把元气说坚持到底。

（二）强调自然规律的客观性

《度万篇》说："所谓天者，言其然物而无胜也；所谓地者，言其均物而不可乱也。"《世兵篇》曰："天不变其常，地不易其则，阴阳不乱其气，生死不偿其位，三光不改其用，神明不徙其法。"在《鹖》著看来，自然界的生生变化及其秩序有着不以人的意志为转移的客观法则。值得注意的是，它把"道"看做自然和社会的根本法则，认为天地之生成万物都是受"道"的支配。它说："其得道以立者，地能立之；其得道以仆者，地弗能立也；其得道以安者，地能安之；其得道以危者，地弗能安也；其得道以生者，天能生之；其得道以死者，天弗能生也；其得道以存者，天能存之；其得道以亡者，天弗能存也。"② 地之能使事物立、仆、安、危，天之能使事物生、死、存、亡，归根到底是由"道"所赋予的特性来决定的。因此，"道"乃是天地万物的根本法则。这是对传统的"天命观"一个有力的抵制。按照传统天命观的见解，"死生有命，富贵在天"，天是自然和社会的最高主宰。现在《鹖冠子》却认为天、地所能完成的一切，都由"道"来决定。这就取消了"天"的最高人格神的地位，在自然观上坚持了唯物主义。《鹖》著虽然认为"道"或曰自然规律是支配万物的不可拂逆的力量，但是它又认为自然规律可以被人类所认识、掌握，为人类改造自然和社会服务。它说，"天高而可知，地大而可宰"；"唯圣人究道之情，唯道之法"。认为只要以"道"为法则，就可以做到"守一道，制万物"。在《泰录篇》中又说："道包之，故能知度之；尊重焉，故能改动之；敏明焉，故能判断之。……精明达，故能役贤能、使神明，百化随而变，终始从而豫。"总之，遵道以行，就可以发挥聪明才智，无所不能。这同《文子》和《黄老帛书》所强调的"执道循理"的思想是一致的。

令人遗憾的是，在对于规律的客观性的认识上，《鹖》著也未能把唯

---

① 《鹖冠子·泰录篇》。
② 《鹖冠子·能天篇》。

物主义贯彻到底。本来它已意识到规律的存在是不以人的意志为转移的，即人不能创造规律，但是它却又提出了"贤生圣，圣生道"的说法，把"道"看做圣人头脑的产物，这就难免陷入"唯意志论"的泥潭。同时，《鹖冠子》的作者本已明确认识到"天高而可知，地大而可宰"，表现了勇于驾驭万物的精神状态，但是，他最后却陷入了"命定论"。说："命之所立，贤者不必得，不肖不必失。……故有一日之命，有一年之命，有一时之命，有终身之命。终身之命，无时成者也。故命无所不在，无所不施，无所不及。"① 尽管他所说的"命"非指"天命"，而指的是一种客观必然性，他说："命者，自然者也。"但他无疑夸大了这种必然性，以致在未被认识的必然性面前束手无策，只好发出哀叹。这种结局，可能同《鹖冠子》作者的遭遇有关。他无法改变自己的命运，只好隐居独处了。

（三）继承发挥了早期道家的朴素辩证法

在《环流篇》中，作者表达了关于对立面同一和事物运动变化的思想。他说："阴阳不同气，然其为和同也；酸咸甘苦之味相反，然其为善均也；五色不同彩，然其为好齐也；五声不同均，然其可喜一也。故物，无非类者；动静，无非气者。"又说："气故相利相害也，类故相成相败也。"此外，他还提出过"美恶相饰"、"物极则反"等命题，这些都反映了作者对事物矛盾及其对立统一关系的朴素认识。《世兵篇》还说："阴阳相攻，生死相摄，气威相灭，虚实相因，得失浮悬。"这些思想也反映了当时人们对自然和社会矛盾认识的进一步提高。

但是，《鹖冠子》的作者也没有把辩证法贯彻到底。他虽然看到了"物极必反"、"美恶相饰"的特性，但在阐述这种特性时，却陷入了"循环论"。他说："美恶相饰，命曰复周；物极必反，命曰环流。"这里所谓"复周"，指的是"周而复始"；"环流"说的是"周流如环"。这些似乎都有"循环论"的嫌疑。

（原载《道家思想史纲》，湖南师范大学出版社 1991 年版）

---

① 《鹖冠子·环流篇》。

第 六 编

道家的学术价值与研究方法探讨

论道家学术在中国文化史上的重要地位

勤劳而富有智慧的中华民族是世界上最伟大的民族之一，创造了上下数千年的历史文明，保存着璀璨斑斓的古代文化。丰富而深邃的道家思想，就是其中重要的组成部分。

一　道家学术具有独特的个性和优势

所谓道家，指的是以老子思想为宗脉的学术派别的总称。道家之名，最初见于汉代司马谈《论六家要指》，称为道德家，简称为"道家"，《汉书·艺文志》将它列为"九流"之一。道家思想源远流长，其创始人是春秋末年的老聃。今存《老子》，基本上保留了老聃的思想资料。《老子》思想博大精深，上承上古文化，下启百代后学，集古代先贤圣哲之精华，开中国学术思想之先源，对中国思想史和世界思想史都产生过极其深远的影响。

道家和儒家的学说，共同构成了中国传统文化的主动脉。在中华民族思想文化发展的长河中，儒、道两家各自起着不可磨灭的历史作用。如果说儒家思想居于中国传统文化的表层结构，那么道家思想则居于中国传统文化的深层结构。二者互为表里，相辅相成，汇合成中国传统文化的滔滔大江。

但是，由于历史的原因，儒、道两家在其发展的过程中，却走着不同的路径。一般说来，儒家的发展比较顺利。两千多年来，它除了在秦汉之际这段时间受压抑之外，其余大部分时间处于"独尊"的地位，其学术观点受到封建专制的保护，成为封建帝王的御用工具和封建社会的正统思想。道家则迥然不同，它除了在战国后期和西汉初期走了一段顺利发展的道路之外，其余大部分时间则处于受压抑的境遇。它是在封建专制主义的夹缝中生存和发展自己。尽管如此，道家仍然创造出儒家所未能创造出的许多学术成果，因而更显出其旺盛的生命力。作为一种学术思想，在遭受排斥、压抑的条件下，仍然经久不衰，且与处于"独尊"地位的儒家相媲美，这件事本身就足以说明，道家思想具有其存在的合理性。

道家思想为什么有如此巨大的生命力呢？这是因为它同儒家相比，有着自己独特的个性和优势。它以自然型哲学来对抗儒家伦理型哲学，对儒家长期经营的宗法思想文化予以怀疑、否定和批判，在自然与社会、个体与群体的关系方面，作了比儒家更为深入的思考和探索。就其探索的领域而言，从现实的"人间世"到旷广的"宇宙"均有涉及。在这些领域，它以纵横驰骋的思绪，寻找天地万物的最后本原，在许多问题的答案上，显示出理性的光辉，因而更能满足我们民族理论思维发展的要求，这是任何力量也压服不了的。正因为如此，所以道家能在艰难的条件下，不断发挥自己的智慧，成为我国传统文化重要的组成部分。道家确实对我们民族的理论思维作出了重要贡献，我们应当对它加以认真总结和大力发掘。

二 道家学术的理论贡献

道家在哲学、政治学和科学技术方面，都有自己独特的理论创造。

（一）道家的哲学创造

从哲学上说，道家哲学对中国古代哲学的产生和发展起着开山祖的历史作用。在本体论方面，道家明确提出了"道生一，一生二，二生三，三生万物"的重要命题。这个命题的核心思想，是把"道"看做产生世界万物的最后本原。尽管"道"的本质属性在其创始人老子那里，呈现着"惚兮"、"恍兮"的模糊性，但正是这种模糊性，启迪着后人围绕"道是什么"这一问题，进行了长期的、有意义的学术探讨，由此而诱发出中国哲学史上关于本体论问题的两种互相对立的思想体系：一种是以庄子和王弼为代表，把"道"解释为"虚无"或"无有"，从而丰富和发展了"无能生有"的唯心主义学说；另一种以稷下道家和汉初黄老学派为代表，把"道"解释为"精气"或"元气"，从而奠定了"气生万物"的唯物主义思想路线。这两种哲学见解，在中国哲学史上都具有十分重要的理论价值。前者不仅有利于把中国哲学引上思辨的道路，而且对于吸收和融合佛教哲学，也作出了历史贡献；后者则揭开了中国哲学史上气一元论的唯物主义篇章。此后的许多唯物主义思想家，差不多都是沿着气一元论的哲学路线，达到自己光辉的顶点。

在发展观方面，道家提出了"有无相生"和"反者道之动"的重要命题。这两个命题实质上已猜测到了矛盾双方相互依存相互转化的特性，从而标志着我国古代辩证矛盾观的历史形成。这一思维成果，既是对以往思想家们关于阴阳、常变、和同、一两之辩的思想总结，也为以后中国古代辩证法的发展奠定了理论基础。两千多年来，从荀子到王夫之乃至毛泽东的辩证思维理论，无不同道家的朴素辩证法有着理论上的依存关系。

在认识论方面，道家提出了"静观"、"玄览（鉴）"的直觉主义的认识路线，尽管这条路线在哲学上属于唯心主义的先验论，但其试图建立一种超越感性认识和理性认识之上的一种新的认识途径，无疑是一项有意义的探索。值得注意的是，道家把"知常"作为认识的根本任务，这在认识发展史上，是一个了不起的贡献。老子说："知常曰明，不知常，妄作凶。"所谓"知常"，即把握常道，用今天的话说，叫做认识客观规律。不懂得客观规律，盲目从事，只能碰得头破血流。强调遵循规律，这正表现出道家对真理的炽热追求，它启迪着后来者在认识真理的道路上不断进行积极探索。而后，荀子提出"天行有常"，并要求人们把握"天之常"而"应之以治"；韩非把"道理"作为规律的代名词，认为"缘道理以从事，无不能成"；刘禹锡用"数"、"势"、"理"诸概念，揭示规律的客观性，要求人们推"数"、乘"势"、揆"理"，亦即照规律办事；王夫之从其朴素的唯物辩证思想出发，正确地揭示了"常"与"变"的辩证关系，提出"奉常以处变"、"变而又不失其常"，把道家主张"知常"的思想，推到了新的高度。

以上说明，道家哲学从本体论到发展观乃至认识论诸方面，都极其深刻地影响着中国古代哲学的发展。正如十九世纪末俄国汉学家 C. 海澳基也夫斯基所指出的："古代哲学家老子的学说，是中国一切哲学发展的出发点，所有其他中国哲学家的体系，都是在《道德经》哲学体系的各个部分的基础上发展起来的。"①

---

① 转引自杨兴顺《中国古代哲学家老子及其学说》，杨超译，科学出版社 1957 年版，第 92 页。

（二）道家的政治艺术

从政治学说来看，道家"无为而治"的政治艺术，对中国古代封建政权的建设也产生过不可估量的影响。它既不同于儒家的礼治，也不同于墨家的尚贤政治和法家的法治。儒、墨、法三家的政治主张也各有所别，但有一点却是共同的，即它们都主张"有为而治"。与此相反，道家则大力提倡"无为而治"。这确实有如风鸣朝阳，非同凡响。"无为而治"作为封建帝王的统治术，其中无疑有不少消极的东西值得批判，但是，它作为我国古代政权建设的策略思想，作为"君人南面之术"，也包含着合理的东西，值得我们认真总结、发掘。有两个值得注意的历史现象：一是汉代初年和唐代初年统治者奉行"无为而治"，分别开创了"文景盛世"和"贞观盛世"的政治局面；二是中国历史上每次大的动乱之后，统治者总是自觉或不自觉地拿起道家"无为而治"的理论武器。一方面要求统治者克己自励、少思寡欲；另一方面放宽对人民的压迫，与民休养生息，以实现社会由乱到治的转化。这两种历史现象都提醒我们，对于道家"无为而治"的政治原则，不能等闲视之。近代伟大思想家魏源曾把《老子》称作"救世之书"，无疑也是针对"无为而治"的政治原则而发的。一种思想能产生"救世"的妙用，则其理论价值是不言而喻的。道家的"无为而治"和儒家的"礼治"，在封建政权建设中各自发挥着不同的职能。一般说来，儒家的礼治在封建社会处于和平发展时期，起着调和阶级矛盾、维护封建君权、稳固封建秩序的历史作用；与此相对应，道家的"无为而治"，则在封建社会处于动乱时期，迫使统治者向被统治者实行让步政策、与民休养生息，从而帮助统治者实现由乱到治的转化。中国古代封建政权能够延续达两千多年之久，是与封建统治者交替使用儒家和道家的政治策略分不开的。因此，道家的"无为而治"，在中国古代政权建设中，享有独特的历史地位，不能低估。

（三）道家对中国古代科技的理论贡献

从科技史方面来看，道家也取得了卓越的成就，最引人注目的是，道家思想体系中包含着系统的养生理论。道家提倡摄生卫生，希望实现长生久视，与天地万物同归。为此而对养神、养气、导引之术，作了多方面的探讨，在一定程度上积累了生理学、病理学以及卫生保健方面的知识。在天文学方面，道家也进行了有意义的探索。《庄子·天运》曰："天其运乎？地其处乎？日月其争于所乎？孰主张是？孰维纲是？孰居无事推而行是？意者其有机缄而不得已邪？意者其运转而不能自止邪？"这一段自问自答，表明作者对天地日月的运行，进行了自己的哲学思考。虽然，其回答只是一种思辨的猜测，但其思维的深刻性显然是难能可贵的。此后，《淮南子·天文训》以其广博的自然知识，对天地日月的成因及风雨雷霆的变化，提出了规律性的认识。如在谈到风雨雷霆的成因时说："故阳施阴化，天之偏气，怒者为风；地之含气，和者为雨；阴阳相迫，感而为雷，激而为霆，乱而为雾。阳气胜，则散而为雨露；阴气胜，则凝而为霜雪。"无论是《庄子》还是《淮南子》，都试图从自然物自身寻找天地日月、风雨雷霆变化运动的原因。这说明道家在探讨自然现象方面，注意摆脱宗教的束缚。这对于自然科学的研究，无疑是极其重要的贡献。在化学方面，道家也积累了丰富的实践经验。这主要表现在道家演化为道教以后，一些方士采集药石、烧炼金丹。他们的实践对化学作了有价值的探索。现存的魏伯阳《周易参同契》，是我国古代关于炼丹术的重要著作。全书虽只六千多字，却对炼丹理论和方法作了较系统的阐述，内容极为丰富。据近人研究，当时的炼丹术士已经知道了不少物质的化学性能，甚至已经注意到发生化学变化时各种物质有一定的比例。对于化合和分解这两种化学现象，已经有所认识，对后世影响很大。如道士葛洪在描述从丹砂（硫化汞）中分离水银（汞）及将水银还原为丹砂的化学过程时说："丹砂烧之成水银，积变又还原成丹砂。"由此可见，当时的炼丹术士已经提出了若干物质的化学特性。这对于化学这门学科的产生和发展，无疑是一大贡献。因此，道家思想同我国古代科技的发展，有着不可分割的联系。英国当代研究中国科技史的著名专家李约瑟博士在概述中国科技发展的理论渊源时说："道家具有一套复杂而微妙的概念……它是中国后来产生的一切科学的基础。""中国如果没有道家，就像大树没有根一样。"这个评价，对于道家来说，的确是当之无愧的。

此外，道家在伦理思想、美学思想、军事思想、教育思想、心理思想等方面，也都有自己的卓越创造。

总之，道家思想对我们民族的哲学思维、政治生活、科学创造以及道德教育、心理结构、风俗习惯等，一句话，对我们整个民族精神都发生过相当大的影响。正因为如此，我们应当重视对道家思想的研究。

令人遗憾的是，对于传统文化两大主干之一的道家思想，我们过去研究得太少。众所周知，对儒家思想我们过去研究得比较广泛、比较深入，现在仍然方兴未艾。但是，对于道家思想的研究，却长期处于冷落的局面。这种情况，同道家思想在传统文化中的重要地位极不相称。究其原因，当是"左"的思想的影响。一些人简单地把老子思想看做纯消极的东西，以为它同我们今天的革命进取精神格格不入，因而采取置之不理的态度。这无疑是不公道的。如前所述，道家思想中有消极的东西，但也有许多积极的东西。退一步说，即使它是纯消极的东西，我们要消除它的影响，也不能采取置之不理的态度。更何况道家思想并非纯消极的东西，其中许多有价值的思想成果，对于我们今天建设社会主义物质文明和精神文明，仍有借鉴作用。列宁说："应当明确地认识到，只有确切地了解人类全部发展过程所创造的文化，只有对这种文化加以改造，才能建设无产阶级的文化，没有这样的认识，我们就不能完成这项任务。无产阶级文化并不是从天上掉下来的，也不是那些自命为无产阶级文化专家的人杜撰出来的，……无产阶级文化应当是人类在资本主义社会、地主社会和官僚社会压迫下创造出来的全部知识合乎规律的发展。"[①] 可见，我们今天要建设社会主义新文化，应当吸取人类留下来的一切优秀文化成果。道家思想作为我国传统文化两大主干之一，影响深远，我们今天建设两个文明，应当大力挖掘道家思想的优秀成果，使之在社会主义精神文明建设中再显辉煌。

（原载《道家思想史纲》，题名为《引论》，
湖南师范大学出版社 1991 年版，收入本书时有删节）

[①]　《列宁选集》第 4 卷，人民出版社 1960 年版，第 348 页。

道家的生态理念及其现代价值

随着科学发展观的深入贯彻，人们的生态保护意识日渐增强，我国传统的生态伦理亦受到相应的重视。近些年来，学界围绕传统生态伦理发表了不少好的意见。笔者在这里拟就道家的生态理念谈点个人的体会，并就教于海内方家。

道家是春秋战国百家争鸣时期涌现出来的一大学派，其创始人是春秋后期的伟大思想家老子。老子所著《五千言》（即《道德经》，亦称《老子》）成为道家学派的总纲。道家学派虽在发展中不断分化，但万变不离其宗，都同《老子》保持着渊源关系。道家同儒家既相互对立又相互补充，成为我国文化史上引人注目的两大学派。在生态理念方面，道家亦有自己的独特创造，并产生了广泛影响。

在生态理念方面，道家学派以《老子》、《庄子》和《淮南子》三书影响最大，这里以此三书为据，对道家的生态理念作概略阐述。

一 《老子》的生态理念表现形态

《老子》作为道家学派的开山之作，已从一定角度透露了别具特色的生态理念。

（一）倡导"道生万物"的生态繁殖理念

《老子》说："道生一，一生二，二生三，三生万物。"① 这段论述的核心内容，就是"道生万物"。其中，关键是一个"生"字。它由"道生一"到"一生二"、"二生三"，再到"三生万物"，可谓生了又生，生生

---

① 《老子》第42章。

不息，体现了追求生态不断繁殖的价值取向。为了表达这一思想，《老子》还说："道生之，德畜（'畜'，养也）之，物形之，势成之，是以万物莫不尊道而贵德。"① 这是说，"道"对万物的功能是"生"；"德"对万物的功能是"畜"。"生"，是从"无"到"有"、从"少"到"多"的根本；"蓄"是从"小"到"大"、从"弱"到"壮"的关键所在。所以，"道生"、"德蓄"两重意蕴，表达了道家的生态繁殖理念。从这一理念出发，《老子》又说："故道生之，德畜之，长之、育之，亭（读作'定'）之，毒之（读作'安'），养之，覆之。"② 这里在"道生"、"德蓄"之下，连续讲了六个"之"字，意在强调六种关爱与保护万物的措施（即"长"、"育"、"定"、"安"、"养"、"覆"）。这再一次表达了老子关爱万物并愿它们得到保护以不断繁殖的生态发展理念。这一理念，对后世产生了深远影响。

（二）倡导"道法自然"的生态管理理念

老子有一句名言，叫做"道法自然"。他说："人法地，地法天，天法道，道法自然。"③ 这里讲的"道法自然"，强调的是要以"自然"作为效法的对象。所谓"自然"，指的是自己如此，自然而然，不带有人为的任何干预。用道家的话说，叫做在方而法方，在圆而法圆。所以，"道法自然"，旨在引导人们顺应自然法则去行动、作为。故老子又说："道之尊，德之贵，夫莫之命而常自然。"认为"道"与"德"之所以"尊贵"，在于它不强行命令，而常效法自然。意在强调"法自然"是尊道贵德的关键所在。需要特别指出的是，把"法自然"的理念用于对待生态万物，有其管理方法的特殊意义。它要求人们在生态管理中，要顺应自然法则，而不要加以任何人为的干预。与此相联系，《老子》提出了"无为"的主张。"无为"与"法自然"可以说是同义语，两者在内涵上是一致的。《老子》曾说过："以辅万物之自然而不敢为。"④ 这里的"不敢为"，也就是"无为"，它同"辅万物之自然"相一致。故《老子》又说："是以圣人居无为之事，行不言之教。万物作而弗始（引者按：'始'读为'治'，河上

---

① 《老子》第51章。
② 《老子》第51章。
③ 《老子》第52章。
④ 《老子》第64章。

公本'弗始'作'不辞')也，生而弗有也，为而弗侍也，成功而弗居也。"① 这段话的意思是说，圣人以"无为"的态度处世待物，他们奉行的是"不言之教"，万物兴作而不治理它们，万物生长而不占为己有，对万物有所施为而不侍功图报，促使万物成功而不居功骄傲。这里所说的四"弗"（即"不"），也就是以"无为"的态度对待万物。很显然，这里讲的"无为"，也就是"法自然"之意，它属于管理方法。

与主张"无为"的思想相一致，《老子》特别反对违反自然的"有为"。如，《老子》曾明确反对"代大匠斲"。他说："常有司杀者杀。夫代司杀者杀，是谓'代大匠斲'。夫'代大匠斲'者，希有不伤其手矣。"② 他所说的"大匠"，指的是"天"或曰"自然法则"。在老子看来，自然物的生杀，是由自然法则决定的。如果人为地"代司杀者杀"，那就如同代替木匠砍木头，难免砍伤自己的手指。其本旨，在于倡导无为，反对有为。这在生态管理方面，亦具有方法论意义。

二　庄子的生态理念

《老子》之后，"其要本归于老子之言"的《庄子》，在生态理念方面，继承发展了《老子》的学说，有效地丰富和深化了道家的生态理念。

（一）深化了《老子》"道生万物"的生态繁殖理念

《天地篇》言："夫道，覆载万物者也，洋洋乎大哉！""故形非道不生，生非德不明。存形穷生，立德明道，非王德者邪？荡荡乎，忽然出，勃然动，而万物从之乎！"这里把道视为"覆载万物"而"洋洋乎大哉"的本体，既指出万物"非道不生"，又强调"生非德不明"。其所谓"非道不生"，突出的是"道生"的功能；其所谓"生非德不明"，强调的是"德蓄"的功能。《庄子》认为，王者能做到"存形穷生"，即坚持"道生"、"德蓄"，就能使万物"荡荡乎，忽然出，勃然动"（也就是使万物得到繁殖发展），就具备了"王德"。不难看出，其所追求的乃是"道生"、"德蓄"的生态繁殖理念。同这一理念相一致，庄子向往无比繁荣的

---

① 《老子》第 2 章。
② 《老子》第 74 章。

生态环境，他追忆"至德之世"的生态状况，指出："故至德之世……山无蹊隧，泽无舟梁，万物群生，连属其乡。禽兽成群，草木遂长。是故禽兽可系羁而游，鸟鹊之巢可攀援而窥。"① 又说："夫至德之世，同与禽兽居，族与万物并……"② 这里描述了"至德之世"所呈现的一派生态繁荣景象：万物成群而生，以至连属到乡村；禽兽一群又一群，百草树木顺利生长；甚至"禽兽"可以为人系羁游乐，鸟鹊之巢可让人们攀援窥望；人与禽兽同居，族与万物并处。从这些描述，可以想见"至德之世"的生态环境多么美好。庄子之所以对之作如此细致的描述，表达了他对美好生态环境的向往与追求。这从特定角度，反映了他对《老子》生态繁殖理念的深化与发展。

（二）深化了《老子》"道法自然"的生态管理理念

《庄子》对《老子》的"道法自然"之旨，领会尤其深刻。它把"自然"称之为"常然"，说："天下有常然。常然者，曲者不以钩，直者不以绳，圆者不以规，方者不以矩，附离不以胶漆，约束不以绳索。故天下诱然皆生，而不知其所以生；同焉皆得，而不知其所以得。"③ 这里所讲的"常然"，都同"自然"法则相吻合，其"曲"者，是自然之"曲"，而非用"钩"加以扭曲；其"直"者，是自然之"直"，而非用"绳"将之拉直；其"圆"者，是自然之"圆"，而非用"规"画成之圆；其"方"者，是自然之"方"，而非用"矩"制出之方；其"附离"者，是自然之"附离"，而非用"胶漆"等黏合而成的附离；其"约束"者，是自然之"约束"，而非用"绳索"捆绑而成的约束。在庄子看来，坚持用"法自然"的方法去管理生态万物，那么就会收到"天下诱然皆生，而不知其所以生，同焉皆得，而不知其所以得"的生态发展效应。反之，如果不按照"法自然"的理念去管理生态万物，那就会犯重大错误，故又说："夫待钩绳规矩而正者，是削其性者也；待绳约胶漆而固者，是侵其德者也。"④ 这里说的"削其性"与"侵其德"，均指的是做了违背事物发展规律的蠢事，因而不合乎"法自然"的要求。

---

① 《庄子·马蹄篇》。
② 同上。
③ 《庄子·骈拇篇》。
④ 《庄子·骈拇篇》。

如前所述，"法自然"与"无为"，可以说是同义语。继《老子》之后，《庄子》对此更有独到的体验。它说："天无为以之清，地无为以之宁，故两无为相合，万物皆化生。……万物职职，皆从无为殖。"① 这里明确认为，坚持"无为"，就可使"万物皆化生"，并使之呈现出"职职"（极为繁茂）之貌。显然，《庄子》在这里，亦是把"无为"看做"法自然"的同义语，认为"无为"或"法自然"，是"万物化生"的重要条件。故又说："牛马四足是谓天（指天生），落（读作'络'）马首，穿牛鼻，是谓人（指人为），故曰：'无以人灭天，无以故灭命。'"② 这是说，牛马长了四只脚，这是天生的；络马之首，穿牛之鼻，这是人为的。据此，他大发感慨，强调人们不要用人为代替天（指自然）为，旨在借"无为"之意来维护自然本有之貌。庄子还进一步指出："古之人，……阴阳和静，鬼神不扰，四时得节，万物不伤，群生不夭……当是时也，莫之为而常自然。"③ 在这里，《庄子》通过怀念古代"万物不伤，群生不夭"的生态良好状况，说明这种良好状况形成的原因，在于当时人们"莫之为而常自然"（亦即"无为"），再一次把"无为"看做生态管理的重要方法。由此，庄子指出："夫虚静恬淡，寂寞无为者，天地之平而道德之至也。"又说："夫虚静恬淡，寂寞无为者，万物之本也。"④ 明确把"寂寞无为"看做"道德之至"、"万物之本"。不难看出，这同老子所追求的"法自然"之意完全吻合。

与老子反对"有为"的主张相贯通，庄子也激烈反对违背自然法则的"有为"活动。为此，它曾讲了几则相关的寓言故事。如，《马蹄篇》言："马，蹄可以践霜雪，毛可以御风寒。龁草饮水，翘足而陆，此马之真性也。虽有义台路寝，无所用之。及至伯乐，曰：'我善治马。'烧之，剔之，刻之，雒之。连之以羁馽，编之以皂栈，马之死者十二三矣。饥之，渴之，驰之，骤之，整之，齐之，……而马之死者已过半矣。……然且世世称之曰：'伯乐善治马，……'此亦治天下者之过也。"庄子在这里，以"伯乐治马"为例，说明违背自然法则的"有为之治"，必然导致对自然生态的莫大破坏。"伯乐治马"，先是对马实行"烧之，剔之，刻之，雒之"等修理措施；继而又用"饥之，渴之，驰之，骤之，整之，齐之"等

---

① 《庄子·至乐篇》。
② 《庄子·秋水篇》。
③ 《庄子·缮性篇》。
④ 《庄子·天道篇》。

方法，对马实施训练。结果，前者使"马之死者十二三矣"，后者使"马之死者已过半矣"。显然，"伯乐治马"的治理方法，不合乎"法自然"的法则，属于"有为之治"，只能毁坏马的自然"真性"。这个寓言，是对"有为之治"的强烈控诉。

又，《至乐篇》言："昔者海鸟止于鲁郊，鲁侯御而觞之于庙，奏《九韶》以为乐，具太牢以为膳，鸟乃眩视忧悲，不敢食一脔，不敢饮一杯，三日而死。此以己养养鸟也。夫以鸟养养鸟者，宜栖之深林，游之坛陆，浮之江湖，食之鳅鲦，随行列而止，委蛇而处。彼唯人言之恶闻，奚以夫嗷嗷为乎！"这个寓言故事是说，昔时有一只海鸟飞到鲁国郊外，鲁国之君王得到了它，把它放在太庙养起来，让它听《九韶》之类的圣乐，吃"太牢"之类的美食，但鸟却被扰得疲惫不堪，不吃食，不饮水，仅三天就死了。由此，《庄子》大发议论，他认为鸟之死，是因为鲁侯用"以己养养鸟"的方法，即用养自己的方法去养鸟（这也是"有为之治"），结果大错特错，不但没有把鸟养好，反而违背了鸟的天性，置它于死地。由此，它提出"以鸟养养鸟"的方法。这个方法就是顺应鸟的生活习性，将鸟放到大自然中去，使之"栖之深林，游之坛陆，浮之江湖，食之鳅鲦，随行列而止，委蛇而处"。这一"以鸟养养鸟"的方法，也就是顺应自然法则去管理生态万物，让自然物按照本有的生存要求去生活。这个寓言，既是对那种用"有为之治"去管理生态万物的方法的否定，又是对《老子》"道法自然"生态管理理念的有力论证。这都说明，道家"道法自然"的生态管理思想，在《庄子》中得到了系统的深化发展，值得我们高度重视。

需要指出的是，《老子》、《庄子》的"法自然"或"无为"的思想观念，用在生态管理上，虽有顺应自然法则而不妄为的积极意义，但它也存在不可避免的局限性。照它们说的意思去办，必然导致人类在自然物面前无所作为。若将之贯彻下去，社会就不可能有文明进步，人们就只能永远过茹毛饮血、冬穿兽皮、夏披树叶的原始生活，这显然是不恰当的。这一局限性，后来被《淮南子》的作者给予合理纠正。关于这些，我们将在后面作进一步说明。

三 《淮南子》的生态理念

先秦道家发展到汉初，产生了一种新的理论形态，那就是汉初新道家,《淮南子》就是汉初黄老新道家的代表作。它在世界观上,继承并改造了先秦《老子》、《庄子》的思想观念,化道家中的消极观点为积极理念,这在生态伦理方面,亦是如此。如前所述,《老子》、《庄子》的"法自然"或"无为"的生态管理观念,有忽视人的能动作用的局限性,应对之作必要的改造。《淮南子》恰在这方面作出了自己的理论贡献。

(一)改造并深化了《老子》、《庄子》的生态管理理念

《淮南子》通过对"无为"思想作出新的诠释,改造并深化了《老子》和《庄子》的生态管理理念。何谓"无为"?《淮南子·原道训》曰:"所谓无为者,不先物为也。"这是说,"无为"指的是"不先物为"。那么,何谓"不先物为"?笔者认为,此"不先物为",指的是不超越事物所显露出来的法则去为,言下之意是说,只要事物显露出了发展的自然趋势,人类是可以去积极作为的。故后文又说:"所谓无不为者,因物之所为。"这是告诉人们,在"因物之所为"的条件下,人们什么事都可以去做、去为。基于这一认识,《淮南子》的作者反对把"无为"解释为"寂然无声,漠然不动"的消极静待,指出:"或曰'无为者寂然无声,漠然不动,引之不来,推之不往。如此者,乃得道之象'。吾以为不然。"① 文中"吾以为不然"一语,对把"无为"释为消极静待式的不作不为,予以坚决否定。作者接着在下面以神农、尧、舜、禹、汤"五圣"以及若干"布衣徒步之人"为例,说明他们无不是有作有为的,指出:"故自天子以下至于庶人,四肢不动,思虑不用,事治求澹者,未之闻也。"② 这就从理论与实践的结合上,论证了"无为"不是"四肢不动,思虑不用"的消极静待。

在《淮南子》的作者看来,正确的"无为",应是在顺应自然法则的前提下,发挥人的聪明才智,尽力而为。指出:"夫地势水东流,人必事焉,然后水潦得谷行;禾稼春生,人必加功焉,故五谷得遂长。听其自流,待其自生,则鲧禹之功不立,而后稷之智不用。"③ 这里告诉人们,照客观法则办事,如按水流之势疏导流水,使之滋润谷物生长;按"禾稼春

① 《淮南子·修务训》。
② 同上。
③ 同上。

生"的法则,去务理农事,使"五谷得遂长",都是合理的作为,不能取消。因此,"无为"不是消极静待式的什么也不做,而是顺应自然法则去积极作为。后文进一步指出:"若吾所谓无为者,私志不得入公道,嗜欲不得枉正术;循理而举事,因资而立功;权自然之势,而曲故不得容者;事成而身弗伐,功立而名弗有。非谓其感而不应,攻而不动者。"① 这就告诉人们,《淮南子》作者讲的"无为",指的是"不以私志"去冒充"公道",不以"嗜欲"去冲击"正术"。而是表现出"循理举事"、"因资立功",使"曲故"(巧伪)无所容其身。显然,这样的"无为",则是在遵循自然法则条件下的有所作为。这就使《老子》、《庄子》的消极"无为",得到了合理的改造。

同时,《淮南子》的作者还对传统的"有为"概念,作了新的解释,指出:"若夫以火熯井,以淮灌山,此用己而背自然,故谓之有为。若夫水之用舟,沙之用鸠,泥之用辅,山之用箅,夏渎而冬陂,因高为田,因下为池,此非吾之所谓为者。"② 这就对传统的"有为"概念作了改造。将这些观点用于生态管理,无疑有利于深化发展《老子》、《庄子》的生态管理理念。

《老子》、《庄子》"法自然"或"无为"的生态管理理念,对于启迪人们不要干预生态万物的自由发展,防止人们人为地破坏生态环境,有其积极意义,值得肯定;但是,它也有其致命的弱点,这个弱点就是忽视了人对于推进生态发展的能动作用,以致使"鲧禹之功不立"、"后稷之智不用",这无疑限制了人类对生态环境实施积极有为的建设性工程。而按照《淮南子》作者的思考,人可以"循理举事"、"因资立功"。将此理念用于生态管理,就可以发挥人们类似"鲧禹之功"、"后稷之智"等在保护与建设自然环境中的作用。例如,今人为了保护熊猫的生存发展,不仅划出熊猫生存保护区,还根据熊猫喜吃竹子的习性,专门栽种竹子,以适应熊猫生存的需要。又如,今人根据家禽(如鸡、鸭、鹅)卵生、以蛋孵化的繁殖规律,制成孵化器,以促进家禽的繁殖。毫无疑义,这些作为,都体现了人类"循理举事"、"因资立功"的能动作用。这都说明,《淮南子》作者的理论贡献,改造并深化了《老子》、《庄子》"法自然"或"无

---

① 《淮南子·修务训》。
② 同上。

为"的生态管理理念，值得今人好好发掘、借鉴。

（二）高度重视人类在生态保护与发展中的积极作用

《淮南子》的作者从"循理举事"、"因资立功"的指导思想出发，非常重视人在保护和促进生态发展中的作用。

一是主张大力繁殖生态百物，促进"群生遂长"。指出："人君者，上因天时，下尽地财，中用人力，是以群生遂长，五谷繁殖；教民养六畜，以时种树，务修田畴，滋植桑麻。……丘陵阪险，不生五谷者，以树竹木。"① 不难看出，这些虽都是针对"人君"所提出的建议，但其中心思想，在于提倡蓄养"六畜"、播种"五谷"、种植树木、滋植桑麻等活动，以促进"群生遂长"。这些对于生态环境的保护与发展，都有积极意义。

二是注重把对生态的利用与保护结合起来。作者强调："故先王之法，畋不掩（按：'掩'，尽也）群，不取麛夭；不涸泽而渔，不焚林而猎；豺未祭兽，罝罦不得布于野；獭未祭鱼，网罟不得入于水；鹰隼未挚，罗网不得张于溪谷；草木未落，斤斧不得入山林；昆虫未蛰，不得以火烧田；孕育不得杀，鷇卵不得采；鱼不长尺，不得取；彘不期年，不得食。是故草木之发若蒸气，禽兽之归若流泉，飞鸟之归若烟云，……"② 这一段论述，其基本精神，就是要求人们对动植物的生长采取保护措施，要求不杀成群之兽，不竭泽而渔，不焚林而猎，不到秋冬不网兽捕鱼，不得杀怀孕之母兽，不得采受孕之"鷇卵"，鱼未长到尺长不得取，彘未期年不得食等等，都含有保护生态之意。与此相应，《淮南子》的作者，还强调要坚持"春伐枯槁，夏取果蓏，秋畜疏食，冬伐薪蒸"，认为做到了这些，就可以收到"草木之发若蒸气，禽兽之归若流泉，飞鸟之归若烟云"的生态繁荣效果。这些思考，旨在协调人与生态的关系，要求人们把对生态的利用与保护结合起来，做到在保护中利用，在利用中保护。这些理念，即使到了今天，也具有参考借鉴的价值。

以上所论告诉我们，中国古代道家学者，从老、庄到《淮南子》的作者们，在生态理念方面，都留下了十分珍贵的思想遗产。其中许多优秀成果，不仅在古代产生过积极影响，而且到了今天也仍有其不可忽略的重大

① 《淮南子·主术训》。
② 同上。

价值。今天，随着科学发展观的深入发展，人们对于生态保护的重要性，体验得更加深刻。如胡锦涛同志所指出的："坚持生产发展、生活富裕、生态良好的文明发展道路，……使人民在良好生态环境中生产生活，实现经济社会永续发展。"[①] 这已成为我们党的既定方针。现实生活告诉我们，工业生产的发展，在客观上带来了废气、废水以及废物对空气、水质、土地以及生态环境的污染。治理污染，既是经济可持续发展的需要，更是保护生态特别是保护人类自己的需要。这是关系子孙后代长远利益的大事，我们一定要给予高度重视。为此，我们必须借鉴古代思想家关于生态保护的思想成果，其中包括借鉴道家的生态理念，以提高人们对生态保护的自觉意识，为深化和传播科学发展观、推进中国特色的社会主义建设、美化未来"小康社会"的自然环境，作出无愧于时代的新贡献。

（原载《传统文化与生态文明》，武汉出版社 2010 年版）

---

① 胡锦涛：《高举中国特色社会主义伟大旗帜，为夺取全面建设小康社会新胜利而奋斗——在中国共产党第十七次全国代表大会上的报告》，载《中国共产党第十七次全国代表大会文件汇编》，人民出版社 2007 年版，第 15—16 页。

道家的和谐理念及其现代价值

随着和谐文化建设的不断深入，我国古代先哲所构建的和谐理念愈来愈受到有识之士的重视，主张对之大力发掘，好好继承。如李瑞环同志指出："和的思想、和为贵的思想"，是"中华民族文化的重要内容，是中国哲学的宝贵遗产，是中华民族待人处事的传统美德。"[1] 他主张对之大力弘扬，以便为当代的和谐社会建设，提供理论支撑。一提到中国古代的和谐思想，人们往往乐谈儒家的理论贡献，而却忽略道家在这方面的独特创造。其实，在道家的完整学说中，关于"和"的思想，也相当丰富、深刻，值得我们认真加以总结、发掘。

一 道家和谐思想的基本内容

道家的和谐思想极其丰富，从道家创始人老子到战国中期的稷下道家、庄周学派，以及后来的历代道家继承人，都从不同视角论述过有关"和"的问题。他们既涉及"和"的存在方式，也揭示了"和"的重要功能，还探讨了实现"和"的方法途径，为完善、丰富中国古代的和谐理论，作出了自己的学术贡献。

（一）老子关于"和"的基本思想

作为道家的开山祖老子，留下了中国文化史上的瑰宝——《老子》一书。《老子》是中国古代最卓越的哲学文献，其中透露出无比深刻的智慧之思，它不仅开掘了中国古代一元论的本体论的先河，而且建构了中国古

---

① 李瑞环：《弘扬"和"的思想具有重要的现实意义》，《光明日报》2005 年 9 月 28 日第 2版。

代朴素辩证法的理论体系，对后世影响极其深远。而关于"和"的理念，是其哲学智慧的重要组成部分，其哲理之深刻，内容之丰富，观点之鲜明，在我国的古文献中均不多见。综观其有关"和"的论述，可以概括为如下几个方面：

第一，揭示了"和"的存在方式。"和"是以怎样的方式存在的呢？《老子》从朴素辩证法的角度，回答了这一问题。第二章说："有无相生，难易相成，长短相形，高下相倾，音声相和，前后相随。"这一段话，实际上是对"对立统一"法则的集中概括。其中涉及六对矛盾：有与无、难与易、长与短、高与下（低）、音与声、前与后。这六对矛盾可用一个词语来概括，叫做"相反"。这些相反的东西究竟处于怎样的状态呢？老子用"相生"、"相成"、"相形"、"相倾"、"相和"、"相随"等词语作了自己的说明。这些词语虽然用字不同，但它们的内涵基本是一致的，亦可用一个词语来概括，叫做"相成"。因此，上面那段文字，表达的是"相反相成"或曰"对立统一"的辩证法则。这里的所谓"相成"或曰"统一"，乃是"和"的存在方式，其中"音声相和"即是典型一例。由于"和"表现为"对立统一"，故《老子》第五十六章又说："挫其锐，解其纷；和其光，同其尘，是谓玄同。"这里谈的是实现"和"的途径或方法。所谓"挫其锐"者，意在使"锐"变为不锐；"解其纷"者，是使"纷"变为不纷；"和其光"者，是使光与不光协和起来；"同其尘"者，是使"尘"与非尘协调起来。其途径正是通过由"对立"而达"统一"。这说明老子所理解的"对立统一"法则，其着重点或落脚点乃在于"统一"方面，而"统一"正是"和"的存在方式。毫无疑问，这是老子的一个重大理论贡献。《老子》的论述，是对西周后期史伯所提出的"以他平他谓之和"思想的继承与发挥。它启示人们，"和"不是单方面能够实现的，它是矛盾双方在一定条件下达到协和状态的产物。而单方面的一致，只是"同"，而不是"和"。在一些人看来，提倡"和"，是对矛盾学说的"背叛"。《老子》的见解，在理论上恰恰否定了这一十分错误的认识。回避矛盾，就无法实现真正意义上的"和"。

第二，揭示了"和"在生物中的重要作用。"和"在生物中起了什么样的作用呢？《老子》第四十二章说："道生一，一生二，二生三，三生万物。"此段中的"道"，乃是世界万物的最后本原；"一"由"道"所生，当指的是"太一"或"太极"；"二"是由"一"分化出来的，当指的是阴、阳二气；"三"，大写为"叁"，此"叁"古代与"参"相通，指的是参和，所以"三生万物"，亦即参和产生万物。可见"和"是万物产生中的必经环节。故下文又说："万物负阴而抱阳，冲气以为和。"意为：万物的构成，均处于阴与阳相互拥抱（矛盾统一）的状态。它们是由于阴阳二气相冲（互相激荡）而走向"和"。这里再次说明"阴阳和"是万物构成的基本模式。西周末年，史伯曾提出"和实生物，同则不继"的命题。老子关于参和产生万物的新理念，当是对史伯思想的继承与发展。后来，《黄帝内经》提出"阴阳和，万物生"，乃是对史伯和老子思想的具体阐发。在道家看来，孤阴不生，孤阳不生，阴阳和，万物生。表明"和"是生物的关键性环节，无比重要。

第三，把"和"的观念用于说明社会现象。"和"在处理人际关系方面，也有自己的独特功能。第十八章说："六亲不和，安（按："安"，乃也。王弼本无'安'字，此据帛书本补）有孝慈。"其意是说，由于六亲（父、子、兄、弟、夫、妇等六种血亲关系）不和睦，乃有"孝"、"慈"等道德观念来规范人们的行为。窥其本旨，当是强调家族内六亲和谐的重要性。在老子看来，家族内实现了六亲和谐，则"孝"、"慈"之德就是多余的了。所以，老子看到了"和"在家庭伦理中的重要作用。处理家庭人际关系，是处理全社会人际关系思想的基础。"和"在协调家庭人际关系方面，有其独特功能，以此类推，其在处理全社会人际关系方面，同样有其独特功能，不可缺少。因此，坚持以"和"协调人伦关系，这对于推进今天的社会和谐无疑有其积极意义。

第四，老子还揭示了"和"在养生中的作用。在《老子》看来，"和"不仅有利于社会文明进步，而且也有利于个体的身心健康。第五十五章说："含德之厚者，比于赤子……终日号而不嗄，和之至也。知和曰常……"其意是说，积精（韩非《解老》曰："身以积精为德"）丰厚的人，可同男婴相比。男婴终日啼哭却不因气逆而哑，这是"和"充满至极的表现。懂得"和"，才符合常道。显然，这里所讲的"和"，具有养生意义。它同"精气"有着不可分割的联系。"精气"，具有"和"的内涵，故河上公把"精气"形容为"太和之精气"，认为它是生命"长存"的重要条件。河上公之说，正是以《老子》的思想为依据的。

此外，老子还强调"知足"，主张"功成身退"，倡导"少私寡欲"，这一切对于实现"和"均具有方法论启迪意义。它们有利于帮助人们自觉维持心理平衡，经常保持"和"的精神状态，从而努力谋求人际关系的缓和，促进社会各方面和谐发展。这些都对后来道家乃至我国历代文明进步产生过重要影响。

(二) 稷下道家关于"和"的论述

稷下道家，指的是在稷下学宫中从事学术活动而高扬道家思想那部分学者所组成的学术派别。稷下道家本留下十分可观的思想资料，可惜，由于年深日久，今多亡逸，无法恢复其本来面目。我们今天所能见到的稷下道家思想资料，主要有《管子》保留下来的"道家诸篇"，如《心术》(上、下)、《白心》、《内业》、《水地》，等等。另外还有《慎子》残篇以及部分先秦著作中的某些引文（如《庄子·天下》等)，保存了少量稷下道家思想资料。综观这些资料，其中关于"和"的观念，亦时有所涉。

第一，揭示了"和"在国家治理中的重要作用。《白心》曰："建当立有，以靖为宗，以时为宝，以政为仪，和则能久。"这里明确提出了"和则能久"的观念。其意是说，达到了"和"的境界，就能长治久安。说明"和"在国家治理中有着无可替代的作用。

第二，从"养生"的角度，强调了"和"的重要功能。《内业》曰："和乃生，不和不生。察和之道，其精不见，其征不丑。平正擅胸，论治（洽）在心，此以长寿。"这里把"和"看做生命存在的重要条件，认为"和乃生，不和不生"，"和"成为"长寿"的重要保证。与此相联系，稷下道家还揭示了实现心理平和的基本方法。《内业》曰："彼心之情，利安以宁。勿烦勿乱，和乃自成"；"能去喜怒忧乐欲利，心乃反济"。这都从一定角度阐明了实现心理平和的途径或方法。

第三，突出"和"与"中"的亲密关系。《白心》提出"和以反中"的命题，明确认为"和"可以复返中道，把"和"与"中"贯通起来。这似乎是对儒家"中和之道"的补充与发挥，表明稷下道家思想的开放性。

此外，稷下道家的著名学者慎到（属"道法家"）也非常重视"和"。今存的《慎子》残篇《君人》中有这样一段话："大君任法而弗躬，则事断于法。法之所加，各以分，蒙赏罚而无望于君，是以怨不生而上下和矣。"这里透露了慎子向往"怨不生而上下和"的政治局面。毫无疑问，它同我们今天所要构建的和谐社会有相通之处。

（三）庄周学派关于"和"的基本思想

《庄子》是庄周学派著作的汇编。庄周学派，指的是以庄周及其后学为主要代表的学派。《庄子》分《内篇》、《外篇》和《杂篇》，其中《内篇》为庄周自著，而《外篇》和《杂篇》都掺入了其后学的著作。综观其书，"其意本归老子之言"，它不仅直接继承与发展了《老子》的哲学智慧，而且直接继承与发展了《老子》关于"和"的基本思想。这集中表现为以下几个方面：

第一，提出了"与天和"、"与人和"的理念。《天道篇》曰："夫明白于天地之德者，此之谓大本大宗，与天和者也；所以均调天下，与人和者也。与人和者，谓之人乐；与天和者，谓之天乐。"这里提出"与天和"、"与人和"两个概念。所谓"与天和"，强调的是人与自然的协调和谐，旨在强调要正确处理人与自然的关系；所谓"与人和"，强调的是实现人际关系方面的和谐。在庄周学派看来，"与天和者，谓之天乐"。这里所谓"天乐"，即关于天的音乐。在作者看来，如果不能"与天和"，就难免出现天灾，则不可能奏出"天乐"。故《渔父篇》曰："阴阳不和，寒暑不时，以伤庶物。""与人和者，谓之人乐"。这里所谓"人乐"，即关于人的音乐。在作者看来，人之音乐是以人际关系的和谐为条件的。如果不能"与人和"，就难免出现人祸，也就不可能奏出"人乐"。故《渔父篇》又曰："妻妾不和，长少无序，庶人之忧也。"因此，人们必须在实现"天和"与"人和"上下功夫。故又曰："夫至乐者，先应之以人事，顺之以天理，行之以五德，应之以自然，然后调理四时，太和万物。"[①] 这里提出"太和万物"的观念，同上面所讲的"与天和"、"与人和"的观念基本上是一致的，它既包括实现人际和谐的理想，也包括实现人与自然和谐的价值取向。其中"应之以人事，顺之以天理，行之以五德，应之以自然，然后调理四时"等，都是促进社会和谐与自然和谐的必要手段或条件。

第二，提出了"和天下"的基本目标。《天下篇》曰："古之人其备乎，配神明，醇天地，育万物，和天下，泽及百姓。"这里明确提出"和天下"的概念。所谓"和天下"，就是实现全人类的和谐。这表达了道家

---

① 《庄子·天运篇》。

无比宽阔的和谐胸怀。为了实现"和天下",他们主张"抱德炀(通扬)和,以顺天下"①。即要求人们怀抱道德,弘扬"和谐"理念,以顺应天下的发展大势。这些见解,对于我们今天建设和谐世界,无疑有不可忽视的启迪意义。

第三,把"和"作为"养生"的基本条件。如前所述,《老子》十分重视"和"在养生中的重要作用。《庄子》亦继承发挥了这一思想。《庚桑楚篇》曰:"儿子终日嗥而嗌不嗄,和之至也。"这同前面所引《老子》关于赤子之论,在基本精神上是一致的。又,《在宥篇》曰:"慎守女(汝)身,物将自壮。我守其一,以处其和。"其中"一",即对立统一之"一",泛指身体与心理方面的协调、平衡。意在告诉人们,守一处和,有利于长生久视。该篇又曰:"人大喜邪,毗(通偏)于阳;大怒邪,毗于阴。阴阳并毗,四时不至,寒暑之和不成,其反伤人之形乎。"其意是说,人在大喜之时,则偏于阳;在大怒之时,则偏于阴。如果阴阳都偏而不协调,四时节令不按时而至,则寒与暑之和就不能形成,这样就会导致对人形体的伤害。可见,阴阳协和有助于人们养生。《齐物论篇》曰:"和之以天倪,因之以曼衍,所以穷年也。"这是把"和之以天倪,因之以曼衍"作为"穷年"的基本条件。所谓"和之以天倪",指的是与天的自然法则相和谐;所谓"因之以曼衍",指的是与自然变化相适应。在庄周学派看来,能做到与天的自然法则相和谐,与自然变化相适应,就可以长生久视,穷其天年。这 见解,在我国养生学史上,享有其独特地位。

第四,探讨了实现社会和谐与自然和谐的有关条件、方法。《缮性篇》曰:"知与恬交相养,而和理出其性。夫德,和也。道,理也。"这里把"和"与"理"看做复返其性的重要条件,而复返其性,就能达到自然与社会和谐。那么,什么是"和"与"理"呢?答曰:"夫德,和也。道,理也。"所以归根到底要尊道贵德。与尊道贵德相关联,庄周学派提出法天、法地、顺民的方法论原则,主张:"上法圆天,以顺三光;下法方地,以顺四时;中和民意,以安四乡。"②强调"以仁为恩,以义为理,以礼为行,以乐为和,薰然慈仁"③,并把"阴阳和静,鬼神不扰,四时得节,万

---

① 《庄子·徐无鬼篇》。
② 《庄子·说剑篇》。
③ 《庄子·天下篇》。

物不伤，群生不夭，人虽有知，无所用之"① 作为追求的目标。他们认为，做到了这一切，就达到了"至一"的境界，全天下、全社会就可以出现和谐的局面。这些论述，虽然带有时代局限性，但其中也有不少合理之处，值得今人加以借鉴。

（四）战国末年至汉初黄老新道家关于"和"的理念

稷下道家的进一步发展，到战国末年演生出黄老新道家。司马谈对黄老新道家基本特征作了这样的概括性表述：道家"其为术也，因阴阳之大顺，采儒墨之善，撮名法之要。与时迁移，应物变化，立俗施事，无所不宜。指约而易操，事少而功多"。又说："道家无为又曰无不为。其事易行，其辞难知。其术以虚无为本，以因循为用。无成势，无长形，故能究万物之情。不为物先，不为物后，故能为万物主。有法无法，因时为业。有度无度，因物与合。故曰：'圣人不朽（巧），时变是守。'"② 道家从《老子》思想体系的建立，到战国中期出现了稷下道家和庄周学派的分化，再到战国末年黄老新道家的问世，经历了从一到二，又从二到一的发展过程。其代表著作有《文子》、《黄老帛书》、《鹖冠子》以及汉初的《淮南子》等。黄老新道家关于"和"的思想，亦十分丰富。

第一，强调"和"在事物发展中的作用。《文子》说："天地之气，莫大于和。和者，阴阳调，日夜分。"③ 又说："天地之所覆载，日月之所照明，阴阳之所煦，道德之所扶，皆同一和。"④ 这里告诉人们，在"天地之气"的演生变化中，最大的动力是"和"。只有"和"，才能使阴阳协调，昼夜分明。而"天地"、"日月"、"阴阳"、"道德"等的功能之发挥，"皆同一和"。可见，"和"在事物发展中，有着多么重要的作用。故又说："万物春分而生，秋分而成。生与成，必得和之精。"⑤ 这里均突出了"和"在事物发展中的作用。

第二，强调"和"在治理事物和社会中，具有方法论价值。《文子》指出："治物者，不以物，以和。"又说："积阴不生，积阳不化。阴阳交

---

① 《庄子·缮性篇》。
② 《史记·太史公自序》。
③ 《文子·下德篇》。
④ 《文子·微明篇》。
⑤ 《文子·下德篇》。

接，乃能成和。是以圣人之道，宽而栗，严而温，柔而直，猛而仁。夫太刚则折，太柔则卷，道正在于刚柔之间。"①可见，运用"和"，既可以治物，又可以治民，故坚持"和"，就能符合"正道"。《淮南子》更明确地指出："故恩推则懦，懦则不威；严推则猛，猛则不和；爱推则纵，纵则不令；刑推则虐，虐则无亲。"②其言下之意是说，只有做到"和"，才能恰到好处。这就揭示了"和"在治家安民中的方法论意义。

二 道家和谐思想的现代价值

以上我们从不同角度、不同层面，对《老子》、稷下道家、庄周学派以及黄老新道家关于"和"的思想观念作了简要概述。综观其基本内容，丰富多彩，博大精深，不仅在历史上产生过积极影响，而且对于今天的和谐文化建设与和谐社会的构建，都有不可估量的现实价值。特别是老子提出的"和"的存在方式以及庄子强调的"与人和"、"与天和"、"和天下"以及《文子》"治物者不以物，以和"的基本思想，在当今都有可供借鉴的现实意义。

党的十六届六中全会提出了构建社会主义和谐社会的伟大战略任务。《中共中央关于构建社会主义和谐社会若干重大问题的决定》指出，社会和谐是中国特色社会主义的本质属性，是国家富强、民族振兴、人民幸福的重要保证。构建社会主义和谐社会，是我们党以马克思列宁主义、毛泽东思想、邓小平理论和"三个代表"重要思想为指导，全面贯彻落实科学发展观，从中国特色社会主义事业总体布局和全面建设小康社会全局出发提出的重大战略任务，反映了建设富强民主文明和谐的社会主义现代化国家的内在要求，体现了全党全国各族人民的愿望。这都说明，社会主义和谐社会建设，是一项具有深远意义的伟大工程，值得我们从理论上深入思考。这需要我们做许多工作，其中借鉴传统和谐文化成果，包括借鉴道家关于和谐思想的合理内容，是不可忽视的重要方面。

那么，我们应当借鉴道家关于和谐思想的哪些成果呢？我想，以下几点值得重视。

① 《文子·下德篇》。
② 《淮南子·氾论训》。

　　第一，吸取和借鉴道家关于"与人和"的思想，以促进人际间的和谐。如前所述，所谓"与人和"，指的是社会中人与人的和谐，即协和人际关系。老子主张"挫其锐，解其纷；和其光，同其尘"，其旨在于谋求与人和。《庄子》提出"与人和者，谓之人乐"，把人际和谐作为人间音乐，表达了崇尚"人和"的价值取向。毫无疑问，这对我们推进社会和谐建设，具有方法论指导意义。据此，我们必须学会运用和谐之道，化解社会矛盾。从我国现实来看，由于社会经济成分、组织形式、就业方式、利益关系和分配方式多样化的客观存在，社会成员间的经济收益不可避免地存在种种差距，这就必然带来这样或那样的矛盾。同时，由于事物发展的不平衡性，在发展过程中，无疑会有一部分地区或一部分人先富起来。这先富与后富之间，在客观上也是存在着矛盾的。面对这些矛盾，我们在经济政策上要予以宏观调控，对那些穷困地区或特困户的人们，除了给予物质帮助或技术援助外，还应当学会运用我们民族的中和之道，包括道家的和谐思想，启迪人们发扬社会主义道德精神与和谐意识，推行公平正义、诚信友爱，提倡帮贫扶困、先富带后富，正确处理各种矛盾，协调各种关系，以化解社会矛盾，实现人际和谐，保持社会安定团结，创造和谐相处气氛，促进全社会共同发展，谋求全民共享祥和。

　　第二，要吸取和借鉴道家关于"与天和"的思想，努力改善生态环境。如前所述，所谓"与天和"，就是要正确处理人与自然的关系，注重生态平衡，增强人们的环保意识。老子强调"人法地，地法天，天法道，道法自然"，其中已包含有"与天和"的思想观念。《庄子》直接把"与天和"作为"天乐"的前提条件，表达了关爱自然的情怀。《庄子》还提出过"同与禽兽居，族与万物并"[①]的口号，要求人们与禽兽共居，与万物并存。应当说，这也是"与天和"观念的体现。这些对于我们增强环保意识，构建与自然和谐相适应的生态环境，有不可忽略的现实价值。今天，我们搞生态环境建设，应当在"和"字上下功夫。一是要维护自然环境的内在和谐，使植被、动物、水土等要素保持和谐的状态。二是要保持人与自然的和谐发展：既要使自然环境不断优化，以适应人类生存；又要使人类的发展为自然环境保护提供更优越的条件。二者相辅相成，和谐共济。

---

① 《庄子·马蹄篇》。

第三，要吸取和借鉴道家关于"和天下"的思想，促进世界和谐。所谓"和天下"，也就是追求"天下和"的社会理想。这对于推进国家与国家之间的和谐，尤有现实意义。当今世界，和平发展已成为重大主题。特别是随着经济全球化的到来，国与国之间交往日益频繁，彼此和平共处、互相支持、共谋发展显得十分重要。虽然，由于社会制度和意识形态方面的差异，当今的国际交往也会有种种摩擦乃至出现一些极不和谐的声音，但是，从总体上看，从本质上看，世界发展的主流是要求进步、要求和平发展，对此，我们要有清醒的认识。胡锦涛总书记《在联合国成立60周年首脑会议上的讲话》中，曾明确提出"努力建设持久和平、共同繁荣的和谐世界"的倡议，他指出："要和平，促发展，谋合作是时代的主旋律。""历史昭示我们，在机遇和挑战并存的重要历史时期，只有世界所有国家紧密团结起来，共同把握机遇，应对挑战，才能为人类社会发展创造光明未来，才能真正建设一个持久和平、共同繁荣的和谐世界。"所以，我们应当从道家的"和天下"理念，去推进国际交往。

第四，要吸取和借鉴道家关于"家庭和"的思想，搞好家庭美德建设。道家重视家庭内的和谐，老子指出"六亲不和，安有孝慈"，旨在追求六亲（即父子、兄弟、夫妇）之和；庄周学派认为："妻妾不和，长少无序，庶人之忧也。"[1] 其本旨都在于倡导家庭和。这对于我们今天搞好家庭伦理建设，有重要启示意义。"家和万事兴"，促进家庭内人际关系的和谐，是家庭美德建设的核心内容。国家颁发的《公民道德建设实施纲要》，明确把"尊老爱幼、男女平等、夫妻和睦、勤俭持家、邻里团结"作为家庭道德规范，其本旨在于推进家庭和睦。因此，我们应当借鉴道家关于"家庭和"的思想观念，为家庭美德建设作出自己的贡献。

第五，要吸取和借鉴道家关于协调发展的思想，完善科学发展观。所谓协调发展，就是使发展的对象保持协和、适度状态。老庄在这方面有自己的独到见解。老子强调"三生万物"（即参和生万物）；庄子主张"太和万物"，都包含协调发展的思想。这些对于我们丰富和完善科学发展观，都有不可低估的价值。强调和谐协调发展，是科学发展观的题中应有之义。事物的发展，总是遵循和谐发展的规律，不仅要求事物自身要实现内在和谐，而且要求事物与所处的环境各方面保持外在和谐。我们今天讲发

---

[1] 《庄子·渔父篇》。

展，必须讲和谐发展。不但政治、经济、文化要和谐发展，而且工业、农业、商业以及其他事业也要和谐发展；不仅不同地区、不同系统、不同单位要和谐发展，而且各地区、各系统、各单位内部的各个方面也要和谐发展。所以，我们要借鉴道家的尚和精神，启迪人们把和谐意识运用于指导我国社会发展，使科学发展观逐步走向完善，以保证我国实现持续、稳定与和谐发展。

综上所述，为了推进"构建社会主义和谐社会"这一伟大工程，我们应当大力弘扬道家关于"与人和"、"与天和"、"和天下"、"和六亲"以及"参和生万物"的思想观念，自觉推进社会和谐、自然和谐、世界和谐、家庭和谐，并用"协和"的思想充实和完善科学发展观，为和谐社会建设作出自己的贡献。

（原载《周口师范学院学报》2006 年第 1 期，收入本书时略有增删）

从简帛《老子》的研究所引出的方法论思考

近数十年来，我国考古发掘工作取得了令人振奋的辉煌业绩。尤引人注目的是出土了一批批具有很高文献价值的竹简和帛书，其中主要有：1972年山东临沂银雀山出土的竹简兵书；1973年河北定县四十号汉墓出土的《文子》和《论语》、《儒家者言》等竹简古籍；1973年冬湖南长沙马王堆第三号汉墓出土的帛书《老子》甲、乙本和《经法》、《十六经》、《五行篇》、《战国纵横家书》、《五星占》等重要古文献；1993年冬湖北荆门市葛店一号楚墓出土的竹简《老子》、《太一生水》和《缁衣》、《鲁穆公问子思》、《穷达以时》、《性自命出》、《成之闻之》、《尊德义》、《六德》、《唐虞之道》、《语丛》等十余篇道家和儒家故籍。这些简帛文献的出土，使今人大开眼界，得以读到汉以后历代学者未能读到的许多古佚书以及与传世本有所不同的一些古文献。这些简帛文献的出土，不仅为我们研究中国传统文化提供了十分珍贵的可信史料，而且也为世界各国人民进一步认识中华民族的古代文明，提供了新的实证材料。可以预见，这些简帛文献的出土，必将对我国乃至世界文化发展产生无比深远的影响。

简帛文献的纷纷出土，对当代史学工作者来说，既是机遇，亦是挑战。说它是"机遇"，是因为这些古文献资料重见天日，使史学研究人员大有用武之地，借助对之研究，学者们可以更好地锻炼和发挥自己的聪明才智，从而为整理祖国故籍、弘扬优秀传统文化，作出自己的贡献。说它是"挑战"，是因为这些古文献资料，毕竟是两千余年以前的东西，它不仅覆盖上了沉重的"历史尘埃"，而且还牵连不少"千古悬案"，要对之进行整理和研究，难度很大，任重道远。研究者只有知难而进，严谨求是，才有可能还历史以真面目。所以，我们必须自觉地抓住机遇，迎接挑战，努力在研究中作出成绩。

应当指出，我国学者过去在研究简帛文献方面做了许多卓有成效的工作，取得了可观的成绩。但是，摆在我们面前的任务还很艰巨，必须再接再厉，在二十一世纪作出更大成绩。为此，我们有必要对过去的研究工作作一回顾总结，并从方法论角度作一反思。列宁在《哲学笔记》中曾摘录黑格尔的一段话：在探索的认识中，方法也就是工具，是主观方面的某个手段，主观方面通过这个手段和客体发生关系。① 我们研究简帛文献，只有在正确的方法论指导下，才能少犯错误，事半功倍。这里拟以我国学界研究简帛《老子》所涉及的有关方法论问题为视角，谈点切身感受和粗浅认识，希望能对整个简帛文献研究有所启示。

我国学术界过去在研究简帛《老子》方面，有经验，也有教训，从方法论角度对之反思，愚以为，以下一些方法原则是值得特别引为重视的。

一 对出土简帛文献的评价不能人为拔高

简帛文献都有其自身存在的客观价值，对其价值，我们既不能人为地贬低，也不能人为地拔高。人为地贬低，将之视作敝屣，那是民族虚无主义的表现；人为地拔高，将其价值无限夸大，也必将引导人们走向谬误。这两种倾向，在我们过去的研究中，似都不同程度地存在，两相比较，似乎拔高的情况尤为严重，需要特别引起重视。

记得帛书《老子》出土后，有人撰文主张："用帛书本校勘今本，判别今本的正与误；用帛书本研读今本，审定旧注的是与非。"这实际上是要以帛书本之是为是，以帛书本之非为非，一切以帛书《老子》为准绳。这种主张过于偏激，因而理所当然地为多数学者所不赞同。人所共知，帛书也并非《老子》原本，它们也只是一种手抄本。作为一种手抄本，它也难免有错字、漏字和衍字的情况发生。加之，它在地下埋藏年深月久，脱坏严重。对这些缺陷，有的论者却视而不见，他们沉醉于"以帛书之是非为是非"的错误成见中，以致在校读《老子》书时，竟把帛书之误字，加以肯定，大吹特吹，乃至出现了是非颠倒的情况。

例如，今本第八章："上善若水，水善利万物而不争。"此句中的"不争"，帛书《老子》乙本写作"有争"，这纯属失误。可是，有的论者却将"有争"加以肯定，说这"体现了《老子》'柔而有争'的思想"，这

---

① 参见《列宁全集》第38卷，人民出版社1959年版，第236页。

个看法显然是立不住的。虽然《老子》哲学是"柔而有争"的，但在《老子》那里，其"有争"是以"不争"为前提的，"不争"是条件，"有争"是归宿。这种思考问题的逻辑，在《老子》中随处可见。第二十二章说"夫惟不争，故莫能与之争"；第六十六章说"以其无争与，故天下莫能与之争"；第八章说"夫惟不争，故无尤"！毋庸置疑，"不争"是老子无为之道的关键所在，它的思维逻辑是"无争而无不争"，这同"无为而无不为"的思维逻辑是一致的。所以，作"水善利万物而不争"，才合老子本意，作"水善利万物而有争"，则恰恰背离了老子的思想。从第八章之上下文来看，问题也十分清楚。前面说"水善利万物而不争"，后文应之："夫惟不争，故无尤！"前文为后文埋下伏笔，前呼后应，文通理顺。如果前面作"水善利万物而有争"（着重点为引者所加，以下均同），则后文"夫惟不争……"就语无伦次了！这都说明，帛书《老子》乙本之"有争"实为讹误。该位论者之所以把帛书《老子》中错误的东西判定为正确的东西，显然是受了"以帛书之是非为是非"思想的左右。他把帛书《老子》看成"金科玉律"，对之顶礼膜拜，犯了人为拔高帛书《老子》文献价值的错误。

又如，今本《老子》第十四章末段："执古之道，以御今之有，能知古始，是谓道纪。"检帛书《老子》甲、乙本，其"执古之道"乃为"执今之道"。从《老子》本意看，似乎作"执古之道"为是。可是有的论者没原则地捧帛书，说帛书"执今之道"表现了《老子》"讲道论德的立足点正在今而不在古"；更有甚者，竟说这是"老子坚持'治世不一道，便国不法国'的'法家'路线"。真是滑天下之大稽！只要我们细读《老子》书，就不难发现老子强调的是"古道"，而并非"今道"。我们知道，《老子》中多次赞颂"古之善为道者"，多次引证古圣人的格言。第三十八章说："失道而后德，失德而后仁，失仁而后义，失义而后礼。夫礼者，忠信之薄而乱之首也。"这是说，社会道德每况愈下，愈来愈不如从前。而古道退化到极点，就出现了"礼"这一"忠信之薄而乱之首"的东西。这表明老子希望恢复"古之道"。孔子曾评价老子"述而不作，信而好古"，这也从侧面证明老子要执的是"古之道"。据此，当从今本作"执古之道"。那种主张依帛书《老子》作"执今之道"的看法显然是错误的。持此论者之所以犯了这一错误，除了受"以帛书之是非为是非"错误思想的支配外，还由于他们不懂得训诂学。原来，古人有"反义通假"的习惯，《尔雅·释诂》中，就有"故，今也"之说。可见，帛书之"今"乃为"古"之假字（假借字在帛书《老子》中是很多的），我们只要依据"反义互训"的原则，将"今"字训为"古"字就行了。"执今之道"论者不懂得这一点，只知在那里固执地去维护帛书《老子》之"今"字，结果陷入误区。

由此可见，人为拔高帛书《老子》的价值，在研究的实践中，是很有害的。

值得注意的是，以上人为拔高帛书《老子》价值这一方法论上的失误，到了竹简《老子》出土，仍未得到克服。在竹简《老子》的研究中，有的论者提出：竹简《老子》是《老子》抄本中"最原始的本子"、"最完整的本子"、"最好的本子"。这里用"三最"来评价竹简《老子》的文献价值，显然，也有人为拔高之嫌。因为，从现存资料来看，说简本"最原始"、"最完整"、"最好"，似乎都证据不足。首先，说简本"最原始"，经不起推敲。人所共知，竹简《老子》也只是一种手抄本，如果要证明该种手抄本为"最原始"，那就必须先证明它是《老子》作者的手稿本或与手稿本完全相同的抄本，但这在现有资料条件下，研究者是无法办到的。其次，说简本"最完整"，也很难令人信服。因为与竹简《老子》时代相近的一些著作（如韩非《解老》、《喻老》和《庄子》等）所引用的《老子》语，均有一些不见于竹简《老子》。如，韩非《解老》、《喻老》所涉《老子》内容共二十四章，其中只有六章与竹简《老子》重合，尚有十八章不见于竹简《老子》；又如，《庄子》一书所涉《老子》内容，据陈鼓应先生统计，共达二十九章①，笔者以之为据，对照竹简《老子》，发现尚有十四章不见于竹简《老子》。事实证明，竹简《老子》并非当时最完整的本子。再次，说简本《老子》是"最好的本子"，也难以自圆其说。因为，我们既然不能证明它是"最原始的本子"和"最完整的本子"，我们又有什么理由说它是"最好的本子"呢？既然竹简《老子》之"三最"立不起来，而有人却硬要给它披上"三最"的外衣，这只能说明他们在人为拔高竹简《老子》的文献价值。

人为拔高竹简《老子》的文献价值，这在实践上也是极其有害的。从

---

① 请参见《从郭店简本看〈老子〉尚仁及守中思想》，载《道家文化研究》第 17 辑，生活·读书·新知三联书店 1999 年版，第 66 页。

表面上看，"三最"使竹简《老子》披上一身荣耀；但深入下去，我们就不难发现，"三最"恰恰低估了中华民族文明进步的历程。众所周知，《老子》是我们民族第一部哲理诗，它集中体现了我们民族的智慧之思，在世界文化史上占有重要地位。其成书时代，当在春秋末年至战国前期，与希腊赫拉克利特的哲学创造相媲美。如果我们认可"三最"，那就是要告诉世人：直到公元前三世纪，中国最有影响的哲学著作——《老子》，还只有今本五分之二那么一点内容。这个结论，显然只会贬低我们祖先的文化创造。有一位外国学者，从"最原始"之论出发，认为竹简《老子》"并非后代定型的《老子》五千言中的一部分，可以说它是尚处于形成阶段的、目前所见最古的《老子》文本"。郭店一号楚墓下葬时间，据专家考证，其下限为公元前278年。如果我们接受那位外国学者的观点，那就等于承认《老子》一书在公元前278年之前还未形成，这无疑是要把《老子》成书的时间向后拉。若《老子》成书真的那么晚，我们也只好任人说去，然而实际情况并非如此。细思该位学者的见解，可知它同梁启超所谓"《老子》书著于战国末年"之论一脉相通。梁氏之说，早被我国学界所批驳而难以成立。帛书《老子》和竹简《老子》的相继出土，是对梁氏之说的又一有力冲击。懂得中国学术思想史的论者都明白，"战国末年"之论，同我国古代许多历史文献记载相悖。最近，陈鼓应先生又著文认为："先秦诸子的重要典籍几乎没有哪一家可以摆脱老子的影响。除了道家学派的著作之外，无论《论语》、《墨子》、《管子》、《孟子》、《申子》，各家各派无不或多或少地受到《老子》的影响。"[1] 他的论述，是言之有据的。我们没有理由将《老子》成书的时间拉得太晚。

以上说明，人为拔高出土简、帛《老子》的文献价值，必将最终陷入谬误。这从方法论上来说，对于其他简帛文献的研究，也具有参考意义。

二　对传世今本文献的评价不能人为贬低

在研究出土简帛文献时，必然涉及相应的传世今本文献。在研究中，有的人在评价出土简帛文献时有人为拔高的倾向，而有的人在评价与简帛

---

① 参见《从郭店简本看〈老子〉尚仁及守中思想》，载《道家文化研究》第17辑，生活·读书·新知三联书店1999年版，第66页。

文献相对应的传世今本时，却又存在人为贬低的倾向。回顾简帛《老子》的研究情况，人们都还清楚记得，一些人在惊呼出土简帛《老子》的文献价值时，常常自觉或不自觉地贬低传世今本《老子》的价值。他们认为，传世今本《老子》"被人窜改"、"不可信"。有的论者在列举传世今本《老子》"五失真"之后，主张要以帛书《老子》为据，来改正今本《老子》的方方面面，或者干脆"用帛书《老子》来取代今本《老子》"；更有甚者，有的提出"要重写中国学术史"。愚以为，这些看法都有人为贬低传世今本之嫌，值得进一步讨论和推敲。

需要说明的是，我并不反对参考出土文献来改正传世今本中某些失误。毋庸讳言，传世今本也非《老子》原本，它们在流传过程中，难免出现失误。古人曰："书三写，鱼成鲁，帝（似应作'虚'）成虎。"这说的是抄写中因字形相近而导致失误的情况，此外，还会有因音近致误以及由其他原因致误的情况。由于传抄中难免失误，借助出土文献对之作某些校正，是完全必要的。但是，笔者不赞同简单地"用帛书《老子》取代今本《老子》"。因为如前所述，帛书《老子》也只是一种手抄本，它也难免有错，而且它们自身也需要借助今本加以校正。同时，我更不赞同因一些简帛文献的出土，就提出"重写中国学术史"的主张。因为"中国学术史"所涉内容极其广泛，它是以浩如烟海的传世资料为依据的，岂是近年出土的一些文献所能全部推翻得了的？

首先，我们应当正确认识传世今本的价值。传世今本是经历代传承才得以保存下来的本子，它们被世代相传，乃是历史选择的结果。一本书是好是坏，不由某一两个人说了算，它往往要由历史来检验。一般说来，能在历史上传承一两千年而不被遗忘的著作，都有其自身存在的价值。看不到这一点，简单地用出土文献来取代传世今本，那是极不慎重的做法。从常理来看，传世今本《老子》的最初被流传，当是开始流传的那个时代最高水平的本子，或者说是经学者认可的范本，在当时具有一定的权威性；而新出土的《老子》本，仅是墓主的殉葬品，它的抄写是否出自学者之手，这本身就是一个问题。我这样说，决无意否定出土《老子》的文献价值。出土的《老子》本，保存了古代《老子》本的某些长处，对于校正今本确有重要参考价值。关于这一点，笔者在拙著《帛书〈老子〉校注析》[①]的"代序"中，

---

① 台湾学生书局1991年版。

已作论述，此不赘语。我要强调的一点是，不要轻易地用出土古本来否定传世今本。

其次，对于传世今本与出土古本文字上的差异，我们应当历史主义地看待它们。具体问题具体分析，慎重裁断。值得注意的是，有的论者一看到古本与今本不同的字句，就匆忙指责今本被人"窜改"，应当说这是欠妥的。"窜改"一词是"文化大革命"中一些人讲"儒法斗争"的"专利品"，它人为地"绷紧阶级斗争的弦"，把学术问题同政治问题混为一谈，严重影响了人们在学术研究中坚持实事求是。因此，到了今天我们不应当再继续这种"左"的方式，就是说不应当轻易地讲"窜改"。对于传世今本与出土古本之异，应当从历史发展进化的角度去审视它。须知，传世今本打上了历史发展进化的印记。以传世《老子》为例，它的语言、词汇、文字都吸取了社会进步的新成果，在一定程度上，渗透着历代学人的心血。从这个意义上讲，它是我们民族集体智慧的结晶。我这样说，并非要否定《老子》一书由老子其人所作，而是要提醒人们注意到这样一种情况：由于我国古代未有著作权的限制，《老子》书被流传之后和在未成为"传世定本"① 之前，在历史上，一些学人确曾对之予以提炼、修饰过。比如王弼所保存的《老子》本，就属"文人系统"，具有"文笔晓畅"的特征，其中无疑打上了文人对之提炼、修饰的烙印。从历史进化的眼光来看，我认为这种提炼、修饰将更加符合群众阅读的需要，更易于流传开来，因而功不可没。因此，对于这种必要的提炼和修饰，我们不应轻易地给他戴上"窜改"的帽子。当然，这种提炼、修饰的做法，只能限于"传世定本"出现以前，一旦有了"传世定本"，再对之作文字改动，则必须有某种文本作依据，否则就会泛滥成灾。还应当指出，传世今本《老子》同帛书《老子》相较，虽然文句上有所不同，但就其所表达的基本思想而言，是大体一致的，且传世今本比出土古本文字精练而又较为通俗，似乎更适合于普及的需要。只要对照出土古本作必要的修正，它就更有实用价值。从这个意义上讲，似乎我们没有理由简单地用出土古本取代传世今本。

再次，在评价出土文献的重大价值时，似不宜匆忙提出"重写中国学

---

① 所谓"传世定本"，指的是在世间流传中已成为固定的本子，如王弼本、傅奕本、河上公本等都可称为"传世定本"。

术史"。什么叫"重写"？顾名思义，所谓"重写"，就是要把过去的学术史推倒，另起炉灶，重构中国学术思想发生发展的历史。这种"重写"的主张，至少在以下两个方面考虑不周：其一，是未能周密考虑汉以后两千年中国学术史的客观情况。我们知道，近三十年来我国考古发掘的古墓，多为汉墓或先秦墓，与之相应的出土文献，多为汉以前的文献资料。这就是说，这些古文献资料已在地下埋藏两千余年，它们对汉以后两千年的学术发展，难说有什么影响。而汉以后我国学术发展，靠的是传世今本文献。换句话说，传世今本文献是我国汉以后学术发展的思想源泉。看不到这一点，我们就不是历史唯物主义者。因此，即使汉以前出土文献再多，它也不应当推翻汉以后两千年的中国学术发展史，也就是说汉以后的学术发展史，似乎不存在需要"重写"的问题。其二，是未能周密考虑先秦学术史的客观情况。在出土文献中，有一些先秦古佚书，由于它们重被发现，因而先秦学术发展的某些环节（如子思学派、孙膑兵法等）就需要补写某些内容，这种"补写"，对于整个中国学术史来说，也只是部分改写，而不是推倒"重写"。所以，基于以上认识，我以为提出"重写中国学术史"，似乎言之过重。

综上所述，提出传世今本"不可信"，强调"以出土古本取代传世今本"、随意给传世今本加上"窜改"的罪名，以及提出"重写中国学术史"等，难免有人为贬低传世今本之失。这种方法论上的失误，如不及时纠正，必将给出土简帛文献的研究乃至整个中国文化史的研究造成不应有的损失。

三　研究出土文献切忌主观臆测

科学研究是一项十分严谨的工作，来不得半点马虎。人们在研究中所作结论，必须言之有据。这一原则，对于研究简帛文献来说，同样是适用的。回顾我国简帛文献研究的情况，不难发现有的论者恰恰在这方面不够谨慎，以致把研究的结论置于主观想象的基础上，结果难免走向失误。下面试举几例：

帛书《老子》出土后，人们发现它的篇序与传世《老子》本不同。传世《老子》本，上篇为《道经》，下篇为《德经》，人们称之为《道德经》；帛书《老子》恰好相反，它上篇为《德经》，下篇为《道经》，照这种排列，人们将之称为《德道经》。有人为了证明这种《德道经》在先秦时代早已出现，便举韩非著作《解老》、《喻老》为例，说韩非在写《解老》、《喻老》二书时，也是先解《道经》，后解《德经》。此论一出，不少人信以为真。但是，细读韩非《解老》、《喻老》二书，就会发现那位论者的说法是不可靠的。现将二书所涉《老子》章次排列如下：

《解老》所涉《老子》章次是：三十八章、五十八章、五十九章、六十章、四十六章、八章、十四章、一章、五十章、六十七章、五十三章、五十四章等。

《喻老》所涉《老子》章次是：四十六章、五十四章、二十六章、三十六章、六十三章、六十四章、五十二章、七十一章、六十四章、四十七章、四十一章、三十三章、二十七章等（其中六十四章两见）。

以上《解老》所涉章次，虽然前几章属《德经》内容，但后几章也属《德经》内容。从这种情况看，我们很难判定它是先解《德经》、后解《道经》；《喻老篇》虽然末尾两章为《道经》的内容，但处于第三位（二十六章）和第四位（三十六章）两章也属《道经》内容，据此，似乎也很难说韩非《喻老》是先解《德经》、后解《道经》。只要我们不带成见，就会看到，在韩非《解老》、《喻老》二书中，《老子》之《德经》与《道经》未有明确划分，说它"先解《德经》，后解《道经》"，在很大程度上与实际情况不符。值得注意的是，二十余年之后的今天，有人竟在继续照抄这种说法。一位论者著文说："《韩非子》一书中，《解老》、《喻老》两篇，先解《德经》而后解《道经》，这种先后顺序与帛书《老子》一致，而且全部内容互见。所以，被称为《德道经》的《老子》，在韩非子时代已成定本。"这段文字不仅人云亦云地照抄了前面那位论者的基本观点，而且有了新的"发明"和"突破"：认为韩非《解老》、《喻老》不仅在篇目"先后顺序"上与帛书《老子》一致，而且"全部内容"亦与帛书"互见"，这个判断实在太离谱了。我们知道，《解老》、《喻老》二书，所涉今本《老子》文共二十三章，这与总数八十一章《老子》文[①]相比，尚有五十八章未能问津。基于这种情况，我们怎么能够说韩非《解老》、《喻老》与帛书《老子》"全部内容互见"呢？这位论者显然未读过《解老》、《喻老》二书，以致犯了主观臆测的错误。

---

① 帛书虽未分章，但仍包含今本81章的内容。

　　郭店楚简《老子》出土后，有人把与《老子》简放在一起的《太一生水》篇视为今本《老子》第四十二章的原型，著文说：《太一生水》中"这种由'一'而发生的天地万物，在传世本《老子》第四十二章表述为'道生一，一生二，二生三，三生万物……'从中可见，前者是实指，后者是虚指，是以数字对具体事物进行抽象概括。"我们知道，《老子》的"道生一、一生二、二生三，三生万物"，是我国古代道家创始人关于宇宙生成学说的高度概括，它不仅明确表达了一元化本体论的基本思想，而且高度抽象地描述了万物生成的复杂过程。这一思想，绝非《太一生水》篇所能包容得了的。该位论者把《太一生水》看做是"实指"，而把《老子》的"道生一、一生二、二生三、三生万物"看做"虚指"，将两者连贯起来，给人以牵强附会之感。我们不禁要问，在《太一生水》中，究竟哪些文句体现了"道生一"？又有哪些文句体现了"一生二"、"二生三"以至"三生万物"呢？只要坚持严谨求实，我们就很难找到二者相互对应的内容。而且，《太一生水》以"实指"为特点，这在竹简《老子》的其他章节中，也很难找到类似情况。就是说，《太一生水》和竹简《老子》其他章节的风格是不同的。这也足以证明《太一生水》不是《老子》书的组成部分。楚简文献的整理者已正确地将之列为另一文献。可见，将《太一生水》视为《老子》内容，也有主观臆测之失。

　　此外，还有一位论者在研究了楚简之后，著文认为郭店楚墓之墓主为屈原。其说可谓新颖，但细读其文，似乎论据似是而非。

　　例如，为了论证该墓骸骨为屈原之遗骨，文章写道："据挖掘报告，墓主遗骨仰身直肢，两手交置于腹部，双腿分开，这很像是墓主抱石投水而淹死后，被打捞上来，因尸体僵硬未能复原的姿势。"（着重号为引者加）这里把该墓遗骨放置状况同屈原"抱石投江"联系起来，确实富有想象力。然而，细读这段文字，感到疑点不少。其一，"墓主遗骨仰身直肢、两手交置于腹部，双腿分开"的情况，同屈原"抱石投江"死后的姿势并无必然联系。熟悉楚地葬俗的人都知道，楚人死后下葬，无不是"仰身直肢，双手交置于腹部，双腿分开"的，如果把此种姿势判定为屈原"抱石投江"死后的姿势，那么我们在其他楚墓中，还可以发现许多屈原的遗骨。那位论者大概自己也意识到这一问题，于是用"很像是"来为自己找退路。然而，严肃的论证，怎么能靠"很像是"这种似是而非的语言来支撑其说呢？其二，退一步说，即使郭店楚墓墓主的那种姿势是"抱石投江"者死后的姿势，我们也很难判定该墓骸骨为屈原之遗骨。因为，在古代抱石投水而死者，并非屈原一人，何以能够证明该骸骨为屈原之遗骨？

又如，该文为了说明屈原有"投水而死后归葬于郢都"的"安排"，写了如下一段文字：屈原"在死前不久写的《哀郢》，有'狐死必首丘'的句子，可能这时已有了自己'从彭咸之所居'投水而死后，归葬于郢都楚贵族墓地的安排"。屈原是否真有这一"安排"？作者用"可能这时已有……"的说法来作判断。不仅如此，他还以这种不可靠的判断进一步推论说："屈原抱石投汨罗江自尽后，尸体被弟子和家人们打捞上来，按其遗愿运回旧都郢贵族墓地安葬。"这里讲述的这些情况（特别是打着重号的部分），究竟见于何种文献资料？如无确凿史料为依据，那就将写学术论文等同于写小说、编故事。写小说、编故事，作者可以任意构造种种情节，而写论文则必须言之有据啊！

再如，为了说明楚墓中竹简与屈原的关系，文章写道："墓中的陪葬竹书，只有像屈原这种身份的人才会有。但墓中为什么只有他从稷下带回的竹书，而没有他自己的作品呢？除了可能墓中竹书有遗失之外，亦可能下葬时屈原身旁的人只收藏了其手稿的孤本，而没来得及重抄一份作为陪葬，当然，也许更可能是，由于屈原作品多为发牢骚的讽喻文学创作，多有指责君王'称其君之恶'的内容，写成以后便在民间流传，而不适宜葬入贵族墓地。"这一段论述，也全由揣测构成，其中漏洞很多。其一，墓中的竹书究竟是不是屈原所有？文章没有作肯定性回答，只是说"只有像屈原这种身份的人才会有"。关于屈原的身份，该文作者将之定为"上士"，然而，当时处于"上士"地位的人，绝非屈子一人，我们又怎么能据这一身份证明该批竹书之主人为屈原呢？其二，该文作者自己似也意识到这样一个问题：墓中为什么只有抄写古文献的竹书，而没有屈原自己的作品呢？应当说这是一个很重要的问题，作者必须对此作出有说服力的解释。可惜，他对于这个问题的回答，也令人失望。文章用"可能"、"亦可能"、"更可能"三个揣测性的词语所构成的推理性认识来作解释，给人以牵强附会之感。比如由于屈原其文有这样那样的问题，而不能葬入贵族墓地；而写文章的屈原其人却可以葬入贵族墓地。这怎么能自圆其说呢？总之，该文从头至尾似都证据不足。缺乏证据而勉强立论，就难免陷入主观臆测之失。

综上所述，从方法论角度对近三十年我国简帛文献研究特别是简帛

《老子》研究的反思，我们深深感到，简帛文献研究和一切科学研究一样，必须坚持实事求是的唯物主义思想路线，既不能对出土简帛文献价值人为地拔高，也不能对传世今本文献价值人为地贬低，更不能靠主观想象立论。因此，只有从方法论上吸取教训，提高认识，我们才有可能在新世纪的简帛文献研究中，严谨求实，再造辉煌。

（原载《中国哲学史》2001 年第 3 期）

关于出土文献研究中的存真与失真之我见

　　《中国哲学史》2002 年第 3 期刊出了尹振环先生《也谈帛、简〈老子〉之研究》（以下简称"尹文"）一文。该文对拙文《关于研究出土简帛文献的方法论思考——回顾简帛〈老子〉研究有感》①（以下简称《思考》）和拙著《帛书〈老子〉校注析》② 提出了批评意见。由于学术观点的不同，提出意见进行切磋，是正常现象，本人表示欢迎。只是，尹文不能以礼待人，对拙文特别是拙著提出种种责难，戴了许多帽子：什么"框套今本"呀，"篇名失真"呀，"篇次颠倒"呀，"肢解帛书"呀，"改正为误，完全失真"呀，"违背古籍整理的基本规则"呀，如此等等，不一而足。在他的眼里，拙文和拙著简直一无是处。为此，不能不对之作出回答，并就教于海内外研究《老子》的大方之家。由于拙作《思考》发表于《中国哲学史》，境内同仁都可读到，是非自有公论；拙著《校注析》则出版于海峡彼岸，大陆同仁很难读到。为了向学界阐明真相，有必要在这里针对尹文对拙著提出的批评，多说几句话。

　　尹文一再批评拙著存在"完全失真"的严重问题，这很有必要讨论清楚。什么叫做"真"？笔者以为，"真"是相对的，它是与"假"对立统一的产物。由于人们看问题的角度不同，"真"与"假"在一定条件下，可以相互转化："真"的可变成"假"的，"假"的也可变成"真"的。例如，文物学家所理解的"真"，就同校注学家所理解的"真"有别。文物学家在整理文物时，要求完全符合文物客体的原貌。他们认为，符合原貌的，就是"存真"，不合原貌的，就是"失真"。而校注学家所理解的"真"，则不一样。他们在整理古籍时，不是简单地顺从客体本有的真迹，

---

① 参见《中国哲学史》2001 年第 3 期，以下简称《思考》。
② 台湾学生书局 1991 年版，以下简称《校注析》。

而是将研究对象与同类古籍进行比较研究，择善而从。这"择善"的过程，就是"去伪存真"的过程。一旦发现研究对象原有的"真"不可靠，就需要据他本予以改正。如此作，非但未"失真"，而且恰恰是"存真"。正如徐复观先生所言："真中有假，假中有真，这才是历史记录的实相，也是考据家所最应用心的地方。……抱着真则全真，假则全假的……观点的人，我觉得他根本不能……做考订工作。"① 这是说得很中肯的，值得我们三思。在尹氏看来，帛书《老子》全是"真"的，而今本《老子》全是假的、不可靠的，谁要依据今本《老子》改正帛书《老子》某些东西，谁就是"曲古就今"，就是"失真"。显然，这种真假观是不能令人接受的。

尹氏根据他的真假观，指责拙著存在内容"失真"、"篇名失真"、"篇序失真"、"'肯定帛书不分章'失真"、"将错就错"的"章序失真"等严重问题。这些所谓"失真"，能够成立吗？下面，我们分别加以讨论。

一　关于内容"失真"的问题

尹文认为，拙著在校勘帛书内容方面，"改正为误，完全失真"。他列举了几例，并附有一张表，以说明"失真"的严重程度。然而，判断校注《老子》中的"正"与"误"，不能凭自己的主观臆测，而必须以是否符合老子本旨为标尺。简帛《老子》和今本《老子》，都是发源于原本《老子》。今本《老子》在流传中难免造成讹误，但并非全属讹误；同理，简帛《老子》比较近古，其中保存了《老子》的某些真迹，但也并非字字正确。因为，它们也非《老子》原本，而是一般的手抄本。既是手抄本，就难免出现误字、漏字、衍字的情况，这就有对之进行辨正的必要。在辨正的过程中，择善而从，就需要对帛书的讹误之处予以改动。这种改动，非但不是"改正为误"或曰"失真"，而恰恰是还《老子》之本旨，"改误为正"或曰"存真"。从尹文所列的几例来看，正属如此。

其一，关于帛书甲本"水善利万物而有静"句，此句乙本作"水善利万物而有争"，而传世今本此句多同王弼本作"水善利万物而不争"。这里"有静"、"有争"、"不争"三个概念殊异，究竟如何取舍？拙著认为，从

---

① 徐复观：《中国思想史论集续编》，台湾时报出版公司1982年版，第274页。

《老子》之本旨看，似以今本"不争"一语为当。本章先言"水善利万物而不争"，继言"夫唯不争，故无尤"，前呼后应，逻辑谨严，且与《老子》一贯思想相合。人所共知，《老子》中多次出现"不争"一语，如，二十二章"夫唯不争，故莫能与之争"；六十六章"以其无争与，故天下莫能与之争"等，均凸显了"不争"之意。研究道教的著名学者王明先生也认为："《老子》书中的'不争'思想有大量表现，可以说是根深蒂固的。"① 因此，帛书把"不争"写作"有争"或"有静"②，实属误抄，应当据通行本改正。对于这一看法，尹文提出异议，认为应从帛书甲本作"水善利万物而有静"，释曰："水善于滋润万物而又静默无声。"从表面上看，似乎是说得通的。但综合全章来看，则下文"夫唯不争，故无尤"一语，就语无伦次了；而且，此解同《老子》一贯提倡"不争"的思想不相吻合。显然，作"不争"是，作"有争"或"有静"非。据此，拙著依今本取"不争"一语，似乎并未失真。

其二，今本第十四章"执古之道，以御今之有"，帛书甲、乙本"古"字均作"今"字。究竟应取"古"字还是取"今"字？愚意以为，当从今本，作"执古之道"是。因为，从《老子》总体思想看，一贯强调"古道"。例如，第十五章帛书乙本有"古之善为道者"（甲本此句脱损），第六十五章帛书乙本又有"古之为道者"。可见，《老子》重视"古道"。在《老子》中，还多次引用古圣人的格言，据统计，全书"圣人"一语有二十九见。也是重视"古道"的表现。此外，第三十八章说："故失道而后德，失德而后仁，失仁而后义，失义而后礼。夫礼者，忠信之薄而乱之首也。"这里讲的是古道每况愈下，不断退化的情况。显然，《老子》是在怀念"古道"。此外，孔子曾评价老子"述而不作，信而好古"，这也从侧面证明老子要执的是"古道"。所以，老子是主张用"古道"来治理当时的天下国家。那么，为什么帛书将"古"字写作"今"字呢？愚意认为："古人有反义通假的习惯，《尔雅·释诂》中就有'故，今也'之说。可见帛书之'今'乃为'古'之假借字。"据此，该文应作"执古之道"。对此，尹文也提出异议，认为是"改正为误"，并反驳曰："《尔雅》说的是'故'，而不是'古'，何以能证'今'即'古'呢？"这样的发问，未

---

① 王明：《道家和道教研究》，中国社会科学出版社1990年版，第10页。
② 按："有静"实为"有争"之声假。

免有失身价：稍有训诂常识的人都会知道，"古"与"故"可以通假。"尹文"还引《淮南子·汜论训》曰："夫殷变夏，周变殷，春秋变周，三代之礼不同，何古之从？"其意在于说明"执古之道"不合老子本意。然而，这不是以《老》解《老》，而是以《淮》解《老》。须知，《淮》著属汉初黄老新道家著作，其思想体系同《老》有所区别。

其三，今本第三十七章首句作"道常无为而无不为"，此句帛书甲、乙本并作"道恒无名"。拙著在校勘此句时，认为通行今本此句优，当作"道恒无为而无不为"（唯"恒"字从帛书）。又，本章末两句，今河上公本作"无名之朴，亦将不欲。不欲以静，天下将自定"。此两句中的"不欲"，帛书甲、乙本均作"不辱"。比较二者，余以为帛书之"辱"字乃"欲"之声假，当从今本作"不欲"。对此，尹文也提出批评，说什么"这一来，《老子》劝导侯王勿求取名辱不见？……掩盖了《老子》说教中心"云云。本来，校勘者将帛书与今本对校，有自己取舍的权利，只要不是无据改经，就无可非议。拙著关于本章的两处校文，都有通行今本为据，用"道恒无为而无不为"代替"道恒无名"；用"不欲"代替"不辱"，怎么就"掩盖了《老子》说教中心"呢？实质上，"无为而无不为"、"不欲"都属于《老子》的基本思想。

关于"无为而无不为"句，今本《老子》先后出现三次，即三十七章、三十八章、四十八章；帛书甲、乙本从已存文字看，未见此句。有人据此认为帛书无"无为而无不为"的思想。愚以为此说值得推敲。因为与今本第四十八章对应的帛书甲、乙本，此句均脱损，我们还不能肯定帛书该章无"无为而无不为"句。而且"无为而无不为"，从《老子》中还可以找到类似其意的文句。如第六十四章曰"无为故无败"，这是说，做到了"无为"，就不会有失败。第四十七章曰圣人"不为而成"，其意是说，圣人不用作为，就能成就一切事业。不难看出，其意都与"无为而无不为"的思想相通。又，第五十七章："我无为而民自化，我好静而民自正，我无事而民自富，我无欲而民自朴。"文中的"无为"、"好静"、"无事"、"无欲"等用语，都同"无为"相近，其意是说，君主做到了"无为"，就可以使众民"自化"、"自正"、"自富"、"自朴"。显然，这里也透露了"无为而无不为"的观念。以《老》解《老》，可知"无为而无不为"是《老子》的不可或缺的重要观念。韩非《解老》及诸今本保存了《老子》的"无为而无不为"句，是值得特别珍惜的。徐福观先生《帛书老子所反映出的若干问题》一文，在谈到第三十八章时曾说，"《解老篇》'上德无为而无不为也'甲乙本'不'作'以'，与下句语复而意混，当依《解老篇》校改"，亦认为应保留"无为而无不为"句。拙著依从今本改正帛书之误，还原《老子》之本旨，怎么会"掩盖了《老子》说教中心"呢？难道一切依从帛书（按：况且我们还不能肯定帛书无"无为而无不为"句）才是正确的吗？果真如此，那又会重蹈"以帛书之是非为是非"的覆辙啊！

另外，拙著用今本"不欲"取代帛本"不辱"，也非毫无根据的妄动。今本此语概作"不欲"或"无欲"，从文意上看，当以今本为优。"不欲"或"无欲"，是《老子》的基本思想之一，书中多次出现。且"不欲"与"以静"相连，符合《老子》的一贯思想。而"不辱以静"，是很牵强的。需要说明的是，以今本之"不欲"校正帛书之"不辱"，并非黄某一人如是作。近日重读张松如、张舜徽、陈鼓应、高明诸先生校注《老子》之作，发现他们均取今本之"不欲"。是不是别人都错了呢？奉劝尹先生不要陶醉于"众人皆醉我独醒"啊！

其四，与今本第二十五章对应的帛书"道大、天大、地大、王亦大。国中有四大，而王居一焉"一段文字，拙著在校勘中，将"王"正为"人"，"国"校为"域"。并附有一段按语：

> "王"当作"人"。吴承志曰："据《说文·大部》：'天大、地大、人亦大焉，故大象人形。'则许所据本'王'作'人'，证以下文'人法地，地法天，天法道'，作'人'是矣。'人'，古作'三'，是以读者或误为'王'。"其说有理，检范应元本正作"人"。又，"域"，帛书作"国"，但通行各本并作"域"。按："域"、"国"古通，《广雅释诂》："'域'，'国'也。"今从众本作"域"。①

上段文字，应当说已把道理讲清楚了，可是尹氏却批评说："黄著却依据唐宋本，改帛本之'王'、'国'为'人'、'域'。这种违背古籍整理原则的做法，令人吃惊！"看来，这个"吃惊"，似乎有点精神过敏。人所共知，《说文》的作者许慎是东汉人而非唐宋人，怎么是"依据唐宋本"

---

① 黄钊：《帛书〈老子〉校注析》，台湾学生书局1991年版，第129页。

呢？退一步说，即使是"唐宋本"，只要持之有故，也无可非议。因为，到目前为止，谁也证明不了"唐宋本"都不可靠。所以，尹先生之"吃惊"，似超乎寻常。

此外，"尹文"还说："楚简《老子》不仅证明'王'、'国'二字正确无误，而且是'国中有四大安，而王居一安'，比帛本多了两个'安'字。这一来，**老子尊王的政治哲学更为凸现**。……解放前后，几乎所有人户堂屋中都有'天地君亲师之位'的牌位，其实就是'家中有五大安'的祈盼。"这段话有两点明显失误：一是把简本中两个"安"字，当做实词"平安"之"安"。须知此"安"通"焉"，属语尾虚词，与今本或帛书"居一焉"之"焉"同义。尹文不明此义，将此"安"看做实词，作如此这般的一番解说，实在白费心血！二是用《老子》之"四大"来比附"天地君亲师"之"五大"，是不当的。因为前者属道家观念，后者属儒家传统，两者不应混为一谈。再者，"尹文"谓简本的"王"、"国"二字，证明帛书无误，亦恐非是。因为，从《老子》整体思想看，"王大"不合其本旨。我们知道，《老子》强调"侯王"要以卑贱自处，第三十九章："是以侯王自谓孤、寡、不谷，此非以贱为本邪？"第六十三章："圣人终不为大，故能成其大。"这都说明，"王大"不合乎老子的本意，当从今本作"人大"。"人"误为"王"，当自稷下道家始。稷下道家反映新兴地主阶级维护封建王权的要求，讲"王大"，就是他们急于掌权心理的反映。竹简《老子》是稷下道家的摘抄本，突出"王大"，就是很自然的了。以之为据来证明《老子》原本为"王大"，是不当的。

还需说明的是，尹文为了向世人公布拙著"改正为误"，专门列出一张表。由于该表多属**断章取义**，笔者不拟在此为之费笔墨，只好持保留意见，相信读者自能辨别是非。

二　关于"篇名失真"的问题

尹文言："《史记》只是说'老子修道德，著书上下篇'，所以如用'道'、'德'二字命名《老子》这部书，还不能说走调；但用《道经》、《德经》来命名上下篇，则未免名不符实了。"这里涉及的问题是：《老子》的篇名能否以《道经》、《德经》名之？愚意以为完全可以，理由如下：

　　人所共知,《老子》自古称《道德经》,与此相对应,以"道"字起始之篇,称为《道经》,以"德"字起始之篇,称为《德经》,这已经成为人们约定俗成的共识。尹文以帛书乙本篇末只有"德"、"道"二字,甲本篇末连"德"、"道"二字也没有为由,判定将《老子》篇名定为《道经》、《德经》为"失真"。显然,这是以帛书之"真"为"真"。事实上,帛书也只是一种手抄本,我们没有必要完全照搬帛书。凭实而论,今本在不少地方也保存了真迹。就篇名而言,今存传世本,概称《道经》、《德经》,愚以为未必不真。《老子》称"经",当不晚于汉代。《汉书·艺文志》载有《〈老子〉邻氏经传》、《〈老子〉傅氏经说》、《〈老子〉徐氏经说》。可见,早在班固著《汉书》以前,《老子》就已称"经"。邻氏、傅氏、徐氏三家之书,同帛书下葬时代相比,恐不会晚多少。又,据牟子言:"吾览佛经之要,有三十七品;老氏《道经》亦三十七篇。"[1]牟子其人生活于东汉灵帝之时,他所言的《道经》,当是今本《老子》上篇。由此可知,与之相对应的下篇,当是《德经》无疑。这说明《老子》上下篇分别称《道经》、《德经》至迟在牟子著《理惑论》之前就已定型。故帛书之篇名虽无"经"字,但据上述情况,我们完全有理由将上下篇分别称为《道经》、《德经》。这样做,既考虑了历史传统和有诸今本作依据,又考虑了继承前人已经约定俗成的文化成果的必要性,似乎没有什么不妥。还需要指出的是,把帛书篇名称为《道经》、《德经》,并非鄙人的发明。自帛书《老子》出土以来,已有许多专家如是做。例如,参加过帛书考古与整理工作的晓菡先生在其所著《长沙马王堆汉墓帛书概述》中就有"《德经》在前,《道经》在后"[2]之语;又,高亨、池曦朝先生所著的《试谈马王堆汉墓中的帛书〈老子〉》一文第二部分的标题就是:"《帛书〈老子〉,〈德经〉在前,〈道经〉在后》"[3]。此外,张松如先生的《〈老子〉说解》、高明先生的《帛书〈老子〉校注》等,也都用《道经》、《德经》作为篇名。可见,将帛书《老子》篇名称为《道经》、《德经》,许多学者都是这样做的,这并非不尊重帛书,而是沿袭已经约定俗成的文化传统。

---

[1]　《理惑论》。
[2]　晓菡:《长沙马王堆汉墓帛书概述》,《文物》1974 年第 9 期。
[3]　高亨、池曦朝:《试谈马王堆汉墓中的帛书〈老子〉》,《文物》1974 年第 11 期。

三　关于"篇序失真"的问题

这里所说的"篇序",指的是《道经》、《德经》孰先孰后的问题。关于"篇序",拙著曾作过说明:

> 帛书《老子》甲乙本上篇为《德经》,下篇为《道经》;但流传今本上篇概为《道经》,下篇概为《德经》。《老子》原本究竟是《道经》在前,还是《德经》在前?学术界见仁见智,众说纷纭。笔者以为《道经》在前、《德经》在后,符合《老子》"道生德"的思想,也符合古往今来人们称老子学派为"道德家"的历史传统,不应该轻易改移。因此,本书仍按流传今本分篇之贯例,将《道经》列为上篇,《德经》列为下篇。①

应当说,这里已把笔者的观点说清楚了,可是尹氏感到极不满意,仍指责拙著"从篇次排列上曲古就今⋯⋯改正为误,完全失真。"对此,也有必要提出辩驳。

(一) 尹文以若干古本证明《老子》篇序《德》上《道》下,证据不足

尹文言:"韩非的《解老》、《喻老》据本以及严遵本(乃至王弼古本),也是《德》上《道》下的。"必须指出,这些说法是站不住脚的。

第一,关于韩非的《解老》、《喻老》二书所涉《老子》文次序,并非《德》上《道》下,拙作《思考》已作论证,在此似不必多费笔墨。需要补充说明的是,近读著名学者饶宗颐先生《书〈马王堆老子写本〉后》一文,发现他也指出过:"韩非《解老》,非论列全经,其先解《德经》首章,自是随手摘举,不足援之以证《老子》全书之先德而后道也。"其所见,与鄙人之论不谋而合。

第二,说严遵本也是"《德》上《道》下的",同样经不起推敲。我们知道,关于严氏《指归》,今存有两种本子:一为《秘册汇函》本,题

---

① 黄钊:《帛书〈老子〉校注析》,台湾学生书局1991年版,第22—23页。

名为《道德指归论》、《津逮秘书》、《学津讨原》、《丛书集成初编》等，均收入此本（以下简称"函本"）；二为"藏本"，题名为《道德真经指归》，《怡兰堂丛书》亦收入此本（以下简称"藏本"）。将这两种本子相比较，有如下几点特色：

（1）"函本"为六卷本，列卷之一至卷之六，内容从"上德不德"章至"民不畏死"章，共三十四章，每章前未附经文；而"藏本"则为七卷本，列卷之七至卷之十三，内容从"上德不德"章至"信言不美"章，比前者多出六章，每章前均附有经文。

（2）"函本"附有谷神子《序》（全文一百二十四字），言及该书"陈隋之际已逸其半，今所存者，止《论德篇》，因猎其讹舛，定为六卷"；而"藏本"则无该《序》，但有说明从"上德不德"章至"民不畏死"章互相串联关系的序文一篇，姑且称为《总序》。

（3）"函本"之《指》文中，无谷神子注释文字，而"藏本"则在相关的经文与《指》文下，插有谷神子注释文字。

（4）两本均附有严氏《说目》一篇。该《说目》从阴阳说立论，言及全书共七十二章以及上、下经所囊括章数的基本情况。

关于这部书，尚存不少历史悬案（因篇幅所限，不拟在此展开论述），过去曾有人怀疑是后人伪造（如《四库全书总目提要》作者即持此论），后经学者反复考证，肯定该书所涉《指归》之文，乃为严氏原作，但认为附于"函本"中的谷神子《序》及附于"藏本"中的《总序》，乃后人伪托，不可信。虽然学界有此共识，但关于该书篇序问题，至今尚未统一认识。这是由于历史资料扑朔迷离，疑点尚多。近年有人根据《说目》"上经四十而更始"、"下经三十有二而终"之语，对照"藏本"保存的《德篇》之章数，刚好四十，便肯定《德篇》为上经。但这个结论是值得推敲的，它至少对以下问题难以解释：

问题之一："藏本"原整理者无疑熟知《说目》"上经四十而更始"之语，亦当更熟知该本刚好四十章（符合《说目》所言"上经四十"之旨）。令人费解的是：面对这种情况，他们却仍将该七卷列为卷之七至卷之十三，即将《德篇》视为下经。这恐非简单从事所致，当有其所持依据。对此，我们不能不认真对待。

问题之二：从《说目》所涉有关思想看，可以推知上经为《道篇》，下经为《德篇》。首先，《说目》明确指出："变化所由，道德为母。"这

"道德为母"一语，表明《指归》作者是把"道"置于"德"之上的，肯定"道"统率"德"。这种情况，在《指归》正文中，亦时有所见。如《上德不德》章言"道为之元，德为之始"，"大道未分，醇德未剖"，"被道含德，恬淡无欲"，"体道抱德"等，都表达了"道"先于"德"之意。据此，似乎严氏不应当在篇序上来个颠倒，将《德篇》置于前，《道篇》置于后。其次，《说目》又曰："《老子》之作也，……上经配天，下经配地。……天地之数，阴阳之纪，夫妇之配，父子之亲，君臣之仪，万物敷矣。"不难看出，作者在此是用天地、阴阳、夫妇、父子、君臣等关系来比附上、下经的关系（亦即道与德的关系）。据此可知，严本应是上经为《道篇》，下经为《德篇》。因为只有"道"才可能与"天"、"阳"、"夫"、"父"、"君"等相匹配，从而符合其"道"统率"德"的思想。可见，依据《说目》本意，该书上经应为《道篇》，而非相反。

问题之三：从《说目》得以保存的情况推知，《德篇》不可能为上经。因为《说目》实为该书之《序》，如唐鸿学在《指归跋》中所言，汉人著书之例，往往将序言置于书后，"如《法言》、《史记》、《汉书》、《说文》"等，均是如此。如果《德篇》为上经，那么按照以上排《序》惯例，《说目》应当在《道篇》之后。既然《道篇》早已佚失，则《说目》也不可能保存。今实际的情况是：《说目》确已保存。这种情况的出现，只有《说目》附于《德篇》之后才有可能，这就证明原书《德篇》为下经，而非上经。

总之，说严遵本也是"《德》上《道》下的"，亦难以成立。

第三，说王弼古本也是"《德》上《道》下"，更不可信。尹氏大著《帛书老子与老子术》（贵州人民出版社 2000 年版，此下简称尹著）中，有一段关键的论证。为了讨论问题，我们不妨将之摘录如下："宋晁说之跋王弼注《老子》：'道德经不析乎道德而上下之，犹近于古。'熊克说得更明白：'不分道德而上下之，亦无篇目。'即也不辨析道经、德经，而颠倒上下篇的篇次，且无篇目。"上段所引晁、熊二人之言，含义一致（晁文的"析"字与熊文的"分"字同义），其义可以概括为：古《老子》不分道篇、德篇，而只分上下篇，且无篇目。如此而已，没有别的意思。可是尹著却借题发挥。他首先将"析"字曲解为"辨析"，然后概括其义曰："也不辨析道经、德经，而**颠倒**上下篇的篇次"。其中"**颠倒**"一词，原文中找不出对应词语，因而属于"添字解经"的做法，完全违背训诂学的法则。用这种曲解文意的做法来证明王弼古本也是"《德》上《道》下",又怎么能令人信服呢?

总之,韩非本、严遵本以及所谓王弼古本均为"《德》上《道》下"之说,全都不能成立,则尹氏之论,失其依矣。

(二) 尹文所谓"《德》上《道》下"之"自证",亦不能令人信服

为了证明《老子》原本是"《德》上《道》下",尹氏还在"考证《老子》之自证"方面,下了一番功夫,并且提出了四点理由。为了讨论问题,我们不得不一一分别予以辨析。

其理由之一曰:"从行文看,应该由浅入深,从易到难。《德》上则是从'上德不德'较为浅显的地方入手,如果《道》上则是从'道可道,非常道'艰深的认识论开始。显然《德》上合理。"

这个论证实在太牵强。说"上德不德"较"道可道,非常道"浅显,实质上很难找到客观依据。愚意以为,"上德不德"包含着极深奥的哲理,在当时是对传统观念的猛烈冲击,其理并不"浅显"。因为在常人看来,"上德"应当是最有德的,而《老子》却说"上德不德",这就同常人的思维方式有着本质的不同。要突破常人的这一传统思维方式,其难度恐不亚于帮助人们认识"道可道,非常道"的哲理。今读王弼《老子注》,其"道可道"章,注文仅用了二百九十余字[①],而"上德不德"章注文,则用了一千零五十余字,是首章用字的三倍多。这也从侧面说明"上德不德"章并不比"道可道"章浅显。附带说一句,尹文谓"道可道"章讲的是"认识论"问题,也不确。事实上,该章的重点讲的是"无名天地之始,有名万物之母",以及"众妙之门",属于本体论问题。如果说本体论问题是最难的问题,应当放到最后讲。那么,《老子》第四十二章讲的"道生一,一生二,二生三,三生万物"更是艰深的本体论问题,为什么又要放到《德》篇较前的位置,而不放到《道》篇较后的位置呢?显然,用文意的"浅"与"深"来解释《老子》的篇序结构,是不恰当的。

其理由之二曰:"先秦两汉的序言置于书后,如《庄子》、《史记》、《淮南子》等。《老子》的《序》看来不是内容驳杂的八十一章,而是三十七章。由此看,《德经》为上篇。"

---

① 据楼宇烈《王弼集校释》本。

　　这段论述，更有臆测之失。请问：把《老子》三十七章看做全书的序言，根据何在呢？作为一篇序言，它不能不讲一下写作动机、宗旨、过程之类的东西吧？今读该章，王本仅五十字（帛书四十八字），其内容既未涉及写作动机、过程之类的东西，亦未能综括全书的基本思想，说它是全书的序言，确实太离谱了。须知，《老子》是一部内容独特的哲理诗，它根本就没有什么序之类的东西。尹文在此把《老子》与《庄子》、《史记》、《淮南子》等书相比附，把三十七章确定为该书的序言，实在过于牵强。

　　其理由之三曰："《老子》说教的中心与重头部分在'德'，也可证《德》为上篇。"

　　这个结论，显然又失之偏颇。人所共知，《老子》一贯"尊道贵德"。在老子那里，"道"与"德"一方面是不可分的统一体；另一方面，就二者的地位来看，"道"又重于"德"。第一，"道"是产生世界万物的最后本体，如第四十二章所言"道生一，一生二，二生三，三生万物"。既然万物皆由道生，则"德"亦由"道"生。显然，"道"决定"德"，没有"道"就没有"德"。第二，"道"是最高法则的体现，人们只有"唯道是从"，才能使法则为己所用。第四十章所言"反者道之动，弱者道之用"，就从特定的角度揭示了"道"具有法则的权威。第三，"道"是侯王治国的根本依据。"道常无为"，侯王只有遵循无为之道，才能实现天下大治。第四，"道"是人们立身做人的保障。所谓"道者万物之奥，善人之宝，不善人之所保"，即寓此意。第五，"道"是人们实现"长生久视"的法宝。所谓"治人事天莫若啬。……是谓'深根固蒂'长生久视之道"①，就表达了这一思想。以上五点，集中说明了《老子》的核心思想与重头部分在"道"而不是"德"。正如王弼所言："《老子》之书，其几乎可一言而蔽之。噫！崇本息末而已矣。观其所由，寻其所归，言不远宗，事不失主。"不难看出，王氏所讲的"宗"或"主"，乃是"道"的代名词。故楼宇烈先生《王弼集校释》注释该句曰："此句意为，言论、行事都不能离开道。"可见，王氏也是把"道"视为《老子》全书的支撑点。在他看来，"道"重于"德"是不言而喻的。此外，据统计，《老子》全文"道"

―――――――――

　　① 《老子》第59章。

字七十六见，而"德"字仅四十四见①，这也从一定程度上说明"道"重于"德"。令人惊奇的是，尹氏却说什么"《老子》说教的中心与重头部分在'德'"。这一观点新则新矣，但却离《老子》主旨相差甚远，更不能证明《老子》原本为《德》上《道》下。

其理由之四曰："从唐玄宗用圣旨统一篇章的史实看，《老子》古貌必为《德》上《道》下。"

其所谓史实，指的是两段史料：

一是《唐玄宗道德真经疏·外传》中所记的事："道分上下者，开元二十一年，颁下所分，别上卷四九三十六章，法春夏秋冬；下卷五九四十五章，法金木水火土。"

二是《全唐文》卷三十一所载唐玄宗《分道德为上下经诏》中所载"其《道经》为上经，《德经》为下经，庶乎尊道贵德，是崇是奉"等语。

尹氏据这两段资料，判定今本《道》上《德》下的篇序，是由唐玄宗"划一并正式固定"下来的。这个说法，很难成立。如前引顾实《汉书·艺文志讲疏》援《七略》之言，可知早在唐以前，汉代思想家刘向校勘《老子》，曾"定著二篇，八十一章"，则其总章数在汉代就已基本定型；又据前引牟氏《理惑论》所言"《道经》三十七"，结合上述《七略》所载"八十一章"之数，可以推知《德经》四十四，则今本《道经》、《德经》之章数，早在汉代就已定型。今存《〈老子〉河上公章句》成于汉代，全书八十一章，每一章都有章题，如"体道第一"、"养生第二"、"安民第三"等，这些章题当是该书原本所有，亦可证《老子》总章数及上下篇章数，定型于汉，并非唐玄宗独出心裁、利用权力"划定"。唐玄宗的《诏书》只是为了兜售其《御注道德真经》，以表达其崇"道"的大政方针。至于他的《诏书》是否在当时产生过"统一篇章"的效果，是值得怀疑的。比如照他的分章法，上篇三十六章，下篇四十五章；而今本多为上篇三十七章，下篇四十四章。此外，还有五十五章本、六十四章本、六十八章本、七十二章本等不同章数的本子在世间流传。这些情况都说明，人们并未照唐玄宗的圣旨办。可见，以唐玄宗《诏书》为据，来证明《老子》原本是《德》上《道》下，仍然不可信。

以上说明，尹氏提出的所谓"考证《老子》之自证"的四点理由，全

① 据秦同培编《十子全书·老子》，世界书局1926年版。

都站不住脚。

或者辩方会提出：即使韩非本、严遵本、王弼古本不能证明《老子》原本《德》上《道》下，那么帛书《老子》甲、乙两种本子《德》上《道》下总是千真万确的吧，为什么也可置之不顾呢？是的，帛书《老子》甲、乙两种本子的确是《德》上《道》下，但它是否真的保存了《老子》原貌，是值得怀疑的。我们知道，《老子》的基本思想是强调"道"生"德"。"道"先于"德"，是其题中应有之义。西汉著名学者司马谈把《老子》所创立的学派称之为"道德家"，这也从特定角度反映了《老子》原本《道》上《德》下这一客观情况。司马谈生活的年代与帛书乙本下葬时间相近，他的做法也应成为我们确定《老子》篇序的一个重要依据。另外，还需要考虑的是，帛书《老子》甲、乙两种本子，均为殉葬品，是供在阴间的人享用的。楚地有一民风：凡供阴间之人享用之物，恰好与阳间顺序相反。如：过去农村为死去的亲人设灵堂，在灵台下面摆放的死者的鞋子，左、右恰好颠倒：左脚鞋放在右边，右脚鞋放在左边；又，阳间人穿的衣服，纽扣在右边，而给死者穿的寿衣，则纽扣在左边；又，民间抬活人，头在后、脚朝前，而抬死人，恰好相反，是头朝前、脚在后。如此等等，都说明对待阴间之人与阳间正好相反的情况。此外，楚地传统风俗，左为大，《左传·桓公八年》所言"季梁曰：楚人上左"，讲的就是这种情况。同时，楚地民间又有"亡人为大"之说。帛书《老子》甲、乙两种本子，出在楚地，其篇序颠倒，可能与楚地民风有关：活人用的本子，是《道》上《德》下；死人用的本子，则是《德》上《道》下。这既体现了"楚人上左"，又符合"亡人为大"的民风。帛书《德》上《道》下，其次序正是《道》左《德》右。基于这些考虑，笔者以为帛书《德》上《道》下之篇序，乃是事出有因，并非《老子》本来面貌，不应当以它为据，确定《老子》之篇序。

综上所述，尹氏所要论证的《老子》古本应为《德》上《道》下的种种观点，完全不能成立。既然《老子》古本并非《德》上《道》下，则拙著依据传世今本，按《道》上、《德》下安排篇序，何谈"失真"之有？须知此种篇序，并非黄某伪造啊！

四 关于"'肯定帛书《老子》不分章'失真"的问题

拙著《校注析》曾肯定帛书《老子》不分章，对此，尹氏也提出批评，指出："如果只说乙本不分章，还差强人意，而说甲本也不分章，就不对了。这岂不否定帛书整理者所认定的'帛书《老子》甲本用圆点作分章符号'的结论？……帛书《老子》甲本残留十九个分章圆点和十三个可证分章的勾勾点点，……黄著……连提都不屑一提，岂不又是违背古籍整理的基本规则吗？""可见，否定帛书甲本之分章，不校订帛本的分章，是太不应有的忽略吧！"这些批评，耸人听闻，不能不加以辩驳。

首先，尹氏认为，拙著肯定帛书不分章是"否定帛书整理者所认定的'帛书《老子》甲本用圆点作分章符号'的结论"。这个批评，实在不近情理。须知，帛书整理者所讲的"帛书《老子》甲本用圆点作分章符号"的说法，也只是他们的一种推测，或曰一家之言，并未取得学界共识。事实上，当代不少研究《老子》的著名学者，大多认定帛书《老子》不分章。如，著名学者高亨先生曾明确指出"帛书《老子》不分章"[①]；著名史学专家张舜徽先生亦说"帛书甲、乙本《老子》都没有分章"[②]；被张岱年先生称为"考古学专家"的高明先生在其《帛书〈老子〉校注》中也说"帛书《老子》甲、乙本皆不分章"；台湾著名学者徐复观先生也认为帛书甲、乙"两本文字没有分章，先后次序完全相同"[③]，这都说明所谓"帛书整理者所认定的'帛书《老子》甲本用圆点作分章符号'的结论"并非金科玉律，不可移易。鄙人没有提及那个结论，怎么就是"否定"谁的什么呢？退一步说，即使有"否定"之实，从学术探讨的角度来看，也是正常现象，用不着大惊小怪。

其次，肯定帛书《老子》不分章，完全符合客观存在的事实：乙本未分章，自不用说；甲本本来也未分章，因为其中存留有一些圆点，整理者据之推测其可能为"分章符号"。仔细研读，愚意以为将之看做"分章符号"理由不太充足。

其一，如果圆点是分章符号，那么，由它所划定的内容总应该相对集中、完整吧？但细读其文，并非如此。例如，与今本第五十一章相对应的甲本原文，有三个圆点。为了讨论问题，不妨照录如下：

---

① 高亨：《试谈马王堆汉墓中的帛书〈老子〉》，《文物》1974 年第 11 期。
② 张舜徽：《周秦道论发微》，中华书局 1982 年版，第 97 页。
③ 徐复观：《中国思想史论集续篇》，台湾时报出版公司 1982 年版，第 312 页。

　　　　·道生之而德畜之，物刑之而器成之，是以万物尊道而贵德。道
　　之尊，德之贵也，夫莫之爵而恒自然也。·道生之、畜之、长之、遂
　　之、亭之、毒之、养之、覆之。生而弗有也，为而弗恃也，长而弗宰
　　也，此之谓玄德。·

　　不难看出，这里三个圆点，把今本第五十一章分为两部分。这两部分本来
是相互联系的统一体，前面"道生之而德畜之"等语是后文"生之、畜
之、长之、遂之"等推衍的前提，两者不应当分割开来。如果此圆点是分
章符号，那么，就得把这两段本来相连而完整的文字切割开来，使其各自
独立成章，这又怎么能符合分章的基本原则呢？

　　其二，如果圆点是分章符号，那么，它应当表现出某些规则性。但
是，从其分布情况看，却很不规则。有的地方仅十几个字，前后却有两个
圆点；有的地方很长一段文字，却未见到那些符号，这就在很大程度上带
有随意性。此种无规则的符号，我们又怎么能将之作为分章的标志来看待
呢？尹氏言"十三个勾勾点点"也是分章符号，就更难讲得通。

　　其三，凭实而论，把那些圆点或"勾勾点点"看做分章符号，很难自
圆其说，尹氏自己也感到不踏实，只好解释说："正像标点符号的概念尚
未形成那样，分章的概念也是**十分模糊的雏形**。"这里"分章的概念也是
十分模糊的雏形"一语，说明对于那些所谓"分章符号"，他自己也感到
不怎么踏实。

　　以上三点，说明把那些圆点或"勾勾点点"看做分章符号，理由并不
充分。令人惊奇的是，尹氏却以此**"十分模糊的雏形"**为立足点，要求所
有研究者都要为之研究一番，谁如果对之持保留意见或不公开表示自己的
看法，谁就是"违背古籍整理的基本规则"、就是"太不应有的忽略"，
一顶顶帽子飞来，然而却不能令人信服。

　　需要指出的是，研究古籍，各人有不同角度，研究什么与不研究什
么，对哪些问题发言或对哪些问题不发言，作者都有自己的考虑。比如，
对于那些尚研究不够或条件不太成熟的问题，作者可以暂时保持沉默或曰
"存疑"，这样做非但未"违背古籍整理的基本规则"，而且恰恰是严谨求
是的需要。尹先生自己对帛书《老子》中的那些"勾勾点点"感兴趣，作
了一番研究（这里姑且不评价其研究成果的价值），要求别人也像他那样
去做；谁如果不像他那样去做，谁就是"违背古籍整理的基本规则"、就

是"太不应有的忽略"。这种以己为是、强加于人的做法，实在不合乎学术讨论应有的宽容。

五　关于"'将错就错'的'章序失真'"问题

拙著《校注析》在"说明"中说："帛书《老子》甲乙本均不分章。为校、注、析以及研究的方便，本书仍按今王本之次序，分章进行校注和简析。"应当说，这里已把宗旨交代清楚了。可是，尹氏却又借题发挥，大做文章。他以"将错就错的章序"作为小标题，批评拙著"章序失真"，指出："黄著……将今本颠倒的篇次，错乱的章序，正确的或错误的分章，全部保留，然后肢解帛本，一一放入于今本框架中。这与其说是校注帛书，不如说是在肢解帛书。"这里又用一些耸人听闻的话语强加于拙著，然而又有几点能站住脚呢？

首先，帛书本来就不分章，它的内容除篇序与今本有别外，在两篇文字顺序方面，大体与今本一致（只有少数几处文序与今本有别，关于这一点，拙著在"代序"中已作说明，并主张今本参阅帛书文序，改正几处章序：如今本第二十二章应放在第二十四章之下；第四十二章应放在第四十章之下等）。基于这一情况，亦为了研究的方便，拙著采用了今本的章序。笔者认为，今本的章序虽然亦有几处需要参阅帛本予以调节（如上所述），但从总体上看，基本上是可取的。而且，它已经过历史的检验，成为我们民族的文化成果，为人们广为接受。在学界未取得对之作修改的共识以前，不应轻易改变它。如果校注家都各持己见，自以为是地拿出一个章序，那只能造成新的混乱。正是基于这一考虑，拙著沿用了今本的章序，并在"代序"中作了说明，这怎么就是"将错就错"、"肢解帛书"呢？

其次，最近笔者再次拜读了尹氏大著，领教了他的关于帛书分章的独见："我们初步考证的结果是：帛书《老子》**分章符号**当在一百一十四个左右，或者说它是由一百一十二个左右的'章'所组成。"尹文曾指出："甲本残留十九个分章圆点，和十三个可证分章的勾勾点点。"即使他所说的那些都是所谓的"分章符号"，其总和也仅三十二，而经他的"初步考证"，竟变成了"一百一十四个左右"，比帛书真迹多出八十二个。不知这八十二个新的"分章符号"究竟从何地蹦出来的？如果无帛书真迹作依据，那就是出于臆测。尹氏以这种臆测的分章符号数为立足点，把帛书分为"一百一十二章",这确实创造出了一个关于帛书《老子》分章的"新体系",它没有"将错就错",然而它是否科学,是大可怀疑的。拙著的章序虽然有所谓的"将错就错"问题,但它至少有传世今本作依据;而尹氏提出的"一百一十二章"之说,历代从未见过,纯属"无据改经"之失。如果拙著仿效尹氏之研究方法,也搞所谓"重新排列章序",并把帛书分为"一百一十二章",必将带来更大的弊端,导致真正的"肢解帛书",并给《老子》研究造成重大混乱。所以,尹氏抛出的"章序失真"、"肢解帛书"等帽子,留给他自己用,倒比较合适。

以上我们从五个方面,说明尹文关于拙著的所谓"内容失真"、"篇名失真"、"篇序失真"、"章序失真"以及"'肯定帛书不分章'失真"的评论,均有失客观、公允。与上述评判情况相联系,尹氏对我国学界研究简帛《老子》的评论也有偏激之嫌,他曾抱怨说:"从已出版帛本的注译看,**框套今本者多,订正讹误者少;以古从今者众,用古正今者寡;谨慎保守有余,信古从真不足**。对帛书《老子》的研究、开发、利用极为不够。"(黑体字为尹文原有)寥寥数语,将我国学界研究帛书《老子》的成绩一笔勾销。这些评论,只能说明尹先生过于自负、自信。毋须讳言,他以这种过于自负、自信的心理来评判他人的成果,是很难得出中肯的结论的。奉劝尹先生不妨坐下来调适一下自己的心绪,以免参与争鸣时感情过于冲动、偏激。毛泽东诗曰:"牢骚太盛防肠断,风物长宜放眼量。"愿我们共同保持道家宽容心境,坐下来心平气和地相互切磋琢磨、研讨学术,千万勿过于骄躁。若先生还有未尽之言要发,鄙人愿意奉陪,共同切磋。真理愈辩愈明,相信读者自能明辨是非。

（原载《中国哲学史》2003 年第 4 期）

第 七 编

道教与佛教散论

道教形成的社会条件和理论渊源

　　道教作为中国本土宗教，它的形成，有自己特定的土壤和文化根基。我们要全面认识中国道教，必须深入考察它形成的社会条件及理论上的支撑。

　　道教的形成，有其客观历史条件。我们知道，道教出现于东汉中后期，当时的社会，一是阶级矛盾极其尖锐，农民起义此起彼伏，农民的起义斗争需要一种宗教精神的支撑；二是在思想界，两汉神学遭到反神学思潮的批判与清算，它实际上启示有神论者应当创立更精致的新宗教；三是当时民间宗教信仰形形色色，它们从不同侧面反映了我们民族的宗教生活方式，这些民间宗教分散而又缺乏统一的理论立足点，有必要建立一种能集众多民间宗教之特长的统一的新宗教；此外，佛教的传入也给道教创教以许多启示——这些都为道教的形成奠定了客观基础。

　　道教的形成，也有其思想渊源。一种宗教最终确立与形成的标志，除了建立相应的教团组织之外，还有其理论上的立足点，因为宗教归根结底都在于表达特定的创世说。它作为一种神学思想体系，必须对宇宙的本质、人生的真谛、彼岸世界的存在形式以及达到彼岸世界的途径、方法等一系列问题作出明确的回答。道教在其创立及尔后不断发展的过程中，主要是吸取和利用了道家"道生万物"的本体论、"长生久视"的养生论、"返璞归真"的道德论以及关于"神人"、"真人"的理想人格论；同时，对原始宗教、神仙方术以及佛教的某些教理、教义、法术等，也有吸收与借鉴；此外，还吸取和利用了先秦时期百家争鸣的理论成果，其中包括儒、墨诸家的伦理观、天命观以及阴阳家的阴阳五行学说，等等。这里拟从探索理论渊源的角度，重点阐述以下两大问题。

一　吸取和利用道家的思想成果

道教同道家有着不解之缘。虽然道家同道教相比，两者有着本质的不同：道家是学术，道教是宗教；前者讲哲理，后者讲信仰。近人许地山在其所著《道教史》（上）中说："古初的道家是讲道理，后来的道教是讲迷信。"这个说法有一定道理，但似乎不够准确。其实，道教并非全讲"迷信"，其中也有自己的教理。二者既有区别，也有联系。道教作为著名的中国本土宗教，之所以能在东汉中后期逐渐形成，这首先是改造、利用和吸取了道家的思想成果。

（一）吸取和利用道家的"道"

我们知道，道家本名"道德家"，由于在它的思想体系中，"道"属于最高范畴，故人们又将之简称为"道家"。道教之所以称之为"道教"，就是因为它在很大程度上吸取和利用了道家的"道"。为什么道家的"道"可以为道教所利用呢？这是因为道家的"道"具有下述可供道教利用的特性：

第一，具有无比的高尚性。首先，《老子》对道的高尚性多有提及，例如，第五十一章说"道之尊，德之贵，夫莫之爵，而恒自然"，这是明确主张"尊道贵德"；第二十一章说"孔德之容，唯道是从"，强调"唯道是从"，表达了尊道的思想意向；第二十五章指出"道大、天大、地大、人亦大"，明确把"道"看做"四大"之一；此外，"一"，作为"道"之"子"（"道生一"），也神通广大，第三十九章说："天得一以清，地得一以宁，神得一以灵，谷得一以盈，万物得一以生。"可见，在《老子》那里，"道"的地位是很高尚的。继《老子》之后，《庄子》也十分推崇"道"，它说："道者，万物之所由也，庶物失之者死，得之者生；为事逆之者败，顺之者成"[1]；又说"夫道，覆载万物者也，洋洋乎大哉"[2]；还说"万物皆往资焉而不匮，此其道与"[3]！这都从不同角度揭示了"道"

---

[1] 《庄子·渔父篇》。
[2] 《庄子·天地篇》。
[3] 《庄子·知北游篇》。

的无比高尚性。"道"的这种高尚性，为道教确立崇"道"的思想观念，提供了理论支撑。

第二，具有极端的神秘性。《老子》多次突出"道"的神秘性，第一章说："道可道，非常道。"其意是说，可以用言语诠释的"道"，那不是"常道"（即恒常之道）。言下之意，"常道"是不可以用言语诠释的，这就给"道"涂上了神秘色彩，故后文又说，道"玄之又玄"，即认为"道"是玄妙而又玄妙的东西。第六十章说："以道莅天下，其鬼不神。非其鬼不神，其神不伤人。"在《老子》那里，"道"还具有"视之而不见"，"听之而不闻"，"搏之而不得"，"其上不皦，其下不昧，绳绳兮不可名"① 以及"道之为物，唯恍唯惚。惚兮恍兮，其中有象；恍兮惚兮，其中有物"② 等等神秘性。《庄子》关于"道"的神秘性讲得更突出，它说："夫道，有情有信，无为无形；可传而不可受，可得而不可见；自本自根，未有天地，自古以固存；神鬼神帝，生天生地；在太极之先而不为高，在六极之下而不为深，先天地生而不为久，长于上古而不为老。"③ 这些论述，都从不同角度描绘了"道"的神秘性。正是由于"道"有如此这般的神秘性，所以《庄子》曾借"知"之口向"无为谓"提出三个问题："何思何虑则知道？何处何服则安道？何从何道则得道？"④ 这些问题，实际上为后来的道教徒追求"知道"、"得道"、"安道"，开了思想先河。

第三，具有极大的变化性。《老子》突出"道"的变化性。其第一章把"道"称之为"众妙之门"，即一切变化的总门，这已赋予道以善变的特性。第四十二章说"道生一，一生二，二生三，三生万物"，赋予了"道"以"生万物"的特性，这从本体论上突出了"道"的生化功能。第四十章还提出了"反者道之动"的命题，认为"道"具有向对立面转化的特性。在《老子》那里，"道"还具有"曲则全，枉则直，洼则盈，敝则新，少则得，多则惑"⑤ 等变化功能。第三十七章还说："道常无为而无不为，侯王若能守之，万物将自化。"这里强调"无为自化"，更从根本上揭示了"道"的变化特性。《庄子》也很重视"道"的变化性，认为："夫

---

① 《老子》第 14 章。
② 《老子》第 21 章。
③ 《庄子·大宗师篇》。
④ 《庄子·知北游篇》。
⑤ 《老子》第 22 章。

昭昭生于冥冥，有伦生于无形，精神生于道，形本生于精，而万物以形相生。"① 这里一系列"生"的出现，正是"道"的变化所使然。又说："天道运而无所积，故万物成。"② "夫春气发而百草生，正得秋而万宝成。夫春与秋岂无得而然哉？天道已行矣。"③ 这里把春生百草、秋得万宝都看成是天道运行的结果，突出的乃是"道"的变化属性。故又说："天下莫不沉浮，终身不故；阴阳四时运行，各得其序，昏然若亡而存，油然不形而神，万物畜而不知，此之谓本根。"④ 这里说的是，天下万物都在运动变化，或沉或浮，没有永恒不变的东西。在《庄子》看来，万物畜养而不知其然，这就是所谓"本根"。这里所讲的"本根"，乃是把"道"看做一切变化的根据。这同《老子》所讲的"众妙之门"的含义是一致的，都揭示了"道"的变化特征。道家关于"道"的变化的描述，为道教强化"道"的神通，提供了理论根据。

总之，道家的"道"具有无比的高尚性、极端的神秘性和极大的变化性，这些都可以为道教所利用和吸纳。"道"的重要性，成为道教在世间确立起来、劝人信教的根据；"道"的神秘性，成为道教神化自己、赢得信徒的重要工具；"道"的变化性，成为道教变化莫测、神通广大的理论支撑。这一切都为道教人士宣传"修道"、"得道"、"崇道"提供了思想根基。所以，道家的"道"为道教创教者所看重并加以改造、利用就不足为奇了。故早期道教经典《太平经》曰"神道不死"⑤、"故人生乐求真道"⑥、"大道变化无常，乃万里相望，上下无穷"⑦ 等，都彰显了"道"的特性。《〈老子〉想尔注》也说"得仙之士，但贵道言"；"心中旷旷但信道"；"今自勉励守道真"；"圣人法道不为恶"，等等，其一再强调"贵道"、"信道"、"守道"、"法道"，就是吸取和利用了道家重道的基本思想。

---

① 《庄子·知北游篇》。
② 《庄子·天道篇》。
③ 《庄子·庚桑楚篇》。
④ 《庄子·知北游篇》。
⑤ 王明：《太平经合校》，中华书局1960年版，第472页。
⑥ 同上书，第248页。
⑦ 同上书，第731页。

（二）吸取和利用道家的"长生"说

道家贵生，《老子》明确提倡"长生久视"，曾说："治人事天莫若啬，夫唯啬，是谓'早服'，'早服'谓之重积德，重积德则无不克，无不克则莫知其极……是谓'深根固柢''长生久视'之道。"① 这里讨论的是如何才能实现长生的问题。在老子看来，"治人事天"，最重要的在于坚持"啬"的养生原则，其所说的"啬"，指的是"爱其精神，啬其智识"②，认为做到了"啬"，就可以"早服"（指先得天道）。能"早服"，就可以达到"重积德"的境界，而一旦做到了"重积德"，也就能实现"深根固柢"、"长生久视"的治身理想了。这表达了《老子》长生的观念。出于"长生"的需要，《老子》多次涉及养生问题。如第六章说："谷神不死，是谓玄牝。玄牝之门是谓天地根。绵绵若存，用之不勤。"这里的"谷神"，指的是"养神"。"玄牝"，乃喻人的口鼻。其意是说，人能善养神，则不死也。经常用口鼻呼吸元气，绵绵不绝，用之不可穷尽。似乎讲的是气功理论，意在强调得元气而养生。第七章说："天长地久，天地所以能长且久者，以其不自生，故能长生。"这里讲的是天地之所以能得"长生"，在于其"不自生"的道理，意在启迪人们，要实现"长生"，必须做到像天地那样"不自生"（即不自谋求其生，亦即"无为"之意）。第十六章曰："知常容，容乃公，公乃王，王乃天，天乃道，道乃久，没身不殆。"其意是说，只有把握常道，做到有容乃大，才能终身没有危殆。似乎也是讨论长生方面的问题。《庄子》虽然讲过"人生天地间，若白驹之过却"，强调"不知悦生，不知恶死"③、"死生无变于己"④，但其仍然主张通过养生而实现"长生"。例如，《在宥》曰："至道之精，窈窈冥冥；至道之极，昏昏默默。无视无听，抱神以静，形将自正。必静必清，无劳女（'女'读为'汝'，下同）形，无摇女精，乃可长生。目无所见，耳无所闻，心无所知，女神将守形，形乃长生。"这里连续两次谈到"长生"之道，意在告诉人们，要实现长生，必须掌握"无视无听，抱神以静"、"无劳女形，无摇女精"、"心无所知，神将守形"等养生之道。

---

① 《老子》第 59 章。
② 陈和祥评注：《十子全书·老子读本》，世界书局 1926 年版，第 59 页。
③ 《庄子·大宗师篇》。
④ 《庄子·齐物论篇》。

下文又说："我守其一，以处其和，故我修身千二百岁矣！"这里把"守一"作为长生之道，坚持此道，能活"千二百岁"！又说："得吾道者，上为皇而下为王；失吾道者，上见光，而下为土。……人其尽死，而我独存乎！"围绕修身，《庄子》还涉及一系列养生方法，如《刻意》言："吹嘘呼吸，吐故纳新，熊经鸟伸，为寿而已矣！"这里讲的是，通过吐故纳新的运气之功，以求得长寿。此外《大宗师》还提出过"坐忘"的养生方法，都旨在探索长生之道。

道家追求"长生"，表达了乐生或贵生的人生观，这本来有其积极意义，但它却为道教所利用，成为道教追求长生成仙的重要依据。《太平经》曰"神道不死"；《〈老子〉想尔注》也说"归志于道，唯愿长生"，都表达了道教家的长生理想。

（三）吸取和利用道家关于理想人格的思想

道家追求理想人格，《老子》多次提到"圣人"，有时也提到"善人"、"大丈夫"、"上士"等。《庄子》继承发挥了《老子》的思想，它除了提到"圣人"外，还提到"至人"、"真人"、"神人"、"德人"、"天人"、"全人"等等，特别是关于"神人"、"至人"、"真人"、"圣人"的描述，给人以非同寻常的印象。例如，关于神人，《逍遥游》曰："藐姑射之山有神人居焉，肌肤若冰雪，淖约若处子，不食五谷，吸风饮露，乘云气，御飞龙，而游乎四海之外。"这里讲的"神人"，善于保持青春年少的体貌，且能"不食五谷，吸风饮露"，还能飞升上天，即所谓"乘云气，御飞龙，而游乎四海之外"。又如，关于"至人"，《齐物论》曰："至人神矣！大泽焚而不能热，河汉沍而不能寒，疾雷破山、飘风振海而不能惊。若能者，乘云气，骑日月，而游乎四海之外。"这里突出的是"至人"的神通，外界的寒、热、风、雷都无奈他何，而且他也有"乘云气，骑日月"，能飞升上天的本领；再如，关于"圣人"，《天地》曰："夫圣人，鹑居而鷇食，鸟行而无彰，天下有道，则与物皆昌；天下无道，则修德就闲；千岁厌世，去而上仙，乘彼白云，至于帝乡。"这里描述的"圣人"，不仅善于处理社会问题，而且还能通过修德，活到一千岁。值得注意的是，文中"去而上仙"之说，为道教成仙提供了思想理路。还须指出的是，无论是"神人"、"至人"还是"圣人"，都有乘云飞升的本事。这一切，都为后来道教关于神仙的形象性构想提供了思想借鉴。

总之，道教得以创立，与改造和利用了道家的思想成果分不开的。特别是道家关于"道"的思想观念、关于"长生久视"的观念以及关于理想人格的观念，都从不同侧面给了道教教理以思想借鉴和理论支撑。可以毫不隐讳地说，道教的确立，就是利用和改造了道家学说的结果。没有道家学说，就不可能有道教的最终形成。

二　吸取利用了原始宗教的思想遗存

宗教是人们对自然力顶礼膜拜的产物。在远古时代，由于生产力低下，人们的自然科学知识极为有限，既无法征服自然力，又无法解释许许多多的自然现象，于是只好拜倒在自然力的脚下，这就不可避免地产生了原始宗教。中国古代，特别是夏殷时期，原始宗教盛行，当时人们心目中的"神"有三大类：一为天帝神，二为祖先神，三为自然神。对天帝崇拜的结果，产生了"天命"观；对祖先神崇拜的结果，产生了"尊鬼"观；对自然神崇拜的结果，产生了堪舆、巫术、祈雨、祭祀（如祭河神、祭山神）等宗教迷信活动。原始宗教的不断发展，到了汉代，已成为形式多样的民间宗教或形形色色的不同民族的宗教，它们都从不同侧面给了道教以深刻影响。

（一）吸取和利用了传统"天命"观的"尊天"思想

如前所述，"天命"观是崇拜天帝的产物。"天命"观的基本信仰，是把"天"奉为最高人格神，它有目的、有意志、能主宰人世间一切事务。甲骨卜辞中所谓"帝其令雨"、"帝其令风"、"帝令雨足年"、"帝令雨不足年"等等记载，就说明天帝有最高的权威，人间的下雨、起风以及年成丰歉，都得由"天帝"发布命令。这反映了当时的天神崇拜现象。到了春秋战国时期，这种天神崇拜在儒、墨诸家中得到了一定程度的反映。《论语》中所讲的"死生由命，富贵在天"，从一定角度代表了儒家的"天命"观。此外，墨子虽然"非命"，但却肯定"天志"，认为人们只能"顺天意"，而不能"反天意"，指出"顺天意者，……必得赏"；"反天意者，……必得罚"[1]，都突出了"尊天"的意向。

---

[1]　《墨子·天志上》。

两汉之际，由于经学神学化，天命观改头换面，变成谶纬神学。谶纬神学的基本思想，是肯定上天在冥冥中操纵和管理人间一切。如纬书《孝经·右契》载："天乃洪郁起，白雾摩地，赤虹自上下，化为黄玉，长三尺，上有刻文，孔子跪受而读之，曰：'宝文出，刘季握，卯金刀，在轸北，字禾子，服天下。'"这段纬书，说的是天降奇文，任命刘季（即东汉光武帝刘秀）"服天下"（即掌管天下）。又有谶语曰："刘秀发兵捕不道，卯金修德为天子。"这些都旨在借谶语号令群众，为刘秀称帝鸣锣开道，其所依，都是那个"君权神授"说。可见，谶纬神学乃是殷周以来天命观的变种。它在新的历史条件下，抬高了"天"的权威。道教的最终形成，也受到谶纬神学的深刻影响。如太平道的创立者张角在领导"黄巾起义"时，也提出了类似谶言的口号："苍天已死，黄天当立，岁在甲子，天下太吉！"这一口号，突出"天下太吉"，在当时颇有号召力。

道教不仅吸取了图谶观念，而且吸取了"天"为人格神的观念，创造出一系列天神，如"玉皇大帝"（又称"玉帝"、"玉皇"或"昊天金阙至尊玉皇大帝"、"玄穹高上玉皇大帝"），道教人士将之奉为总执天道至高无上之神，其地位与人间"皇帝"相对应。除玉皇大帝外，还有一系列辅助玉帝执掌天道之神，如"中天紫微北极大帝"、"勾陈上宫天皇大帝"、"玉清元始天尊"等等，都是道教所尊奉的重要天神，其中"中天紫微北极大帝"协助玉皇执掌天经地纬、日月星辰和四时气候；"勾陈上宫天皇大帝"协助玉皇执掌南北极与天地人三才，统御诸星，并主持人间兵革之事；而"玉清元始天尊"则处于天界最高的玉清仙境，位居三清之首。这些天神的塑造，当同传统的天命观之尊天的思想观念分不开。

（二）吸取与利用了原始宗教的"尊鬼"观念

如前所述，远在夏殷时代，由于崇拜祖先神而逐渐形成了尊鬼观念。原始宗教认为，人死其魂仍在，这就是所谓"鬼"。"鬼"可以干预人间事务。《尚书·盘庚篇》载盘庚曰："古我先后，既劳乃祖乃父，汝共作我畜民。汝有戕，则在乃心。我先后绥乃祖乃父，乃祖乃父乃断弃汝，不救乃死。"其意是说，我先王曾经管理过你们的祖父、父辈，你们今天又成为我的顺民。如对你们有所伤害，则你们的祖父与父亲，一定能够察知。我的先王曾迁居安顿你们的祖先，今天如果你们不服从我迁居的命令，你们的先祖将会绝弃你们，如不挽救，那将不得好死。不难看出，这是盘庚借祖先神之权威，以维护其迁都的决策、命令。这正是当时祖先神崇拜的真实写照。原始宗教崇拜祖先神，这在本质上就是"尊鬼"。

"尊鬼"的观念，到战国时期，经墨子等人对之加工，逐步走向理论化。墨子，作为劳动人民的代表，曾受儒家之业，学孔子之术，后来乃"背周道而用夏政"。所谓"夏政"，指的是夏代之人以"尊鬼"为特色的政治倾向。墨子继承发挥了夏人尊鬼的思想观念，曾专门著有《明鬼篇》，千方百计论证鬼神的存在，指出："自古以及今，生民以来者，亦有尝见鬼神之物，闻鬼神之声，则鬼神何谓无乎?"① 在肯定鬼神存在的同时，他还大肆宣扬鬼神的特殊神通，说："虽在梁溪博林幽涧毋人之所，施行不可以不董（懂），见有鬼神视之"，"故鬼神之明，不可为幽涧广泽山林深谷，鬼神之明必知之。"他认为，鬼神也能赏善罚恶，说："今若使天下之人偕若信鬼神之能赏贤而罚暴也，则夫天下岂乱哉?"② 又说："鬼神之所赏，无小必赏之；鬼神之所罚，无大必罚之。"据此，墨子概括说："今天下之王公大人士君子，中实将欲求兴天下之利，除天下之害，当若鬼神之有也，将不可不尊明也，圣王之道也。"③ 这里明确认为对鬼神"不可不尊"，其"尊鬼"的思想可谓溢于言表。

传统的"尊鬼"观念，给道教创教者以直接影响。我们知道，天师道一个鲜明的特点，就是"尊鬼"，身任"天师"之职者，当时被奉为"鬼王"；其兵卒称之为"鬼卒"；天师道亦被称之为"鬼道"。这也就是教人们行"鬼道"，当"鬼卒"，尊"鬼王"。很显然，这是吸取传统的"尊鬼"观念所致。

（三）吸收和利用堪舆、祈禳、祭祀等宗教迷信活动的有关方术

原始宗教引发自然崇拜，人们把许多自然物都看做神的象征，如山有山神，河有河神，水有水神，火有火神，灶有灶神，土地有土地神，如此等等，都属于对自然神的崇拜。由于崇拜自然神，就产生了一系列具有宗教特色的迷信活动，如堪舆、祈雨、巫觋、祭山神、祭河神等，这些活动旨在协调人与自然神的关系。拿堪舆来说吧，堪舆即看风水。人们之所以

---

① 《墨子·明鬼下》。
② 同上。
③ 同上。

要看风水，其本意在于弄清自己用地（造房、安墓等）是否合乎自然神的意向，如果不合，就会带来灾难。又如祭河神，就是祈求河神不要发洪水；"祈雨"，就是请求雨神降雨等，这些都是崇拜自然神所使然。堪舆、祈雨、巫觋、祭河神等宗教迷信活动，在流传中都形成了约定俗成的方术。它们到战国后期与阴阳五行家言相合流，逐渐理论化、法术化，因而有可能被道教所吸收、利用，成为道教方术的重要组成部分。例如，道教所奉行的"斋醮"，就吸取了古代宗教有关斋戒的做法。古人于祭祀（如祭河神、祭泰山）之前，沐浴更衣，不饮酒，不吃荤，以示诚敬，称为斋戒。道教的"斋醮"，指的是设坛祭祷的一种仪式，即供斋醮神，借以求福免灾。其具体做法是清心洁身，筑坛设供，书表章以祷神灵。这些做法同古代宗教斋戒祭祀的做法大体相同，其中无疑包括对原始宗教的利用和借鉴。

（四）吸取和利用神仙信仰思潮中的一些观念、方术

随着历史的发展，到战国后期出现了神仙信仰思潮。神仙信仰亦同原始宗教对自然的崇拜有关，它是人们对自然中种种神秘现象幻想的结果。战国后期，由于社会阶级斗争极为尖锐，一些人被残酷的社会现实所压倒，希望跳出苦海，寻找没有苦难的乐园。神仙信仰思潮的出现，正适应了这种心理需要。当时，除了《庄子》书中讲神人、真人能"乘云气"、"御飞龙"之外，屈原《楚辞·远游》亦言"闻赤松之清尘兮，愿乘风乎遗则；贵真人之体德兮，羡往世之登仙"；"餐六气而饮沆瀣兮，漱正阳而含朝霞；保神明之清澄兮，精气入而粗秽除"。这些诗句，反映了作者对"真人"、"登仙"的向往与追慕，他们对于道教神仙说的构建，提供了思想资料。后来，道教关于神仙形象的描述，多吸取了其思想成果。如葛洪《抱朴子·内篇·对俗》在叙述神仙生活方式时这样写道：得道之神仙，"登虚蹑景，云举霓盖，餐朝霞之沆瀣，吸玄黄之淳精，饮则玉醴金浆，食则翠芝朱英，居则瑶堂瑰室，行则逍遥太清。"这里所描写的神仙生活，就与《庄子·逍遥游》"藐姑射之山有神人居焉"的神人生活以及《楚辞》中所讲的"餐六气而饮沆瀣兮，漱正阳而含朝霞"的真人生活，多么相似乃尔！

与神仙信仰思潮相适应，战国燕齐一带，出现了以讲神仙之事、行奇方异术为职的"方士"。"方士"，即"明悟方术之士"。他们以修炼成仙

和不死之药以及相关奇方异术，赢得了上层统治者的青睐。如秦时有一位徐福（又名徐市），曾说服秦始皇，派自己入海寻找不死之药；汉文帝时有一位新垣平，自称能"望气取鼎"；汉武帝时有一位李少翁，自言能"致鬼"见王夫人；还有一位奕大，自言能"通神"。这些方士们的方术，后来有不少亦被道教所吸纳、利用，成为道教推行的重要法术。例如道教的炼丹术，就是从方士烧炼不死之药的方术演化而成。

道教的形成除了吸取和利用了道家的思想成果、中国古代原始宗教的一些观念、方术外，还吸取借鉴了儒、墨诸家的伦理学说以及佛教的相关成果。如儒家的"五伦"说、墨家的"贵义"说，在道教中都有相应的吸纳；另外，对佛教也有借鉴。人所共知，佛教于西汉后期传入中国，至东汉明帝时渐露头角。这与道教形成的时间大体相近，两教互有渗透，是很自然的事。当时，甚至有人把佛、道两教视为一体，如东汉道教学者襄楷曾说："此道清虚，贵尚无为，好生恶杀，省欲去奢。"① 这里所谓"此道"，乃指"黄老"、"浮屠"之"道"，盖将二教之道合为一体。实际上，当时道教吸取了佛教的息欲、行善等教义以及祠祀之方。另外，佛教中的戒律亦对道教的戒律有许多启示。由于篇幅所限，这里均不作详尽论述。

总之，道教的形成，是一个无比复杂的思想运动过程，它既是当时社会存在曲折的反映，也是当时中国原始宗教和各地民间宗教观念逐渐升华、发展的必然产物。它的出现，标志中国化的中华民族本土宗教终于在世界的东方确立起来。这是中国和亚洲乃至全世界宗教史上的一件大事。此后，它与佛教、基督教、伊斯兰教等著名宗教并世而立，给了世人宗教生活以极其深刻的影响。

（原载《学习与实践》2009 年第 8 期）

---

① 《后汉书·襄楷传》。

论道教与楚文化的密切关系

楚文化和道教文化都是中国传统文化的重要组成部分。楚文化属于地域文化，道教文化则属于宗教文化。两者虽各自独立，但又相互联系、相辅相成，共同推进了中华民族的文明进步，在中国乃至世界文化史上，均享有十分重要的地位。

楚文化是形成与发展于楚地的文化模式的总称。楚，在中国古代有东楚、西楚、南楚之分。《史记·货殖列传》言："夫自淮北、陈、汝南、南郡，此西楚也；……彭城以东，东海、吴、广陵，此东楚也；……衡山、九江、江南、豫章、长沙，是南楚也。"综观"三楚"地域，北抵河南鹿邑，南达湖南衡岳，东及吴越，西至荆沙而接西川，涵盖了今天长江中游、汉水流域以及淮水中上游广大地区，涉及湖南、湖北、安徽、河南、江西、浙江、江苏数省地域。可以说，楚文化是我国中部鄂、湘、赣、皖、豫、浙地区各族人民共同创造的特定文化模式，在中国传统文化中，独具一格，可与齐鲁文化、秦晋文化并肩媲美。

道教文化属于特定的宗教文化模式。我国是一个多民族的国度，不同民族都有自己的宗教信仰，因而所涉宗教多种多样，其中尤以佛、道二教影响最大。佛教由印度传入，虽后来与中国文化相融合，成为中国化宗教，但它毕竟起源于印度，属于外来宗教。同佛教相比，道教是中国名正言顺的本土宗教，它有着无比浓厚的民族特色，因而也有其特有的优势，在中国传统宗教中，占有独特地位，影响极其深远。楚文化和道教文化的关系十分密切。一方面，楚文化对道教文化的形成，给予了重大的促进作用；另一方面，道教文化的形成，又反过来对楚文化予以重大影响。这里，试就楚文化对道教文化的深远影响，提出浅见。

楚文化给了道教文化以极其深刻的影响。这种影响主要表现在三个方面。一是产生于楚地的道家文化，给予道教文化以直接的理论支撑；二是

《楚辞》给予道教文化以重大影响；三是楚地的巫术亦给了道教文化以重大影响。以上三点，我们在本节着重讲后面两点。因为第一点所涉内容，我们在前文《道教形成的社会条件和理论渊源》一文中已作过论述，故在此略而不论。

一　《楚辞》给予道教文化以深刻影响

道教文化受楚文化的影响，除了受形成于楚地的道家文化之影响外，还受到《楚辞》和楚地巫术的深刻影响。《楚辞》是战国中晚期产生于长江流域楚地的一种新型诗体，它以其宏伟的结构、丰富的想象、灵活的句式、高超的艺术，把我们中华民族诗的创作推向了一个新的境界。楚人的这一艺术成就，给予道教文化以重大影响。我们可以说，《楚辞》的丰富想象力和所描述的天之人格神的特征，为道教神仙说的建构提供了思想来源。

第一，《楚辞》的尊天意旨，有助于确立道教天神崇拜观念。我们知道，道教吸取了我们民族神权思想，特别推崇人格之天，对"天帝"、"玉帝"或曰"玉皇大帝"，无比崇拜。这种情况的出现，确有多种原因，特别是我们民族的"天命"传统，对之起了决定作用。但是，《楚辞》对天皇的赞颂也在一定程度上支撑了道教对天帝的信仰与崇拜。例如，《离骚》曰：

> 皇天无私阿兮，览民德焉错辅。夫唯圣哲以茂行兮，苟得用此下土。

这段诗的意思是："言皇天之神明，无所私阿。观万民之中有道德者，因置以为君，使贤能辅佐，以成其志。"[①] 这一意蕴，既同《尚书》"皇天无亲，唯德是辅"一致，又同《老子》"天道无亲，常与善人"相通，其旨意在于赞颂"皇天"具有公正无私的品格。这无疑有助于道教确立天神崇拜观念。

又，《楚辞》多次透露"迎神"的观念。《离骚》："百神翳其备降兮，

---

① 《四库家藏·楚辞补注·离骚注》。

九嶷缤其并迎";《九歌·湘夫人》:"九嶷缤兮并迎";《河伯》:"波滔滔
兮来迎",这些都表达了作者崇敬天神的心理。正是由于这种崇敬的心理,
文中才一次又一次透露出"迎神"的愿望。迎神在中国古代逐渐形成风
习,也成为道教科仪中的一项重要内容。如,道教"迎喜科"有这样的词
句:"道香、德香、无为香,无为清静自然香。宝香焚在玉炉内,香云缭
绕遍十方。奉请喜神来降见,迎迓万福降道场。"① 这里对喜神的请与迎,
同《楚辞》中的迎神观念,一脉相通,都是天神崇拜的产物。

第二,《楚辞》中有关祭神仪式的描述,有助于道教构建祭神科仪。
如,《九歌》言:"吉日兮辰良,穆将愉兮上皇。抚长剑兮玉珥,璆锵鸣兮
琳琅。瑶席兮玉瑱,盍将把兮琼芳。蕙肴蒸兮兰藉,奠桂酒兮椒浆。扬枹
兮拊鼓,疏缓节兮安歌。陈竽瑟兮浩倡。灵偃蹇兮姣服,芳菲菲兮满堂。
五音纷兮繁会,君欣欣兮乐康。"这是一支祭祀天神的祭歌。其意是说,
祭祀天神(指"东皇太一"),要选择良辰吉日,以十分虔诚的态度,对
神表示最高敬意。祭祀时,要佩带着配有美玉的宝剑,摆上最高贵的佳肴
和美酒,并配以高尚的鼓乐竽瑟,穿上最洁净的衣服,使祭堂充满香气、
五音繁会,以达到敬祝天皇乐康的目的。毫无疑问,这里讲的是祭神时应
注意的事项与仪式安排顺序,涉及选择吉日良辰、抱虔诚心意、祭品的种
类、音乐的配合、衣服的洁净等内容。这无疑为后来道教祭神仪式的建
构,提供了直接的参照系。

第三,《楚辞》透露出的对现实的厌恶,有助于道教确立"出世"的
宗教追求。道教作为成熟的宗教,有着强烈的"出世"理念。屈原是一位
爱国诗人,他对楚国忠贞不渝。但是,当看到尘世的种种污浊时,他也产
生了对现实的厌恶以及对美好理想的追求与向往。如,他在《离骚》中写
道:"世溷浊而不分兮,好蔽美而嫉妒。朝吾将济于白水兮,登阆风而绁
马。"其意是说,面对着君乱臣贪、忌贤妒能的浊世,我真希望找到一个
清静的世界。故"欲渡'白水'(按:'白水',《淮南子》言:'白水,
出昆仑之山,饮之而不死',则'白水',即仙水也),登神山,屯车系
马,而留止也。"不难看出,这里透露了"出世"的意念。

又,《悲回风》:"上高岩之峭岸兮,处雌蜺之标颠。据青冥而摅虹兮,
遂倏忽而扪天。吸湛露之浮源兮,漱凝霜之雰雰。依风穴以自息兮,忽倾

---

① 任宗权:《道教科仪概览》,宗教文化出版社 2006 年版,第 227 页。

瘊以婵媛。"其意是说,登上高岩峭壁,升入霓虹之顶,倚青空而吐紫气,在倏忽之中触扪上天。因而吸"湛露"而感清凉,"漱凝霜"而觉芬芳。由此而达"依风穴以自息兮,忽倾瘊以婵媛"的境界。不难看出,作者在这里为自己能神游太空、远离尘世而感到特有的欣慰。显然,这是其"出世"观念的再次流露。

又,《渔父》说:"屈原曰:'吾闻之,新沐者必弹冠,新浴者必振衣。安能以身之察察,受物之汶汶者乎!宁赴湘流,葬于江鱼之腹中;安能以皓皓之白,而蒙世俗之尘埃乎?'"这段文字,表明屈原"宁赴湘流",也不愿与世俗同流合污的高尚追求。其出世思想十分显露。这些无疑都可以为道教所利用,成为道教劝导人们"出世"的重要思想资料。

第四,《楚辞》作者的人格理想,有助于道教建构神仙生活方式。屈原虽非道教徒,但他由于鄙弃现实,而产生了对神仙人格的追求。例如,他的《远游》言:"春秋忽其不淹兮,奚久留此故居?轩辕不可攀援兮,吾将从王乔而娱戏。餐六气而饮沆瀣兮,漱正阳而含朝霞。保神明之清澄兮,精气入而粗秽除。顺凯风以从游兮,至南巢而壹息。见王子而宿之兮,审壹气之和德。"这段辞意是说,时间如流水,人不可能长留"故居";轩辕黄帝,也难以引攀;只求仿效仙人王乔,而自娱戏。在生活上,以"六气"为餐,以"沆瀣"为饮,夏食"正阳"(指南方日中之气)而春食"朝霞"(指日始出时赤黄之气),以保"神明之清澄",产生"精气入而粗秽除"的效果。由此,而顺着南风遨游,飞向神仙世界。这段描述,以无比高超的想象力勾画出神仙生活方式:像王乔那样娱戏,每天过着"餐六气而饮沆瀣","漱正阳而含朝霞"的生活,并顺着凯风而南游,……这种超凡脱俗的神仙生活,确实令人神往。毫无疑问,这对于道教建构神仙生活方式,提供了思想先导。后来,道教学者葛洪吸取了这一思想。他说:得道之神仙,"登虚蹑景,云举霓盖,餐朝霞之沆瀣,吸玄黄之淳精,饮则玉醴金浆,食则翠芝朱英,居则瑶堂瑰室,行则逍遥太清"①。将葛洪的这段描述神仙生活方式的文字,同《远游》中的上段文字相对照,不难发现两者的亲缘关系。

---

① 《抱朴子·内篇·对俗》。

二　楚地的巫术文化也给了道教文化以重大影响

在古代楚地的民俗文化中，"巫术"尤其盛行，故有"楚人崇巫"之说。"巫"，《说文》言："巫，祝也，女能视无形，以舞降神者也。"《国语·楚语》曰：巫觋，"其智，能上下比义；其圣，能光远宣朗；其明，能光照之；其聪，能听彻之。如是，则明神降之。在男曰觋，在女曰巫。"韦昭注："觋，见鬼者也。《周礼》：'男亦曰巫'。"总之，"巫"，是中国古代原始宗教之一，旨在借巫觋与鬼神打交道，为人们驱妖、除魔、消灾、治病、祈福。它起源于原始社会，因当时生产力低下，人们对许多自然现象和社会现象所带来的人生灾难无法应对，便对巫寄予厚望，希望借助"巫"为自己解除苦难。楚地巫术之所以盛行，亦是楚人对高山大川所产生的自然崇拜所使然。高山有猛兽，大川起洪水，洪水猛兽是古人常遭遇的祸患，因而人们希望借巫术以自保。这在今人看来，似乎可笑，但在当时，却是历史发展的必然。巫作为中华民族的原始宗教，它在许多方面，为道教的最后形成，起了重要的推动作用。

第一，巫术奉行"降神"、"事鬼"，被后来的道教所仿效。如前所述，巫师"能视无形，以舞降神"，或者直截了当地说，巫能通鬼神、事鬼神，故古有"事鬼神曰巫"、"巫以歌舞事鬼"① 之说。这方面，也被后来的道教所仿效。我们知道，张陵创天师道时，自称"天师"。这"天师"，也就是"鬼王"，对鬼类有慑服、制约力，故天师道推行"召神劾鬼，符箓禁咒等道术"。后来，张陵之孙张鲁，继承了天师道的传统，"其来学道者，初皆名鬼卒"②。可见，在信鬼方面，道教与巫术相一致。

第二，巫术的仪式为道教构建道场科仪，提供了仿效的先例。古代巫师作法时，在穿衣、戴帽、手势、念咒以及法场布置方面，都有一套具体操作模式。这种情况，我们可从河南信阳长台观一号楚墓出土的《巫师戏龙图》、《巫师作法图》窥其一斑。《巫师戏龙图》共有两幅：一幅画的是"巫师秃头，张嘴瞪眼，双手平肩，宽袍下垂，手牵龙须，立于龙身之侧……"另一幅画的是"巫师头戴尖顶帽，扁眼张嘴，作咆哮状，张臂伸

---

① 邓红蕾：《道教与土家族文化》，民族出版社2000年版，第56页。
② 卿希泰主编：《中国道教》第1册，知识出版社1994年版，第17页。

掌，手似鸟爪叉，抓住二龙腿。……"又，《巫师作法图》亦有两幅，一幅画的是"巫师二人，前后而立。前者头戴长冠，举圆槌形法器，似作发号施令状，面前有龙……"另一幅则画的是"巫师头戴三角平顶冠，宽袍垂袖，举手平胸，执长柄叶形法器，立于云端之上。身边苍龙张牙舞爪，作腾跃状，似为听命召唤而至……"① 这两卷图，都出自楚墓，当画的是楚地巫师作法的情状。透过这些画，我们可以想到许多问题：一是巫师的形象：头戴"尖顶帽"或"三角平顶冠"，身穿下垂的"宽袍"；动作为"张牙瞪眼"或"扁眼张嘴"、"双手平肩"或"举手平胸"、手执"圆槌形法器"或"长柄叶形法器"，手抓龙须或抓龙腿，等等。画中除龙为作者的想象外，其余当是当时巫师作法的现实写照。这一切，只要我们对比一下今天道士作道场的情景，就不难发现有许多相似之处。如，道士头戴的道帽、身穿的道袍，以及作法时手执法器、张嘴瞪眼、双手平肩等，都与巫师作法多么相似乃尔！

第三，巫术倡导除邪消魔，为人解除疾苦，亦被后来的道教所继承。巫之尊鬼、事鬼，主要是借鬼神除邪消魔，据邓红蕾著《道教与土家族文化》一书所载，湖北土家族至今仍保存着巫师留下的《驱妖咒》：

> 上元将军本姓唐，手拿宝剑走忙忙。弟子今日相迎请，深房内阁斩邪殃。
>
> 中元将军本姓周，手拿钢刀到处游。弟子今日相迎请，深房内阁斩邪头。
>
> 下元将军本姓葛，手拿麻绳并铁索。弟子今日相迎请，深房内阁斩邪魔。②

这里所请的上将军、中将军、下将军，都是除魔的高手。他们或"手拿宝剑"，或"手拿钢刀"，或"手拿麻绳并铁索"，目的都是为了"斩邪殃"、"斩邪头"、"斩邪魔"，以便帮受难者解除苦难。这种为受难者消邪除魔的意识，亦为后来的道教所承袭。据任宗权著《道教科仪概览》所言，道教《救苦朝科》流传有这样的救苦经文：

---

① 石泉主编：《楚国历史文化辞典》，武汉大学出版社 1996 年版，第 188 页。
② 邓红蕾：《道家与土家族文化》，民族出版社 2000 年版，第 43 页。

一炷真香烈火焚，金童玉女下遥闻，此香愿达清华府，奏请太一救苦尊

稽首先天一炷香，香云缭绕遍十方，此香愿达清华府，奏请太一救苦尊①

这里迎请太一真君，其目的在于为世间"救苦"。这一意蕴，同上述巫师所请的上将军、中将军、下将军驱邪除魔，说法不同，但宗旨是一致的，都是为人世间解除苦难。这都说明，道教确实同楚地巫术有着渊源关系。

综上所述，道教文化不仅直接孕育于楚地的道家文化，而且还受《楚辞》和流行于楚地的巫术的直接熏陶，因此，我们完全可以说，楚文化促成了道教文化。这种情况，从一个侧面反映了中国文化形成发展的复杂过程，值得我们作深入的研究探讨。

（原载《湖北社会科学》2001 年第 4 期）

---

① 任宗权：《道教科仪概览》，宗教文化出版社 2006 年版，第 128 页。

论葛洪《抱朴子·内篇》长生
成仙说的理论体系

    晋人葛洪所著《抱朴子·内篇》，是我国道教史上一部影响深远的重要著作。这部鸿篇巨制，以其独特的理论玄思，建构起完整的长生成仙说。这一学说，肯定"长生可得，仙人无种"，为道教信仰奠定了坚实的理论基础。

    任何宗教，都要以特定的方式表达教徒们的信仰与追求。没有信仰的宗教，在现实世界是不存在的。佛教创始人所设计的成佛境界，表达了佛教徒希望摆脱现世苦难、超脱生死轮回、通过"涅槃"进入佛国的最高信仰。因此，"死"，对于佛教徒来说，并非"灾难"（至少在信仰上是如此）。而道教则不同，它所追求的是长生不死，成为神仙，借以超脱凡世，逍遥太清。葛洪一语道破道教的信仰与追求："夫神仙之所以与俗人不同者，正以不老不死为贵耳！"[1] 因此，长生成仙乃是道教的最高信仰。道教能否赢得信徒，关键在于长生成仙说能否让人信奉。而要达到这一目的，就必须有自己一套完整的理论体系。葛洪作为一位卓越的道教理论家，其贡献就在于经过他的加工制作，使道教长生成仙说在当时的文化背景下，达到了新的高度，从而有效地充实了教义，赢得了信徒，扩大了阵地。

    葛洪的道教成仙说的理论体系包括如下三个组成部分。

一　全力论证了长生成仙的可能性

    凡俗之人，能否通过修道求得长生不死、成为神仙呢？这是道教理论家所不能回避的重要问题。对于这一问题，如果不能从理论上作出令人信

---

[1] 《抱朴子·内篇·道意》。

服的肯定性回答，则神仙不死之说必然会遇到信仰危机，乃至动摇道教根基。但是要对这个问题作出肯定性回答，并非易事。因为，所谓长生成仙，本来是一种违背科学、有悖自然法则的幻想。要将属于幻想领域的东西论证为"现实性"的东西，其间自有难以逾越的障碍。更何况在葛洪之前，长生成仙说就已被汉代唯物主义思想家王充等人斥之为"虚妄之言"，给予了有力批判，使之破烂不堪。因此，在新的历史条件下要将已破的旧说重新补缀起来，必须下很大的气力。葛洪的不俗之处是，充分地发挥了自己的思辨才能。他通过广征博引，把一个本来属于幻想领域的东西论证为可以让人们接受的似乎是现实性的东西，从而把中国古代长生成仙说系统化、理论化。尽管他的论证方法并不科学，结论并不可靠，但他毕竟把长生成仙理论讲到了让人信奉的程度，这就很不简单。

那么，葛洪是怎样论证长生成仙的可能性呢？

（一）提出"始不必终，生不必死"的命题，作为长生成仙说的立论基石

有始必有终，有生必有死，本来是自然法则的客观反映，属于真理性的认识。唯物主义思想家王充，曾用这一真理性认识来否定道家长生成仙的说教。他指出："有血脉之类，无有不生，生无有不死。以其生，故知其死也。天地不生，故不死；阴阳不生，故不死。死者，生之效，生者，死之验也。夫有始者必有终，有终者必有始，唯无终始者，乃长生不死。人之生，其犹水也。水凝而为冰，气积而为人；冰积一冬而释，人竟百岁而死。人可令不死，冰可令不释乎？诸学仙术，为不死之方，其必不得，犹不能使冰终不释也。"① 不难看出，王充否定长生成仙说的理论支柱，就是"始必终"、"生必死"这一唯物主义基本观点。葛洪要修补恢复长生成仙说，就必须反王充之道而行之，论证"始不必终"、"生不必死"。葛洪也正是这样做的。他指出：

> 事有本钧而末乖，未可一也。夫言有始必有终者多矣，混而齐
> 之，非通理也。谓夏必长，而荠、麦枯焉；谓冬必凋，而竹、柏茂
> 焉；谓始必终，而天地无穷焉；谓生必死，而龟鹤长存焉；盛夏必
> 暑，而夏天未必无凉日也；极阴宜寒，而严冬未必无暂温也；百川东

① 《论衡·道虚篇》。

注，而有北流之浩浩；坤道至静，而或震动而崩弛（陁）；水性寒冷，而有温谷之汤泉；火体宜炽，而有萧秋之寒焰；重类应沉，而南海有浮石之山；轻物当浮，而牂柯有沉羽之流。万殊之类，不可一概断之，正如此也久矣。……何独怪仙者之异，不为凡人皆死乎？[1]

葛洪认为，就世间一般事物而言，是始必终，生必死；但就特殊事物而言，始不必终（如"天地"），生不必死（知"龟鹤"）。这就有针对性地批驳了王充的始必终、生必死的见解，从而维护了长生成仙说。显然葛洪的论证并不科学，他玩弄的是用夸大特殊性的办法来达到否认普遍适用性的自然法则的目的。然而，普遍性总是寓于特殊性之中，世界上不存在离开特殊性的普遍性，也不存在离开普遍性的特殊性。有始必有终、有生必有死，世间事物无不如此。这带有普遍性，因而不可能有离开这种普遍性的特殊性。葛洪谓"天地无穷"、"龟鹤长存"，严格说来，并非如此。因此，从理论上说，葛洪的论证难以成立。但是，由于当时的人们并不懂得普遍性与特殊性的辩证关系，因而葛洪的巧辩还是能蒙住一些人的眼睛，起到传播教义的作用。所以，从宗教信仰的角度说，葛洪的目的是达到了。

（二）提出"不见仙人，不可便谓世间无仙人也"的命题

我们知道，在道教徒们大力宣扬长生成仙说时，唯物主义者们往往提出这样的质疑：你们说世有长生不死的神仙，可我们大家都没见过，不能不令人怀疑。因此，要消除人们的怀疑，必须说服大家改变重效验的思维方法，把认识统一到"不见仙人，不可便谓世间无仙人也"的结论上来。为此，葛洪进行了如下论证：

首先，夸大感性认识的有限性。他指出："浅识之徒，拘俗守常，咸曰世间不见仙人，便云天下必无此事。夫目之所曾见，当何足言哉！天地之间，无外之大，其中殊奇，岂遽有限？诣老戴天，而无知其上；终身屡地，而莫识其下；形骸己所自有也，而莫知其心志之所以然焉；寿命在我者也，而莫知其修短之能至焉。况乎神仙之远理、道德之幽玄，仗其短浅

---

① 《抱朴子·内篇·论仙》。

之耳目，以断微妙之有无，岂不悲哉！"① 这里通过夸大感性认识的有限性，说明神仙之事无比"幽玄"，不可能为"耳目短浅"之人所认识。因此，一般人不见仙人乃是情理中之事。

其次，大讲"仙人殊趣异路"，把仙人与凡人分割开来。葛洪说："仙人殊趣异路，以富贵为不幸，以荣华为秽污，以厚玩为尘壤，以声誉为朝露。蹈炎飙而不灼，蹑云波而轻步。鼓翮清尘，风驷云轩，仰凌紫极，俯栖昆仑，行尸之人，安得见之？""况乎仙人居高处远，清浊异流，登遐遂往，不返于世，非得道者，安能见闻？"②

再次，夸大史籍记载的可信性。葛洪认为，虽然一般人见不到仙人，但仍然可以断定神仙的存在，这就是依靠古籍的记载可以考知。他指出，《列仙传》记载："仙人七十有余，诚无其事，妄造何为乎？邈古之事，何可亲见，皆赖记籍传闻于往耳。《列仙传》炳然，其必有矣！"③ 把《列仙传》记载作为论证仙人存在的依据，这在今天似乎很难令人信服；但在书本知识被神化的古代，还是会引起许多人共鸣的。

以上三个方面的论证，归结起来就是一句话："不见仙人，不可便谓世间无仙人也。"从宗教信仰的角度说，葛洪的目的又达到了。

（三）提出"神仙可学"论，以激励人们走学仙的宗教道路

从建立道教信仰的宗旨来说，仅仅论证神仙的存在，离本旨还差甚远。因为，如果神仙同世俗之人毫无关系，那么就不能激励世人对神仙的向往之情，也就达不到传播宗教信仰的目的。因此，要真正建立起道教信仰，还必须向世人说明：凡俗之人通过学道，可以成为神仙。正是基于这一认识，葛洪在《内篇》中又提出了"神仙可学"的观点。他指出："或人难曰：'人中之有彭老，犹木中之有松柏，禀赋之自然，何可学乎？'抱朴子曰：夫陶冶造化，莫灵于人。故达其浅者，则能役用万物；得其深者，则能长生久视。知上药之延年，故服其药以求仙；知龟鹤之遐寿，故效其道引以增年。且夫松柏枝叶，与众木则别；龟鹤体貌，与众虫则殊。至于彭老，犹是人耳，非异类而寿独长者。由于得道，非自然也。众木不

---

① 《抱朴子·内篇·论仙》。
② 同上。
③ 同上。

能法松柏，诸虫不能学龟鹤，是以短折耳。人有明哲，能修彭老之道，则可与之同功矣！"① 这是说，人作为万物之灵，完全可以发挥自己的能动作用，仿效彭老，由修道而得长生。他认为，道术是可以学的，从"变易形貌"、"吞刀吐火"，到"坐在立亡"、"兴云起雾"，世间"幻化之事九百有余"，无不可以由学而能。他反问道：既然诸多幻化事皆可学得，"何为独不肯信仙之可得乎"？他的结论是："长生可得，仙人无种。"这个结论，给了道教徒们进行修道的理想寄托，为道教信仰奠定了最后根基。

二　系统探讨了长生成仙的途径和方法

既然凡俗之人也可以长生成仙，那么，实现长生成仙的途径和方法是什么呢？对于这个问题，葛洪作了明确回答，他说：

> 欲求神仙，唯当得其至要。至要者，在于宝精、行气、服一大药便足，亦不用多也。然此三事，复有浅深。不值名师，不经勤苦，亦不可仓卒而尽知也。虽云行气，而行气有数法焉；虽曰房中，而房中之术尽有百余事焉；虽言服药，而服药之方略有千条焉。初以授人，皆从浅始，有志不息，勤劳可知，方乃告其深者耳。

在这里，葛洪把长生之要，概括为三事：一曰"宝精"、二曰"行气"、三曰"服一大药"。这三件事，各有许多内容组成，必须在明师的指导下，经过勤苦修炼，方能登堂入室，把握要道。葛洪所说的"宝精"，乃指实行"房中术"；所说的"行气"，盖指运用气功调养自体机能；所说的"服一大药"，即指服用金丹仙药。葛洪对这三种长生之道，都有较多论述，下面分别予以探讨。

（一）关于"行气"之法

"行气"，实即今天所讲的气功。它通过气的吐纳，调节自体机能，实现除病健身、延年益寿。气功家认为，人体之机能，受元精、元气、元神的约制。这种元精、元气、元神有先天、后天之分。先天的精、气、神，

---

① 《抱朴子·内篇·对俗》。

是母体所赋予，人生来就有。但随着人体新陈代谢的变化，先天赋予的精、气、神，愈来愈少，需要由后天获得的精、气、神不断补充。气功之效用，在于通过炼精化气、炼气化神、炼神还虚的运动过程，获得后天精、气、神，以补充先天精、气、神之不足，从而实现调节机体、增进健康的目的。葛洪说："故行气或可以治百病，或可以入（疑为'除'字误）瘟疫，或可以禁蛇虎，或可以止疮血，或可以居水中，或可以行水上，或可以辟饥渴，或可以延年命。"① 这是对气功效用的概括，虽难免有溢美或夸张之嫌，但并非全属子虚乌有。葛洪认为，"行气有数法"。在《内篇》中他涉及过辟谷、食气、道引、胎息、守一诸端，由于篇幅所限，此处着重探讨道引、胎息、守一三种。

先说"道引"。"道引"，实为运动肢体、调节气血的体育活动，今气功家所言"动功"，即"道引"是也。《正统道藏》所载《别旨》云："或伸屈，或俯仰，或行卧，或倚立，或踯躅，或徐步，或吟或息，皆道引也。"又说："夫道引疗未患之疾，通不和之气，动之则百关气畅，闭之则三官血凝，实养生之大律，去疾之玄术矣。"②

道引之术，最早见于《庄子·刻意》："吹呴呼吸，吐故纳新，熊经鸟申，为寿而已矣。此道引之士，养形之人，彭祖寿考者之所好也。"长沙马王堆第三号汉墓出土的帛画《道引图》，反映了汉代道引功法的概貌。后来名医华佗用"五禽之戏"以代道引，收到除病健身之功，说明道引的确可以延年益寿。葛洪对道引颇为重视，曾说："知龟鹤之遐寿，故效其道引以增年。"他继承了华佗"五禽之戏"的道引法，从健齿、聪耳、明目等进行过实践性探索。例如，关于聪耳，他说："能龙导虎引，熊经龟咽，燕飞蛇屈鸟申，天俛地仰，令赤黄之景，不去洞房，猿据兔惊，千二百至，则聪不损也。"③ 在葛洪看来，模仿龙、虎、熊、龟、燕、蛇、猿、兔等动物的动作，可以收到聪耳之功。显然，此是对华佗"五禽之戏"道引法的继承与发挥。

次说"胎息"。所谓"胎息"，指的是不以鼻口呼吸而能获得自然之气的养身之法。葛洪把"胎息"列为行气之"大要"，说："得胎息者，能

---

① 《抱朴子·内篇·释滞》。
② 参见《百子全书·抱朴子内篇》后所附《别旨》一文，扫叶山房 1919 年石印本。
③ 《抱朴子·内篇·杂应》。

不以鼻口嘘吸，如在胞胎之中，则道成矣。"葛洪还介绍了掌握"胎息"法的要领："初学行气，鼻中引气而闭之，阴以心数至一百二十，乃以口微吐之，及引之皆不欲令己耳闻其有出入之声，常令入多出少。以鸿毛著鼻口之上。吐气，而鸿毛不动为候也。渐自转增其心数，久可以至千。则老者更少，日还一日矣。"[①] 葛洪认为，学道者一旦能掌握胎息之法，则功力大增，"盖用气者嘘水，水为之逆流数步；嘘火，火为之灭；嘘虎狼，虎狼伏而不得动起；嘘蛇虫，蛇虫蟠而不能去；若他人为兵刀所伤，嘘之，血即止；闻有为毒虫所咬，虽不见其人，遥为嘘祝我之手，男嘘我左，女嘘我右，而彼人虽在百里之外，即时皆愈矣。"[②] 这里听起来似乎是天方夜谭，但并非纯属虚构。

再说"守一"。"守一"实即气功家所讲的静功。何谓"一"？"一"这个概念，最早见于《老子》："昔之得一者，天得一以清，地得一以宁，神得一以灵，谷得一以盈，侯王得一以为天下贞。"葛洪云："故仙经曰：'子欲长生，守一当明。思一至饥，一与之粮；思一至渴，一与之浆。'一'有姓字服色。男长九分，女长六分。或在脐下二寸四分下丹田中；或在心下绛宫金阙中丹田也；或在人两眉间，却行一寸为明堂，二寸为洞房，三寸为上丹田也。此乃道家所重，世世歃血口传其姓名耳。"[③] 这里把"一"说得含混而神秘，实质上乃是一种纯而单一的意念。葛洪所谓"守一"，说穿了就是坚守一念。气功家所谓"意存丹田"，盖即指此。"守一"的过程，就是以一念代万念，摒除邪思杂念的过程。气功家认为，坚持把意念集中于丹田，就会因得气而产生"念力"，激发能量。葛洪所讲的"守一"，有"守贞一"与"守玄一"之别。由于篇幅所限，此不赘述。需要指出的是，"守一"之道的提出为道教内丹理论的成熟，奠定了深厚根基。

（二）关于"房中术"

所谓"房中术"，是我国古代关于性生活的方术。这种方术在汉代就广为流行，其宗旨在于增进身心健康。今《汉志·方技略》载房中之书，

---

① 《抱朴子·内篇·释滞》。
② 同上。
③ 《抱朴子·内篇·地真》。

计八家一百九十一卷。这些书大都标有古代圣贤之名，如《容成阴道》、《尧舜阴道》、《汤盘庚阴道》、《黄帝三王养阳方》等，表明房中术在汉代以前非但未被视作淫秽之术，而且还被尊为崇高之事。葛洪在《遐览篇》所列郑隐藏书目录中，也有不少房中书籍，如：《元阳子经》、《玄女经》、《素女经》、《彭祖经》等，可惜，这些书今已大多逸去。今存《素女经》、《素女方经》、《玉房秘诀（附玉房指要）》、《洞玄子》各一卷，是叶德辉从日本珍藏的永观二年（宋太宗雍熙元年即公元 984 年）丹波康赖所撰《医心方》中摘辑整理而成，于 1901 年在《双梅景兰丛书》中刊出。叶氏在《新刊素女经序》中说：诸经"皆言房中之事，又载养阴养阳诸篇，大抵汉、隋两志中故书旧文，十得八九。今远西言卫生学者，皆于饮食男女之故，推究隐微，译出新书，如《生殖器》、《男女交合新论》、《婚姻卫生学》。无知之人，诧为鸿宝，殊不知中国圣帝神君之胄，此学已讲于四千年以前……"足见房中术在我国起源很早。它之所以受到重视，是因为作者本意在于探索有益于身心健康的性生活秘诀。这种旨意，在今存的《素女经》等书中随处可见。如《素女经》载："采女问彭祖延年益寿之法，彭祖曰：'爱精养神，服食众药，可得长生，然不知交接之道，虽服药无益也。男女相成，犹天地相生也。天地得交会之道，故无终竞之限；人失交绝之道，故有夭折之渐。能避渐伤之事，而得阴阳之术，则不死之道也。'"又载："黄帝问素女曰：'今欲长不交接，为之奈何？'素女曰："不可。天地有开阖，阴阳有施化。人法阴阳，随四时，今欲不交接，神气不宣布，阴阳闭隔，何以自补？练气数行，去故纳新，以自助也。玉茎不动，则辟死其舍，所以常行以当道引也。"这里运用天地相合、阴阳相和的原理，说明了男女交接的必要性；且认为合理交接，能收到行气道引之功，有益于养生。葛洪把房中术作为长生三大法宝之一，正是吸取了中国古代房中术的理论成果。

葛洪说："房中之法十余家，或以补救伤损，或以攻治众病，或以探阴益阳，或以增年延寿，其大要在于还精补脑之一事耳。此法乃真人口口相传，本不书也。虽服名药，而复不知此要，亦不得长生也。"① 房中术之所以能增年益寿，在于它可以收到"宝精"之功，"宝精"又有助于行气。行气同宝精相辅为用，是房中术可以延年的关键所在。葛洪所谓"其

---

① 《抱朴子·内篇·释滞》。

大要在于还精补脑"，秘诀盖在此也。何谓"还精辅脑"？由于此法乃"真人口口相传"，本不见于书，今难以找到确切解释。胡孚琛说："所谓还精辅脑，无非是在将射精时，用手指在会阴穴处压迫输精管，使精逆流进膀胱，并配合一些呼吸动手，忍精不泄，以为这样便有补脑作用。"此说不知传于何人，姑作一家之言。据《素女经》说："能动而不施者，所谓还精；还精补益，生道乃著。"据此可知，还精与补脑当是两个环节："还精"的要略在于"动而不施"即"忍精不泄"是也；"补脑"是配合气功，通过炼精化气，炼气化神，炼神还虚等行气过程，达到以精补脑之目的。可见，房中术实质是把宝精和行气结合起来的健身之术，故葛洪将之作为长生之一法宝。

除强调"还精补脑"之外，葛洪还从阴阳和的原理，阐释了男女性生活"得其节宣之和"的重要性。他说："人欲不可都绝，阴阳不交，则坐致壅遏之病，故幽闭怨旷，多病而不寿也；任情肆意，又损年命；唯有得其节宣之和，可以不损。"这里既鞭挞了禁欲主义，又批判了纵欲主义，强调"得其节宣之和"，无疑有其合理之处。在性医学理论上，具有不可忽视的重要价值。

（三）关于"金丹大药"

葛洪所讲的"金丹大药"，就是由炼丹术炼制而成的"仙丹"。炼丹术乃由先秦时炼金术演化而来。先秦时，燕齐一带方士曾入海求服之而不死的自然仙药。后来，他们在炼金术士启发下，由寻找自然仙药，改为采集药石，烧炼金丹，靠人力制造仙药。炼丹术在汉代已广为流行，据《列仙传》载，"任光者，上蔡人也，善饵丹"；又"赤斧者，巴戎人也……能作水涿炼丹，与硝石服之"。葛洪《神仙传》亦载有阴长生"学度世之法，合成仙丹，与妻子服之，'一门皆寿而不老'"的故事。这都说明，在汉代，炼丹术已广为学道求仙者所崇奉。葛洪之重视金丹，正同这一思想源流直接相关。

在诸种丹药中，葛洪尤重"还丹金液"。他说："余考览养性之书，鸠集久视之方，曾所披涉篇卷，以千计矣，莫不以还丹金液为大要者焉。然此二事，盖仙道之极也。服此而不仙，则古来无仙矣。"[1] 这里提出了"还

---

[1] 《抱朴子·内篇·金丹》。

丹"和"金液"两种仙药。关于"还丹",唐张九垓说:"言还丹者,朱砂生汞,汞反成砂,砂反成汞。"又曰:"白金黄石,合而成金,金成赤色,还如真金,故名还丹。"① 关于"金液",葛洪说:"金液,太乙所服而仙者也,不减九丹矣。合之,用古秤黄金一斤,并用玄明龙膏(汞)、太乙旬首中石(雄黄)、冰石(寒水石)、紫游女(赤色戎盐)、玄水液(磁石水)、金化石(硝石)、丹砂(红色硫化汞),封之成水。其经云:'金液入口,则其身皆金色。'"②

除"还丹金液"外,葛洪还特别推崇"九丹"。他说:"九丹者,长生之要,非凡人所当闻见也。万兆蠢蠢,唯知贪富贵而已,岂非行尸者乎?"③ 他所说的"九丹",一曰"丹华",二曰"神符",三曰"神丹",四曰"还丹",五曰"饵丹",六曰"链丹",七曰"柔丹",八曰"伏丹",九曰"寒丹"。④ 此"九丹",除"还丹"如前所述之外,其余八种,各另有制法及服用之后所产生的功效。因这些不属于本文讨论的范围,恕不列出。

需要探讨的问题是:为什么服用仙丹可以长生不死呢?葛洪对这一问题作了回答。他的回答,用一句话来概括,叫做"假求外物以自固"。葛洪说:"夫丹之为物,烧之愈久,变化愈妙。黄金入火,百炼不消;埋之,毕天不朽。服此二物,炼人身体,故能令人不老不死。此盖假求外物以自坚固,有如脂之养火而不可灭,铜青涂脚入水不腐,此是借铜之劲以捍肉也。金丹入人身中,沾洽荣卫,非但铜青之外附矣。"⑤ 又说:"金玉在九窍,则死人为之不朽。盐卤治于肌体,则哺腊为之不烂,况于以宜身益命之物纳之于己,何怪其令人长生乎?"⑥ 又说:"世人不合神丹,反信草木之药。草木之药,埋之即腐,焚之即焦,不能自生,何能生人乎?"⑦ 他曾引用古《玉经》说:"服金者寿如金,服玉者寿如玉也。"总之,葛洪所讲的服"金丹"可以长生之道理,乃是借金玉之性以坚固人之形体。然而,人的生命运动同金玉等无生命之物体运动,有着本质差别,我们怎么

---

① 《金石灵砂论·释还丹》。
② 《抱朴子·内篇·金丹》。
③ 同上。
④ 同上。
⑤ 同上。
⑥ 《抱朴子·内篇·对俗》。
⑦ 《抱朴子·内篇·金丹》。

能设想将金玉之性移变为人的生命之性呢？葛洪的直观主义和形而上学的思维方法，在今人看来未免愚浅之至，但在自然科学知识低下的古代，葛洪之理论却能使一些人信以为真，包括葛洪自己也是坚信不疑的。

综上所述，宝精、行气和服用金丹大药，是葛洪所提倡的长生成仙的三条主要途径或曰三大法宝。这三项相辅相成，可以使人延年益寿，长生不老。在宝精、行气和服用金丹大药三者中，葛洪最推崇的还是服用金丹大药。他曾引阴长生的话说："不死之要道，在神丹，行气道引、俛仰屈伸、服食草木，可谓延年，不能度世以至乎仙。子欲闻道，此是要言。"①又在内篇《金丹》中说："虽呼吸道引、服草木之药，可得延年，不免于死也；服神丹，令人寿无穷已，与天地相毕。"又在《释滞》中说："一涂之道士，或欲专守交接之术，以规神仙，而不作金丹之大药，此愚之甚矣。"这都说明，葛洪所提倡的三种长生之道，其核心是服用金丹大药。但行气和房中术亦不可少。故葛洪说，"服药虽为长生之本，若能兼行气者，其益甚速……然又宜知房中之术。所以尔者，不知阴阳之术，屡为劳损，则行气难得力也。夫人在气中，气在人中，自天地至于万物，无不须气以生者也。善行气者，内以养身，外以却恶"②，自然可以延年益寿。因此，在葛洪看来，只要把房中术、行气、服用金丹大药三者结合起来，相辅相成，就可以得道成仙，长生不死。这就从方法论上阐明了长生成仙的途径，使道教长生成仙说得以确立起来。

三　重点突出了道教徒的价值观、人生观及其生活理想

从道教宗旨来说，阐明了长生成仙的可能性和长生成仙的途径与方法，似乎在理论上已经达到了预定的目的，可以收场了。但是，从宗教信仰的角度来说，似乎还未达到最高境界。因为，尽管神仙可学可效，但若神仙是一种苦差事，仍然不能激起教徒们的追慕之情。因此，在论述了长生成仙的可能性和长生成仙的途径与方法之后，剩下的还有一个重要问题，那就是阐明道教徒的价值观、人生观及其生活理想，将神仙生活美妙化、理想化，以激起教徒们的追慕之情。为此，葛洪颇为下力地概述了神

---

① 《神仙传·阴长生》。
② 《抱朴子·内篇·至理》。

仙的价值观和人生观，描绘了神仙理想及其生活方式，将道教徒的出世理想同凡俗之人的入世俗务区别开来，从而完善了道教长生成仙说。

那么，葛洪是怎样抒写神仙理想及其美妙的生活方式呢？

第一，突出长生可贵的价值观。葛洪曰："夫神仙之法，所以与俗人不同者，正以不老不死为贵耳。"①"古人有言曰：'生之于我，利亦大焉'。论其贵贱，虽爵为帝王，不足以此法比焉；论其轻重，虽富有天下，不足以此术易焉。故有死王乐以生鼠之喻也。"②"凡人之所汲汲者，势利嗜欲也。苟我身之不全，虽高官重权，金玉成山，妍艳万计，非我有也。是以上士先营长生之事，长生定可以任意；若未升玄去世，可且地仙人间。若彭祖、老子，止人中数百岁，不失人理之欢，然后徐徐登遐，亦盛事也。"这里强调"生之于我，利亦大焉"，表现了道教贵生的价值观。这种贵生的思想，对于道教徒来说，无疑具有极大的凝聚力。

第二，突出藐视富贵利禄的人生观。葛洪认为，"凡人唯知美食好衣，声色富贵而已"③；而得道之人，"视爵位如汤镬，见印绶如缞绖，视金玉如土粪，睹华堂如牢狱"④。可见，神仙之不同于凡俗，在于其鄙弃势利，藐视富贵。若"居丹楹之室，受不訾之赐，带五利之印，尚公主之贵，沈沦势利，不知止足，实不得道，断可知矣"⑤。这就把神仙的出世之志同凡俗的入世之欲区别了开来。根据道教的出世思想，葛洪大力提倡清心寡欲，他说："故山林养性之家，遗俗得意之徒，比崇高于赘疣，方万物乎蝉翼，岂苟为大言，而强薄世事哉！诚其所见者了，故弃之如忘耳。是以遐栖幽遁，韬鳞掩藻，遏欲视之目，遣损明之色，杜思音之耳，远乱听之声，涤除玄览，守雌抱一，专气致柔，镇以恬素。遣欢戚之邪情，外得失之荣辱，割厚生之腊毒，谧多言之枢机，反听而后所闻彻，内视而后见无朕。养灵根于玄钧，除诱慕于接物，削斤浅务，御以愉慎，为乎无为，以全天理耳。"⑥ 这里把神仙藐视富贵利禄的人生观同道家"见素抱朴"的哲学原则巧妙地结合起来，使得道教的出世思想显得无比崇高而令人

---

① 《抱朴子·内篇·道意》。
② 《抱朴子·内篇·勤求》。
③ 《抱朴子·内篇·金丹》。
④ 《抱朴子·内篇·论仙》。
⑤ 同上
⑥ 《抱朴子·内篇·至理》。

向往。

第三，美化神仙生活方式。葛洪认为，凡人一旦得道成仙，就可以过上神仙的美好生活。他说：得道之神仙，"登虚蹑景，云举霓盖。餐朝霞之沆瀣，吸玄黄之醇精。饮则玉醴金浆，食则翠芝朱英，居则瑶堂瑰室，行则逍遥太清"。"或可以翼亮五帝，或可以监御百灵，位可以不求而自致，膳可以咀茹华琼，势可以总摄罗酆，威可以叱咤梁柱"①。这里把神仙的饮、食、住、行及其位、膳、势、威等都描绘得无比美好，无疑对于普通人是很有吸引力的。

以上葛洪所着力渲染的道教徒的价值观、人生观及其生活理想，都打上了无比高尚的色彩，因而必然激起道教徒的追慕之情。至此，葛洪的道教理论体系基本达到了完善的境界。他不但系统地阐明了长生成仙的可能性，探索了长生成仙的途径和方法，而且全面展示了道教徒的价值观、人生观及其生活理想，从而把道教长生成仙的理论推到了新的高度。葛洪以后，道教曾在隋唐之际兴盛一时。这种情况的出现，虽有多种原因，但葛洪在道教理论建设上所作的重要贡献，是一个不可忽视的重要原因。

（原载台湾成功大学编《魏晋南北朝文学与思想学术研讨会论文集》第二辑，文津出版社 1993 年版）

---

① 《抱朴子·内篇·对俗》。

隋唐时期隆盛的佛学思潮概说

隋唐佛学思潮是我国历史上引人注目的文化现象。它的兴起，不仅展示了佛教在中国化过程中所具有的强大生命力，而且从特定角度推进了中国儒家之学、道家之学在理论上进入更高境界。正是基于这一点，紧随隋唐佛学思潮之后，出现了宋明理学思潮。宋明理学虽以张扬儒家义理为旨归，却在思维理路及其方法方面，吸取了佛、道的智慧之果。因此，从本质上说，宋明理学是儒、佛、道三教一体的思想体系。这一体系的形成，是隋唐佛学发展的必然结果。可以说，没有隋唐佛学，就没有后来的宋明理学。因此，深入研究隋唐佛学思潮所涉及的有关问题，对于洞察中国学术发展的逻辑进程，至关重要。这里试对隋唐佛学思潮兴起的缘由、盛况、理论建树等问题，作概略阐述。

一　隋唐佛学兴起的缘由

隋唐佛学的兴起，既有佛学自身发展的内在逻辑所使然，也有隋唐政治、经济、文化发展的支撑、配合。下面，试分别加以阐述。

（一）佛学自身的孕育成熟，为其在隋唐的大发展奠定了根基

佛教传入中国后，经过魏晋南北朝时期的自身变革与探索，逐渐找到了在中国生根发芽的途径与适宜土壤。其一个突出成就，是通过"格义"与"连类"的方法，逐渐实现了与中国文化的融合。

佛教最初传入中国时，遇到了语言文化障碍，以致佛经所表达的教理教义，很难被中国信众所明晰与掌握，因而传播缓慢，长期难以在中国生根。这种情况，到了魏晋南北朝时期，有了改观。当时，一些佛经翻译家通过自己的探索，创造出"格义"或"连类"的方法，借鉴玄学或儒教的

一些名词概念去翻译佛经，传播佛道，收到了良好效果。关于"格义"与"连类"，冯友兰先生曾作过简要阐释。何谓"连类"？冯先生指出："《高僧传》说，佛学大家慧远，向听众讲佛学的'实相义'，费了很多的时间，听众越听越糊涂。慧远又用《庄子》的道理作解释，引'《庄子》义以为连类'，听众就明白了。"可见，"连类"，就是用中国文化典籍中所蕴涵的义理，去释佛经中相类似或相近的文义、概念的一种译经方法。何谓"格义"？冯先生指出："《高僧传》又说，另一个大佛学家法雅，因为他的学生对中国原有的思想有一定的了解，而对于佛教哲学了解得很少，他就把佛教的哲学同中国原有的思想联系起来互相解释。这种办法，当时称为'格义'"①。

魏晋南北朝时期，佛教学者在传播佛经过程中所创造出的这种"连类"与"格义"的方法，使佛经翻译逐渐越过了语言和文化思想的障碍，促成了印度佛教文化与中国文化的逐步融合。如，后秦僧人、中国佛教四大译经家之一的鸠摩罗什，曾与弟子共同译出《大品般若经》、《法华经》、《维摩诘经》、《阿弥陀经》、《金刚经》以及《中论》、《百论》、《十二门论》、《大智度论》、《成实论》等一系列经论。据《开元释教碌》所载，罗什师徒共译经"七十四部，三百八十四卷"②。其译经方法上的突出成就，是改变了过去译经"多滞文格义"，"不与胡本相应"的译经方法，使经义圆通，"众心惬服，莫不欣赏"。其译出的经论，在当时的佛教界影响很大，其中《三论》为后来的三论宗的主要经典；《成实论》流行于江南，为成实学派所奉行；《法华经》乃天台宗的主要经典，而《阿弥陀经》是净土宗所依"三经"之一。这都说明，罗什等在译经方面所取得的重要成就，为佛教在隋唐的大发展奠定了内在根基。因此，隋唐佛教的大发展，从一定意义上而言，是其自身发展的逻辑必然。

（二）隋唐政治、经济、文化氛围有利于佛教的大发展

从社会背景方面看，隋唐王朝都是高度统一的封建帝国，在政治、经济、文化方面，都得到了相应的发展。这为佛教的兴盛创造了良好的社会氛围。

---

① 冯友兰：《中国哲学史新编》第4册，人民出版社1986年版，第214页。
② 《出三藏记集》记为"三十五部，二百九十四卷"。

第一，佛教的发展，得到了隋唐王朝统治者的大力扶持。人所共知，宗教的发展，总是离不开政权的支撑。隋唐王朝看到了佛教在缓和社会矛盾、维护政权稳固方面的重大作用，因而对佛教给予了极大的扶持。隋朝时，隋文帝与炀帝都出巨资扶助卷帙浩繁的佛经翻译出版，为佛教的广泛传播鸣锣开道。唐王朝是在夺取隋王朝封建政权的基础上建立起来的，开国皇帝李世民（即唐太宗）经历了隋末空前的农民革命战争，亲身感受到农民革命的威力，更需要借助佛教来缓和农民与封建主阶级的矛盾。李世民本来不怎么相信佛教，但却从治国安民的需要出发，对佛教予以大力扶持。他曾说，佛教教义讲"慈悲为主"，这有利于"膏润群生"；讲"因果报应"，可以教人"积善"。主张"丧乱"之后，应令天下寺院"度人为僧尼"①；他要求起义农民"灭怨障之心，趣菩提之道"②。显然，这是把佛教看做消磨劳动人民反抗意识的重要工具。基于这一需要，他在执政期间，对佛教给予大力扶持。唐朝女皇武则天，曾下诏指示，"释教宜在道法之上，缁服当处黄冠之前"，使佛教势力压倒道教。她的这种做法，也是出于政治上的需要。因为道教所尊奉的"太上老君"，是李唐统治者的祖先，尊道教，对于李唐王朝来说，就是尊祖。武则天做了皇帝之后，千方百计要把李氏天下变为武氏天下，这就不得不同李唐王朝尊祖意识相对抗，于是借助佛教来贬抑道教，就成为她窃国的重要谋略。她曾授意沙门怀义、法明编造了一部所谓《大云经》，其中有两句"佛授月光天子常寿女，说当于支那国作女主"的偈语。对此，武氏心领神会，公然宣称"朕曩劫植因，明承佛记。金仙降旨，《大云》之偈先彰；玉宸披禅，《宝雨》之祥后及"，以证其窃国的合法性。唐玄宗李隆基，本来崇信道教，但他出于政治上的需要，也拜倒在佛门，于天宝五年（746），诏天竺僧人不空"入内立坛"，为之"灌顶"③。此后，唐肃宗李亨又于"乾元元年"（758），诏天竺僧人不空入宫内，"建道场，护摩法，为帝受转轮王位、七宝灌顶"④。更为典型的是，唐代宗李豫，竟然把唐王朝的"运祚久长"看成是佛教因果报应说的直接验证。由此，他大势张扬佛教，曾在宫内设

---

① 《广弘明集·度僧于天下诏》。
② 《广弘明集·为战亡人设斋行道诏》。
③ 《大宋高僧传·唐京兆大兴善寺不空传》。
④ 同上。

"内道场"，"尝令僧百余人于宫中陈设佛像，径行念诵"①。唐统治者的这一切所作所为，无非是借助神权来维护王权。这在客观上给予佛教发展以政治保护。

第二，隋唐王朝的经济繁荣，为佛教的发展奠定了物质基础。佛教的发展，需要相当的物质作基础。而在这一方面，隋唐王朝完全有能力予以支持。隋王朝是在结束魏晋南北朝长期分裂局面之后建立起来的统一的封建帝国，在经济上有了重大发展，一度出现了"仓廪实，法令行，君子咸乐其生，小人各安其业"的繁荣景象。当时，隋文帝在全国各地置仓积谷，预防荒年。在某年遭遇灾荒，为赈济灾民，仅发当地广通仓粟，就有三百万石（担）。足见其物资家底之厚。唐王朝是继隋王朝之后政治上高度统一的封建帝国，这为它的经济发展创造了有利条件。唐太宗即位后，偃武修文，恢复战后创伤，发展生产，实现了经济上的大发展。据史书所载，贞观年间，"频致丰稔，米斗三、四钱，行旅自京师至于岭表，自山东至于沧海，皆不赍粮，取给于道路。入山东村落，行客经过者，必厚加供待，或发时有赠遗"②，出现了"贞观盛世"的繁荣景象。从"贞观之治"，到"开元之治"，历时一百二十来年，唐朝经济发展达到了顶峰。

社会经济的发展，为佛教的发展奠定了物质基础。当时，佛教寺庙的兴建、佛教经典的翻译传播、寺院僧尼的容留与供养，都需要大量的财力、物力的支持。而这些经济开支，在当时都不成为问题，这是由于社会经济繁荣的缘故。从经济收入来看，当时寺院除了自身的田园收入外，还时常得到朝廷、地方政府的资助以及民间善男信女的施与。这一切，使佛门在经济占有方面，非同寻常。当时有人说："十分天下之财，而佛有七八"③。这个说法，虽有夸大之嫌，但透过它也可想见当时佛门经济之雄厚。

第三，隋唐文化的兴盛，为佛教大发展提供了文化支撑。隋唐佛教之所以能得到重大发展，也同两朝的文化兴盛不可分割。如前所述，隋唐经济的空前繁荣，为文化发展奠定了物质基础。当时的儒学、道教以及相关的文学艺术，都出现了前所未有的繁荣景象。

---

① 《旧唐书·王缙传》。
② 《贞观政要·政体篇》。
③ 《旧唐书·辛替否传》。

（1）儒家文化得到了长足发展。唐初李世民任命颜师古订正《五经》文字，称为《五经定本》，颁行全国；随后又授命孔颖达等经学家编定《五经正义》，计一百八十卷。这对于统一经文，确定儒学正统地位，推进儒学的发展，起到了十分关键的作用。

（2）道家文化得到极大发展。当时，道家先哲受到特别尊重，老子一次次被唐朝天子加封，直至称为"大圣祖高上大道金阙玄元天皇大帝"。接着，老子的后继者庄子、文子、列子、庚桑子等，亦分别被唐玄宗封为"南华真人"、"通玄真人"、"冲虚真人"、"洞虚真人"，抬上了神仙宝座。与此同时，《老子》一书被封为"上经"或"真经"，而《庄子》、《文子》、《列子》等书，亦分别被封为《南华真经》、《通玄真经》、《冲虚真经》①等。唐高宗时，《老子》已被规定为考试士人的必读之书，使道教文化得到了有效传播，涌现出许多有成就的道士，如西华法师成玄英、蜀中绵州道士李荣、天台山道士杜光庭、广汉绵竹道士王玄览、天台玉霄峰"白云道士"司马承祯、嵩山道士吴筠等，都是当时著名的道教学者，他们从不同侧面丰富和深化了道教理论。

（3）文学艺术相当繁荣，其中唐诗的成就最大。唐诗有自己的风格、流派，它继承发展了西汉以降乐府民歌生活气息浓郁的特点，打破了东晋南朝文学单纯追求形式的倾向，且在韵律的创新方面达到了前所未有的境界。据考证，唐诗流传到现在的有五万余首，作者达二千二百多人，其中李白、杜甫、王维、白居易等，成就尤为卓著。可以说，唐诗是中国文化史乃至世界文化史上的奇葩。此外，唐朝的散文也有突出成就。当时，韩愈、柳宗元等在复兴古文运动方面，树起一面旗帜，强调"文以载道"、"唯陈言之务去"，对改变自魏晋南北朝时期流行的骈体文风起了重要作用。同时，在艺术方面，唐朝也有重大发展，特别是敦煌艺术成就在我国艺术文化史上留下了绚丽的一章。

宗教作为一种文化现象，不是孤立的，它总是在同社会中的其他文化现象相互影响、相互交融乃至相互摩擦的进程中得到发展的。佛教开始传入中国时，由于未能同中国文化相融合而长期难于立根。后来，因找到了"连类"、"格义"等方法，将佛经之本义转换成与之相近的汉义，从而促成佛教文化逐步同中国文化相融合，并最终得以在中国生根、发芽、开

---

① 以上均见《旧唐书》卷24《礼仪志四》。

花、结果。可见，一定的文化氛围，是宗教得以发展的重要条件。到了隋唐，由于儒、道文化和文学艺术文化的空前繁荣，为佛教文化的发展准备了良好的氛围。隋唐佛教宗派林立，且所阐释的教义各有不同，但它们有一点却是共同的，那就是从不同侧面打上了隋唐儒道文化以及艺术文化的烙印。这种情况的存在，只要我们认真研读佛教学者的相关论著，就不难发现他们在阐释佛经中，多能注意吸取儒、道文化成果，或以儒家之学阐释佛学，或以道家之学阐释佛学，从而加速推进了佛学中国化。后来，禅宗的出现，正是这一发展趋势的逻辑必然。这种情况，正好说明佛教的发展离不开儒道文化的支持。同时，唐代文学艺术也为佛教的发展提供了条件。例如，在唐诗中，就有许多诗词在歌颂、赞美佛的神通方面大放异彩；今存的敦煌艺术、龙门艺术，塑造出千姿百态的佛像，亦为宣传佛教作出了独特贡献。总之，唐朝文化的发展为当时佛教的发展提供了有力的思想文化支撑。

二　隋唐佛教鼎盛的具体表现

隋唐佛教的发展呈现出鼎盛的大趋势，这可从两方面来透视：一是外在表现，如经济实力、僧侣地位、寺庙建设等等；二是内在表现，即佛门自身教派、教义的大发展。

（一）隋唐佛教兴盛的外在表现

隋唐佛教的兴盛，从外在上看，有如下几种表现：

第一，佛门经济特别雄厚。隋唐王朝大力扶持佛教，在各方面给予佛门种种优惠。当时佛门为扩大经济收入，除经营朝廷划拨的田地外，还千方百计大量兼并土地。据史学家考证，"武则天时，天下公私田宅，多为僧寺所有"①。当时，"凡京畿之丰田美利，多归于寺观，吏不能制"②。有的寺庙，"置田亩，岁收万斛"，形成了"置无尽财"③ 的雄厚经济实力。相传，在山东有一个寺院，竟拥有"庄园十五所"④。据史书所载，唐武宗

---

① 范文澜：《中国通史》第 3 册，人民出版社 1978 年版，第 260 页。
② 《旧唐书·王缙传》。
③ 《宋高僧传·唐杭州灵隐山道标传》。
④ 圆仁：《入唐求法巡礼行记》。

废佛时，曾收佛门"膏腴上田数万顷，收奴卑为两税户十五万人"①。佛门在经济方面享受的优厚待遇及其自身在创收方面使用了种种手段，终使寺院经济大大膨胀起来，当时有人评说"十分天下之财而佛有七八"。由此，产生出僧侣贵族。一些佛门头领依靠自己手中的经济实力，修建园林，召收弟子，扩大领地，从而更加壮大了佛门势力。

第二，僧侣地位显著提高。隋唐时期，僧侣在政治、经济、文化各方面都享有许多特权。首先，在政治上，一些佛教首领被召入宫，与朝廷宰相、三公平起平坐。如，华严宗的开山祖师法藏，给武则天讲《华严经》，受到宠信，被武氏封为"贤首菩萨"，得到三品大官的奖赏；他的弟子澄观被唐王朝封为"国师"，主持全国佛教。又如，天竺僧人不空，曾在宫中设内道场，先后为唐玄宗、肃宗行"灌顶"仪式。此后，受到唐王朝的特别优厚，屡加封赠，先封"特进试鸿胪卿"的官职，随后又封"大广智三藏"法号以及"开府仪同三司"的名号，最后封为"肃国公"，"食邑三千户"，可谓不断加官晋爵，富比王侯。其次，在经济方面，当时唐王朝规定"道士、僧人每人给田三十亩，女冠女尼二十亩"②，实际上在推行中，不断放宽限制，不仅允许佛门自制田产，而且朝廷还时常拨给封地，以致到武则天时，出现了"天下公私田宅，多为僧寺所有"③的情况。再次，在文化方面，佛门享有种种特权。拿佛经的翻译来说，需要大量人力物力的支持。对此，唐王朝给予了许多扶助。例如，玄奘从印度取回经文之后，唐太宗亲自接见，并为他翻译佛经提供相应的人力物力支持，并亲自为之作《三藏圣教序》，诏令出版，广泛传播。又如，天竺僧人不空，复游五印度归来时，带回"诸经论计五百余部"，在唐玄宗、肃宗等支持下，对之翻译出版、传播。

第三，佛门信徒人数猛增。由于佛门可以享受许多特殊待遇，当时不仅普通人大量入庙做僧尼，而且王公贵族也拜倒在佛门。相传，在隋代，有"僧尼三十来万人"。据史书记载，"中宗以来，贵戚争营佛寺"，"富户强丁多削发以避徭役，所在充满"④。唐武宗曾说："今天下僧尼，不可

① 《旧唐书·武宗本纪》。
② 范文澜：《中国通史》第3册，人民出版社1978年版，第260页。
③ 同上。
④ 《资治通鉴·唐记》卷27。

胜数，皆待农而食，待蚕而衣。"① 相传，禅宗的奠基之地——黄梅的双峰山与东山，"法门大启，根机不择"，"缁门俊秀，归者如云"。禅宗四祖道信在双峰山时，学徒"归趣者五百余人"；五祖弘忍居东山，"门人有千余众"，"道俗受学者天下十八九"；慧能在曹溪寺"广开禅门，学徒十万"②。这都说明，当时僧人之多、信佛者之众，空前绝后，以至后来唐武宗废佛时，全国"还俗僧尼"竟有"二十六万五百人"③ 之多。

第四，佛门寺院园林建设成就空前。隋唐时期，佛门由于自身经济实力雄厚，加之封建统治者大力扶持，寺庙园林建设发展十分壮观。据史书所载，隋代佛教寺院四五千所，到唐代，寺院竟然增到四万多所。当时的许多寺庙建立在环境优美、山清水秀之地，以至有"天下名山佛占尽"之说。许多庙宇中，房屋建筑造价很高，亭台楼阁，相互映衬；雕梁画栋，金碧辉煌。更有甚者，当时，唐朝统治者为给自己造福，不惜花费朝廷钱财，动用大量人力物力，修建豪华寺院，以求佛的保佑。例如，大历二年（767），唐代宗为给亡母章敬太后造冥福，在长安东门造"章敬寺"，"总四十八院，共四千一百三十余间，建筑宏伟，极其壮丽，费钱亿万"④。又，大历五年（770），唐代宗诏天竺僧人不空往五台山修功德。不空在五台山"造金阁寺，铸铜为瓦，涂金瓦上，照耀山谷，费钱巨亿"⑤。值得注意的是，当时佛门在相关园林建设中，形成了许多具有佛教特色的建筑风格，造就出一批批艺术珍品。最为壮观的艺术成果，一是敦煌莫高窟，二是龙门石窟。莫高窟亦称千佛洞。它虽始建于前秦建元二年（366），但主要工程当奠定于唐代（唐后也有所续建）。今尚存壁画四万五千多平方米，彩塑像二千一百余尊，作品反映了以唐代为主体的我国古代（从六世纪到十四世纪）社会中的佛教生活片断及绘画造型艺术的光辉成就。龙门石窟，亦称伊阙石窟，分布在河南洛阳伊河入口处两岸的龙门山（西山）和香山（东山）。该石窟虽始建于北魏太和年间，但主体工程亦当完成于唐代。现存石窟一千三百五十二个，龛七百八十五个，造像九万七千余种，题记三千六百八十种。

---

① 《旧唐书·武宗本纪》。
② 《曹溪大师别传》。
③ 《旧唐书·武宗本纪》。
④ 《中国通史》第 4 册，人民出版社 1978 年版，第 172 页。
⑤ 同上。

龙门石窟雕刻刀法圆熟精湛，佛像表情千姿百态，是我国一座十分珍贵的艺术宝库。莫高窟和龙门石窟的构建，不仅反映了佛教在当时的兴盛状况，也显示了中华民族令人叹为观止的艺术创造力。

（二）隋唐佛教兴盛在自身建设方面的表现

隋唐佛教的兴盛，不仅表现于外在方面，也表现于内功的凝聚方面。概括说来，有如下几点：

第一，注重修治佛教经典。佛教经典是传播佛教教理、教义的载体，佛教信徒正是在理解佛经，信奉教理、教义的基础上，踏上佛教修行道路的。因此，要传播佛教，必须在修治佛教经典方面用大力气。在隋唐之前，由于找到了"连类"、"格义"等释经方法，为进一步修治佛教经典创造了基本条件。进入隋代之后，修治经典即提上重要日程。隋文帝时，曾修治旧经四百部；到隋炀帝时，又修治旧经六百十二藏，达二万九千余部。到了唐代，玄奘赴印度取回"八藏三箧之文"，"凡六百五十七部"[1]。在唐太宗、高宗等支持下，译经"总有七十三部，一千三百三十卷"[2]。又，天竺僧人不空"复游五印度"，归来时带回"诸经论计五百余部"，在唐玄宗、肃宗等支持下，译经"凡一百二十余卷，七十七部"[3]。除译经外，当时一些佛学大师撰文著述，其中许多重要论著也被奉为佛学经典，如"三论宗"祖师吉藏所撰《二谛义》、《〈中观论〉疏》，玄奘的弟子窥基所撰《成唯识论述记》、《成唯识论掌中枢要》，华严宗祖师法藏所撰《金狮子章》、《华严经探玄记》以及禅宗六祖慧能之弟子法海据慧能所述而整理成的《六祖大师法宝坛经》等等，都被佛门奉之为经典，享有重要地位。以上所述修治佛经的一系列工作及其成就，都为佛教的发展奠下了牢固的根基。

第二，宗派林立、相互争鸣。隋唐佛教发展的又一标志，是出现了宗派林立的状况。当时，主要的佛教宗派有：三论宗、律宗、净土宗、密宗、天台宗（又称法华宗）、华严宗、唯识宗（又称法相宗）、禅宗，等等。这些宗派，有人将之称为"大乘八宗"。它的区分，从表面上看，似

---

① 唐道宣：《续高僧传·玄奘传》。
② 同上。
③ 《宋高僧卷·唐京兆大兴善寺不空传》。

乎佛教内部矛盾重重，争斗十分激烈。但是，这只是表面现象，从本质上看，这是佛教理论在其发展中得到深化的客观反映。因为，佛教宗派的区分，乃是由于所奉行经典不同所致。当时，各派都有自己尊奉的经典。如，三论宗尊奉《中论》、《百论》、《十二门论》等三部经典；天台宗尊奉《法华经》；华严宗尊奉《华严经》；净土宗尊奉《阿弥陀经》；唯识宗尊奉《成唯识论》，等等。各派对自己所尊奉的经典，都有深入的研究和理解，并从各自理解的角度著书立说，相互论辩。这种做法，无疑有助于从总体上推进佛学理论的深化发展。各宗门在理论上的分歧与辩论，实际上是佛门内部的百家争鸣。这种争鸣，在相互角逐、较量中取长补短，从长远来看有助于佛教理论的深化发展。同时，各宗派都有自己的祖师和传承系列，有相应的活动领域和财产依托，并定有"法嗣"式的继承关系。这些情况，从一定角度而言，也有助于佛门在社会竞争中发展自己。因此，佛教宗派林立的状况是隋唐佛教发展在理论上自我深化的重要表现，对此，我们应当引起重视。

　　第三，注重理论探索、创建新体系。隋唐以前，佛门僧人对于自印度传入的佛经，多是囫囵吞枣，未能细细咀嚼。隋唐之际，宗门纷纷形成，各宗门以相应的佛经为宗本，加深了对佛经的研究和探索。宗门间通过争鸣，既显示出各自的优势，也暴露出佛经中存在的相互矛盾以及难以自圆其说的一些问题，这就逼得一些佛教学者去作追根寻源式的理论探索。其中，最典型的是生活于唐太宗、高宗时期的佛教学者玄奘。玄奘为了探索佛教经典，"遍谒众师，食餐其说，详考其义，各擅宗途，验之圣典，亦隐显有异，莫之适从"。但是，他仍未放弃自己的探索，"乃誓游西方以问所惑"。为此，玄奘不畏艰难险阻，于贞观三年赴印度取经，行程五万余里，到达北天竺摩揭陀国那烂陀寺，从戒贤法师受《瑜珈师地论》，同时旁及大小乘《毗昙》各论。玄奘在印度十七年，虚心好学，旁搜博探，成为印度大乘唯识宗的集大成者。他的学说，将印度大小乘的佛学理论融会起来，著成《会宗论》、《制恶见论》（此二论已逸亡），后又编著《成唯识论》，在佛学成就方面超过了他的老师戒贤法师，使当时的五天竺佛教学者为之折服。唐玄奘的这次赴印度取经，不仅带回了"六百五十七部"印度佛经典籍，更重要的是，他在理论上获得重大创获，并在经文翻译方面达到了很高造诣，形成了新的体系，使当时的中国佛教整体水平超过了同时代的印度。

三　隋唐佛教一些主要宗派的理论创获

隋唐佛教的兴盛，除了有上述一些具体表现之外，还有一个重要方面，那就是各宗派在理论创获方面都有自己的独到之处。特别是三论宗、唯识宗、华严宗和禅宗成就尤著，这里仅就这四宗的理论创造，作简要概述。

（一）三论宗的理论创造

三论宗的开山祖师是吉藏（？—633 年），俗姓安，安息（今新疆境内）人，是隋唐之际名僧之一。他以《三论》（即《中论》、《十二门论》、《百论》）为自己的佛教理论支撑经典，传递的是印度佛教大乘空宗的说教，着重阐明"中道观"。在理论创获方面，三论宗进一步深化了佛教的思辨色彩，突出了佛教的"中道观"。例如，三论宗所奉行的《中论》中，有这样一段话：

> 不生亦不灭，不常亦不断，不一（即同一）亦不异，不来亦不出（去）。

这四句话，被佛门称为"八不"，是对生与灭、常与断、同与异、来与去等四对矛盾现象的否定，意在宣扬万法皆空。吉藏在其《中观论疏》中对上述"八不"作了这样的解释："标此'八不'，摄一切大小、内外有所得人，心之所行，口之所说，堕入八事中。今破此八事，即破此一切大小内外有所得人，故明'八不'。"这是说，"八不"是针对那些"有所得人"（即偏执于某一事理）之人说的。这些"有所得人"，或持"生"，或持"灭"；或持"常"，或持"断"；或持"同"，或持"异"；或持"来"，或持"去"，一句话，对于"生"、"灭"、"常"、"断"、"同"、"异"、"来"、"去"等事理，都持肯定态度，这就违反了佛教所谓"万法性空"的观念，因而应当用"八不"对之予以否定。"八不"之说，实际上是运用"连类"的方法，对魏晋时期的玄学家郭象所谓"以言遣言，遣之又遣，以至于无遣"之说的具体运用与发挥。当时，隋唐道教学者成玄英等宣讲的"重玄之学"，亦是对玄学家"遣之又遣"

思想的继承与发挥。吉藏对《中论》之"八不"的阐释，同当时道教学者所讲的"重玄之学"相呼应，这既从一定角度深化了佛教教义，又使佛教经典解说向中国化迈进了一步。其"八不"的实质，就是突出"中道"。方立天教授说："'中道'就是指离开二边的极端、邪执而形成的一种不偏不倚的中正之道，即中正的观点、方法。"① 应当说，这种"中道"观，对印度大乘空宗既有继承，亦有发展，因而在当时中国的佛教界产生了强烈影响。

为了阐明"中道"观，吉藏还专门撰成《二谛义》。所谓"二谛"，指的是"俗谛"和"真谛"。"俗谛"，也称"世谛"，讲的是世俗的道理；"真谛"亦称"圣谛"，讲的是圣人（即佛）的道理。《二谛义》的宗旨，在于启迪人们摆脱"俗谛"，把握"圣谛"。如何才能进入这一境界呢？吉藏说："山门相承，兴皇祖述，说三种二谛。第一明说'有'为世谛，于（'于'疑为'说'之误）'无'为真谛；第二明说'有'、说'无'，二并世谛，说'非有'、'非无'不二，为真谛；……第三明二谛义。此二谛者，'有'、'无'二；'非有'、'非无'不二。说'二'、说'不二'为世谛；说'非二'、'非不二'为真谛。"这里围绕"二谛"之义，分三个层次展开论述：

其一，如果把"有"看做"世谛"，那么对"有"的否定（即"无"）也就成为"真谛"；其二，如果把说"有"、说"无"，都称为"世谛"，那么对"有"与"无"的同时"否定"（即"非有"、"非无"）就成为"真谛"；其三，如果把"有"与"无"称为"二"，"非有"、"非无"称为"不二"，那么，说"二"则为"世谛"，说"非二"、"非不二"则为"真谛"。仔细琢磨这些论述，可知吉藏又在运用玄学家"遣之又遣"的思维方法。其所谓"遣之又遣"，亦即否定、再否定。以上第一层次，是对"有"的否定；第二层次，是对说"有"、说"无"的同时否定；第三层次，是对说"非二"、"非不二"的否定。这里连续三次否定，正是"遣之又遣"方法的具体运用，它同"八不"的道理殊途同归，亦是在宣传"万法皆空"的"中道"观。可见，讲"中道"是三论宗的核心思想，深化"中道观"是其主要理论创获。

---

① 方立天：《中国佛教哲学要义》上卷，中国人民大学出版社2002年版，第349页。

（二）唯识宗的理论创造

唯识宗又称法相宗，或法相唯识宗。其创始人，是玄奘（602—664年）。玄奘，洛州偃师（今河南偃师县）人，十五岁出家，二十九岁赴印度取经。玄奘在印度十七年，虚心好学，旁搜博探，整理编著成《成唯识论》，成为印度大乘唯识宗的集大成者。回国后，他又将自己在这方面的心得，通过讲授、译经等途径加以传播，是唐代唯识宗的开山祖师。他的弟子窥基（632—682年）根据他的基本观点，整理成《成唯识论述记》，简要地表达了唯识宗的基本理论框架，亦被奉为唯识宗的开山祖师之一。

唯识宗，重在一个"识"字。该宗把"识"分为八种，前五识为眼、耳、鼻、舌、身，属于人固有的视、听、嗅、味、触五种感觉器官；第六识为"意识"，其功能是整理杂乱无章的前五识；第七识为"末那识"，其功能是显现自我本体；第八识为"阿赖耶识"，又称"种子识"，它藏有无量种子，是产生一切识的根据。"阿赖耶识"作为变现各种现象的种子，分为两大类，即"有漏种子"和"无漏种子"。"有漏种子"是世间的因，而"无漏种子"，则是出世间的因。

唯识宗之所以对"识"作如此用功的探讨和复杂的区分，意在从理论上解决两大重要问题：一是世间各种现象究竟是从哪里来的？二是同为佛教修炼，为什么有的人能修成正果，而有的人却不能修成正果？前一个问题，属于哲学本体论问题；后一个问题，则属于成佛的根据问题。这两大问题，可以说都是当时佛门极为关心的重大问题。

关于第一个问题，唯识宗的回答同当时佛教主流派有明显不同。当时的大乘空宗明确认为"万法皆空"、"佛性本空"，对现象界一切存在用一个"空"字加以否定。唯识宗则提出异议，认为世界并非绝对的"空"，它还有一种独特的存在，那就是"识"。唯识宗强调"万法唯识"、"一切唯识所现"，认为现象界的一切都是由"识"变化出来的，世间除了"识"是真实的存在之外，其他一切都是虚幻不实的。这就对传统的"万法皆空"、"佛性本空"作了理论上的修正。在奉行唯识宗的佛学家们看来，"境"由"识"生，"识"乃"境"因，没有"识"，就没有"境"；而没有"境"，却仍有"识"。其所谓"识"，也就是意识、观念、精神等东西。明确把"识"作为外在世界之"因"，毫无疑问，在哲学本体论问题上，陷入了主观唯心主义。

关于第二个问题，唯识宗的回答也同当时佛教主流派有明显不同。在唯识宗之前，《大般涅槃经》明确提出"一切众生悉有佛性"，肯定"一切众生"皆可以修成佛道。而唯识宗则提出异议，认为按"五性说"，则"一阐提人"无种性，永不能成佛。玄奘从印度回国前，曾同印度佛学家讨论过这个问题。当时有的学者劝他回国后回避这个问题，不要讲它。但他的师父戒贤法师却不同意这样做，嘱他回国后不得增减佛教义理，如实传播。他回国后，对其弟子窥基秘传"五种性说"。"五种性"乃指"声闻乘种性"、"缘觉乘种性"、"如来乘种性"、"不定种性"和"无种性"。其中"无种性"之人，是不能修成佛道的。窥基后来发挥了"无种性"说的基本思想，提出三类阐提说，一为"断善阐提"，二为"大悲阐提"，三为"无种性阐提"。这三种"阐提"，前两种"阐提"皆有成佛的可能性，唯独第三种即"无种性阐提"不能成佛。原因何在呢？因为产生"无种性阐提"的"种子"，属于先天具有的"有漏种子"，所以不能修成佛道。这就把哲学本体论和佛教学者的佛性论结合了起来，在理论上无疑是一个创造。但是，他们的学说，由于同传统的"一切众生悉有佛性"之说相冲突，因而遭到当时佛教主流派的激烈批评，并很快走向衰落。以后，禅宗提出的"一阐提人皆可成佛"直接否定了唯识宗的观点。

（三）华严宗的理论创造

华严宗的开山祖师名法藏（643—712 年），俗姓康，字贤首，本康居人。曾参与玄奘佛经翻译工作，因"见识不同而出译场"。后为则天皇帝讲《华严经》，"帝于此茫然未决，藏乃指镇殿金狮子为喻，因涉义门，径捷易解，号《金狮子章》，列十门总别之相，帝遂开悟其旨"[①]。由此，法藏及其代表的华严宗，受到朝廷特别关照。其代表作有《华严义海百门》、《华严金狮子章》等。华严宗在佛教理论方面的独特贡献，集中表现在如下四个方面：

第一，关于"性起"说。"性起"说属于佛教本体论范畴，其意是说一切众生乃至一切诸法，都是如来性之体现，只要称性而起，便可修成佛道。在这里，如来之性具有本体论意义，是成佛的根据。法藏的弟子智俨把"佛性"看成"一切凡圣因"或把"如来藏"视为"一切诸佛菩萨声

---

① 《大宋高僧传》卷5《周洛京佛授记寺法藏传》。

闻缘觉乃至六道众生等体"①，实质上都是肯定"佛性"或"如来藏"乃众生成佛之本体。它是"自性清静圆明体"，"性自满足，处染不垢，修治不净"，因而"性起"是成佛的关键所在。

第二，关于"无尽缘起"说。"无尽缘起"说讲的是体用问题。在华严宗人看来，"一切事物都是相互为体又相互为用。举一尘即亦理亦事，谈一事即亦因亦果，缘一法而起万法，缘万法而入一法，重重缘起，而缘起之义无穷，故曰：无尽缘起"②。"无尽缘起"说又称"一切缘起法"，意在突出万法圆融无碍之意。法藏指出："是故一切缘起法，不成则已，成则相即熔融，无碍自在，圆极难思，出过情量。"③

第三，关于"五教十宗"说。"五教十宗"说实际上是杂取百家之说的成果。其"五教"，即指小乘教、大乘始教、大乘终教、顿教、圆教；"十宗"包括：法我俱有宗、法有我无宗、现通假实宗、诸法但名宗、一切皆空门、真德不空宗、相想俱绝宗、圆明俱德宗。"五教十宗"说的基本特征是广猎博采众家之说，意在综合各家，兼收并蓄。因其内容烦琐，这里略而不论。

第四，关于"圆教"说。华严宗人把自己的宗门称为"圆教"，其所谓"圆"，有两层意思：一指"圆融无碍"；二指"圆满无偏"。

首先，所谓"圆融无碍"，指世间万事万物相互融通，互不妨碍。为了说明这一哲理，他们提出了"四法界"说。何谓"四法界"？法藏的三传弟子澄观说："一，事法界；二，理法界；三，理事无碍法界；四，事事无碍法界。"④"法界"，即诸法之分界，主要指事物的性质和方面。其一，"事法界"，指千差万别的现象世界；其二，"理法界"，指世间、出世间一切诸法之共同的理性、体性；其三，"理事无碍法界"，指诸法与实相（即现象世界与诸法之理性）相互融通，而无阻碍；其四，"事事无碍法界"，指世间、出世间一切诸法，相互融通，圆融无碍。

总之，"四法界"说的基本宗旨，在于告诉人们，宇宙间的万事万物都是相融相即，圆融无碍的。那么，为什么会如此？对于这一问题，法藏在《华严经探玄记》中，用一问一答的形式，说明了他的见解。他写道：

---

① 《华严五十要问答》。
② 任继愈主编：《中国哲学发展史·隋唐卷》，人民出版社 1994 年版，第 226 页。
③ 《华严一乘教义分齐章》卷 4。
④ 《华严法界玄镜》卷 1。

"问：'有何因缘令此诸法得有如是混融无碍？'答：'因缘无量，难可具陈，略提十类，释此无碍：一，缘起相故；二，法性融通故；三，各唯心现故；四，如幻不实故；五，大小无定故；六，无限因生故；七，果德圆极故；八，胜通自在故；九，三昧大用故；十，难思解脱故。'"这里所说的万法相融的十条理由，法藏在《华严经指归释经意第八》也作了类似论述，因篇幅所限，略而不引。在法藏看来，诸法"混融无碍"，"因缘无量，难可具陈"，他只是"略提十类"，以窥一斑。这十类，每一类都旨在说明"混融无碍"之理。如，第一条说"缘起相故"，为什么"缘起相"可以导致"混融无碍"？法藏说："以诸界为体，缘起为用，体用全收，圆通一际。"① 这是从体用的角度，说明诸法可以"圆通一际"。又，第三条说"各唯心现故"，其意是说，既然万法都是心之所现，则万法当然可以融通无碍了。又，第四条说"如幻不实故"，这是说世间一切如同虚幻，并非真实地存在，因而圆融无碍。后面三、四两条的回答，都是以传统佛学"法性本空"之说为依据的。其他各条，亦都言有所依，兹不一一分析。华严宗运用"四法界"说，论证一切圆融无碍，是为了告诉人们，众生与佛本来无异，"一即一切"、"一切即一"，只是由于迷悟不同，遂有凡圣之差。若能离妄归真、转迷为悟，则众生即可成佛。

其次，所谓"圆满无偏"，是说本宗所奉行的教义最全面、圆满而无片面性弊病。其"圆"是针对"偏"而言的，华严宗把别的宗门称为"偏教"。意在调和佛教各宗门在教理、教义方面存在种种相互矛盾的状况。华严宗不赞同唯识宗"万法唯识"的观点，认为由"识"所变出的"境"是虚妄的，能变的"识"也不能是"真"的，只有作为"自性清静圆明体"的"如来藏"，才是真实的。这就从教义上，对唯识宗有所修正；华严宗人也不赞成般若空宗"万法皆空"的说法，认为如果心、境皆空，客体和主体都不存在，则佛性和涅槃世界也将被否定。这无疑不利于佛门的存在。为此，他们纠正说，物质世界是虚幻的，但佛性是实有的；事物是假的，但本体（即"如来藏"）是真的。意在把"空宗"和"有宗"之说融合起来，以调和佛门内部在理论上的冲突。就这一方面说，他们确有其"圆"的一面。

---

① 《华严策林》。

(四) 禅宗的理论创造

禅宗是佛教中国化的典型，在理论创造方面，确有自己的特色。按传统说法，禅宗起源于北朝，其始祖为印度来华僧人菩提达摩，此后达摩传慧可，慧可传僧璨，僧璨传道信，道信传弘忍，弘忍传慧（一作"惠"）能。从达摩到慧能，先后为禅宗一祖、二祖、三祖、四祖、五祖、六祖。但禅宗的真正奠基，是在四祖道信、五祖弘忍所创立的东山法门时代。可以说，禅宗奠基于道信、弘忍时代，发展于慧能时期。

"禅"，梵语为"禅那"，其意为坐禅或定思，是印度各宗共同的修养方法，印度佛教也用了这一方法。此法传入中国后，逐渐建立起禅宗一派。这一派，不赞成烦琐的读经修佛方法，而主张"不立文字"，"以心传心"，且由"渐修"过渡到"顿悟"，提出"一念相应，便成正觉"的"顿悟成佛"说。它发展了"人人皆有佛性"说，认为不仅"一阐提人可以成佛"，而且那些作恶之人，只要"放下屠刀"，也可"立地成佛"。禅门法师把"明心见性"作为"顿悟"的基本目标，说："故知一切万法尽在自心中，何不从于自心顿见真如？"[1] 认为"自心是佛，更莫狐疑。外无一物而能建立，皆是本心生万种法"[2]。一句话，"识心见性自成佛道"。

"禅宗"的一个重要特色，是在教义方面完成了中国化。它把儒家的心性论、道家的修养论和中国本土的宗教仪式结合起来，从而适应了本民族的文化形式和普通老百姓的宗教心理需要，因而传播很快。由于它的兴起，其他各宗派很快走向衰落。

道信、弘忍等作为禅宗的真正祖师，讲"明心见性"，并非否定修习佛道的必要性，相反，他们十分注重禅门修道问题，强调通过修习，舍妄归真，去恶从善。六祖慧能，正是在这方面继承发扬了东山法门的传统，在佛道修习方面更有独到的体验。

第一，主张发"四大宏愿"。所谓"四大宏愿"，指的是："众生无边誓愿度，烦恼无边誓愿断，法门无边誓愿学，无上佛道誓愿成。"[3] 这"四大宏愿"，表达了禅门的道德取向，它号召禅门弟子以普度无边众生、断

---

[1] 《六祖坛经》。
[2] 《六祖坛经》。
[3] 《六祖坛经》。

除无边烦恼、学通无边法门、成就无上佛道为己任。要完成"四大宏愿"，需要作许多努力。就"众生无边誓愿度"而言，慧能指出，"不是惠（慧）能度"，而是"心中众生，各于自身、自性、自度"①。这个"自度"，就是"邪来正度，迷来悟度，愚来智度，恶来善度，烦恼来菩提度。如是度者，是名直度"。这"直度"的过程，就是以正度邪、以悟度迷、以智度愚、以善度恶、以菩提度烦恼的艰巨的道德修养过程。

第二，表达了抑恶扬善、破迷归明的道德取向。正是从"抑恶扬善、破迷归明"出发，慧能强调要"吹却迷妄"、实现"内外明彻"。在慧能看来，人们本来都具有"惠（慧）如日，智如月，智慧常明"的"清净法身"，但是，"只为云覆盖，上明下暗，不能了见日月星辰"。这就需要借助"惠（慧）风"，"吹散卷尽云雾"，才能使"万象森罗一时皆现"。他所说的"惠（慧）风"，就是禅宗的"顿法"。有了"顿法"，就可以帮助禅门弟子"吹却迷妄"，从而"内外明彻，于自性中万法皆见"②。慧能还提出"自归依"的概念。所谓"自归依"，指的是通过"除不善行"，实现归依"清净法身"。他说："一切法自在性，名为清净法身。自归依者，除不善行"。慧能还说："邪心是大海，烦恼是波浪，毒心是恶龙，尘劳是鱼鳖，虚妄即是鬼神，三毒即是地狱，愚痴即是畜牲，十善即是天堂"③。其抑恶扬善之意，溢于言表。

第三，提出了相关的修道方法。为了提高修习佛道的有效性，慧能提出了相关的修道方法。一是"三无"法。慧能强调："顿渐皆立无念为宗，无相为体，无住为本。何名无相？无相者，于相而离相；无念者，于念而不念；无住者，为人本性，念念不住。前念、今念、后念，念念相续，无有断绝；若一断绝，法身即离色声。"④ 这些论述，把"无念"、"无相"、"无住"作为修道的方法，认为做到了"三无"法，就可以不受尘世污染，来去自由，使精神上得到彻底解脱，从而进入涅槃，到达彼岸世界。二是"一行三昧"法。"一行三昧"，乃是梵语，其传统含义，指专于一行，修习正定。慧能指出："一行三昧者，于一切时中，行住坐卧，常行

---

① 郭朋：《坛经导读》，巴蜀书社1987年版，第106页。
② 同上书，第101页。
③ 同上书，第156页。
④ 同上书，第92页。

直心是（也）"①。不难看出，慧能所讲的"一行三昧"，就是要求禅门弟子在行住坐卧中，坚持"行直心"，"莫心行谄曲"，也就是不要搞邪门歪道。三是"禅定"法。何谓"禅定"？慧能说："外离相即禅，内不乱即定。……外禅内定，故名禅定。"② 这里所讲的"外离相"，指的是把外在法相视为空无、虚假的东西，做到"不着相"，即不受外界法相干扰；所谓"内不乱"，指的是保持内心安静，以维护"自性清净"的本心。显然，慧能所讲的"禅定"法，亦对修道具有指导性的启迪意义。

　　以上说明，围绕修习佛道，禅宗有一套严密的理论体系。这个体系，既规定了崇高的修习目标，也指出了严格的修习方法，从而保证了佛门子弟不流入俗套，不落入迷妄，能自觉地在"明心见性"中做出成绩。

　　　　　　（原载《湘潭大学学报》2009 年第 1 期，收入本书时略有修改）

---

① 郭朋：《坛经导读》，巴蜀书社 1987 年版，第 87 页。
② 同上书，第 99 页。

东山法门的开创，标志禅宗的正式形成

  禅宗是佛教中国化的典型，在中国文化史上占有不可忽略的重要地位。禅宗的形成，经历了漫长的演化过程。据史籍所载，自菩提达摩天竺东来，以法传慧可，慧可传僧璨，僧璨传道信，道信传弘忍，弘忍又传慧能，代代相继，使禅门日益兴隆。特别是"东山法门"时期，广开法门，接引群品，一批禅门后学由东山而走向全国各地，乃至演生出后来的南能北秀（或称南宗、北宗），覆盖了整个中国大地，并且传播至东南亚及世界许多国家。其影响之深远，是佛教其他宗派所不能比拟的。值此东山法门创建 1340 周年之际，我们讨论一下东山法门在禅宗发展史上的历史贡献，是大有必要的。

  对于东山法门在禅宗发展史上的重要地位，本来前人早有定论，称它为天下祖庭、禅林圣门。但时至今日，学界仍有这样一种意见，认为东山法门时代的"禅"，还未达到"禅宗境界"；禅宗的创始人是慧能，禅宗的发源地在岭南。照这种意见，东山法门被从禅宗正史上一笔勾销，道信、弘忍所开创的禅门新风，也被简单地予以否定。这实在有悖于历史事实。通观达摩以后的禅门发展史，我们认为禅宗的发源地不是岭南而是湖北黄梅；禅宗的开山祖不是慧能，而是道信、弘忍（慧能应是禅宗的发展者），禅宗的正史应当从"东山法门"写起，"东山法门"的开创，标志禅宗历史的正式形成。

  东山法门亦称东山宗，因禅宗五祖弘忍于唐永徽五年（654）在黄梅东山（即冯茂山。按：冯茂山亦称冯墓山，因它在双峰山之东，故名东山）创建道场，弘宣禅法，故后人有"东山法门"之称。"东山法门"虽然建于弘忍之手，但它的建立同道信有着不可分割的关系。可以说，"东山法门"的思想体系由道信、弘忍共同构建而成，体现了从道信到弘忍一以贯之的法门宗旨。正因为如此，所以历史上谈及"东山法门"，常常也挂上道信的名字，如《宋高僧传·神秀传》就说"忍与信俱往东山，故谓其法门为东山法门"；而唐人李知非在为净觉一本名为《注般若波罗密多心经》的书所撰的"略序"中，更直截了当地认为"蕲州东山道信禅师，远近咸称东山法门"，这都绝非偶然。虽然道信生前尚未见到东山道场，但东山道场所传的禅法，在道信时代即已确立。

道信与弘忍，相继在黄梅双峰山（亦称破额山）和东山弘宣禅法共达五十余年，其中道信住双峰山二十七年，弘忍随师住双峰山三十年（信归真后，又留该山供奉三年）；于公元 654 年移住东山，一住又是二十一年。这五十余年间，信、忍师徒相继，潜心禅修，孜孜以求，对自达摩以降的禅学进行了从理论到实践的重大变革，使禅门面貌焕然一新。我们完全可以说，达摩禅发展到"东山法门"阶段，就已进入了禅宗境界。下面就这个问题略陈管见，就教于海内外禅学专家。

一　东山法门开创了禅门发展的新局面

达摩禅发展到东山法门阶段，出现了勃勃生机，各方面都呈现出新的风貌。

我们知道，道信以前，自达摩到慧可、僧璨，在修禅过程中，多是随缘而安，独往独来。他们"行无轨迹，动无彰记，法匠潜运，学徒默修"[①]，其生活维艰，弟子们不得不行头陀行，携一衣一钵，四处漂流，靠乞讨为生。这种流浪生涯，常常把禅门弟子弄得人鬼不分。据史籍记载，达摩的一传弟子慧可，晚年曾"韬光混迹，变易仪相，或入酒肆，或过于屠门，或习街谈，或随厮役"[②]，可谓潦倒不堪，颓废已极。慧可的弟子那禅师、那的弟子满禅师，在流浪苦行方面同慧可极似。据《续高僧传·僧可传》载，那禅师"唯一衣一盏，一坐一食，以可常行，兼奉头陀，故其所往，不参邑落"。而满禅师亦"一衣一食，但畜二针，冬则乞补，夏便通舍，覆赤而已"，其"往无再宿，到寺则破柴造屧，常行乞食"，过着道地的苦行僧的生活。这种头陀、苦行的生活方式和修禅环境，于禅门发展极为不利。正如印顺大师在《中国禅宗史》中所指出的，"头陀行是出家

---

① 《传法宝记》。

② 《景德传灯录》。

人中生活最清苦的一流，……他们经常的往来游化，没有定住的地方"，这"对摄化学众来说，是不方便的。这也许是早期达摩禅不能发扬的原因之一"。这个评述是颇为中肯的。所以，禅门要得到发展的机遇，必须首先改造以苦行为特色的生活方式和禅修环境。正是有鉴于此，所以信、忍师徒独具慧眼，相继对禅门旧习进行了卓有成效的一系列变革，从而为禅门走出困境、开拓新局，揭开了新的一页。

道信、弘忍的变革是从"择地开居、营宇立象"开始的。所谓"择地开居、营宇立象"，指的是选择佛地，营建庙宇，塑立佛像，兴办道场等一系列举措。这些举措，在当时的历史条件下，具有变革的现实意义，它使禅门生活出现了大的转折。

第一，创造了安定的禅修环境。禅修的一个重要特点，是坚持在静中养性。弘忍在论述"栖神山谷"的必要性时说："大厦之材，本出幽谷，不向人间有也。以其远离人，故不被刀斧损斫，一一长成大物，后乃堪为栋梁之用。故知栖神山谷，远避嚣尘，养性山中，长辞俗事，目前无物，心自安宁。从此道树花开，禅林果出也。"[1] 这里讲的是"栖神山谷"的哲理，其中也阐明了创造一个安定的禅修环境的重要性。"择地开居、营宇立象"的第一大收获，是给禅门弟子带来了一个安定的禅修环境。从此，禅门师徒不必行头陀行，而能安下心来，乐修禅业了。

第二，走上了团体习禅的道路。道信以前，由于禅门师徒过着流浪生活，多是单线联系，难以集体相处。"择地开居、营宇立象"之后，"法门大启，根机不择"，"缁门俊秀，归者如云"，因而创造了团体生活的条件。在这个群体里，师徒相聚，互相问学辩难，探玄析奥，共研禅法，使禅修环境得到改善：一是大师传道更为方便。当年弘忍在双峰山时，"信每以顿渐之旨日省月试之。忍闻言察理，触事忘情"[2]；到了东山，弘忍又以道信为榜样，"口说玄理，默授与人"。二是弟子问道更为方便。今天留下的道信著作和弘忍所述的《最上乘论》，其中字里行间，都夹有大师回答弟子提问的文句，这从侧面反映了当年弟子问道的情况。三是师徒之间、弟子之间可以互相讨论、启发。如，据弘忍自言，他曾与神秀论《楞伽经》，达到"玄理通快"的境界。当年慧能、神秀等在东山，通过作偈互相论

---

[1] 《楞伽师资记》。

[2] 《宋高僧传·弘忍传》。

辩，亦推进了对禅法的领悟。总之，集体生活，陶贤铸圣，使禅门弟子得以由此登堂入室，成为大器。道信在双峰山时，学徒归趣者500余人；弘忍到了东山，"门下有千余众"，"道俗受学者，天下十八九"。弘忍曾谓人曰，"吾度人多矣"、"吾一生教人无数"。在弘忍弟子中，人才济济，高徒满座，当时京洛道俗赞叹曰："东山多有得果人！"这些禅门弟子由东山走向全国，像颗颗种子，遍地生根发芽，终于使禅宗树起了一面面旗帜，亮出了一盏盏佛灯。正如清代僧晦山在一首诗中所云，"应知一片东山月，长照支那四百州"，其影响不可谓不大。

第三，确立了农禅并重的禅修原则。道信、弘忍实行"择地开居、营宇立象"之后，禅门有了自己的据点，既可以习禅，亦可以务农，因而得以农禅并作，自食其力。弘忍在东山时，"常勤作务"，"役力以申供养"，把运水、搬柴、栽莲、种菜等一切劳作，都列入禅修内容，身先徒众，作出表率。在他的带动下，神秀"以樵汲自役而求其道"；慧能"劳乎井臼"，"踏碓八个余月"。这种劳禅结合，不仅使师徒能够自食其力，而且推进了禅修事业。慧能后来有"运水搬柴，无非妙道"之悟，无疑是他当时在东山进行劳作实践的心得写照。

利用禅修之余进行农作，这的确是一项有利禅门发展的改革措施，它不仅改变了禅门弟子靠"乞讨"为生的现状，也改变了靠国家财政扶持、靠施主施舍的被动局面。因为靠扶持和施舍，生活终究没有保障。当国家财政有余、民间生活丰裕时，可以扶持或施舍；而一旦国家财政空虚、民间农业歉收，则扶持和施舍均将落空。自食其力，则能长久自立。从历史唯物论的角度来看，社会经济状况决定社会生活模式。当时的中国经济状况，是自给自足的小农经济。"东山法门"时实行农禅并作，提倡师徒自食其力，这恰好同"自给自足"的小农经济相和谐，因而极富生命力，为禅宗的长期稳定发展，奠下了牢固的根基。

第四，广开法门，接引群品。道信以前的达摩禅，"行无轨迹，动无彰记，法匠潜运，学徒默修"，远离下层劳动人民，因此十分孤立，很难在中国的土地上生根。道信、弘忍实行"择地开居、营宇立象"之后，远近居民有庙宇可朝，有佛像可拜，每天钟声震撼山谷，香烟缭绕佛地，善男信女们通过朝山拜佛，亲自到庙中听禅师说法，看佛像尊面，实地接受佛门熏陶，因而使禅门在群众中产生了广泛影响，乃至"存没有迹，旌榜有闻"，"时四方请益，九众师横，虚往实归，月逾千计"。毫无疑问，这为佛教走向世俗化、中国化，铺平了道路。

第五，实行独特的塔葬习俗。禅门大师圆寂后，从道信开始实行塔葬。这种塔葬既不同于印度佛教所奉行的火葬，也不同于中国民间的棺葬，确属禅门一项改革。实行塔葬，全身不散，裹布涂漆，将其身葬入塔内，供奉香火。值得注意的是，大师告灭之前，大多知道自己住世时间不久，事先嘱咐门人造塔，塔成之后，大多安然坐化。据《楞伽师资记》载，弘忍于十六日中，"面南晏坐，闭目便终，春秋七十四"；神秀"以神龙二年二月二十八日，不疾晏坐，……便终东都天官寺，春秋一百余岁"。又，据《续僧传》载："慧能以先天二年八月三日，俄然示（疑当作'未'，形近而误）疾，异香满室，白虹属地，饭食乞，沐浴更衣，弹指不绝，气微目瞑，全身永谢。"从以上几位大师归真时的情况看，都是采取坐化的方法，"闭目便终"。这种情况值得研究。若未掌握一种自我操纵、自行"舍身"的禅法，恐难以办到；而且离世后，真身不化，亦非寻常。它在客观上给人以神秘感，因而增加了世俗的追慕之情，提高了禅门威望。

综上所述，东山法门时期，由于实行"择地开居、营宇立象"的举措，使禅门生活发生了重大变化。从此，禅门有一个安定的生活环境，师徒走上团体习禅的道路，确立了农禅并重的原则，提出了"广开法门"、"接引群品"的方针，推行独特的塔葬习俗，以及实行与上述生活方式、禅修道路相适应的有关管理制度、组织形式、僧门戒律等，这些对于禅宗的独立发展，都具有不可忽视的重要意义。

二　东山法门时期的禅学理论创造达到了很高境界

如前所述，东山法门有着自己完整的思想体系，这个体系的设计师，乃是道信和弘忍二位大师。他们从双峰山到东山，以长达半个世纪的潜心研讨，终于在禅学上达到了一定高度，为禅宗在理论上的成熟作出了重要贡献。道信是一位富有禅学理论素养的禅门大师，作为达摩禅的第四代传人，他曾得禅法于僧璨，"奉事璨十二年"，璨"写器传灯，一一成就"，使他在禅学上达到了很高造诣。他去双峰山之前，曾在江南吉州寺、庐山大林寺等地游学。据传，在吉州时，他曾教人念《摩诃般若波罗密经》，而使攻城之贼众自退。这说明他深通"摩诃般若波罗密"法；后住庐山大林寺十年，又受过该寺创建人智锴所传天台禅观学风的熏陶。这一切，对他后来的禅学理论创造，都大有裨益。据史籍所载，他曾著有《菩萨戒法》和《入道安心要方便门》二书，前书已逸，今无可考；后书尚存，是我们研究道信思想的可贵史料。对于道信的贡献，印顺大师曾有如下一段评论："禅宗四祖道信，在中国禅宗史上，是值得重视的承先启后的关键人物。达摩禅进入南方而推向一新境界的，正是道信。"这是颇有见地的看法。

弘忍直接受教于道信，追随道信数十年如一日，"住度弘敏，怀抱真纯"；"习乎禅业，不患艰辛"；"信知其可教，悉以其道授之"。基于这种情况，我们完全有理由将道信和弘忍的禅论，看做一个思想体系，体现"东山法门"时期的禅学水平。弘忍本人由于坚持"不立文字、以心传心"的原则，未能留下专著，这是一件很大的憾事。今存《最上乘论》，相传是"弘忍大师述"。此书因《楞伽师资记》中的一段话，而引起学界争议。《楞伽师资记》中的那段话是："忍大师萧然净（静）坐，不出文记，口说玄理，默受与人。在人间有禅法一本，云是忍禅师说者，谬言也。"据此，有人否定《最上乘论》出自弘忍之口。近来又有学者提出新见，认为该文可作为研究弘忍的可靠史料。我们赞同这一见解。首先，《楞伽师资记》的作者所说的"在人间有禅法一本"是一句含混的话，它未必就是指《最上乘论》。退一步说，即使《楞伽师资记》的作者是指《最上乘论》，那也要看他说得是否有理。《最上乘论》今存几种本子，其中一种本子署为"第五祖弘忍大师述"，这就清楚不过地告诉我们：它是弘忍大师"述"，并非弘忍自著，所以虽然弘忍"不出文记"，但由于他"口说玄理"，其思想便完全有可能为后人记述并整理出来。类似这种由祖师口传、由后学整理加工而成的著作，在历史上屡见不鲜，在禅门也大有人在。因此，仅以忍大师"不出文记"为由来否定《最上乘论》为弘忍所述，是不能令人信服的。其次，从《最上乘论》的思想脉络来看，它囊括了从达摩到慧可再到僧璨、道信等人的思想。例如，达摩的"舍妄归真"、"坚住不移"的思想，在《最上乘论》里化为"凝然守心，妄念不生"，而其宗旨是一致的；又如慧可的"众生心中有金刚佛性"那段话，《最上乘论》几乎原文照引，改动不大；僧璨的"以一相不在内、外、中间"的思想，在《最上乘论》中发挥为"惩其心不在内、不在外、不在中间，好好如如……"；至于道信的"守一不移"《最上乘论》则直截了当地用

"凝然守心"代之。这种情况，正好说明《最上乘论》继承发展了从达摩到道信的禅学思想，而能达到如此高度的，非弘忍莫属。因此，我们完全有理由把《最上乘论》看做研究弘忍思想的可靠资料，而不能轻易视之为"伪作"。

鉴于以上分析，我们研究东山法门时期的理论创造，当以道信的《入道安心要方便门》和弘忍的《最上乘论》作为立论的史料依据。依据这两篇文献和其他史籍记述，"东山法门"时期的理论创获主要有如下几点：

（一）深化了"心传"的理论

这里说的"心传"，指的是所谓"教外别传"，不立文字，以心传心，将禅法印于受传者的心上，故又有"传佛心印"之说。"心传"的主要特点，是运用一种启发式的禅教方法，以帮助禅门后学悟达禅法真谛。

关于"心传"的禅教方法，在禅门颇经历了一个发展过程。禅门初祖达摩，曾提出过"不随于言教"的主张，意在强调悟达真理，不必受"言教"所束缚。至二祖慧可，又明确认为："学人依文字语言为道者，如风中灯，不能破暗，焰焰谢灭。"其本意亦是突出心传。到了三祖僧璨，已能在行动上自觉实践心传的原则。他"隐思空山，萧然静坐，不出文记，私不传法，曾谓道信曰：'故知圣道幽通，言诠之所不逮；法身空寂，见闻之所不及，即文字语言，徒劳施设也。'"《赐谥碑》曾说僧璨"所至必说法度人，以一相不在内、外、中间，故必言不以文字"。

到了道信、弘忍时代，"心传"的原则已从理论上得到进一步说明。一是强调心传必须在"得意"上下功夫。道信说："法海虽无量，行之在一言。得意就忘言，一言亦不用。如此了了知，是为得佛意。"弘忍在释《楞伽经》时也说："此经唯心证了知，非文疏能解。"二是强调禅师在授法时，要把"口说"与"默受"结合起来。弘忍在东山几十年如一日，"萧然净坐，不出文记，口说玄理，默授与人"，"生不瞩文，而义符玄旨"。三是强调"心传"必须坚持择人而传。道信说："此法秘要，不得传非其人。非是惜法不传，但恐前（浅）人不信，陷其谤法之罪。必须择人，不得造次辄说，慎之慎之。"为了避免"传非其人"，最妥善的办法，是采取以心传心之法，坚持不立文记。

重视"心传"，这是禅宗的一大特征。"心传"不搞引经注典式的烦琐哲学，不要求习禅者有多高的文化素养，这对于下层劳苦大众来说，的确是大开了方便之门，因而在客观上反映了劳动者的心愿。后来慧能来到"东山法门"，虽目不识丁，却在悟解禅门真谛方面独夺魁首，深得弘忍器重。可以说，弘忍传法给慧能，是禅门心传大放光彩的表现。

（二）发展了禅修的理论

"修"是对"悟"而言的，指的是禅师在实现顿悟以前所从事的有关修炼。"修"和"悟"，是一个问题的两个方面：修炼是顿悟的基础和前提，顿悟是修炼由量到质的飞跃。没有修炼，就没有顿悟；而没有顿悟，修炼也就毫无价值。因此，二者互为表里，相辅相成，均当给予相应重视。"修"有"渐修"和"顿修"之分，其实两者之间并无严格的界限，无论是"渐修"或"顿修"，都需要一定的时间延续。而且这种时间延续的长短是相对的、无法作严格的区分。

东山法门时期，禅门已流传着多种多样的修炼方法，道信和弘忍根据自己的心得，分别在《入道安心要方便门》和《最上乘论》中，对禅修法作了理论概括。

第一，对"一行三昧"说的改造与深化。"一行三昧"，原出自《文殊说般若经》，道信将之同《楞伽经》之"诸佛心第一"的思想结合起来，对"一行三昧"作了改造。道信说："云何言一行三昧？当先闻般若波罗蜜，如说修学，然后能一行三昧。……""善男子、善女人，欲入一行三昧，应处空处，舍诸乱意，不取相貌，系心一佛，专称名字，随佛方所，端身正向，能于一佛念念相续，即是念中能见过去、未来、现在诸佛。……如是入一行三昧者，尽知恒沙诸佛法界无差别相。"这里的"诸佛法界无差别相"，亦即"法界不二"说，原属《楞伽经》的思想，经道信将两经融合之后，它也就与"文殊般若"所主"一行三昧"思想合二而一了。由入"一行三昧"，到实现对"法门不二"的证悟，这是道信禅修法的特征之一。既然"法门不二"，则众生与佛之间可以互通，从而为禅宗"众生皆可成佛"的命题，奠定了理论基础。

第二，禅修的过程是一个不断舍妄归真的过程。道信、弘忍均认为，众生皆有真如本性，清净圆满。但是，众生之真性常被妄念私心所覆，难得显示出来，只有通过修炼，才能识自本心，见自本性。而修炼中，必须坚持舍妄归真、去恶从善。道信说："众生心性，譬如珠宝没水，水浊珠隐，水清珠显。为谤三宝、破和合僧诸见所污，贪嗔颠倒所染，众生不悟心性本来清净。"这就需要进行修炼。他指出，若初学坐禅，于一静处，直观身心，四大、五阴、眼耳鼻舌身意及贪嗔、痴，若善、若恶、若怨、若亲、若凡、若圣，及至一切诸法，应当观察，从本以来空寂，不生不灭，平等无二；从本以来无所有，究竟寂灭。……若能常作如是观者，即是真实忏悔，千劫万劫，极重恶业，即自消灭。毫无疑问，这是提倡以渐修来达到去妄消恶、复还真心的目的。弘忍亦持此说。他的《最上乘论》中，引用了慧可的那段文字，说："众生身中有金刚佛性，犹如日轮，广大无边。只为五阴黑云所覆，如瓶内灯光，不能照辉。""一切众生清净之心，亦复如是，只为攀缘妄念烦恼诸见黑云所覆，但能凝然守心，妄念不生，涅槃自然显现。""我既体知众生佛性，本来清净，如云抵日，但了然守本真心，妄念云尽，慧日即现。""譬如磨镜，尘尽明自然现。"可见，禅修的过程，乃是一个不断舍妄归真的过程，它表现了禅宗十分重视信徒们的道德修养。尽管这种道德修养带有宗教色彩，但它要求人们通过"守一"、"守心"保存一颗明净而圣洁的心，自有其合理之处。后来的南宗虽在修炼方法上有所革新，但在要求禅门师徒去恶从善这一点上，却始终未变。

　　第三，提倡"直任运"的修炼方法。"直任运"，指的是直契心性、任其自然运行的一种修炼方法。这种方法在修炼上提倡不拘一格，自然而然地实现明心见性。道信很重视"心"在修炼中的运用。他说："略举安心，不可俱尽，其中善巧，出自方寸。"因此，必须发挥主观能动作用，巧善地达到安心的目的。他指出："亦不念佛，亦不捉心，亦不看心，亦不计念，亦不思维，亦不观行，亦不散乱，直任运；亦不令去，亦不令住，独一清净究竟处，心自明净……"这里连续用了十一个"亦不"，旨在告诉人们，运用"直任运"的方法，可以去掉许多烦琐的习禅方式，在直契心性上下功夫。据《景德传灯录》载，道信曾说："汝但任心自在，莫作观行，亦莫澄心。莫起贪嗔，莫怀愁虑，荡荡无碍，任意纵横。不作诸善，不作诸恶，行住坐卧，触目遇缘，总是佛之妙用，快乐无忧，故名为佛。"明确提倡把修炼贯穿到日常生活中去，做到"行住坐卧"，"念念常在心"。他举例说："如家有如意珠，所求无不得，忽然而遗失，意念无忘时；又如毒箭入肉，笋出箭犹在，如此受痛苦，亦无暂忘时。念念常在心，其状当如是。"弘忍说："但于行住坐卧中，常了然守本真心，会

（或）是妄念不生，我所心灭，一切万法，不出自心。"这种没有固定的修炼方式，只是坚持在"行住坐卧"中运用直契心性的方法，后来慧能作了发挥，创造了一种"无念法"，他说："无念法者，见一切法，不着一切法；遍一切处，不着一切处；常净自性，使六贼从六门走出；于六尘不离不染，来去自由。即是般若三昧，自在解脱，名无念行。"显然，这个"无念法"是出自东山"直任运"的修炼方法。

以上我们从三个方面概括了东山法门时期禅修法的基本内容和特征。这些内容和特征，已雄辩地告诉人们，"东山法门"时期的禅修理论，已达到很高境界。后来南北两宗虽然在禅修理论方面有所深化和变革，但基本调子是在东山法门时期定下的，它万变不离其宗，都同东山保持渊源关系。

（三）革新了顿悟的理论

如前所述，"顿悟"是修炼的必然归宿，没有顿悟，修炼就失去目标。顿悟成佛的学说，最先出于晋代竺道生。达摩禅出世以后，也对"悟"给予了相应重视。达摩曾提出过"藉教悟宗"的口号，意在强调借助禅教以悟解真宗。二祖慧可曾有"本迷摩尼谓瓦砾，豁能自觉是真珠"的名句，其中顿悟成佛的思想已表现得十分鲜明。三祖僧璨曾提出过"解则理通"的命题，明确把禅理作为悟解的对象，增加了理性色彩。到了东山法门时期，顿悟的理论得到了丰富发展。这表现在：

第一，关于"悟"的概念日益明确。"悟"，含有解悟、证悟、觉悟、达悟等意义。道信多次使用"解悟"这个词，他说："或可因人为说，即得解悟。"又说："学用心者，要须心路明净，悟解法相，了了分明，然后乃当为人师耳！"弘忍在《最上乘论》中，把"悟"与"迷"对应使用，他说："识心故悟，失性故迷。""真如法性同一无二，迷应俱迷，悟应俱悟。"这都告诉我们，"悟"的反面是"迷"，只有"悟"，才能去迷；只有去迷，才能有所"悟"。

第二，"顿悟"的目标是"得本心"。道信说："豁然还得本心，信其言也，悟佛性者名菩萨人，亦名悟道人，亦名识理人。"弘忍也说："愿皆识本心，一时成佛。"道信的"得本心"同弘忍的"识本心"意义是一致的，都是把对"本心"的识悟，作为顿悟的目标。正是在这一点上，禅宗的顿悟说比道生的顿悟说有了新的突破。道生的"顿悟"，当时还处于初级阶段，还不可能把"明心见性"作为悟解的目标。

第三，"顿悟"已成为禅法，被确立起来，并且开始传授。《坛经》云："五祖夜至三更，唤慧能堂内，说《金刚经》，慧能一闻，言下便悟。其夜授法，人尽不知，便传顿法及衣：'汝为六代祖，衣将为信禀，代代相传；法以心传心，当令自悟。'"这一段史料非常珍贵，它明确告诉我们，在东山时，弘忍确实已传过"顿法"。对此，我们应当给予足够的重视。既然"顿法"已开始传授，则其被确立起来就是很自然的事了。有的学者把"顿法"说成是慧能创立的，这显然不符合历史事实。

第四，探索了主体条件对"悟"的制约作用。在悟的过程中，有的快，有的慢，"或可一年，心更明净；或可三、五年，心更明净，或可因人为说，即得悟解"。之所以学者取悟不同，道信认为是由于"根缘不同"。人有"钝根"、"利根"之分，故识悟真性亦有快慢之别。弘忍说：众生根有利钝，上者一念间，下者无量劫。这种用根缘之利、钝来解释悟的快慢，诚然在哲学上属于唯心论的先验论，但作为宗教信仰，道信、弘忍毕竟把道理讲清楚了。所以，后来慧能在传授顿法时，也持这种根缘说。他说："何以顿渐？法即一种，见有迟疾；见迟即渐，见疾即顿。法无顿渐，人有利钝，故名顿渐。"这无疑是对东山说的继承。

第五，提出了"解行相扶"的原则。有的学者说，慧能以前的顿悟说没有兼解行二者，"兼解行二者而有之"，是慧能的发明。我们认为这也不符合历史事实。客观地说，在东山法门时期，已有"兼解行二者而有之"的特征。如，道信曾引智敏禅师的话说："学道之法，必须解行相扶，先知心的根源及诸体用，见理明净，了了分明无惑，然后功业可成，一解千从，一迷万惑。"这里所谓"解行相扶"，就是强调把"解"和"行"结合起来，强调理解了，就必须实行，用弘忍的话说，叫做"闻而能行"，"行而能到"；用今人的话说，叫做理论与实际相结合。弘忍"自出家，处幽居寺，住度弘敏，怀抱真纯，緘口于是非之场，融心于色空之境，役力以申供养，法侣资其足焉。调心唯务浑义，师独明其观照，四仪尽是道场，三业咸为佛事，盖静动之无二，乃语默之恒一"，可说是"解行相扶"的典范。所以，"兼解行二者而有之"，恰是东山法门时期的一大特色，如果说这是一大革新，那么应归功于东山。

总之，东山法门时期的顿悟说，在内容上已有了更新和突破，为后来的南宗奠下了扎实的理论基础。

（四）创立了"明心见性"说

有人说，"明心见性"或"见性成佛"的思想，出自慧能，而不出自东山。我们认为这不符合历史的真实。实际上，在东山法门时期，"明心见性"或"见性成佛"的思想，已经初步形成。这表现在如下几个方面：

第一，心、性、佛的概念已互通为一。东山法门之前，心、性、佛尚未完全通一；东山法门时期，则发生了变化，使三者皆同一体。首先，"心"、"佛"相通。道信说"念佛即是念心，求心即是求佛"；又说"即看此等心，即是如来真实法性之身"。弘忍也说："故知三世诸佛，以自心为本师。"这同道信"求心即是求佛"的思想含义一致。可见，"心"、"佛"相通。其次，心、性相通。道信说："众生心性，譬如宝珠没水，水浊珠隐，水清珠显。"又说："或有人计身空无，心性亦灭，此是断见人，与外道同。"（着重号乃引者加，下同）还说："心性寂定，即断攀缘。"以上几例，都是把心、性放在同一层次上来看待，二者具有同等含义。弘忍说："识心故悟，失性故迷。"这是将心、性对举，二者在含义上亦是相通的。由于心佛相通、心性相通，故心、佛、性三者相通，这为识心见性成佛道的学说奠定了基础。

第二，明心或得性均能成佛。首先，明心即能成佛。道信说："若知心本来不生不灭，究竟清净，即是净佛国土，更不须向西方。"又说："真得心者，自识分明，久后法眼自开，善别虚之与伪。"又说："学道之法，必须解行相扶，先知心之根缘及诸体用，见理明净，了了分明无惑，然后功业可成。""心地明净，照察分明，内外空净，……则圣心显矣。"弘忍也说："我心既是真心，妄想则断；妄想断故，则具正念；正念具故，则寂照智生；寂照智生故，则穷达法性；穷达法性故，则得涅槃。"这里把"寂照智生"（明心）作为穷达法性、进入涅槃的先决条件，其在逻辑上的结论不言而喻。弘忍又说："若能自识本心，念念磨炼莫住者，即自见佛性也。"这些都表达了明心即可成佛的思想。其次，见性亦能成佛。道信说："明见佛性，早入定门。"又说："见佛性者，永离生死，名出世人。""悟佛性者，是名菩萨人。"弘忍也说："穷达法性故，则得涅槃。"由此可见，在道信和弘忍看来，明心或见性，皆能成佛。这一思想，不仅见于道信、弘忍所言，而且当时的人也有评论。据《坛经》记载，当年慧能在岭南卖柴时，遇见一位客人读《金刚经》，便向客人请教，客人告诉他："我于蕲州黄梅县东冯茂（'茂'原文作'墓'）山，礼拜五祖弘忍和尚，见今在彼，门人有千余众，我于彼听见大师劝道俗，但持《金刚经》一卷，即得见性，直了成佛。"可见，当时在东山"见性成佛"已是尽人皆知的修佛理念。

第三，弘忍已把是否能把握"见信成佛"说作为考察弟子的基本条件。据《坛经》载，一天，弘忍大师对徒弟们说："吾向汝说世人生死事大，汝等门人终日供养，只求福田，不求出离生死苦海。汝等自性若迷，福（似应作'佛'）门何可救汝？汝（等）总且归房自看，有智慧者，自取本性般若之智，各作一偈呈吾，吾看汝偈，若悟大意者，付汝法衣，禀为六代……"此后，神秀先呈一偈，内容是："身是菩提树，心如明镜台；时时勤拂拭，莫使有尘埃。"弘忍看后不满意，教导说："汝作此偈，见即未到，只到门前，尚未得入。凡夫依此偈修行，即不堕落；作此见解，若觅无上菩提，即未可得。须入得门，见自本性。汝且去，一两日来思维，更作一偈来呈吾，若入得门，见自本性，当付汝法衣。"弘忍的这些话，讲得十分客观。神秀的偈只讲到"时时勤拂拭"的渐修方法，而未能在"见自本性"上取得成绩，故弘忍批评他未入门，要他再更换一偈，在"见自本性"上下功夫。而慧能的那首"菩提本无树，明镜亦非台，佛性本清净，何处有尘埃"的偈，尽管也有不足之处，但其中的"佛性本清净"一语，已经在"见性"上显出了工夫，故得到弘忍的器重。但弘忍当着众人面并未称赞慧能，而用"此犹未了"一语敷衍。这样做，可能有两点原因：一是该偈本身尚不完满，比如它的内容未涉及"顿悟"问题；二是当时争法位继承人斗争激烈，而慧能地位低下，无力自卫，不得不采取保护措施。直到"传顿法及衣"之后，才让他秘密离开东山。从弘忍选择慧能做接班人这件事本身，就足以证明当时弘忍已把"明心见性"作为考察后学的重要标准。由此可见，东山法门时期，"明心见性"的学说，已确立起来。

综上所述，东山法门时期，禅学理论创造已达到了很高境界，一是深化了心传的理论，二是发展了禅修的理论，三是革新了顿悟的理论，四是创立了"明心见性"学说。这些理论，都是禅宗思想体系中的重要组成部分，它们的确立，再一次证明东山法门时期的"禅"，已经进入了禅宗的阶段，我们没有理由将之拒于禅宗之外。

三　慧能的禅学思想渊源于东山法门

东山法门之后，禅宗分为南北两宗，南宗首领慧能，以弘扬顿法为其思想特征；北宗首领神秀，以弘扬渐法为其思想特征。应当说，南、北两宗的出现，是禅宗思想不断深化的表现。历史上许多著名的学派，当进入发展阶段之后，就难免走向分化。儒家由孔子创立，到后来出现了"儒分为八"的情况；墨家由墨翟创立，到后来亦出现了"墨离为三"的情况；道家由老子创立，之后则出现了庄周学派、稷下道家学派等分化情形。儒、墨、道的这种分化，在客观上都推进了它们自身的发展。所以，分化本身并非坏事。应当说，从东山法门时期禅宗标志树起之后，到南宗、北宗的出现，禅门又迈进了一个新的阶段。但万变不离其宗，各宗都属源于东山的"流"。

需要指出的是，时下有的学者，只把北宗同东山连起来，把南宗看做是与东山无关的一派。例如，有的学者这样写道：所谓弘忍传法给慧能，慧能"得法"于弘忍，究其实，弘忍"传授"的和慧能"得到"的，无非是"开山"传法的"合法"权利而已，……至于法的本身，那慧能只是得之于自我，而并非得之于弘忍。以上寥寥数语，将慧能同弘忍在禅法上的师徒授受关系一笔勾销，于是，慧能成了无师自通的天才。这个看法，实在难以令人接受。我们认为，慧能的禅法得之于弘忍，这是有据可查的历史真实，想轻易否定，是很难办得到的。

首先，史籍早已清楚明白地记载，弘忍曾传禅法给慧能。例如《坛经》写道："五祖夜至三更，唤慧能堂内，说《金刚经》，慧能一闻，言下便悟，其夜授法，人尽不知，便传顿法及衣：'汝为六代祖，衣将为信禀，代代相传；法以心传心，当令自悟。'"这里白纸黑字，清楚明白地记载弘忍给慧能"传顿法及衣"，怎么能说慧能从弘忍那里得到的仅是"传法的'合法'权利而已"？慧能自己也说："我于忍和尚处，一闻言下大悟，顿见真如本性。是故将此教法流行后代，令学道者，顿悟菩提。"这也明白告诉人们，慧能传的"教法"，是得之于"忍和尚"。我们凭什么否定慧能得法于弘忍呢？

其次，从东山法门所奉行的原则来看，说慧能当时未在东山学过禅法也很难令人信服。我们知道，当时东山法门奉行的是"法门大启、根机不择"的传教原则，且实行"农禅并举"的路线。按照这些，慧能虽然在东山"踏碓八个余月"，但决不会不参与习禅活动。人所共知，当时东山师徒白天劳作，晚上习禅。慧能为学禅法，不远千里从岭南来到东山，能不利用空余时间去学习禅法吗？而且当时东山的一般弟子都从弘忍那里得到了禅法，以慧能那样聪明的素质，居然在东山八个余月只得到传法的"合法"权利，却未得到弘忍的禅法，这不是太不合情理了吗？而且，弘忍作为禅门大师，居然把法位传给一个未接受自己禅法的人，不是也太不明智吗？

再次，从今存的《坛经》来看，其主要内容是记述慧能的禅学思想，将其中有关论述同弘忍的思想资料相比较，我们就不难发现，《坛经》的字里行间，在思想上同弘忍保持着渊源关系。例如，弘忍讲："我既体知众生佛性，本来清净，如云抵日，但了然守本真心，妄念云尽，慧日即现。"慧能也讲了如下一段类似的话："自性常清净，如日月常明，只为云覆盖，上明下暗，不能了见日月星辰。忽遇惠风吹散卷尽云雾，万象森罗，一时皆现。世人性净，犹如青天，惠如日，智如月，智惠常明。"对照以上言语，我们不难看出二者的渊源关系。又如，弘忍说："众生识心自度，佛不能度众生。"慧能则发挥说："见自性自净，自修自作自性法身；自行佛行，自作自成佛道。"二者又同出一辙。再如，弘忍说"识心故悟，失性故迷"，"上者一念间，下者无量劫"；慧能也说"一念善，智慧即生，一灯能照千年暗，一智能灭万年愚。……一念恶，报却千年善亡；一念善，报却千年恶灭。"对照两者，也不难看出二者的从属关系。复如，弘忍说："若能自识本心，念念磨炼莫住者，即自见佛性也。"慧能又发挥说："故知一切万法，尽在自心中，何不从于自心顿见真如本性？《菩萨戒经》云：'我本元自性清净'，识心见性，自成佛道。"

还可以举出许多，由于篇幅所限，不再赘列。以上数例，已充分说明，慧能的思想出自弘忍是没有疑问的。需要指出的是，由于弘忍坚持"不出文记，口说玄理"，他当年传法的内容肯定还有许多未被整理出来，这不能说不是一件憾事。慧能以目不识丁的文化素养，居然讲出如《坛经》中所记载的那些理论，若不从师，是不可能办到的。而他的先师就是弘忍。因此，《坛经》虽然出自慧能之口，但它也从侧面透露了慧能当年在东山所受的禅法熏陶，意味着弘忍的苦心栽培。总之，我们没有理由把慧能同弘忍分割开来，没有理由否定慧能在禅法上从师于弘忍。

　　当然，我们强调慧能的禅法出自东山，并不是要否定慧能在禅学上所作的理论创造，事实上，他的确丰富和发展了东山的禅法。我们所不赞同的，只是那种不顾客观情况，将慧能说成完全同东山法门没有禅法授受关系的见解。关于慧能对东山禅法的发展，由于不是本文的宗旨，故略而不叙。

　　综上所述，东山法门时期，由于道信、弘忍开创了禅门发展的新局面，进行了富有成效的禅学理论创造，在各方面为后来的南、北两宗奠定了根基，因而我们完全有理由认为：东山法门的创建，标志中国禅宗的正式形成！

（原载《佛学研究》1994 年第 3 期）

东山法门的奠基者道信其人

在中国佛教禅宗发展史上，道信是一位功业卓著、承先启后、影响深远的重要人物。《楞伽师资记》称他"再敞禅门，宇内流布"。印顺大师在《中国禅宗史》里言："达摩禅进入南方而推向一新境界的，正是道信。"这些评价都是讲得很中肯的。笔者在拙文《东山法门是禅宗形成的标志》一文中认为："东山法门的开创，标志禅宗的正式形成。"① 道信对禅宗的卓越贡献，正是在于他同东山法门的创建不可分割，或者直截了当地说，道信乃是东山法门的奠基人。道信在世时，虽然东山法门道场尚未建立，但他已为该道场的建立做好了一系列准备：从禅理禅法的建构，到接班人的挑选、培养，再到禅门生活方式变革等，道信都做了许多奠基性的工作。在禅宗发展史上，道信应享有独特的重要地位。

一 关于道信的简要生平

道信，俗姓司马，原籍"河内"（即今河南省泌阳县）。约生于公元579年或580年，卒于公元651年。据《续僧传·道信传》载，他七岁出家，拜一僧人为师，但该僧"戒行不纯"，道信多次劝谏，均不见从。在这种情况下，他"密怀斋检"（即秘密地坚持斋戒），达五年之久。后入舒州皖公山，拜三祖僧璨（"璨"有写为"粲"）为师。《楞伽师资记》载："唯僧道信奉事粲十二年，写器传灯，一一成就。"又据《景德传灯录》载：信见璨后，曰："'愿和尚悲乞，与解脱法门。'师曰：'谁缚汝？'曰：'无人缚。'师曰：'何更求解脱乎？'信于言下大悟。"以后，

---

① 参见《佛学研究》1995年第3期（已收入本书）。

"师往罗浮，不许相逐"①，并告知"但于后住，必大弘益"。不久，遇上"国访贤良，许度出家"，他因而得以"附名住吉州寺"。在吉州寺时，遭盗贼"围城七十余日，城中伐水，人皆困弊。信从外入，井水还复"。为了退贼，道信教全城人齐声念《般若经》，使围城之贼众自动退却。平定之后，道信"欲往衡岳，路次江州，遭俗留止庐山大林寺"。他在庐山大林寺生活十年左右，"蕲州道俗请渡江北黄梅县，依然山行，遂见双峰有好泉石，即住终志"。道信在双峰时，朝廷曾多次诏请入朝，但他"竟以疾辞"，唐帝只好"赐珍缯以遂其志"②。

道信在黄梅弘宣禅法，主要办了三件大事：

第一，进行了以"择地开居，营宇立象"为内容的禅门革新活动。所谓"择地开居，营宇立象"③，指的是选择佛地、开设据点、营建庙宇、塑立佛像、兴办道场等一系列举措。这些举措，在当时的历史条件下，具有变革的现实意义。它给禅门弟子带来了一个安定的禅修环境，改变了过去"行无轨迹，动无彰记，法匠潜运，学徒默修"④ 的单线联系的状况，将禅门弟子引上了团体习禅的道路，并开始了"坐作"并行的禅修生活方式。据《传法宝记》载：道信"每劝门人曰：'努力勤坐，坐为根本。能作三五年，得一口食塞饥疮（肠），即闭门坐，莫读经，莫共人语。'"这里既提倡"坐"，又强调"作"。其所谓"坐"，当指的是以"坐"为特征的禅修活动；其所谓"作"，则指的是"能得一口食塞饥疮（肠）"的农业生产劳作，可见他主张农禅并重。这对于稳定禅门经济生活、使禅修适合当时中国自给自足的小农经济状况，具有十分重要的意义。印度禅之所以能在中国扎根并开花结果，显然有多种原因，而农禅并重的禅修方式得以创立并顺利推行，乃是一个重要原因。这种农禅并重的禅修生活方式，后来弘忍在东山法门道场，作了进一步的弘扬。

第二，挑选并培养了继承人。道信进入双峰后，即着手挑选法嗣后秀。他"一日往黄梅县，路逢一小儿，骨相奇秀，异乎常童"⑤。信师问之曰："何姓名乎？""对问朗畅，区别有归，理逐言分，声随响答。信师熟

---

① 《续高僧传·道信传》。
② 《景德传灯录》。
③ 《传法宝记》。
④ 同上。
⑤ 《景德传灯录》。

视之，叹曰，'此非凡童也……苟预法流，二十年后必大作佛事，胜任荷寄。'乃遣人随其归舍，具告所亲，喻之出家，父母欣然"①，乐意让弘忍随道信入佛门。由于道信德高望重，在双峰时，"诸州学道，无远不至"，"缁门俊秀，归者如云"②。"于时山中五百余人"③，其兴旺可见一斑。在众多弟子之中，弘忍尤其受到器重。"信每以顿渐之旨日省月试之。忍闻言察理，触事忘情"。"信知其可教，悉以其道授之"④，终于培育出杰出的继承人——禅门第五代祖师弘忍，为东山法门的创建，奠定了人才根基。

第三，进行了禅学理论创造。相传道信在双峰时，著有《菩萨戒法》及《入道安心要方便法门》二书，以授门徒。前书已佚，今无可查考；后书保存于《楞伽师资记》中。综观该书，内容极其丰富，而核心思想，在于为后学提供一个禅修证悟的方便法门（其理论贡献，本文将在第三部分阐述）。这为后来东山法门的传法授业，奠定了理论根基。

据载，道信的禅法还对"牛头六祖"有过深远影响，属道信系"旁出一枝"⑤。

道信卒于唐永徽二年（651），闰九月四日。此前，道信告诉弟子弘忍等："可为吾造塔，命将不久。"众人问："和尚可不咐嘱耶？"曰："生来咐嘱不少。"此语终了，奄尔便绝，"春秋七十有二"。

二　关于道信禅法的主要渊源

道信作为一位对东山法门起奠基作用的禅门大师，其禅学造诣极高，渊源深广。今初探其源，大致有如下两个方面：

（一）直接得法于僧璨

我们在前面已谈到，道信曾拜僧璨为师。但对于这一历史实事，今天有的学者持怀疑态度。他们的依据是道宣所撰《续高僧·传》中的一段

---

① 《宋高僧传·唐蕲州东山弘忍传》。
② 同上。
③ 《续高僧传·道信传》。
④ 《宋高僧传》。
⑤ 同上。

话："又有二僧，莫知何来，入舒州皖公山静修禅业。［道信］闻而往赴，便蒙受法。"该传在此所言"二僧"，未交代姓名，于是有人怀疑道信从师僧璨的可靠性。其实，这个怀疑是完全没有必要的。

一是道宣所说的"二僧"，虽然没有点名，但后来的《传法宝记》、《神会语录》等，均已有明确记载，指出皖公山的"二僧"，就是僧璨与皖山神定。但是怀疑论者仍然不信，他们说：道宣距道信时代近，还是道宣的话可靠。我们认为，这样看过于绝对。首先，《传法宝记》的作者杜朏虽然在道宣之后，但二人相距时代不远。道宣晚于道信16年死，而杜朏的《传法宝记》，据日本学者考证，撰于唐玄宗开元初年（713），距道信之死62年。应当说，杜朏和道宣基本属于同时代人，他们相距并非久远。其次，晚出的书所载历史实事，未必就不可信。从严格的科学意义上来思考，如果前代学者和后代学者所讲的是同一件事，那么从逻辑上看，应当是后代学者讲得更为可靠一些，因为后人有可能对前人的说法进行补充、修正，使错的变成对的，使片面变成全面，使模糊变成清晰。因此，仅以《传法宝记》等书在后为理由来否定杜朏等人关于皖公山二僧的补充说明，是毫无道理的。

二是关于僧璨传法予道信，在禅门已成共识，且代代相传。禅门僧人一般都懂得，初祖达摩传法给慧可，慧可传僧璨，僧璨传道信，道信传弘忍，弘忍传慧能。其传承方式乃单线直传，且有衣物为证。据《景德传灯录·宏（弘）忍传》载，弘忍传法给慧能时说："昔达摩初至，人未知信，故传衣以明得法。"可见，"传衣"是自达摩至弘忍一脉相承的祖规。它由弘忍口中说出，应是可信的。弘忍自己得衣法于道信，他自然也熟知道信得衣法于僧璨。还须指出，历代禅门史籍所列禅师传序，几乎都是按达摩——慧可——僧璨——道信——弘忍的顺序来排列名次，《传法宝记》是如此，《历代法宝记》亦是如此，《景德传灯录》同样是如此。《传法宝记》所记述的人物依次是：东魏（应为北魏）嵩山少林寺释菩提达摩、北齐嵩山少林寺释慧可、隋皖（皖）公山释僧璨、唐双峰山东山释道信、唐双峰山东山释弘忍；《历代法宝记》记述的保唐寺禅派（即无住派）传法世系凡有十代，其中前六代是：梁朝第一祖菩提达摩多罗（即达摩初祖）禅师、北齐朝第二祖慧可（又作惠可）禅师、隋朝第三祖璨禅师、唐朝第四祖信禅师、唐朝第五祖弘忍禅师、唐朝第六祖韶州曹溪能禅师；《景德传灯录》则按东土三十五祖排序，其中达摩为二十八祖、慧可为二十九祖、僧璨为三十祖、道信为三十一祖、弘忍为三十二祖，等等。从排列顺序上看，上述诸书从达摩到弘忍都无本质上的改变。因此，在没有新的更为可信的史料作依据的情况下，我们不应当怀疑道信得法于僧璨的可靠性。

三是僧璨与道信二人的师徒授受关系，还可以从道信明显继承发挥了僧璨的某些禅法得到印证。诚然，道信和僧璨比起来，在禅理、禅法方面毫无疑问会有许多新的发展，所以，二人不可能完全相似。而且由于僧璨生平资料很少保存下来，这也给我们的比较研究带来了困难。尽管如此，我们仍可从有限的资料中，找到师徒二人禅法的某些内在联系点。

首先，道信继承并发挥了僧璨心传的理论。重视"心传"，是僧璨禅法的一大特色。他曾谓信曰："故知圣道幽通，言诠之所不逮；法身空寂，见闻之所不及，即文字语言，徒劳施设也。"① 这里明确反对"言诠"，实质上是提倡心传。他自己在禅修生活中努力将这一信条付诸实践："隐思空山，萧然静坐，不出文记，秘不传法。"② 这种坚持"心传"的禅法，后来道信作了长足的发挥（关于这个问题，我们将在后文作进一步说明）。

其次，道信继承并发挥了僧璨的"不二法门"。据《楞伽师资记》载，僧璨曾引《详玄传》曰："唯一实之渊旷，嗟万相之繁杂。真俗异而体同，凡圣分而道合。寻涯也豁乎无际，眇乎无穷，源于无始，极于无终。解形以兹齐贯，染净于此俱融。该空有而闻寂，括宇宙以通同。……所以，明暗泯于不二之门，善恶融于一相之道。斯即无动而不寂，无异而不同。"不难看出，这段文字乃是运用庄子"万物齐一"的思想来论证佛家的"不二法门"，这也给了道信禅法以直接影响。他把这一方法贯穿在《入道安心要方便法门》中，反复申述。他说："念佛即是念心，求心即是求佛。所以者何？识无形，佛无形，佛无相貌，若也知此道理，即是安心。常忆念佛，攀缘不起，则泯然无相，平等不二。"③ 又说："无量义者，从一法生其一法者，则无相也。无相不相，名为实相，则泯然清静是也。"故"无知，乃名一切智，此是菩萨一相法门"。"愚智平等，常在禅定，静乱不二"。这里所说的"平等不二"、"无相不相，名为实相"、"一相法门"、

① 《楞伽师资记》。
② 同上。
③ 同上。

"静乱不二"等，说法不同，实质都是强调万物齐一，亦即佛家的"不二法门"是也。更值得一提的是，道信把这种"不二法门"运用于坐禅实践中，指出："若初学坐禅时，于一静处，直观身心，四大五阴，眼耳鼻舌身意及贪、嗔、痴，若善若恶，若怨若亲，若凡若圣，及至一切诸法，应当观察，从本以来空寂，不生不灭，平等无二；从本以来无所有，究竟寂灭；从本以来，清静解脱。不问昼夜，行住坐卧，常作此观。"① 毫无疑问，这些都是继承并发扬了僧璨的"不二法门"理论。这一理论，后来对道信的弟子弘忍以深远影响。弘忍在东山"缄口于是非之场，融心于色空之境"② 都体现了对"不二法门"的具体运用。

再次，道信继承并发挥了僧璨"坐终"、"立化"的"舍生"之法。僧璨曾对道信曰："余人皆贵坐终，叹为奇异；余今立化，生死自由，言讫遂以手攀树枝，奄然气尽，终于皖公寺（山）。"这里透露了僧璨掌握了"生死自由"式的舍身之法，这种禅法，后来道信也有所继承和发挥。他在《入道安心要方便法门》中讲到"舍身之法"时说："凡舍身之法，先定空空心，使心境寂静，铸造玄寂，令心不移。心性寂定，即断攀缘，窈窈冥冥，凝静心虚，则夷泊恬乎，泯然气尽。住清静法身，不受后有，若起心失念，不免受生也。"毫无疑问，道信在这里讲的"舍身之法"，就是将僧璨所谓"坐终"、"立化"方法的具体化，它是禅师们归天之际运用的一种"自尽"的方法。僧璨运用这种方法，"奄然气尽"；道信运用这种方法，亦"奄尔便绝"。后来弘忍、慧能、神秀运用这种方法，无不安然坐化。此法代代相承，一直传到近代。

以上我们运用史籍留下的与僧璨相关的有限史料，同道信的禅法进行比较，可以看出道信对僧璨某些禅法有所继承与发展的情况。二人若非师徒授受关系，岂能如此偶合？

综上所述，道信直接得法于僧璨，这是历史给我们的客观结论，无端怀疑是完全没有必要的。今人研究历史，只能依据史籍的记载，在无新的史料证明道信未从师于僧璨的情况下，我们不应否认他们二人的师徒关系。

---

① 《楞伽师资记》。
② 同上。

（二）受到三论宗、天台宗的佛法熏陶

道信是禅门一位博学的高僧，他的禅法除了直接得到僧璨传授之外，还受到了三论宗和天台宗等著名佛教宗派的影响，这大概同道信曾长期游学江南有关。人所共知，长江流域的江苏、浙江、安徽、江西、湖北一带，隋唐之际均较盛行三论宗、天台宗，据史籍所载，天台宗的先躯慧思曾"领徒南逝，高骛前贤，以希栖隐"①。他初住光州大苏山，后去南岳，在江南传播道术。天台宗创始人智颛曾于陈亡后，游荆湘二州，且留居庐山讲经说法，亦曾在荆州当阳县玉泉山造玉泉寺，讲《法华玄义》及《摩诃止观》，并到过荆州四层寺，在那里"大开禅府"，宣传天台止观学说，在江南一带产生了广泛影响。三论宗著名僧人法朗于陈永定二年（558）受敕在扬州兴皇寺宣讲《华严经》及"三论"②，听讲者常达千人，亦引起广泛影响。道信长期游学于安徽、江西、湖北等长江流域地区，不能不受到三论宗和天台宗思想的熏陶。尤其值得一提的是，他所住的庐山大林寺，乃是著名僧人智锴所创建，这位智锴大师，佛学根底极其深厚，他既直接在三论宗传人法朗门下听过讲，亦直接从师于天台宗的创始人智颛学道，因而成为集三论、天台学说于一身的博学高僧。道信到大林寺时，智锴去世不久，其学风尚在该寺僧众之中流传，这对道信无疑会产生潜移默化的影响。

三论宗、天台宗的思想被道信吸纳，这可以从下列实事得到印证：其一，道信曾在吉州教全城大众齐声念诵《般若经》，使围城七十余日之贼众自动退却。这件事表明道信般若学之功底深厚，这无疑同天台宗的影响有关。因为天台宗的祖师们都崇奉般若经典。南狱慧思于公元558年，曾"在光州（今河南潢川）发愿造《金字摩诃般若波罗密经》全部，并作立誓愿文"；其"弟子天台智颛，也重视般若经论"③，道信的般若法门，可能得之于天台宗。

其二，今存的道信《入道安心要方便法门》中，多次引用《文殊说般若经》、《金刚经》、《维摩经》、《法华经》等，这些都是三论宗或天台宗

---

①　《续高僧传·慧思传》。

②　即《中论》、《十二门论》、提婆《百论》。

③　参见印顺《中国禅宗史》，上海书店1992年版，第49页。

所崇奉的主要经典，这再一次说明，道信受过三论宗和天台宗学风的深刻影响。

以上我们从两个大的方面，阐明了道信禅法的主要理论渊源。从其渊源来看，可知他的禅法根底极其深厚，这为道信后来的禅学理论创造奠定了坚实的基础。

三　道信的禅学理论创造

由于道信有着深厚的禅学根底，所以他在进入双峰山后，能独立地进行禅学理论创造。他的著作《入道安心要方便法门》，是我们研究道信思想的可靠资料。今综观该书，我们不难把握道信的禅学理论体系主要由下述几点构成：

（一）将"心传"的理论引向深入

这里说的"心传"，指的是所谓"教外别传"，不立文字，以心传心，将禅法印于受传者的心上，故又有"传佛心印"之说。"心传"的主要特点，是运用一种启发式的禅教方法，以帮助禅门后学悟达禅法真谛。

"心传"的禅教方法在禅门经历了一个发展过程。禅门初祖达摩曾提出过"不随于言教"的主张，意在强调悟达真理不必受"言教"所束缚。至二祖慧可，又明确认为"学人依文字语言为道者，如风中灯，不能破暗，焰焰谢灭"，其本意亦是突出心传。到了三祖僧璨，已能在行动上自学实践心传的原则，他"隐思空山，萧然静坐，不出文记，私不传法，曾谓道信曰：'故知圣道幽通，言诠之所不逮；法身空寂，见闻之所不及，即文字语言徒劳施设也。'"《赐谥碑》曾说僧璨"所至必说法度人，以一相不在内、外、中间，故必言不以文字。"

到了道信，"心传"的原则已从理论上得到进一步说明。一是强调心传必须在"得意"上下功夫。道信说："法海虽无量，行之在一言。得意就忘言，一言亦不用。如此了了知，是为得佛意。"二是提倡"自证道果"。他说："决须断绝文字语言，有为圣道，独一静处，自证道果。"这里所谓"自证道果"，实质上是要求学道之人，重视对禅理、禅法的心证、解悟。三是强调"心传"必须坚持择人而传。道信说："此法秘要，不得传非其人。非是惜法不传，但恐前（浅）人不信，陷其谤法之罪。必须择人，不得造次辄说，慎之慎之。"为了避免"传非其人"，最妥善的办法是采取以心传心之法，坚持不立文记。被道信继承并发挥了"心传"的理论，后来成为禅宗的一大特征。"心传"不搞引经注典的烦琐哲学，不要求习禅者有多高的文化素养，这对于下层劳苦大众来说，的确是大开了方便之门，因而在客观上反映了劳动者的心愿。东山法门时期，弘忍几十年如一日，坚持"萧然静坐，不出文记，口说玄理，默授与人"，将"心传"付诸弘法实践。当时，慧能来到弘忍门下，虽目不识丁，却在悟解禅门真谛方面独夺魁首。这是禅门心传大放光彩的表现。

（二）对禅修的理论进行了有效改造

"修"是对"悟"而言的，指的是禅师在实现顿悟之前所从事的有关修炼。"修"和"悟"，是一个问题的两个方面：修炼是顿悟的基础和前提，顿悟是修炼由量到质的飞跃。没有修炼，就没有顿悟；而没有顿悟，修炼也就毫无价值。因此，二者互为表里，相辅相成，均当给予相应重视。

道信在禅修方面是有自己的独到之功的。在禅修实践中，他非常重视坐禅，"昼夜长坐不卧，六十余年胁不至席"，其功力之深厚可想而知。不仅如此，尤为可贵的是，在禅修方面，他建构了自己的理论体系，这个体系有三大特点：

（1）对"一行三昧"说的改造与深化。"一行三昧"原出自《文殊说般若经》，道信将之同《楞伽经》之"诸佛心第一"的思想结合起来，对"一行三昧"作了改造。道信说："云何言一行三昧？当先闻般若波罗密，如说修学，然后能行一行三昧。……善男子善女人，欲入一行三昧，应处空处，舍诸乱意，不取相貌，系心一佛，专称名字，随佛方所，端身正向，能于一佛念念相续，即是念中，能见过去未来现在诸佛。……如是入一行三昧者，尽知恒沙诸佛法界无差别相。"这里的"诸佛法界无差别相"，亦即"法界不二"说，原属《楞伽经》的思想，经道信将两经融合之后，它也就同《文殊说般若经》所主"一行三昧"的思想合二而一了。由进入"一行三昧"到实现对"法界不二"的证悟，这是道信禅修法的特征之一。既然"法界不二"，则众生与佛之间可以互通，从而为禅宗"众生皆可成佛"的命题，提供了理论依据。

（2）禅修的过程是一个不断舍妄归真的过程。道信认为，众生皆有真如本性，清净圆满，但是，众生之真性常被妄念私心所覆，难得显示出来，只有通过修炼，才能识自本心、见自本性。而修炼中，必须坚持舍妄归真、去恶从善。道信说："众生心性，譬如珠宝没水，水浊珠隐，水清珠显。为谤三宝、破和合僧诸见所污，贪嗔颠倒所染，众生不悟心性本来清净"，这就需要进行修炼。他指出："若初学坐禅时，于一静处，直观身心，四大五阴，眼耳鼻舌身意及贪、嗔、痴，若善若恶，若怨若亲，若凡若圣，及至一切诸法，应当观察，从本以来空寂，不生不灭，平等无二；从本以来无所有，究竟寂灭。……若能常作如是观者，即是真实忏悔，千劫万劫，极重恶业，即自消灭。"毫无疑问，这是提倡以渐修来达到去妄消恶、复还真心的目的，它表现了道信十分重视信徒们的道德修养。尽管这种道德修养带有宗教色彩，但它要求人们通过"守一"、"守心"保存一颗明净而圣洁的心，自有其合理之处。

（3）提倡直任运的修炼方法。"直任运"即指的是直契心性、任其自然地运行的一种修炼方法。这种方法在修炼上提倡不拘一格，自然而然地实现明心见性。道信很重视"心"在修炼中的作用。他说，"略举安心，不可俱尽，其中善巧，出自方寸"，因此必须发挥主观能动作用，巧善他达到安心的目的。他指出："亦不念佛，亦不捉心，亦不看心，亦不计念；亦不思维，亦不观行，亦不散乱，直任运；亦不令去，亦不令住，独一清净究竟处，心自明净……"这里连续用了十来次"亦不"，旨在告诉人们，运用"直任运"的方法，可以去掉许多烦琐的习禅方式，在直契心性上下功夫。据《景德传灯录》载，道信曾说："汝但任心自在，莫作观行，亦莫澄心。莫起贪嗔，莫怀愁虑，荡荡无碍，任意纵横。不作诸善，不作诸恶，行住坐卧，触目遇缘，总是佛之妙用，快乐无忧，故名为佛。"明确提倡把修炼贯穿到日常生活中去，做到"行住坐卧"，"念念常在心"。他举例说："如家有如意珠，所求无不得，忽然而遗失，意念无忘时；又如毒箭入肉，笋出簌犹在，如此受痛苦，亦无暂忘时。念念常在心，其状当如是。"这种没有固定的修炼方式，只是坚持在"行住坐卧"中，运用直契心性的方法，经《东山法门》传给弟子，得到进一步弘扬，它为发展顿悟说作了准备。既然修禅能做到直契心性，则顿悟境界就不难达到。后来慧能创造了一种"无念法"，他说："无念法者，见一切法，不着一切法；遍一切处，不着一切处。常净自性，使六贼从六门走出，于六尘不离不染，来去自由，即是般若三昧，自在解脱，名无念行。"显然，这个"无念法"是顿法的运用，它出自道信"直任运"的修炼方法。

以上我们从三个方面概括了道信所创造的禅修法的基本内容和特征。这些内容和特征，已雄辩地告诉人们，道信的禅修理论已达到很高境界。

（三）使传统的顿悟学说得到革新

如前所述，顿悟是修炼的必然归宿，没有顿悟，修炼就失去目标。顿悟成佛的学说，最先出于晋代竺道生。达摩禅出世以后，也对"悟"给予了相应重视。达摩曾提出过"藉教悟宗"的口号，意在强调借助禅教，以悟解真宗。二祖慧可曾有"本迷摩尼谓瓦砾，豁能自觉是真珠"的名句，其中顿悟成佛的思想已表现得十分鲜明。道信之师僧璨，曾提出过"解则理通"的命题，明确把禅理作为悟解的对象，增加了理性色彩。到了道信，顿悟的理论得到了丰富发展。这表现在：

（1）关于"悟"的概念比较明确。"悟"，含有解悟、证悟、觉悟、达悟等意义。道信多次使用"解悟"这个词，他说："或可因人为说，即得解悟。"又说："学用心者，要须心路明净，悟解法相，了了分明，然后乃当为人师耳。"可见，"悟"才能达到禅修的最高境界。

（2）顿悟的目标是"得本心"。道信说："豁然还得本心，信其言也，悟佛性者，名菩萨人，亦名悟道人，亦名识理人。"道信的"得本心"，是把对"本心"的识悟，作为顿悟的目标。正是在这一点上，道信的顿悟说，比道生的顿悟说有了新的突破。道生的顿悟，当时还处于初级阶段，还不可能把明心见性作为悟解的目标。

（3）探索了主体条件对"悟"的制约作用。在悟的过程中，有的快，有的慢："或可一年，心更明净；或可三五年，心更明净；或可因人为说，即得悟解。"之所以学者取悟不同，道信认为是由于"根缘不同"。人有"钝根"、"利根"之分，故识悟真性，亦有快慢之别。这种用根缘之利钝来解释悟的快慢，诚然在哲学上属于唯心论的先验沦，但作为宗教信仰，道信毕竟把道理讲清楚了。

（4）提出了"解行相扶"的原则。道信曾引智敏禅师的话说："学道之法，必须解行相扶，先知心之根缘及诸体用，见理明净，了了分明无惑，然后功业可成。一解千从，一迷万惑。"这里所谓"解行相扶"，就是强调把"解"和"行"结合起来，做到理解了，就必须实行。

总之，经道信的创造性发挥，顿悟说在内容上已有了更新和突破，为后来的东山法门奠定了扎实的理论基础。弘忍后来给慧能传"顿法"，显然同道信的理论创获不可分割。

（四）奠定了"明心见性"说的理论基础

有人说，"明心见性"或"见性成佛"的思想出自慧能，而不出自东山。我们认为这违背历史的真实。实际上，在道信的《入道安心要方便法门》中，"明心见性"或"见性成佛"的思想，已经初步形成。这表现在如下几个方面：

（1）心、性、佛的概念已互通为一。首先，"心"、"佛"相通。道信说："念佛即是念心，求心即是求佛。"又说："即看此等心，即是如来真实法性之身。"可见，心佛相通。其次，心、性相通。道信说："众生心性，譬如宝珠没水，水浊珠隐，水清珠显。"又说："或有人计身空无，心性亦灭，此是断见人，与外道同。"还说："心性寂定，即断攀缘。"以上几例，都是把心、性放在同一层次上来看待，二者具有同等含义。由于心佛相通、心性相通，故心、佛、性三者相通。这为识心见性成佛道的学说，奠定了基础。

（2）明心或得性均能成佛。首先，明心即能成佛。道信说："若知心本来不生不灭，究竟清净，即是净佛国土，更不须向西方。"又说："真得心者，自识分明，久后法眼自开，善别虚之与伪。"又说："学道之法，必须先知心之根源及诸体用，见理明净，了了分明无惑，然后功业可成。""心地明净，照察分明，内外空净，……则圣心显矣。"其次，见性亦能成佛。道信说，"明见佛性，早入定门"；又说，"见佛性者，永离生死，名出世人"、"悟佛性者，是名菩萨人"。由此可见，在道信看来，明心或见性，皆能成佛。这些思想后来给弘忍以直接影响，弘忍在东山已把是否能把握"见性成佛"说作为考察弟子的基本条件。

综上所述，在道信的思想体系中，禅学理论创造已达到了很高境界，一是将心传的理论，引向深入；二是对禅修的理论，进行了有效改造；三是使传统的顿悟学说得到革新；四是奠定了"明心见性"学说的理论基础。这些理论成就，都为后来东山法门道场给信徒们传法授业，作了理论上的准备，并且成为禅宗整个思想体系的重要组成部分。从这个意义上说，我们把道信看做东山法门乃至中国禅宗的奠基人，他是当之无愧的。

因此，道信是禅门祖师中一位值得纪念的人物，我们应当认真总结他的禅学思想遗产，借以推进对禅宗的深入研究。

（原载《珞珈哲学论坛》第 4 辑，武汉大学出版社 1996 年版）

中国古代宗教伦理的现实价值

宗教是社会上一部分人以对超自然实体的信仰和崇拜来支配命运的一种社会意识形式。它是在古代社会生产力低下、科技处于蒙昧状态、人类无法抗拒自然力和社会约制力的特定条件下产生的。宗教一经产生，它就以自己特有的社会功能对社会施加影响。这种影响，有消极的，也有积极的。对于它的消极面，过去人们讲得很多，甚至过头；而对于其积极的方面，则由于"左"的影响，似乎成为禁区，人们很少讲或不敢讲。今天，我们在理论上拨乱反正，应当面对现实，实事求是地评价宗教的社会作用，并发掘宗教伦理的现实价值。这里，拟对佛、道两家宗教伦理的现实价值作概略探讨，旨在引起人们注意，宗教文化作为一种特殊的社会意识形式，并非只对现代社会产生消极作用，恰恰相反，只要正确引导，宗教也会对当今的社会发展，产生积极的精神效应。

一 应当重视发掘中国古代宗教伦理的现实价值

宗教伦理是宗教徒们用于处理教内教外人际关系和追求宗教修行目标所应遵行的原则和规范的总和。中国古代以佛、道二教为主体的宗教伦理，到了今天还有价值吗？回答是肯定的。

（一）中国古代宗教伦理是中国传统伦理的特殊表现形式

中国古代宗教，主要有佛、道二教。道教是中国的本土宗教，它是中国文化的产物；佛教虽属于外来宗教，但它在中国扎根后，也渐渐同中国文化相融合，因而也与传统文化有着不解之缘。宗教由于需要协调教内与教外的关系，需要对教徒进行行为规范，这就使宗教家有自己的伦理追求。而中国的宗教伦理，又不是从天上掉下来的，它只能是中国社会条件的产物。中国的社会条件，决定了中国的文化，也决定了中国人的道德追求。中国的宗教伦理虽然同中国的非宗教伦理有这样那样的区别，但是两者又有诸多联系与相通的方面，甚至存在某种一致性。例如，在中国，无论是宗教伦理或非宗教伦理，都倡导行为文明，都主张扬善去恶，等等。基于这种情况，我们可以说，宗教伦理同中国传统伦理密不可分，它是中国传统伦理的特殊表现形式。这种特殊表现形式，使宗教伦理有可能同非宗教伦理走向融合。关于这一点，我们只要看看中国古代"三教合一"的情况，就不难理解。

我们知道，中国古代儒、释、道三教，在开始时，本着"道不同，不相为谋"相互抵牾，互不买账。但随着历史的发展，三教逐渐合流，在许多问题上取得共识。这种共识，使佛、道之说，逐渐与儒家之识平起平坐，这就大大改变了释、道原有的地位，使它们的道德规范逐渐向社会普及，成为社会共同认可的行为规范。如，佛道原来提倡遁入空门，忘却父子之恩、夫妻之缘、君臣之义。到了三教融通之后，佛道二教也接受了儒家的孝道、忠道，道教经书《文昌帝君阴骘文》说："广行阴骘，上格苍穹。……正直代天行化，慈祥为国救民。忠主孝亲，敬兄信友……怜孤恤寡，敬老怜贫……"不难看出，这里所倡导的，多属于儒家伦理追求，其中包括孝悌忠信、体恤孤贫、敬老怀幼，等等。它们无疑是儒道合一的产物，表明道教家的伦理追求，同儒家伦理追求具有一致性。又如，佛教经书《劝发菩提心文》言："为何念父母恩？哀哀父母，生我劬劳，十月三年，怀胎乳哺。推干去湿，咽苦吐甘，才得成人，指望昭继门风，供承祭祀。生不能养其口体，死不能导其神灵，于世间则为大损，于出世又无实益。两途既失，重罪难逃。"这里亦透露了行"孝"的合理性，同儒家孝道相一致。该文又说："父母虽能生育我身，若无世间师长，则不知礼义。"这里又肯定了尊师的必要性，肯定了"礼义"的合理性，亦同儒学相融通。可以说是儒佛合一的思维成果。伦理道德领域的"三教合一"，不仅在佛、道二教的经文中有所表现，在儒家学说中也有流露，例如，宋明理学就是以儒学为主体，以佛、道为辅佐的"三教合一"思想体系的典型。当今，人们都肯定儒家伦理道德有其现实价值。由此类推，则与儒学相通的佛、道两家伦理道德，也应有其现实价值。这是至明之理，似不必多费口舌，反复繁释。

（二）宗教伦理同非宗教伦理一样，具有"利他"的本质特征

我们之所以肯定宗教伦理到了今天还有它的现实价值，还因为它和非宗教伦理一样，具有"利他"的功能。"利他"是一切伦理道德的本质特征，是一切伦理道德具有社会价值的根本标志。任何伦理道德一旦离开"利他"，它的社会价值必然走向消失；反之，任何伦理道德，一旦具备"利他"的功能，那么它的社会价值也就客观地存在着。社会价值是现实价值的基础，从社会价值中，往往可以引申出现实价值。

那么，宗教伦理的"利他"功能，究竟存不存在？回答也是肯定的。这只要我们认真研读佛、道两家的经书，就不难找到证据。例如，道教经书《太上感应篇》言："是道则进，非道则退；不履邪径，不欺暗室；积德累功，慈心于物；忠孝友悌，正己化人；矜孤恤寡，敬老怀幼；……乐人之善，济人之急，救人之危。见人之得，如己之得；见人之失，如己之失；不彰人短，不炫己长；遏恶扬善，推多取少；受辱不怨，受宠若惊；施恩不求报，与人不追悔。"这段文字，围绕劝人行善，提出了一系列道德信条，如"忠孝友悌，正己化人；矜孤恤寡，敬老怀幼；……乐人之善，济人之急，救人之危"等等，将之贯彻下去，必然产生"利他"的功能，即使到了今天，也并未过时。又如，佛教经书《息三得福》言："念佛成佛道，持戒修佛道：不杀生、不偷盗，不邪淫，品德高。爱国家，爱佛教，利乐有情类，不堕三恶道。"（注："三恶道"，谓众生依所造恶业而堕入三恶处：（1）地狱道；（2）饿鬼道；（3）畜生道）不难看出，这里提倡"不杀生、不偷盗，不邪淫"，虽属宗教规范或戒律，但作为道德追求，其中也渗透出"利他"的本质特征，有利于社会文明进步，因而亦值得重视。宗教伦理由于具有利他的性质，因而也有它的社会价值。特别是宗教家的慈善意识、奉献意识、宽容意识、去欲意识以及戒恶意识，等等，都包含文明进步的合理因素，即使到了今天，也有现实价值，值得我们好好发掘，加以继承。

二　佛教和道教伦理观念的表现形式及其现代价值

佛、道二教中，有不少道德意识对当今社会具有不可低估的重要价值，例如，宗教伦理中的奉献意识、行善意识、制欲意识、宽容意识，等等，只要我们加以提炼和引导，都可以对当今现实社会中的人们产生积极的影响，其影响的角度和深度，甚至是社会正统伦理观念所无法办到的。正是从这个意义上，笔者认为：宗教伦理是社会正统伦理的必要补充。对此，我们应当引起足够的重视。下面，我们试就以上所说的四种伦理意识，分别加以讨论，揭示其客观存在的现代价值。

（一）佛、道二教的奉献意识及其现代价值

宗教家非常强调个体对社会的无私奉献，无论是道教还是佛教，在这方面都是很典型的。它对于启迪世俗之人增强社会责任感，有不可忽略的现实意义。

先说道教。人所共知，被道教奉为经典的老子《道德经》，就明确提倡"生而不有，为而不恃，长而不宰"。其意是说，天地生育了万物，却不据为己有；对万物有所施为，却不恃望其回报；使万物日益成长壮大，却不主宰它们，这正是无私奉献精神的体现。《道德经》还说："圣人无积，既以为人，己愈有；既以与人，己愈多。""上善若水，水善利万物而不争。"其中的奉献精神，均溢于言表。道教产生以后，《道德经》的上述思想得到了进一步发挥。早期的道教经典《太平经》说："象于天行，当为真道而好生；象地，当有善德而好养长。"[1]《太平经》还强调"救穷周急"，主张"见人穷厄，假贷与之"，说："天之有道，乐与人共之；地（之）有德，乐与人同之；中和有财，乐与人养之。"[2]毫无疑问，《太平经》所提倡的"好生"、"好养长"以及"救穷周急"、"乐与人共"、"乐与人同"、"乐与人养"的精神，都是奉献意识的体现。早期道教的又一经典《〈老子〉想尔注》则明确提倡"广开道心"，要求信徒行善积德，乐于施人，说："道人宁施人，勿为人所施；……分均，宁与人多，勿为人所与多。"这种提倡"施人"、"与人"的精神同《太平经》强调"救穷周急"的精神是一致的。道教的"救穷周急"精神，成为后来道教徒们行善布施的重要原则。唐代道教医学家孙思邈将"救穷周急"引入医德，提出了"志存救济"的口号，说："凡大医治病，必当安神定志，无欲无求，先发大慈恻隐之心，誓愿普救含灵之苦。若有疾厄来求救者，不得问其贵

① 《忍厚象天地至诚与神相应大戒》卷69。
② 《六罪十字诀》卷67。

贱贫富……普同一等，皆如至亲之想；亦不得瞻前顾后，自虑吉凶，护惜身命。见彼苦恼，若己有之；……昼夜寒暑、饥渴疲劳，一心赴救，无作功夫形迹之心。如此，可谓苍生大医；反之，则为含灵巨贼。"[1] 孙思邈在这里所提倡的"普救含灵之苦"的高尚医德，无疑是奉献意识的体现，即使到了今天，仍不失为医家的高尚美德，它同我们今天所提倡的"救死扶伤"的医护宗旨，是完全一致的，将之借鉴过来，对于帮助当代医生乃至各行各业的人们树立崇高的社会责任感，具有不可忽视的现实意义。

同道教伦理相似，佛教也非常强调对社会的奉献。例如，大乘佛教所提倡的救苦救难、普度众生，都是奉献意识的体现。大乘派认为，个人要摆脱世俗苦难，首先必须以众生所受苦难得到解脱为条件，没有众生的彻底解脱，就没有自身的彻底解脱。因此，他们提出了"自利利他"、"自觉觉人"的命题，主张把"自利"与"利他"结合起来，提倡"自觉"不忘"觉人"。基于这一认识，大乘派把"救苦救难"、"普度众生"作为佛门追求的最高道德目标。这都体现了奉献意识。

应当指出，佛教所讲的"救苦救难"、"普度众生"，有它的特定意义，旨在依靠佛法把众生由此岸渡到彼岸，进入佛国乐土，以摆脱现世苦难。毫无疑问，这是佛教徒追求的一种虚而不实的宗教幻梦，它永远无法实现，因而它的救度并不能真正解除人们的苦难。但是，佛教所讲的"救苦救难"、"普度众生"，在具体实施中，要求人们树立慈悲为怀、博爱众生、乐善布施、济困扶危，却又有其积极意义。如，他们大讲"舍己安而安众生"、"以大慈加哀一切"[2]，大讲"大悲是一切诸佛菩萨的根本"[3]，主张对人要"以衣施与"、"以食施与"，乃至不惜将自己身上的器官施与给人，这些都体现了无私奉献的精神，值得人们重视。方立天先生在评价大乘佛教以"六度"为核心的伦理道德观念时指出："它以大慈大悲、济度众生为道德的出发点，以克制自我、救助他人为行为的准绳，以'自利利他'、'自觉觉人'即以个人利益和众人利益的统一、一己的解脱和拯救人类的统一，作为社会伦理关系的基本原则，也作为人生解脱的最高理想，……由于这些修持方法所体现的伦理道德观念，……同古代社会的理

---

[1] 《千金要方》卷1《序例·大精诚第二》。
[2] 《阿差末菩萨经》。
[3] 《大智度论》卷20。

想化了的道德规范近似相通，从而在历史上引发过美好善良、利国利民的动机，在先进的人们中激发过英勇奋斗、自我牺牲的热情。"① 方先生的这个评述，无疑是合乎历史实际的。

其实，佛教的献身意识，不仅在历史上，就是在当代社会中也有不可忽略的重要意义。"救苦救难"、"普度众生"，说到底是提倡对社会、对人类的无私奉献，这有助于激励人们的社会责任感，它同我们今天在精神文明建设中所提倡的舍己为人、助人为乐、体恤孤贫、济困扶危、克己奉公的社会公德又有其相融相通之处。"他山之石，可以攻玉"，我们应当引为借鉴。比如，佛教讲施舍，我们今天也讲帮贫，讲扶助贫困山区，讲救济受灾之民，搞"希望工程"，支持失学儿童等，都是对社会尽责任的表现。

（二）佛、道二教的行善意识及其现代价值

提倡行善，是佛、道二教的又一共同特征。这对于世俗之人弃恶从善、提高道德水平，是有积极意义的。

道教的行善观念，源于老子的《道德经》，该书曰："天道无亲，常与善人。""善者吾善之，不善者吾亦善之，德善。"道教产生后，把行善作为羽化登仙的重要条件。《〈老子〉想尔注》曰："积善成功，积精成神，神成仙寿。"《抱朴子·内篇》亦曰："欲求长生者，必须积善立功，慈心于物，恕己及人……如此，乃为有德，受福于天，所作必成，求仙可冀也。"② 《太上感应篇》曰："故吉人语善、视善、行善，一日三善，三年天必降之福；凶人语恶、视恶、行恶，一日有三恶，天必降之祸。"这些论述告诉我们，要想得福或修成神仙，必须去恶行善。为此，道家要求教徒行十善、息十恶。《太霄琅书十善十恶》集中表达了这一思想。其所谓"十善"，指的是："恤死度生，救疾治病；施惠穷困，割己济物；奉侍施主，营建静舍；书经校定，修斋念道；退身让义，不争功名；宣化愚俗，谏诤解恶；边道立井，植种果林；教化童蒙，劝人作善；施为可法，动静可观；教制可轨；行常使然。"其所渭"十恶"，指的是：妄言、绮语、两

---

① 方立天：《中国佛教与传统文化》，中国人民大学出版社 2002 年版，第 141 页（文中的着重号为引者所加）。

② 《抱朴子·内篇·微旨》。

舌、骂詈、贪爱、窃盗、奸淫、嫉妒、恚嗔、邪痴等十种丑恶言行。[①] 该书明确指出："断绝十恶，修十善本，息恶行善，大慈德成。"其"息恶行善"观念，十分明确。

佛教依据三世轮回、因果报应说，宣扬"善有善报，恶有恶报"，据此，劝人"诸恶莫作"、"众善奉行"[②]，亦要求信徒除"十恶"，行"十善"。所谓"十恶"，同上述道教所言"十恶"内容大体一致。[③] 其所谓"十善"，即"十善业"，其内容与"十恶"恰好相反，指的是"身不犯杀、盗、淫；意不嫉、恚、痴；口不妄言、绮语、两舌、恶口"[④]。佛家认为"十恶""乖理而起"；而"十善"则"以顺理为义"，故应当除"十恶"，行"十善"。在他们看来，若能做到行"十善"，就可以由烦恼进入"天堂"，故曰"十善即是天堂"[⑤]。其扬善抑恶的思想，不言而喻。

劝人向善，是人类道德意识发展到一定阶段的产物，是文明进步的重要体现。佛、道二教的行善观念，虽然都建立在纯粹信仰的基础上，未能体现人文意识的理性自觉，因而有不可避免的局限性，但是，就其强调行善去恶而言，还是能给人类社会带来好的效应。因为，强调行善去恶总比背善作恶要好得多。它可以启迪人们除暴安良，扶正压邪，维护正义，提高自身的道德水准。在行善意识的指导下，佛、道二教强调"修炼"或"修行"，这也有其合理之处。其修炼或修行的过程，实质上是一个扬善去恶、舍妄归真的过程。比如，慧能强调的"自度"，就具有此种性质。他说："众生各各自度，邪来正度，迷来悟度，愚来智度，恶来善度，烦恼来菩提度。"[⑥] 不难看出，这里讲的"自度"，实质上是要求人们自己清除自己的各种杂念，以呼唤内心深处的良知良能。假如世俗之人都能坚持"邪来正度，迷来悟度，愚来智度，恶来善度"，那就可以不断清除许多错误观念，有效地增进道德自觉，达到净化人生的目的。同时，佛教讲"放下屠刀，立地成佛"，认为作恶之人，只要从内心深处"真实忏悔"，则"千劫万劫，极重恶业，即自消灭"。故又曰："迷来经累劫，悟则刹那

---

① 引自《道藏精华录》上卷《说戒》。
② 郭朋：《坛经导读》，巴蜀书社1987年版，第60页。
③ 参见《法界次第初门》。
④ 《奉法要》。
⑤ 郭朋：《坛经导读》，巴蜀书社1987年版，第157页。
⑥ 同上书，第108—109页。

间。"① 这些观念，可以启迪那些到了罪恶边缘的人们的良知，让他们悬崖勒马，改邪归正，走"放刀成佛"之路，重新做人。因而可以减少刑事犯罪，推进社会治安。在现实社会中，有些人不怕法，却怕神。他们平时在社会上作乱行凶，张牙舞爪，而一旦进了庙宇，跪在"神"像面前，却显得格外"虔诚"。对于这些不怕法却怕"神"的"哥们儿"，用宗教的行善意识震撼一下他们的灵魂，是有必要的，甚至可以看做道德教育的必要补充。

（三）佛、道二教的制欲意识及其现代价值

佛、道二教都主张制欲，要求教徒过清虚自守、淡泊自持的生活，这对于医治世俗之人"利令智昏"症，是很有针对性的。

道教经典《道德经》，明确主张"少私寡欲"，说："五色令人目盲，五音令人耳聋，五味令人口爽，驰骋畋猎，令人心发狂。"其意是说，沦于物欲，只会有害于身，因而强调"知足"，说："知足之足常足矣。"认为积敛财富，最终不会有好结果，说："金玉满堂，莫之能守，富贵而骄，自遗其咎。"道教产生后，老子的上述思想得到了进一步发挥。道教的"初真十戒"，就把"不得贪求无厌"作为一戒，明确表达了道教的制欲意识。《〈老子〉想尔注》说："高官厚禄、好衣美食珍宝（疑为'潘'字）之味……皆不能致长生。长生为大福，为道人欲制大，故自忍不以俗事割心情也。"这里也把制欲看做长生的重要条件。道教的又一部经典《文子》（亦称《通玄真经》）说："真人知大己而小天下，贵治身而贱治人，不以物滑和，不以欲乱情。"② 又说："五色乱目，使目不明；五音乱耳，使耳不聪；五味乱口，使口生疮；趋舍滑心，使行飞扬。故嗜欲使人气淫，好滑使人精劳，不疾去之，则志气日耗矣。""圣人食足以充虚接气，衣足以盖形御寒，适情辞余，不贪得，不多积，清目不视，静耳不听，闭口不言，委心不虑，弃聪明，反太素，体精神，去智故，无好无憎，是谓大通。"③ 这都表达了道家崇尚清虚淡泊、提倡克制物欲的思想观念。

---

① 郭朋：《坛经导读》，巴蜀书社 1987 年版，第 132 页。
② 《文子·道原》。
③ 《文子·十守》。

佛教的制欲意识亦非常鲜明。佛家把"贪"列为"三毒"（即贪、嗔、痴）之首，表明了反"贪"制"欲"的态度。何谓"贪"？《大乘义章》卷二曰"爱染名贪"；《俱舍论》卷十六亦曰"于他财物恶（爱）欲名贪"。在佛家看来，"爱（贪）为秽海，众恶归焉"①。又曰："为爱（贪）因缘求，求因缘利，利因缘计，计因缘乐欲，乐欲因缘发求。以往爱（贪）因缘便不欲舍悭，以不舍悭因缘便有家，以有家因缘便守，以守行本阿难，便有刀杖，便有斗争言语，若干两舌，一致弊恶法。"这是说，人一旦有了贪欲，就会引出许多烦恼，故必须制欲。佛家把"妙色、声、香、味、触"称之为"五欲"，认为人一旦沉沦于"五欲"，则"如火炙疥……受无量苦"，而要摆脱苦海，就不能不制欲。《楞枷师资记》曰："世人长迷，处处贪着，名之为求；智者悟真，理将欲及，安心无为，形随转运，万有斯空，无所愿乐，功德黑暗，常相随逐……故于诸有，息想无求。语云：有求皆苦，无求乃乐，判知无求，真为道德。"

道家提倡"恬淡无欲"，佛家提倡"息想无求"，确有泯灭人的正常物欲的禁欲主义倾向，因而不合人情，不宜提倡。但在特定条件下，医治社会上一些贪欲无度之病，还是一剂对症的药方。特别是在当前市场经济日益发展的新形势下，一些人被金钱迷了心窍，人欲横流，见利忘义，更需要这剂药方帮助治疗。例如，有一位文学青年被金钱迷了心窍，主张"为金钱呐喊"，"让金钱来得越来越猛烈"。正是在这一思想的支配下，他走上了盗窃的犯罪道路，终于进了班房，断送了自己的前程。对于此类人，若能让宗教的淡泊精神触动一下他的灵魂，对他讲一讲少私寡欲、知足常乐的利欲观，也许可以挽救他的"利令智昏"之症，不致有身陷囹圄的悲剧发生。

（四）佛、道二教的宽容意识及其现代价值

佛、道二教都提倡忍辱负重、以德报怨，这是一种宽容意识的表现，将之借鉴过来，可启迪世俗之人克制自我，减少犯罪。

道教经典《老子》明确提倡"知其荣，守其辱"、"知其白，守其黑"、"知其雄，守其雌"。这种既肯定光荣、清白、雄健，却又甘居屈辱、污浊、雌柔，无疑是忍辱负重意识的体现。《老子》还明确提倡

---

① 《人本欲生经》注。

"不争",主张"处下",要求人们"报怨以德",这些都对后来的道教以直接影响。《太平经》中《忍辱象天地至诚与神相应大戒》说:"故天者,乃道之真,道之纲,道之信,道之所因缘而行也;地者,乃德之长,德之纪,德之所因缘而止也。故能长为万物之母也,常忍辱居其下也,不自言劳且苦也。"明确提倡"忍辱居下"、任劳任苦。道教戒书中有一篇叫《崇百药》,明确提出"推直引曲,不争是非,逢侵不鄙,受辱不怨"[①]。《太上感应篇》亦说:"不彰人短,不言己长;遏恶扬善,推多取少;受辱不怨,受宠若惊,施恩不求报,与人不追悔。"其中宽容忍让的精神无比鲜明。

佛教的宽容意识亦十分突出,它特别重视"忍"。"忍",佛门又称之为"忍辱度"(六度之一),它要求信徒安于受苦受害而无所怨恨,故《成唯识论》卷九曰:"忍有三种,谓耐怨害忍、安受苦忍、谛察法忍。""忍"的功用在于"安慧心",故《大乘义章》卷九曰:"慧心安,法名之为忍。"佛家认为"忍辱是菩萨净土",欲修成正果,必须忍受奇耻大辱、忍受一切怨忧苦愁。《六度集语》卷三说:"忍不可忍者,万福之源。"武汉归元寺有一副对联,上联曰:"大肚能容,容天下难容之事"。所谓"忍不可忍者",所谓"容天下难容之事",都是教人把"忍"德发挥到最大限度,哪怕是经受"汤火之酷,菹醢之患"也能忍受,而不做有害他人之事。这些无疑都是宽容意识的表现。

应当指出,宗教的宽容意识,在阶级统治条件下,确实起着消解劳动人民反抗压迫、反抗剥削的斗争精神的消极作用,不可取;但是,在阶级压迫消灭之后,在人与人之间的关系是平等互利的关系的特定条件下,这种宽容意识又可以产生积极的社会效果,它可以缓解矛盾,减少犯罪,促进社会安定。试想一下,如果一个人在将要犯罪之前,能在容忍方面有所醒悟,做到"容天下难容之事"、"忍世间不可忍者",就可以避免感情用事,缓和冲突。古谚曰:"后退一步,天高地阔。"在关键时刻,能忍辱后退,常常可以化干戈为玉帛,使双方同归于好。所以,在现实生活中,有的人针对自己性格急躁、易动肝火的毛病,在手腕上刺一"忍"字,提醒自己,遇事忍让,不与人争,以免闯祸。这也说明了宗教的忍让精神具有不可忽视的社会作用,值得我们引为重视。

---

① 参见《道藏精华录》上卷《说戒·崇百药》。

　　综上所述，宗教伦理中的奉献意识、行善意识、制欲意识、宽容意识等，在当今新的历史条件下，都可以产生特定的社会作用，只要善于引导和提炼，就可以化腐朽为神奇。因此，我们应当注意发掘宗教伦理道德在当今社会生活中的现实价值，为精神文明建设作出贡献。

（原载《世界宗教研究》1996 年第 3 期，收入本书时，略有修改）

后　记

　　收入这部书稿中的论文，是从笔者近三十年来发表的一百六十余篇论文中撷取出来的，它们从一个特定层面，反映了敝人在中国传统文化长河中上下求索、呕心沥血、不懈追求的足印。其中不少文章曾被人大复印资料《中国哲学史》和《中国社会科学文摘》等相关刊物摘要发表或全文转载过，先后受到编者和读者们的一些好评，在社会上引起过一定的反响。例如，有一位海峡彼岸的朋友，在读了我的《论〈老子〉与〈易〉的血缘关系》和《管子〈水地〉篇的成文时代及其理论贡献考论》两文后，曾告诉我说："您写的那两篇文章，我常当经典来读，隔一段时间就得翻出来看一看。"他的话，当然是出于对我的鼓励和鞭策，我岂敢因他的赞扬而忘乎所以！不过，在对传统文化的追求和探索方面，本人确实是舍得付出力气、倾注心血的，因而对自己的研究所得，还是抱有相当的自信并十分珍惜。近些年来，先后有多位师友向我建议，希望我能把自己的研究心得结集出版，以便相互交流，取长补短。这次能将本书付梓，算是了却了这一心愿。借此机会，向关心本书出版的朋友们致以衷心的谢意！

　　需要特别提到的是，本书的出版，还得到武汉大学和中国社会科学出版社领导们的关心和支持，特别是责任编辑，在编辑本书过程中无比认真、负责，付出了许多辛勤劳动，倾注了大量心血，在此，谨向他们致以真诚的感谢！由于个人的水平所限，书中难免出现某些失误，敬请读者诸君不吝赐教。

作者　黄　钊

辛卯仲夏于珞珈山"勤补书斋"